유튜브 채널 '**오일러TV**'에서
본 교재의 동영상 강의를 볼 수 있습니다.

JN370314

코딩 마법서

1권 STONE VERSION

코딩테스트와
알고리즘을 위한
C/C++

한국 정보올림피아드(KOI)
알고리즘 경진대회(한양대, 국민대, 경희대)
넥슨 청소년 프로그램 챌린지(NYPC)
대학생 프로그램 경시대회(ACM ICPC)
삼성자격검정시험(Samsung Certification)
삼성청년SW아카데미(SAFFY)
네이버 LINE · 카카오 신입개발자 코딩테스트
대학교 SW특기자 전형 입문서
고등학교(영재고, 과학고, 자사고, 일반고) 정보 입문서

오일러BOOKS   저 자 김선욱(오일러), 김건, 김성은

1권 STONE VERSION
코딩테스트와
알고리즘을 위한
C/C++

인쇄일	2024년 01월 02일(2판 1쇄)
발행일	2024년 01월 02일
지은이	김선욱(오일러), 김건, 김성은
발행처	오일러BOOKS
주소	경기도 수원시 영통구 영통동 반달로 40
번호	제2015호-000071호
홈페이지	https://euleroj.io
이메일	eulerlab@naver.com
마케팅	오일러BOOKS
공급처	오일러BOOKS
ISBN	979-11-970084-6-7 03000

이 책은 저작권법에 의하여 보호받는 저작물입니다.
이 책의 내용을 어떠한 형태의 무단 복사, 복제, 전재하는 것은 저작권법에 저촉됩니다.

코딩마법서

1권 STONE VERSION
코딩테스트와 알고리즘을 위한 C/C++

φ 오일러BOOKS

이 책을 집필하며...

4차 산업혁명의 대표 주자는 인공지능(AI), 빅데이터(Big Data), 사물인터넷(IOT) 등일 것이다. 하지만 지금은 4차 산업혁명을 뛰어넘어 5G를 맞이하는 가상현실의 5차 산업혁명이 시작되었다고 해도 과언이 아니다. 대다수의 사람들이 미래를 예측하기 힘들 정도로 컴퓨터 기술은 빠른 속도로 변해가고 있다. 우리들은 이러한 시대에 발맞춰서 코딩 공부를 해야 한다고 생각하고 있지만 도대체 무엇부터 공부해야 하고 언제부터 공부를 시작해야 하는지 모르고 헤매고 있다. 특히 초중고 학생의 경우는 더욱더 심각하다. 왜냐하면 너무나 빠른 속도로 컴퓨터 과학이 변하였기 때문에 우리 부모님의 세대 즉, 40대 이상의 세대에서는 이러한 학습을 경험해 본 적이 없어서 그들의 자녀에게 무엇을 지도해야 하는지 적절한 지침을 내릴 수가 없기 때문이다. 그래서 그들의 자녀들에게 할 수 있는 최선의 선택은 집에서 가까운 학원에 등록하여 무조건 컴퓨터 앞에 앉히는 게 지금의 현실이다. 혹, 가령 운이 좋아 무엇을 학습해야 하는지 알아냈다고 하더라도 그것을 지도하는 곳은 거리상으로 너무 멀어 접근할 수가 없고 그것을 지도할 수 있는 선생님도 부족할뿐더러, 공부를 시작할 수 있는 적절한 학습서를 찾을 수도 없기 때문이다. 왜냐하면 대부분의 코딩 테스트를 위한 알고리즘 서적들은 너무나도 어려운 수학 기호들로 나열되어 있고, 심지어 컴퓨터를 전공하는 사람들조차도 이해하기 어려운 내용들로 가득 차 있기 때문에 처음 입문하는 Beginner 들에게는 너무나도 높은 장벽같이 느껴지기 때문이다.

필자는 2001년도부터 정보 올림피아드(KOI)를 도전하는 초중고 학생들 그리고 과학고, 영재고에 진학하는 학생들과 재학생들, 삼성에 취업을 준비하는 취업 준비생, 그리고 삼성 수원 사업부에서 삼성 Certification 자격검정 시험을 준비 중인 S직군 등을 교육해 왔다. 지금까지 이들을 지도하면서 느낀점은 대한민국은 우리가 생각지도 못한 뛰어난 인재가 많이 있다는 것이다. 물론 삼성이나 구글 같은 글로벌 기업들은 사내에 훌륭한 시스템을 갖춰서 이들을 육성할 수 있지만, 대학교, 영재고, 과학고를 제외하고는 이들의 테두리를 벗어난 곳에서는 조기에 뛰어난 인재를 발견해서 육성할 수 있는 시스템이 없다고 해도 과언이 아니다. 손흥민이라는 축구 선수는 초등학교부터 전지훈련을 다녔고, 박세리라는 골프 선수도 초등학교부터 골프채를 잡았다. 김연아 선수는 7살에 처음으로 스케이트를 신었다고 한다. 우리들이 잘 알고 있는 애플사의 스티브 잡스, 마이크로소프트사의 빌 게이츠, 페이스북 창업자인 마크 저커버그도 초등학교 시절부터 코딩을 접하며 밤낮없이 코딩에 빠져있었다고 한다. 이렇게 일반적인 학생들도 어느 시점부터 코딩 공부를 시작하느냐가 프리미어 리그에서 뛸 수 있는지, 아니면 코리안 리그에서 뛸 수 있는지가 결정되기 때문에, 코딩에 대한 조기 교육은 너무나도 중요하다고 볼 수 있다.

물론 코딩에 대한 조기 교육이 중요하다고 해서 무조건 어렸을 때부터 컴퓨터의 자판을 두드려야 하는 것은 아니다. 컴퓨터와 친해지기 위해서는 무엇보다도 우선시 되어야 하는 교육은 수학 교육이다. 여기서 수학 교육이 중요하다고 해서 지나치게 많은 선행 학습을 요구하는 것은 아니다. 여기서 말하는 수학 교육이란 최소한 초등수학 정도는 마쳐야 하며 얼마나 많은 컴퓨팅적인 사고력(Computational Thinking)을 접하면서 코딩 수업을 진행했는지가 중요하다. 그래서 필자는 지난 20년간의 경험을 바탕으로 프로그래밍 또는 알고리즘 공부를 처음 접하는 사람들이 공부할 수 있는 Biginner 교재부터 Expert 학습서를 만들기로 결심을 하고 모두 6단계(STONE -> IRON -> BRONZE -> SILVER -> GOLD -> PLATINUM)에 걸쳐서 그들이 학습할 수 있는 학습서를 만들 계획을 세웠다.

이렇게 공부 하세요.

이 책을 공부해야 하는데 필요한 사항이 있다. 프로그램을 공부하는 데 있어서 수학적인 이론을 배제한 상태로 공부할 수는 없다. 많은 사람들이 필자에게 질문하는 내용 중에 "수학 공부를 못하는데 프로그램을 할 수 있는가?" 또는 "수학 공부가 부족하니 프로그램이라도 배울래요!"라고 말하는 사람들이 있다. 솔직하게 말한다면 필자는 이러한 친구들은 코딩을 하는 것이 어렵다고 생각하기 때문에 무엇보다도 수학에 대한 학습을 우선시한 후 코딩에 접근하기를 추천한다. 많은 사람들이 코딩을 한다는 것은 무엇을 만드는 것이라 생각하는 경향이 있는데 물론, 그 말도 틀린 말은 아니지만 무엇을 만든다기보다는 무엇을 얼마나 최적화되게 해결할 수 있느냐가 더욱 중요하다. 여기서 최적화된, 그리고 효율성이 좋은 프로그램을 작성하기 위해서는 반드시 수학적인 사고력과 지식이 동반되어야 하기 때문이다. 코딩마법서의 구성과 내용만 보더라도 이 책이 코딩에 관련된 책인지 아니면 수학책인지 분간이 안되는 내용들로 되어 있는 것을 볼 수 있을 것이다. 따라서 이 책에 구성된 내용들을 이해하고 학습하려면 최소한 초등수학 정도는 마친 상태에서 학습해 주는 것이 이 교재를 공부하는 독자들에게 많은 도움이 될 것이라고 생각한다. 또한 이 책은 개념서와 해법서로 이루어져 있다. 특히 해법서의 solution은 내가 작성한 프로그램과 필자가 작성한 프로그램이 무엇이 다른지 꼭! 참고 자료로 활용하기를 바란다. 하지만 너무 solution에 의지해서 작성한다면 자신만의 창의적인 문제해결력에 방해가 되기 때문에 지나치게 해법서에 의지하는 것도 좋은 방법은 아니다. 하지만 해법서를 잘 활용한다면 나중에 어려운 문제에 부딪혔을 때 많은 도움이 될 수 있기 때문에 부디 잘 활용하여서 본인의 실력을 한 단계 업그레이드할 수 있는 자료로 참고하기를 바란다.

끝으로 이 책을 만들기까지 물심양면 도움을 준 사랑하는 아내와 카이스트 전산학부에 재학 중인 아들과 이대 컴퓨터 공학과에 재학 중인 딸 그리고 FM2 정성훈 대표님과 FM2 식구들, 오일러EDU 선생님들에게도 감사 말씀을 전하며 이 책을 공부한 모든 학생들의 건승을 기원하겠다.

2023. 12. 28

온라인저지 오일러OJ   https://euleroj.io

오일러OJ 바로가기

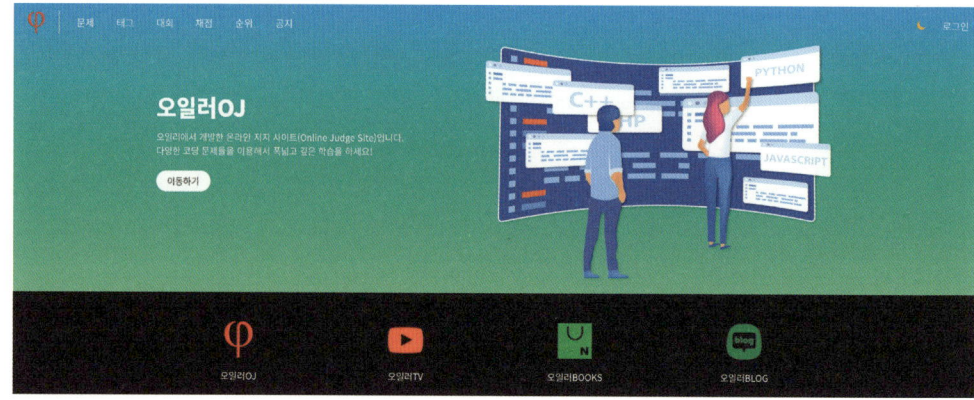

코딩 교육을 위해서는 반드시 갖추고 있어야 할 시스템이 있습니다. 바로 내가 작성한 문제를 채점할 수 있는 온라인저지(Online Judge) 시스템을 가지고 있어야 합니다. 그래야 내가 작성한 프로그램이 제대로 작성한 프로그램인지 채점 및 확인을 할 수 있기 때문입니다. 오일러는 온라인저지(Online Judge) 시스템을 20년 동안 개발하여 교육해 왔습니다.

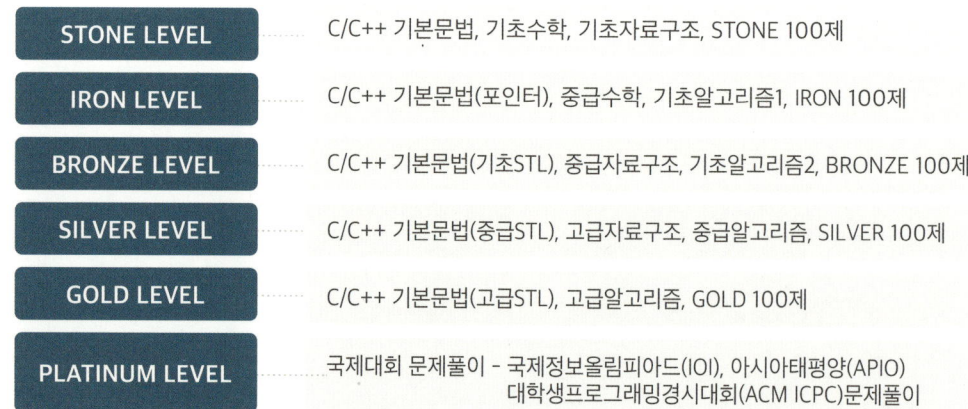

- **STONE LEVEL** : C/C++ 기본문법, 기초수학, 기초자료구조, STONE 100제
- **IRON LEVEL** : C/C++ 기본문법(포인터), 중급수학, 기초알고리즘1, IRON 100제
- **BRONZE LEVEL** : C/C++ 기본문법(기초STL), 중급자료구조, 기초알고리즘2, BRONZE 100제
- **SILVER LEVEL** : C/C++ 기본문법(중급STL), 고급자료구조, 중급알고리즘, SILVER 100제
- **GOLD LEVEL** : C/C++ 기본문법(고급STL), 고급알고리즘, GOLD 100제
- **PLATINUM LEVEL** : 국제대회 문제풀이 - 국제정보올림피아드(IOI), 아시아태평양(APIO) 대학생프로그래밍경시대회(ACM ICPC)문제풀이

그 외의 온라인저지 시스템

삼성첨단기술연구소(첨기연), 카이스트(MPP), 경기과학고(코이스터디-KOISTUDY), 경남과학고(GSHS Judge ON), 코드업(Codeup), 알고스팟(ALGOSPOT), 백준온라인저지(ACMICPC)

▶ YouTube 채널 오일러TV

오일러TV 바로가기

안녕하세요. 코딩의 마법사 오일러입니다. 오일러TV에서는 많은 사람들이 재미있고 더 쉽게 코딩에 다가갈 수 있도록 유튜브 채널과 연결하여 Uncontact 교육을 진행하고 있습니다. 오일러TV에서는 4차 산업혁명의 새로운 세상에서 살아갈 수 있는 코딩 방법을 알려 드리려고 합니다. 이제는 자격증이나 문법 위주의 교육이 아닌 문제 해결력을 키워서 창의적인 인재라는 것을 증명해야 하는 시대입니다. 오일러와 함께 문제 해결력을 키운다면 창의적인 인재가 될 수 있습니다. 이제 코딩은 교양이며 실력입니다. 실력을 갖춘 사람은 세상을 바꿀 수 있습니다. 오일러와 창의적인 인재가 되어보시기 바랍니다. 온라인 교육은 오프라인 교육보다 수업을 하기 위해서 몇 배는 더 준비해야 합니다. 좋은 코딩 교육을 받은 사람은 그렇지 않은 사람보다 4차 산업에 맞는 좋은 인재로 성장할 수 있다는 것을 알기 때문에 힘이 들더라도 즐거운 마음으로 준비하고 있습니다. 코딩마법서와 오일러OJ 그리고 오일러TV 많은 응원과 성원은 커다란 힘이 됩니다.

앞으로 지속적인 관심과 오일러TV 구독🔔과 좋아요👍 부탁드립니다.

목차

01. 프로그램 선택 및 설치하기

- 01.1 컴퓨터는 2진수로 구성되어 있다 Binary Number ········ 026
- 01.2 에디터와 컴파일러 Editor & Compiler ········ 027
- 01.3 프로그램 선택하기 Programs ········ 028
- 01.4 마이크로소프트 계정 설정하기 Microsoft Account ········ 029
- 01.5 Visual Studio Community 설치하기 ········ 030
- 01.6 Code::Blocks 설치하기 Install Code::Blocks ········ 033

02. 프로젝트 만들기 Create Project

- 02.1 Visual Studio 프로젝트 만들기 ········ 038
- 02.2 컴파일(Compile)이란? ········ 041
- 02.3 Code::Blocks에서 프로젝트 만들기 Code::Blocks Project ········ 043
- 02.4 컴파일러가 Code::Blocks에 제대로 연결되어 있지 않을 때 ········ 047

03. 콘솔 출력 Console Output

- 03.1 printf()문 : 화면 출력 ········ 050
- 03.2 디버깅 Debugging ········ 052
- 03.3 주석 Comment ········ 053
- 03.4 제어 문자 Escape Sequence ········ 054
- 03.5 연습문제 Exercise ········ 055

04. 정수형 데이터 출력 Integer Type

- 04.1 %d : 정수형 데이터 출력 Integer Type Print 058
- 04.2 나머지 연산자 060
- 04.3 정수형 포맷팅 Integer Type Formatting 062
- 04.4 연습문제 Exercise 064

05. 실수형 데이터 출력 Floating Point Type

- 05.1 %lf : 실수형 데이터 출력 068
- 05.2 실수형 포맷팅 Formatting 069
- 05.3 연습문제 Exercise 071

06. 변수 선언 Variable Declaration

- 06.1 변수란? Variable 074
- 06.2 변수 선언 Variable Declaration 074
- 06.3 변수 선언과 동시에 초기화 076
- 06.4 여러 개의 변수 선언 076
- 06.5 여러 개의 변수 선언과 동시에 초기화 077
- 06.6 변수의 명명 규칙 077
- 06.7 정수형 변수 선언 int 078
- 06.8 실수형 변수 선언 double 079
- 06.9 문자형 변수 선언 char 080
- 06.10 연습문제 Exercise 081

07. 데이터 입력 Data Input

- 07.1 scanf()문 : 데이터 입력 ······ 084
- 07.2 Visual Studio에서의 scanf()문 ······ 085
- 07.3 정수형 데이터 입력 ······ 088
- 07.4 실수형 데이터 입력 ······ 089
- 07.5 문자형 데이터 입력 ······ 090
- 07.6 아스키코드 ASCII(American Standard Code for Information Interchange) Code ······ 091
- 07.7 연습문제 Exercise ······ 092

08. 오일러 온라인 저지(오일러OJ)

- 08.1 오일러OJ 회원가입 Euler Online Judge ······ 097
- 08.2 로그인 후 소스 코드 제출하기 ······ 099
- 08.3 온라인 채점 시 정답으로 인정되지 않는 경우 ······ 104
- 08.4 온라인 채점 시 정답으로 인정되는 경우 ······ 105
- 08.5 본인이 제출한 소스 코드 확인하기 ······ 106
- 08.6 그 밖의 메뉴 소개하기 ······ 107
- 08.7 Open Challenge ······ 113
- 오일러OJ 1000 A+B Problem ······ 115
- 오일러OJ 1002 구구단 ······ 116

09. 여러 개의 데이터 입력

- 09.1 정수형 데이터 입력 ······ 119
- 09.2 실수형 데이터 입력 ······ 120

| 09.3 | 문자형 데이터 입력 | 121 |
| 09.4 | 연습문제 | 122 |

10. 연산자 Operator

10.1	산술 연산자 Arithmetic Operator	124
10.2	대입 연산자 Assignment Operator	125
10.3	누적시키기	127
10.4	관계 연산자 Relational Operator	129
10.5	형 변환 연산자 Casting Operator	131
10.6	콤마 연산자 Comma Operator	133
10.7	연산자 우선순위	134
10.8	연습문제 Exercise	137
오일러OJ 1012	R2	138
오일러OJ 1131	디지털 시계	139
오일러OJ 1110	체스판 자르기	140

11. 증감 연산자 Increase or Decrease Operator

11.1	증가 연산자 Increase Operator	142
11.2	감소 연산자 Decrease Operator	143
11.3	연습문제 Exercise	145

12. 조건문 If

12.1	if문을 이용한 대소 비교 If ①	148
12.2	if문을 이용한 동등 비교 If ②	149
12.3	여러 개의 if문 If ③	150
12.4	연습문제 Exercise	152
오일러OJ 1001	작거나 크거나	153

13. 조건문 If else

13.1	if else문과 대소 비교 If else ①	157
13.2	if else문과 동등 비교 If else ②	158
13.3	연습문제 Exercise	159
오일러OJ 1132	햄버거	160
오일러OJ 1037	점수	161

14. 논리 연산자 Logical Operator

14.1	괄호의 생략	164
14.2	AND 연산자	166
14.3	OR 연산자	167
14.4	참(true)과 거짓(false)이란?	169
14.5	NOT 연산자	170
14.6	연습문제 Exercise	172
오일러OJ 1112	수박	173
오일러OJ 1016	코딩마법서	174

15. 복합 If문

15.1	복합 if문	176
15.2	복합 if문과 else	178
15.3	연습문제 Exercise	180
오일러OJ 1010	세 수	181
오일러OJ 1133	마법 상자	182
오일러OJ 2004	스테이크	183

16. 순환문 for

16.1	1씩 증가하면서 회전하기	187
16.2	1씩 감소하면서 회전하기	188
16.3	특정 구간 회전하기	189
16.4	구간의 합 구하기	190
16.5	연습문제 Exercise	193
오일러OJ 1005	숫자 계산 I	196
오일러OJ 1006	숫자 계산 II	197
오일러OJ 1007	숫자 계산 III	198

17. 가우스 계산법 Gauss

17.1	가우스 계산법 Gauss	200
17.2	연습문제 Exercise	202
오일러OJ 1145	철사	203
오일러OJ 1146	정육각형	204

18. 배수와 약수 Multiple and Divisor

- 18.1 배수 Multiple ······ 206
- 18.2 약수 Divisor ······ 207
- 18.3 연습문제 Exercise ······ 208
- 오일러OJ 1003 홀수와 짝수의 합 ······ 210
- 오일러OJ 1013 오일러 프로젝트 ······ 211
- 오일러OJ 1011 잠자기 전에 독서 I ······ 212
- 오일러OJ 1134 두 개의 짝수 ······ 213

19. 완전수 Perfect Number

- 19.1 완전수 Perfect Number ······ 216
- 19.2 연습문제 Exercise ······ 218
- 오일러OJ 1098 약수 ······ 219

20. 팩토리얼 Factorial

- 20.1 팩토리얼 Factorial ······ 222
- 20.2 연습문제 Exercise ······ 224
- 오일러OJ 1014 수학 숙제 ······ 225
- 오일러OJ 1008 팩토리얼(Factorial) ······ 226

21. 중첩 순환문 for

- 21.1 1중 for문과 2중 for문의 비교 ······ 228

21.2	2중 for문 활용	229
21.3	연습문제 Exercise	231
오일러OJ 2013	도미노 게임	234

22. 기초테스트 I

22.1	기초테스트 I	236
오일러OJ 2000	세 수의 합	242
오일러OJ 2001	추의 합	243
오일러OJ 2007	나비	244

23. 순환문 while

23.1	while문	246
23.2	while문과 키운팅	248
23.3	do while문	249
23.4	do while문과 카운팅	251
23.5	연습문제 Exercise	252
오일러OJ 1018	골동품	254
오일러OJ 2016	콜라	255
오일러OJ 2085	Gold Coins	256

24. 완전제곱수 Perfect Square Number

| 24.1 | 정사각수 Square Number | 258 |

24.2	약수의 개수를 이용한 완전제곱수 판별	258
24.3	제곱근을 이용한 완전제곱수 판별	260
24.4	순환문을 이용한 완전제곱수 판별	262
24.5	연습문제 Exercise	264
오일러OJ 1009	홀수의 합	265
오일러OJ 1004	홀수 제곱과 짝수 제곱	266
오일러OJ 1135	홀수 모으기	267
오일러OJ 1144	타일의 개수	268
오일러OJ 1138	정사각수	269
오일러OJ 2015	술 취한 교도관	270
오일러OJ 1143	타일 붙이기	271
오일러OJ 2071	완전제곱수	272

25. 팔린드롬 Palindrome

25.1	숫자 뒤집기	274
25.2	연습문제 Exercise	276
오일러OJ 1043	숫자 뒤집기	278
오일러OJ 1048	수의 덧셈	279
오일러OJ 1136	팔린드롬 수(Palindrome Number)	280

26. 소수 Prime Number

26.1	약수의 개수를 이용한 소수 판별	282

	26.2	쌍둥이 소수 Twin Primes	283
	26.3	메르센 소수 Mersenne Primes	284
	26.4	골드바흐의 추측 Goldbach's Conjecture	285
	26.5	소수(Prime Number)의 개수	286
	26.6	제곱근을 이용한 소수 판별	287
	26.7	연습문제 Exercise	289
오일러J	1140	소수 찾기	290
오일러J	1141	쌍둥이 소수(Twin Primes)	291
오일러J	1142	메르센 소수(Mersenne Primes)	292

27. 보조제어문 break & continue

	27.1	break문	294
	27.2	중첩 순환문에서의 break문	295
	27.3	중첩 순환문 빠져나오기	297
	27.4	무한루프	299
	27.5	continue문	301
	27.6	연습문제 Exercise	303
오일러J	1046	행복한 오일러	305

28. 콜라츠 추측 Collatz Conjecture

	28.1	콜라츠 추측 Collatz Conjecture	308
	28.2	연습문제 Exercise	310
오일러J	1027	우박수	311

29. 일차원 배열 Array

- 29.1 배열의 선언 — 314
- 29.2 배열의 선언과 동시에 초기화 — 315
- 29.3 일차원 배열 출력 — 316
- 29.4 일차원 배열의 입력 및 출력 — 317
- 29.5 연습문제 Exercise — 320
- 오일러OJ 1019 홀수와 짝수의 개수 — 321
- 오일러OJ 1020 짝수와 홀수 — 322
- 오일러OJ 1030 Graphing — 323
- 오일러OJ 1026 Black — 324
- 오일러OJ 1094 파티 — 325
- 오일러OJ 1139 숫자 슬라이스 — 326

30. 일차원 배열의 시프트 Shift

- 30.1 배열의 1번 인덱스부터 사용하기 — 328
- 30.2 왼쪽 시프트 Left Shift — 329
- 30.3 오른쪽 시프트 Right Shift — 332
- 30.4 배열에 담기 — 335
- 30.5 연습문제 Exercise — 337
- 오일러OJ 1115 다음 라운드 — 339
- 오일러OJ 1117 데이터 박스 — 340
- 오일러OJ 2010 블록 쌓기 — 341
- 오일러OJ 2137 평균 수열 — 342
- 오일러OJ 1121 참치 — 343

오일러OJ	1084	Doubles	345
오일러OJ	1104	토끼 사냥	346
오일러OJ	2022	왕국 곱셈	348

31. 최대, 최소, 최빈 Max, Min, Mode

	31.1	최댓값, 최솟값 Max, Min	350
	31.2	최빈값 Mode	351
	31.3	연습문제 Exercise	354
오일러OJ	1023	최댓값과 최솟값	355
오일러OJ	1137	가장 큰 수	356
오일러OJ	1068	최고의 저녁 식사	357
오일러OJ	1086	iRobot	358
오일러OJ	1045	유행	359
오일러OJ	1061	슈퍼마리오	360
오일러OJ	1082	The King	362
오일러OJ	1123	블랙잭	364
오일러OJ	2093	주차하기 가장 좋은 곳	366
오일러OJ	2089	주사위 게임	368

32. 선택 정렬 Selection Sort

	32.1	데이터의 교환 Swap	370
	32.2	오름차순 정렬 Ascending Sort	370
	32.3	내림차순 정렬 Descending Sort	371

	32.4	선택 정렬 Selection Sort	371
	32.5	연습문제 Exercise	375
오일러OJ	1022	정렬(Sorting)	376
오일러OJ	1025	세 번째로 가장 큰 값	377
오일러OJ	1127	마법 지팡이	378
오일러OJ	2017	캥거루	379
오일러OJ	2123	네 개의 정수	380
오일러OJ	2113	상점	381

33. 버블 정렬 Bubble Sort

33.1	버블 정렬 Bubble Sort	384
33.2	연습문제 Exercise	388

34. 삽입 정렬 Insertion Sort

34.1	삽입 정렬 Insertion Sort	390
34.2	연습문제 Exercise	394

35. 피보나치 수열 Fibonacci Sequence

35.1	레오나르도 피보나치 Leonardo Fibonacci	396
35.2	자연속의 피보나치 수열 Fibonacci Sequence	398
35.3	피보나치 수열과 황금비 Golden Ratio	399
35.4	연습문제 Exercise	400

| 오일러OJ | 1017 | 금화 | 401 |
| 오일러OJ | 1072 | Speed Limit | 402 |

36. 에라토스테네스의 체 Sieve Of Erathosthenes

	36.1	에라토스테네스의 체 Sieve Of Erathosthenes	404
	36.2	이미 구해진 소수를 이용하여 소수 구하기	406
	36.3	연습문제 Exercise	408
오일러OJ	1066	숙제를 안 해온 사람은 누구	410
오일러OJ	1038	나머지	412
오일러OJ	1044	꽃 축제	413
오일러OJ	2031	크리스마스 전등 축제 I	415
오일러OJ	1126	가로등	417
오일러OJ	2079	Trees	419
오일러OJ	2126	주차요금	420
오일러OJ	4124	골드바흐의 추측	422

37. 형상수 Figulate Number

	37.1	삼각수 Triangular Number	424
	37.2	사각수 Square Number	425
	37.3	오각수 Pentagonal Number	427
	37.4	연습문제 Exercise	428
오일러OJ	1147	육각수	429
오일러OJ	1073	오각수	430

| | 오일러 OJ | 1077 | 곱셈 테이블 | 431 |
| | Euler Online | 1111 | 조약돌 | 433 |

38. 누적합 Prefix Sum, Cumulative Sum

		38.1	누적합 Prefix Sum, Cumulative Sum	436
		38.2	연습문제 Exercise	439
	오일러 OJ	2025	식량 공급	440
	오일러 OJ	2109	The Largest Sum	441

39. 입력과 버퍼 메모리 Buffer Memory

		39.1	정수 데이터 입력과 버퍼 메모리	444
		39.2	문자 데이터 입력과 버퍼 메모리	446
		39.3	연습문제 Exercise	450
	오일러 OJ	1049	사칙연산	451
	오일러 OJ	2035	장거리 달리기	452

40. 스캐닝 메소드 Scanning Method

		40.1	3중 for문을 이용하여 구하기	454
		40.2	2중 for문을 이용하여 구하기 - 누적합 Prefix Sum, Cumulative Sum	457
		40.3	1중 for문을 이용하여 구하기 - 스캐닝 메소드 Scanning Method	459
		40.4	연습문제 Exercise	464
	오일러 OJ	1078	서로 다른 구슬	465
	오일러 OJ	1076	음표	466
	오일러 OJ	1125	선물	467
	오일러 OJ	2069	아침운동	469

코딩마법서

1권 STONE VERSION
코딩테스트와 알고리즘을 위한 C/C++

제01장

**프로그램 선택 및
설치하기**

- 01.1 　컴퓨터는 왜 2진수로 구성되어 있는가?
- 01.2 　에디터(Editor)와 컴파일러(Compiler)
- 01.3 　프로그램 선택하기
- 01.4 　마이크로소프트 계정 설정하기
- 01.5 　Visual Studio Community 설치하기
- 01.6 　Code::Blocks 설치하기

오일러BOOKS

01.1
컴퓨터는 2진수로 구성되어 있다 Binary Number

컴퓨터는 전류가 들어오거나 들어오지 않는(On 또는 Off) 2가지 상태를 구분하여 특정 자료를 저장하거나 전달할 수 있다. 아래와 같이 전구로 생각한다면 이해하기 쉽다. (0은 꺼짐, 1은 켜짐)

위에는 8개의 전구가 놓여있고 모두 Off 상태이다. 이것을 컴퓨터가 인식하는 2진수(Binary Number)로 표현하면 00000000이 되고, 인간이 사용하는 10진수(Decimal Number)로 표현하면 0이 된다.

이번에는 8번 전구만 On이고 나머지가 모두 Off 상태이다. 이것을 컴퓨터가 인식하는 2진수로 표현하면 00000001이 되고 인간이 사용하는 10진수로 표현하면 1이 된다.

7번 전구만 On이고 나머지가 모두 Off 상태이다. 이것을 컴퓨터가 인식하는 2진수로 표현하면 00000010이 되고 인간이 사용하는 10진수로 표현하면 2가 된다.

7번, 8번 전구만 On이고 나머지가 Off 상태이다. 이것을 컴퓨터가 인식하는 2진수로 표현하면 00000011이 되고 인간이 사용하는 10진수로 표현하면 3이 된다.

⋮

8개의 전구가 모두 On인 상태이다. 이것을 컴퓨터가 인식하는 2진수로 표현하면 11111111이 되고 인간이 사용하는 10진수로 표현하면 255가 된다. 이러한 방식으로 8개의 전구가 있다면 표현할 수 있는 수의 범위는 0부터 255까지이고 이것을 통해서 모두 256개의 정보를 표현할 수 있다.

컴퓨터는 하나의 전구만으로 On(1)이 되거나 또는 Off(0)가 되는 2가지 상태를 표현할 수 있다. 이렇게 1과 0을 저장하는 정보 표현의 최소 단위를 **비트(bit)**라고 하고 8개의 비트(bit)가 모여서 **1바이트(byte)**라고 한다.

01.2 에디터와 컴파일러 Editor & Compiler

2진수(Binary Number) 체계로 이루어진 컴퓨터는 인간의 언어를 바로 알아들을 수 없다. 따라서 인간의 언어를 컴퓨터가 알아들을 수 있도록 기계어로 번역하는 과정이 필요하다. **기계어(Machine Language)**란? 컴퓨터가 알아들을 수 있도록 2진수로 구성된 언어를 말한다. 인간의 언어로 프로그램을 작성하기 위해서 크게 두 가지가 필요한 데, 하나는 한글이나 Word와 같이 인간의 언어로 타이핑하기 위한 **에디터(Editor)**이고 다른 하나는 작성한 내용을 기계어(Machine Language)로 번역하기 위한 번역기 **컴파일러(Compiler)**가 필요하다.

01.3 프로그램 선택하기 Programs

프로그램을 작성하기 위해서는 우선 소프트웨어 설치가 우선되어야 한다. 어떠한 종류들이 있는지 알아보자.

개발자가 쉽게 개발할 수 있도록 에디터(Editor)와 컴파일러(Compiler)를 모두 포함하고 있는 환경을 **통합개발환경(IDE : Integrated Development Environment)**이라고 한다. 통합개발환경(IDE)을 제공하는 프로그램으로는 마이크로소프트(Microsoft)사의 Visual Studio가 있다. Visual Studio는 여러 가지 버전이 있는데, 그중에서도 비상업 목적시 무료로 제공하는 커뮤니티 에디션(Community Edition) 버전이 있다. 사용자 인터페이스가 뛰어나서 프로그램 작성 시 쉽게 코딩을 할 수 있는 장점이 있으나, 설치 파일의 크기가 무려 7GB 정도나 되며 프로그램 구동 시 약간 무거운 느낌을 가지고 있다. 두 번째로 오픈 소스로 배포되는 Code Blocks가 있다. Code Blocks는 gcc, MSVC등의 여러 컴파일러를 지원하고, 설치 크기가 **100MB** 남짓이며, 저사양 컴퓨터에서도 잘 돌아가는 장점이 있다. 하지만 프로젝트 개발을 하기에는 기능이 좀 떨어지고 한글이 지원되지 않는 단점이 있다. 그래도 학습용으로 사용하기에는 전혀 무리가 없기 때문에 저사양의 컴퓨터에서는 Code Blocks의 선택도 나쁘지 않다. 세 번째로 GNU(General Public License : 컴퓨터 프로그램은 물론 모든 관련 정보를 돈으로 주고 구입하는 것을 반대하는 것을 기본 이념으로 하고 있다. 리눅스 운영체제, gcc compiler, gdb debugger등이 있다.) 라이선스로 보급되고 TDM-GCC 컴파일러와 같이 제공되는 Dev C++이 있다. 하지만 지금은 회사 측에서 개발을 중단한 상태로 방치된 상태이다.

다음으로 에디터(Editor) 환경만 제공하는 코드 편집기가 있다. 코드 편집기는 코드를 타이핑하는데 더 많

은 기능을 제공하고 타이핑에 특화되어 있기 때문에 통합개발환경(IDE)보다는 훨씬 가볍고 또한 내가 원하는 소프트웨어(C/C++, Java, Python 등)와 그에 맞는 컴파일러(compiler)를 직접 골라서 코딩할 수 있는 장점이 있다. 하지만 컴파일러(Compiler)와 환경설정을 별도로 해줘야 하기 때문에 초보자들이 사용하기에는 어려움이 있다. 이러한 코드 편집기로는 Sublime Text, Atom, Visual Studio Code, Edit Plus, Vim, Brackets 등이 있다.

다음으로 웹 기반에서 동작하는 온라인 컴파일러가 있다. 프로그램의 설치가 어려운 모바일 환경이나 또는 몇 줄의 소스 코드만을 다른 환경에서 확인해보고 싶을 때 이용한다면 도움이 된다. 많은 온라인 컴파일러가 있지만 다양한 언어를 지원하는 코딩 그라운드(https://www.tutorialspoint.com/codingground.htm/)와 그리고 IDEONE(https://www.ideone.com/)등이 있고 C++만 제공하는 http://cpp.sh/등이 있다.

01.4 마이크로소프트 계정 설정하기 Microsoft Account

Visual Studio는 마이크로소프트(Microsoft) 윈도우즈 또는 맥(Mac)에서 작동하며, 다양한 언어로 프로그래밍을 할 수 있는 통합개발환경(IDE)을 지원한다. Visual Studio는 여러 버전이 있는데 비상업용으로 사용한다면 개인에게는 무료로 제공하는 **커뮤니티 에디션(Community Edition)** 버전을 설치하면 된다. Visual Studio를 설치하기 앞서서 먼저 Microsoft 계정이 있으면 좋다. 계정이 있으면 Visual Studio를 기간의 사용 제한 없이 무료로 사용할 수 있지만, 계정이 없으면 Visual Studio를 설치하여 30일만 무료로 사용할 수 있기 때문이다. Microsoft 계정은 Microsoft 홈페이지(https://www.microsoft.com/ko-kr/)에 접속하여 회원 가입을 하면 계정이 생성이 된다. 하지만 나이가 만으로 14세 미만이면 별도의 부모님 동의가 필요하다.

01.5
Visual Studio Community 설치하기

❶ 마이크로소프트(Microsoft) 계정을 얻었으면 비주얼 스튜디오 공식 홈페이지(https://visualstudio.microsoft.com/ko/)에 접속해서 Visual Studio Community를 다운로드 한다.

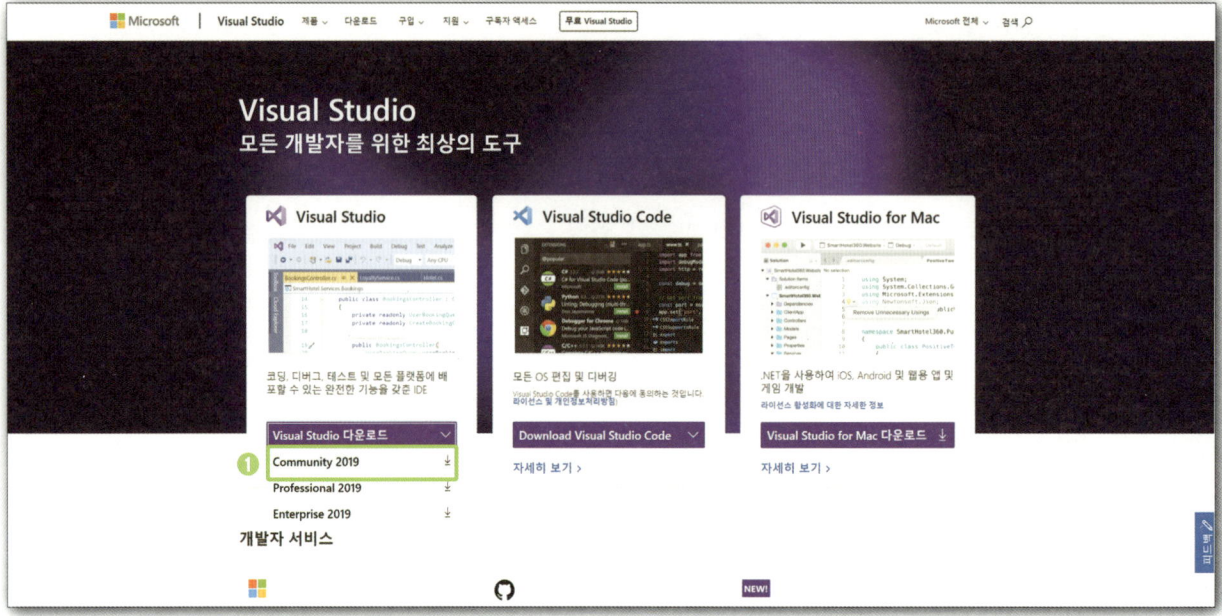

❷ 설치 파일 다운로드가 완료되면 Visual Studio Community 설치를 시작한다.

❸ Visual Studio Installer의 계속 버튼을 누른다.

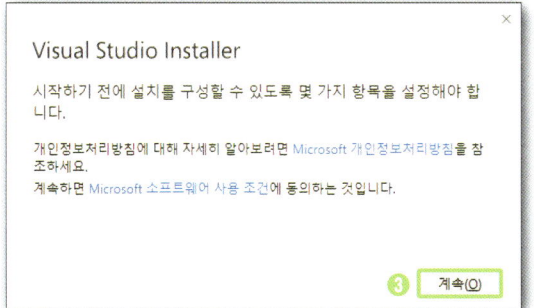

❹ 압축을 풀고 설치하기 위한 준비작업을 한다.

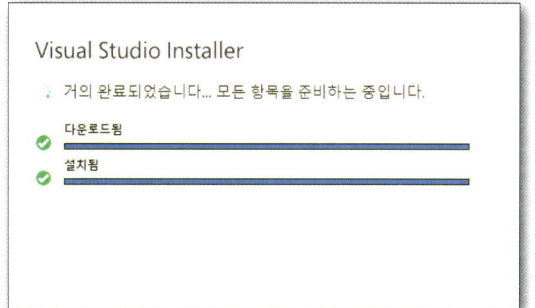

❺ "C++을 사용한 데스크톱 개발"을 선택 후 설치 버튼을 클릭한다.

❻ 프로그램 설치가 진행된다.

❼ 설치가 완료되면 프로그램을 다시 시작한다.

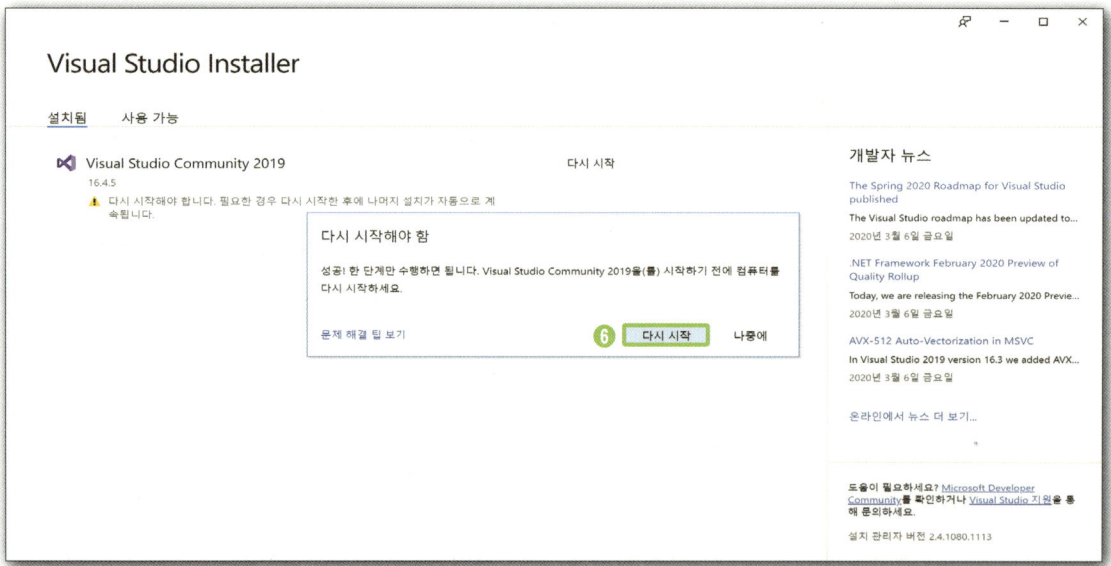

01.6 Code::Blocks 설치하기 Install Code::Blocks

❶ Code::Blocks 공식 홈페이지(http://www.codeblocks.org/)에 접속한 후 Downloads를 클릭한다.

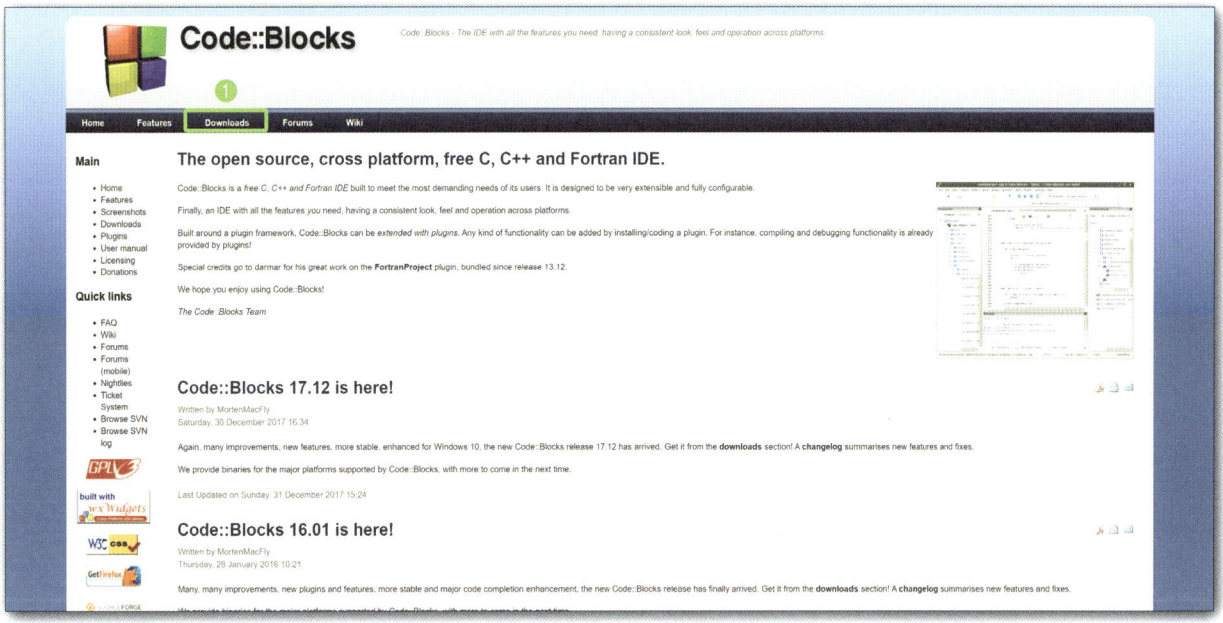

❷ Download the binary release를 클릭한다.

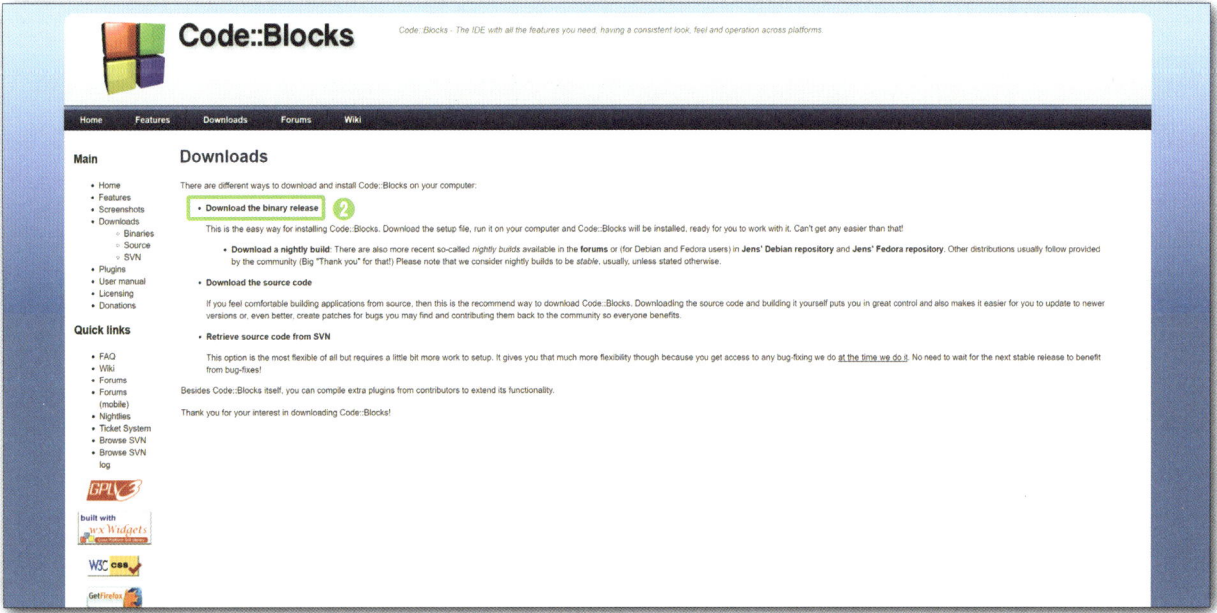

❸ gcc compiler가 포함되어 있는 GNU 소프트웨어 도구 모음인 mingw-setup.exe를 다운로드하기 위한 서버를 선택한다. FossHUB 또는 Sourceforge.net를 선택한다.

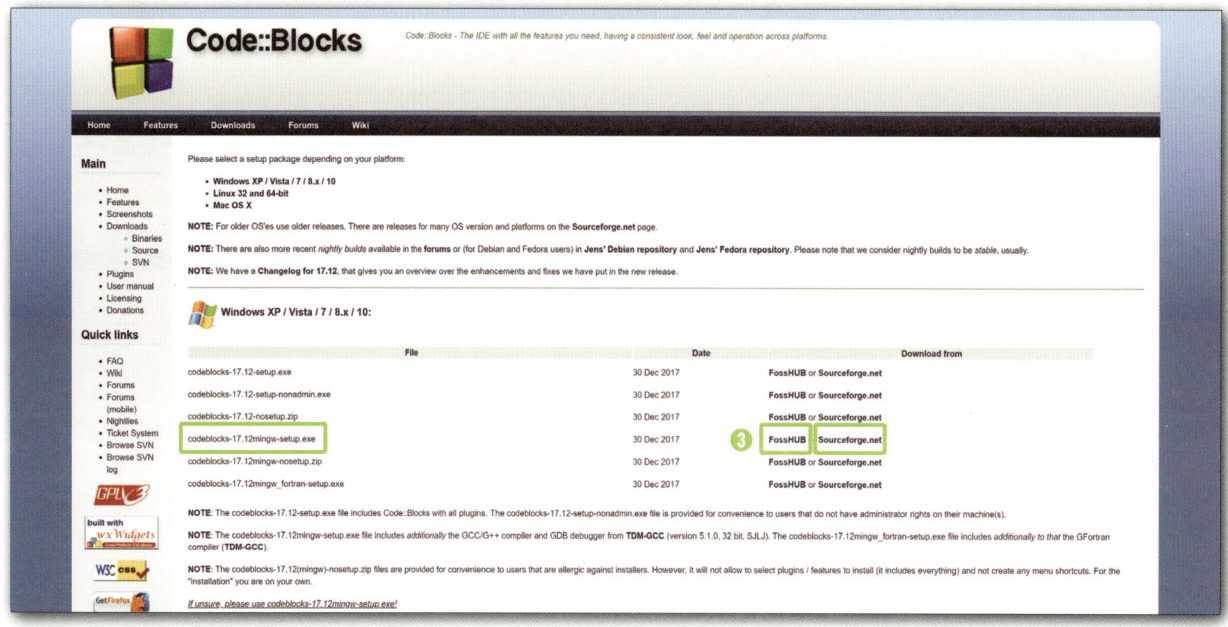

❹ Code::Blocks 다운로드가 완료되면 설치를 시작한다.

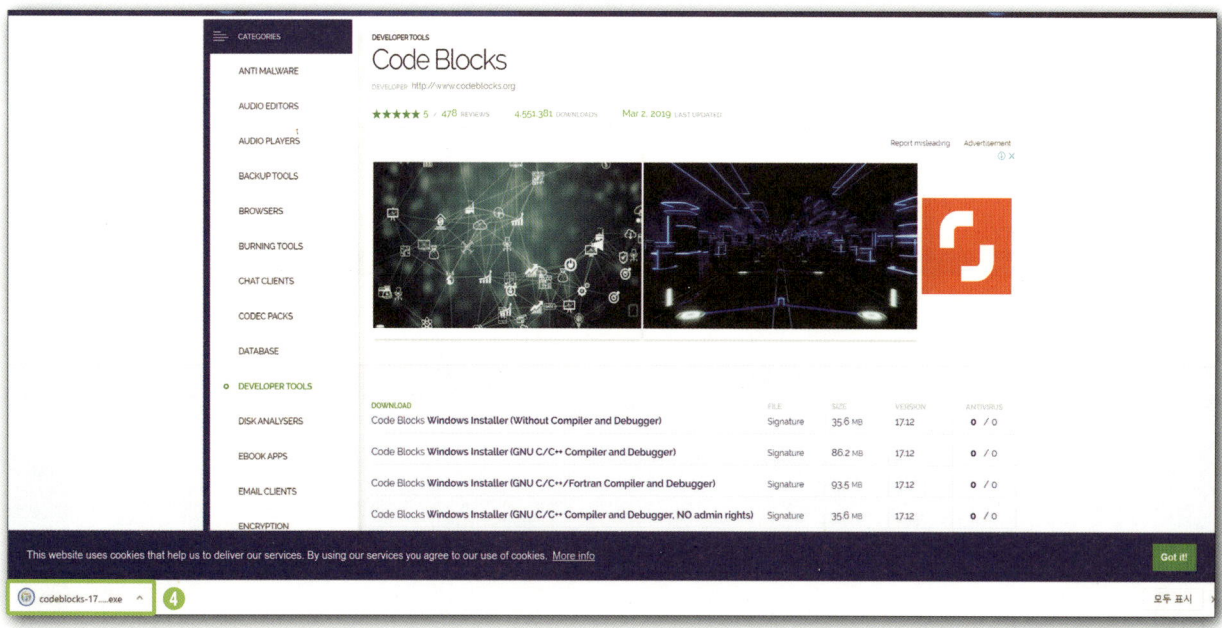

❺ Next 버튼을 클릭한다.

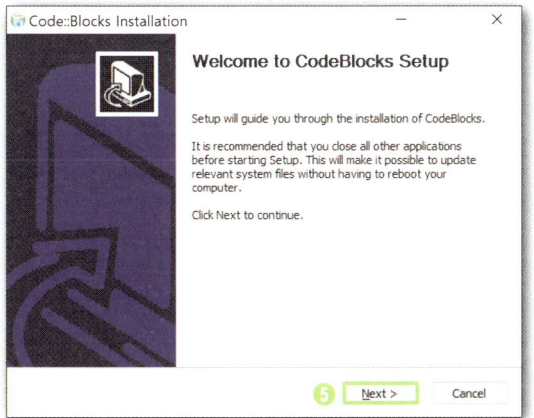

❻ I Agree 버튼을 클릭한다.

❼ Next 버튼을 클릭한다.

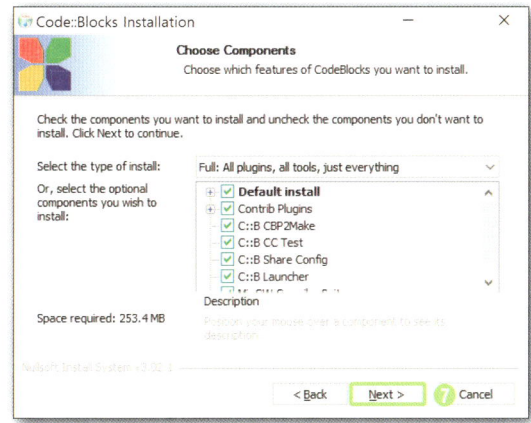

❽ Install 버튼을 클릭한다.

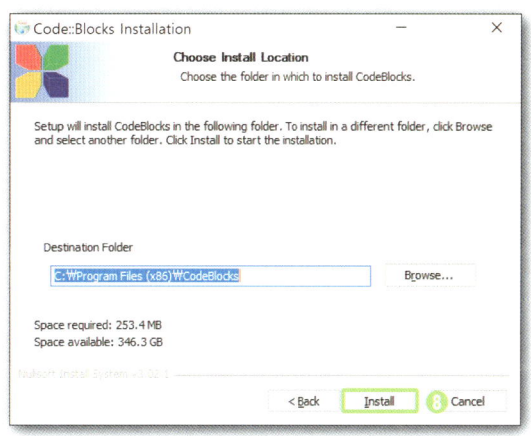

❾ 설치가 완료된 Code Blocks, Next 버튼을 클릭한다.

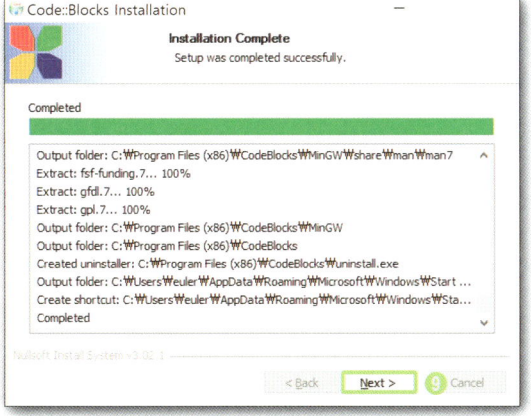

❿ Finish 버튼을 클릭하여 설치를 종료한다.

코딩마법서

1권 STONE VERSION
코딩테스트와 알고리즘을 위한 C/C++

제02장

프로젝트 만들기
Create Project

- 02.1   Visual Studio 프로젝트 만들기
- 02.2   컴파일(Compile)이란?
- 02.3   Code::Blocks에서 프로젝트 만들기
- 02.4   컴파일러가 Code::Blocks에 제대로 연결되어 있지 않을 때

오일러BOOKS

02.1
Visual Studio 프로젝트 만들기

Visual Studio에서 C/C++를 작성하기 위해서는 솔루션과 프로젝트를 만들어야 한다. 솔루션과 프로젝트의 개념을 다음과 같이 생각해보자. 예를 들어서 한 대의 컴퓨터를 만든다고 가정해보자. 컴퓨터 한 대를 만들기 위해서는 CPU와 메인보드, 그래픽카드 그리고 그 밖의 여러 가지 주변기기들이 있어야 한다. 그런데 컴퓨터에 들어갈 부품들과 주변 기기들을 한 사람이 혼자 만들어 생산한 후, 다시 생산된 제품들을 혼자 조립하여 컴퓨터를 완성한다면 이것은 현실적으로 불가능에 가까운 일이다. 따라서 컴퓨터 한 대를 만들기 위해서는 CPU는 인텔에서, 메인보드는 기가바이트에서, 그래픽카드는 NVIDIA라는 회사에서 생산을 하고 다시 생산된 제품들을 특정 장소에 가지고 온 후, 조립한다면 멋진 한 대의 컴퓨터를 완성할 수 있을 것이다. 이것을 프로그램과 비교하자면 각각의 부품들이 모이는 장소를 솔루션이라고 생각하면 되고 각각의 부품들을 프로젝트라고 생각하면 된다. 따라서 하나의 솔루션 안에는 여러 개의 프로젝트들이 놓일 수 있고 프로젝트 각각은 한 개의 프로그램 완성체이며 그런 프로젝트들이 모여서 하나의 솔루션을 완성한다고 생각하면 된다.

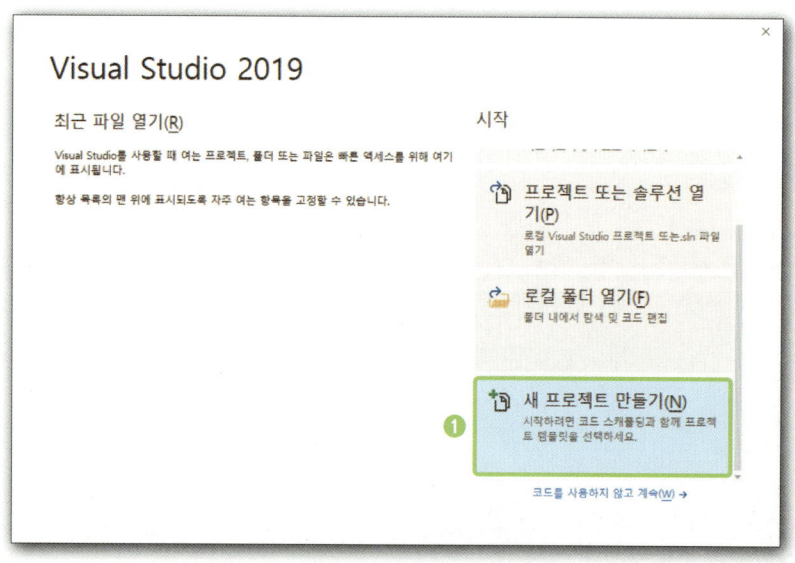

❶ Visual Studio를 실행시킨 후 새 프로젝트 만들기를 클릭한다.

❷ Windows 데스크톱 마법사를 선택한 후 다음 버튼을 클릭한다.

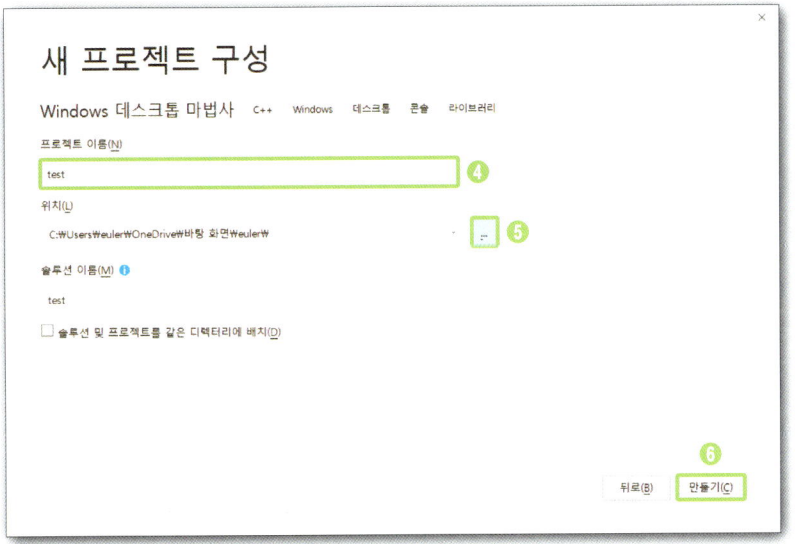

❸ 프로젝트 이름을 정한 다음에 솔루션 파일이 저장될 위치를 선택한 후 만들기 버튼을 클릭한다.

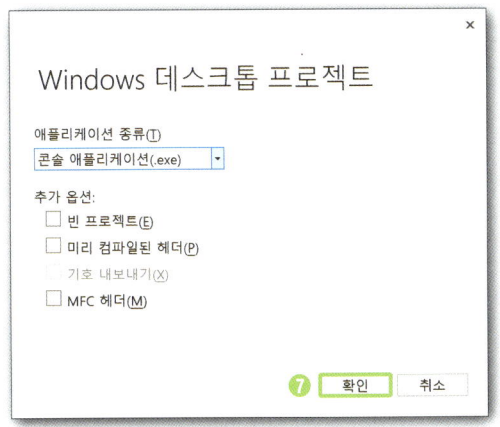

❹ 확인 버튼을 클릭한다.

❺ 솔루션과 프로젝트가 완성되면 오른쪽 창에 소스 파일의 이름이 프로젝트명과 같은 이름으로 만들어진 것을 확인할 수 있다. 오른쪽 ❽ 소스 파일이 있는 창을 ❾ 솔루션 탐색기라고 한다.

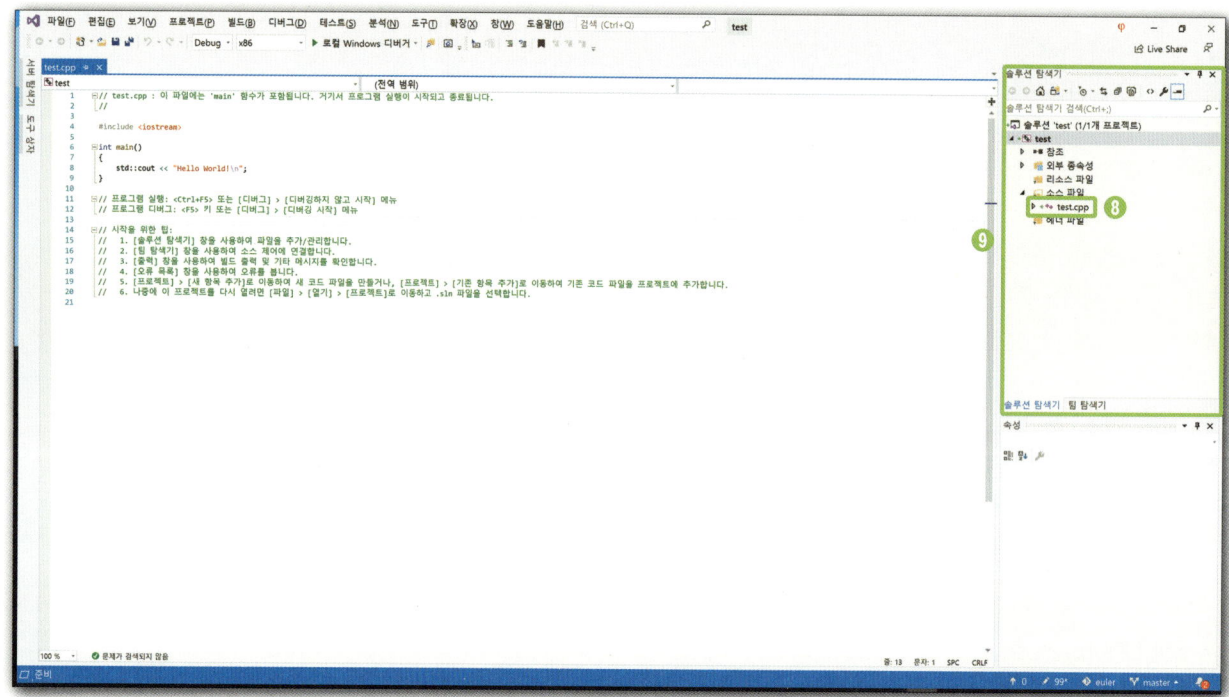

02.2
컴파일(Compile)이란?

새로운 프로젝트를 만들고 나면 왼쪽 소스 코드창에 프로그램을 처음 입문하는 사람들이 언제나 제일 처음에 배우게 되는 "Hello World!"를 출력하는 기본적인 샘플 프로그램이 작성되어 있다. 화면에 작성된 프로그램은 인간이 사용하는 언어이고 이렇게 인간이 사용하는 언어는 컴퓨터에게 직접적으로 전달할 수 없기 때문에 프로그램을 실행하기 위해서는 먼저 작성된 프로그램을 컴퓨터가 알아들을 수 있는 언어인 기계어(Machine Language)로 번역을 해야 한다. 예를 들어서 프랑스 사람과 대화를 해야 한다고 생각해보자. 그러면 둘 중에 하나를 해야 할 것이다. 직접 프랑스어를 배우거나 아니면 프랑스어를 할 수 있는 번역가를 고용하는 것이다.

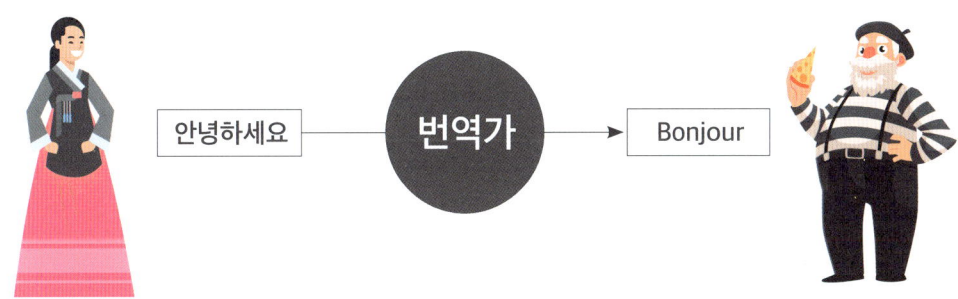

첫 번째 방법인 프랑스어를 배우는 방법은 언어를 배우기까지 많은 시간이 필요하기 때문에 지금 당장 프랑스 사람과 대화하기에는 어려움이 있다. 하지만 프랑스어를 알고 있다면 번역가를 두는 것보다는 좀 더 깊은 대화를 나눌 수 있을 것이다. 두 번째 방법인 번역가를 둔다면 깊은 대화를 나눌 수는 없지만 지금 당장이라도 프랑스 사람과 대화하는데 어려움은 없을 것이다. 컴퓨터 언어도 마찬가지이다. 컴퓨터 언어인 기계어(Machine Language)는 이진수(Binary Number)로 된 숫자로 구성되어 있다. 이진 정수로 된 숫자로 프로그램을 작성한다고 하면 너무나도 많은 어려움이 있을 것이다. 그래서 중간에 컴파일러(compiler)라는 기계어로 번역해 주는 번역기를 두고서 프로그램을 작성하게 되는 것이다. 이렇게 인간을 위해서 작성된 언어를 컴퓨터가 알아들을 수 있는 기계어로 번역해주는 과정을 **컴파일(Compile)**이라고 한다. 최종적으로 완성된 프로그램은 이렇게 컴파일(Compile) 과정을 거친 후 실행(Running)을 해주어야 비로소 작동하게 되는 것이다.

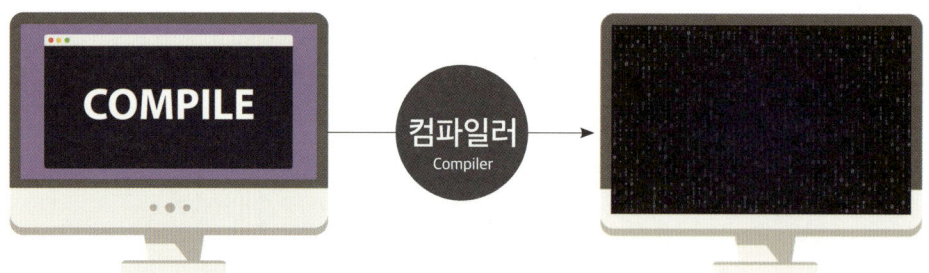

Visual Studio로 프로그램을 작성한 후 컴파일(Compile)을 진행하기 위해서는 ctrl + F7 을 누른다. 컴파일(Compile) 과정을 거치면 소스 코드 아래의 출력창에서 문법적인 오류가 있는지를 나타내어 준다. 만일 실패가 0이면 문법적인 오류가 없으므로 바로 프로그램을 실행(Running)시킬 수 있다. 만일 실패가 있다면 소스 코드에서 잘못된 부문을 찾아서 실패를 0으로 만들기 전까지는 프로그램을 실행(Running)시킬 수 없다.

작성된 프로그램이 문법적인 오류 없이 모두 잘 작성되었다면 ctrl + F5 를 눌러서 프로그램을 실행(Running)한다. 모든 과정에서 이상이 없다면 프로그램의 최종 결과가 텍스트만 표현되는 검은 창에 출력되는데 출력된 검은 창을 콘솔 윈도우(Console Window)라고 한다.

02.3 Code::Blocks에서 프로젝트 만들기 Code::Blocks Project

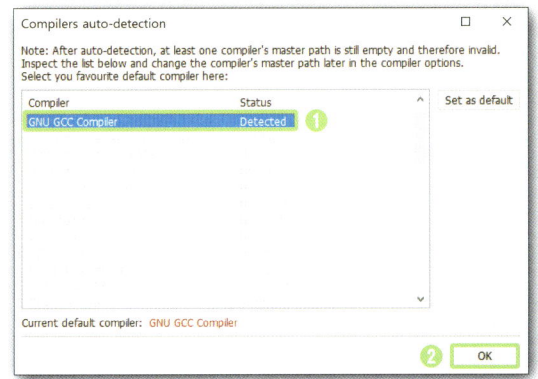

❶ Code::Blocks를 설치한 후 처음으로 프로그램을 실행시키면 컴파일러 자동감지 설정 대화상자가 나타난다. "GNU GCC Compiler"를 선택한 후 OK 버튼을 클릭한다.

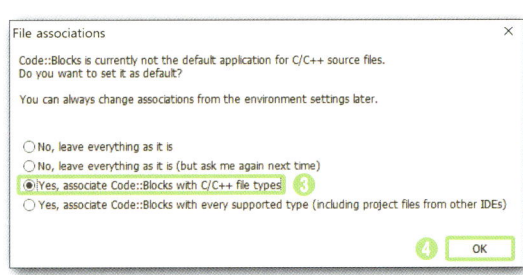

❷ C/C++ 소스 파일과 Code::Blocks를 연결할 것인지 묻는 대화상자가 나타난다. 윈도우 탐색기에서 소스 파일을 더블클릭할 때 자동으로 Code::Blocks에서 열리도록 하려면 "Yes, associate Code::Blocks with C/C++ file types"를 선택하고, 기존에 이미 설치한 다른 프로그램으로 열려면 "No, leave everything as it is"를 선택한 후 OK 버튼을 클릭한다

❸ 프로젝트를 만들기 위해서 바탕화면에서 Create New Project를 선택한다. (또는 메뉴에서 File -> New -> Project…를 선택해도 된다.)

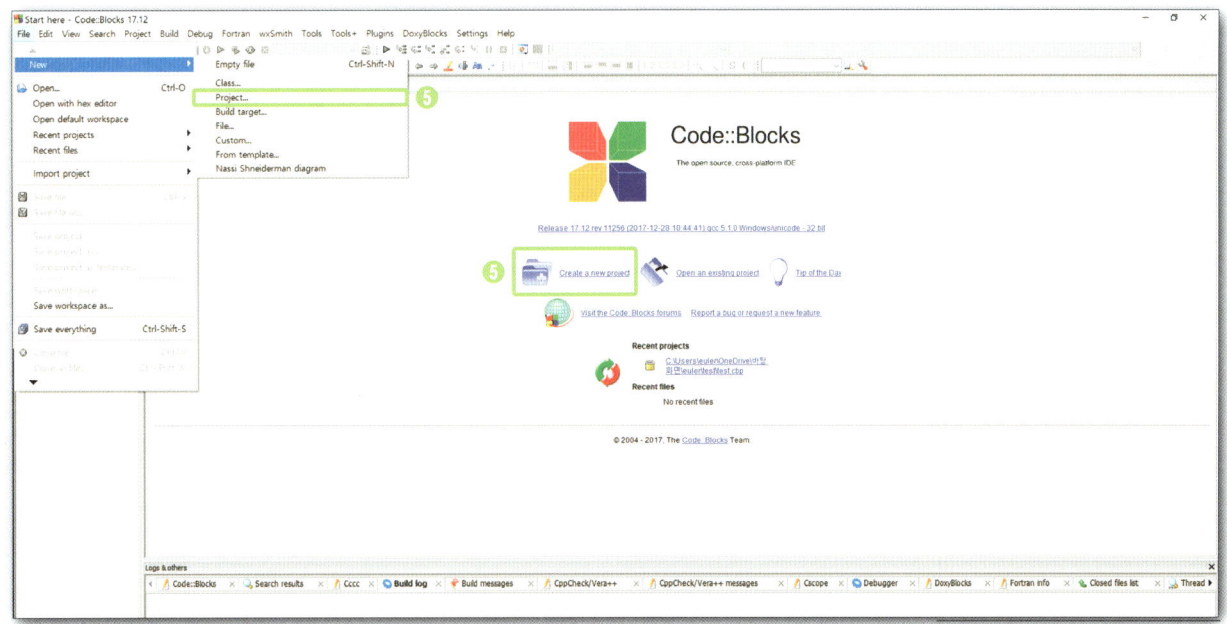

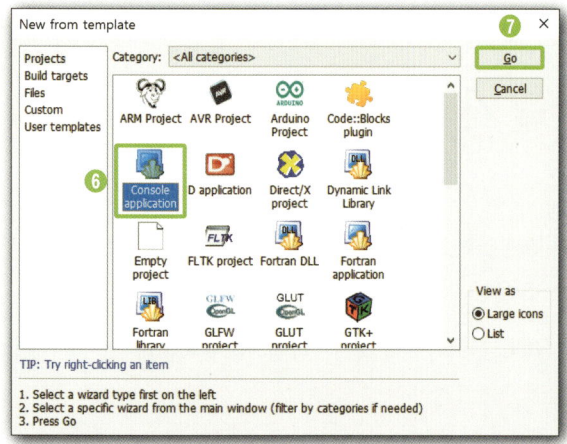

❹ "Console application"을 선택한 후 Go 버튼을 클릭한다.

❺ Console application 마법사를 실행하겠다는 메시지이다. 앞으로 프로젝트를 만들 때 해당 윈도우를 생략하려면 "Skip this page next time"을 선택한 후 Next 버튼을 클릭한다.

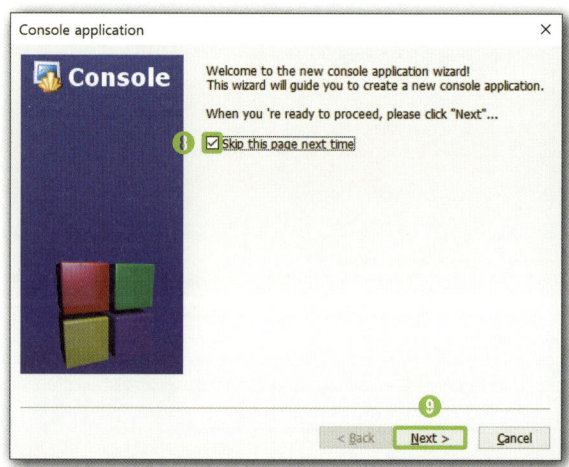

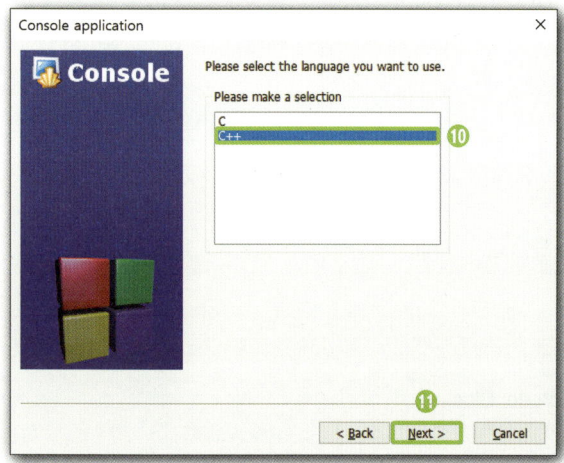

❻ C++를 선택한 후 Next 버튼을 클릭한다.

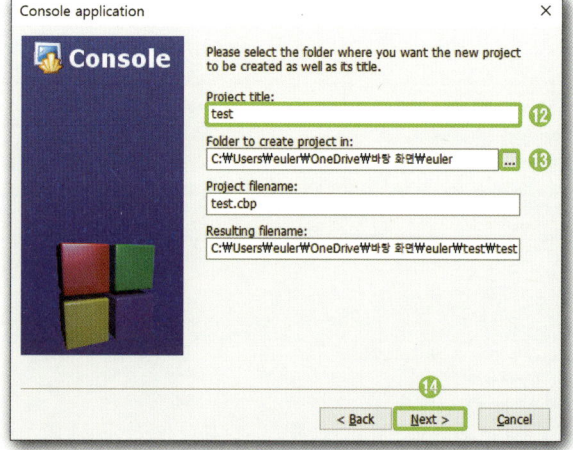

❼ 프로젝트 이름 그리고 프로젝트 파일과 소스 파일이 저장될 경로를 설정한 후 Next 버튼을 클릭한다.

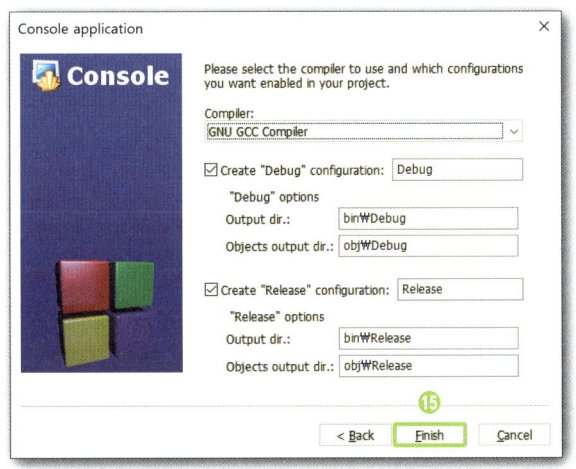

❽ 컴파일러로 GNU GCC 컴파일러를 사용하겠다는 대화상자이다. Finish 버튼을 클릭한다.

❾ 왼쪽의 Management 패널에서 Project 탭을 선택한 후 프로젝트 이름 안에 Sources 폴더를 확인하면 기본적으로 main.cpp 파일이 구성되어 있는 것을 볼 수 있다.

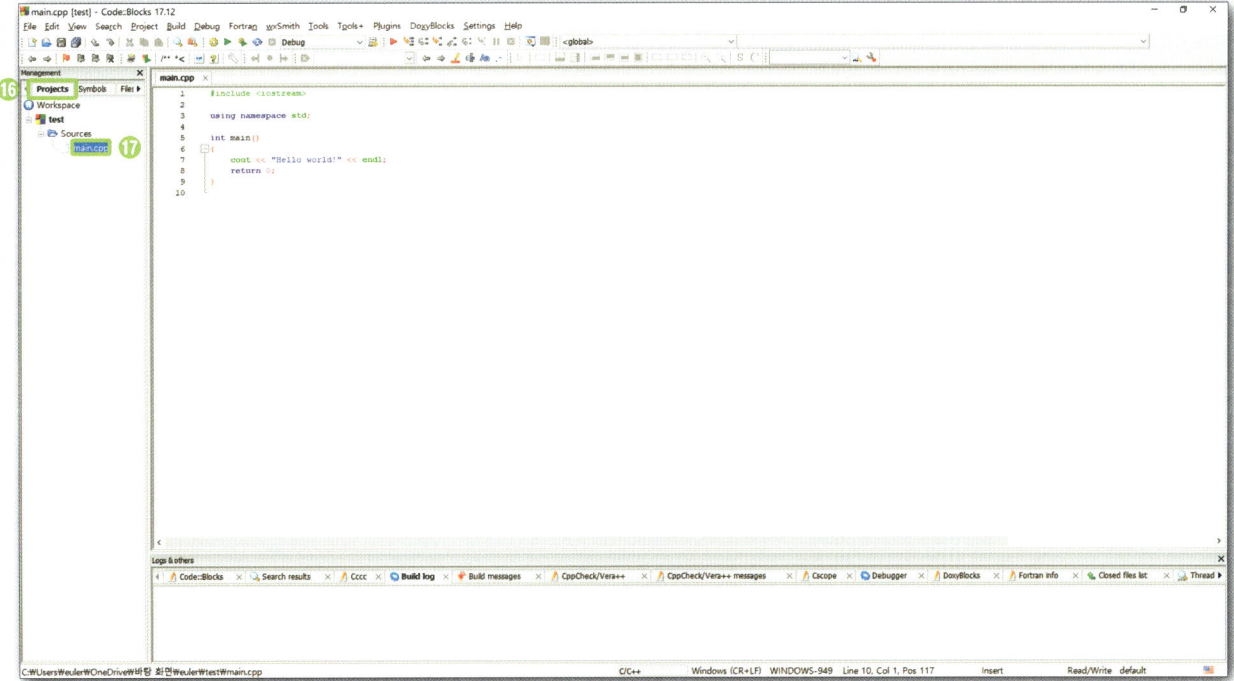

⑩ 왼쪽의 소스 파일 main.cpp를 컴파일하기 위한 단축키는 `ctrl` + `F9` 이고 컴파일을 하면 아래의 창에 컴파일에 대한 최종 결과를 보여준다. 문법적인 오류가 없다면 `ctrl` + `F10` 을 눌러 작성된 프로그램을 실행시킬 수 있다. 또는 `F9` 를 눌러 컴파일과 실행을 동시에 진행할 수도 있다. 여기서 소스 파일인 main.cpp가 있는 왼쪽을 ⑲ Manager 창이라고 하고 컴파일 된 결과를 보여주는 아래를 ⑳ Logs 창이라고 한다.

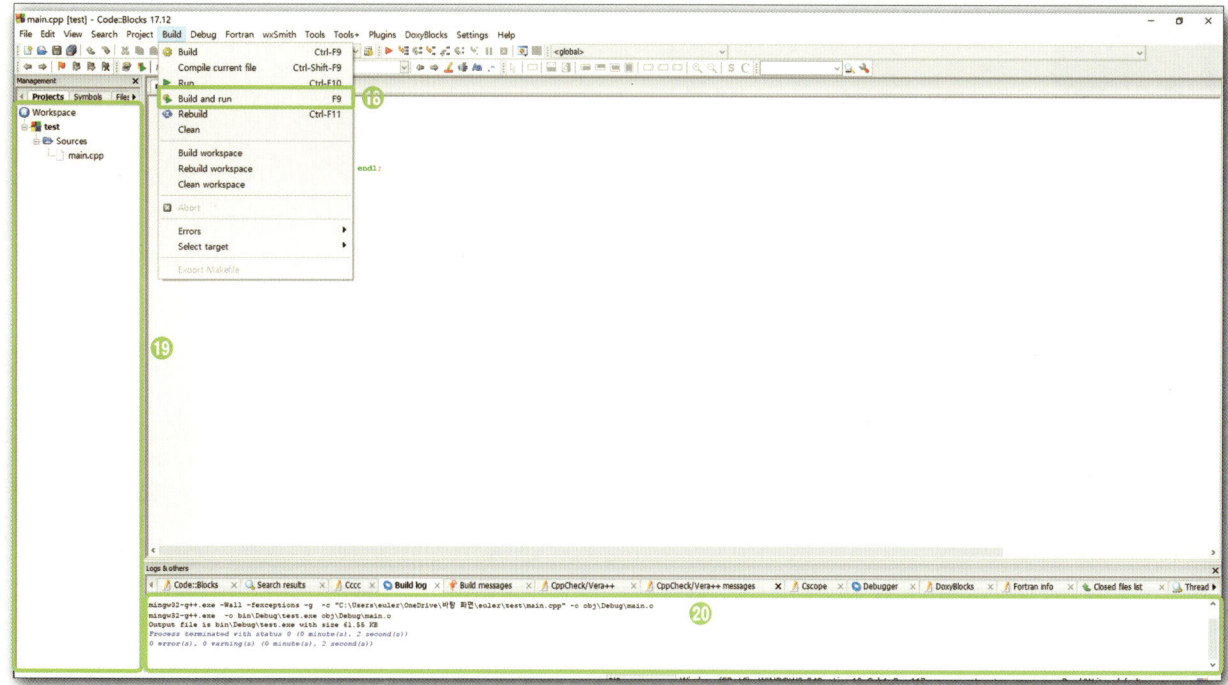

02.4
컴파일러가 Code::Blocks에 제대로 연결되어 있지 않을 때

❶ Code::Blocks를 설치했는데 Code::Blocks와 컴파일러가 제대로 연결되어 있지 않으면 Code::Blocks를 실행시켰을 때 다음과 같이 Environment Error를 만날 수 있다. 컴파일러를 찾지 못해서 발생되는 현상이다.

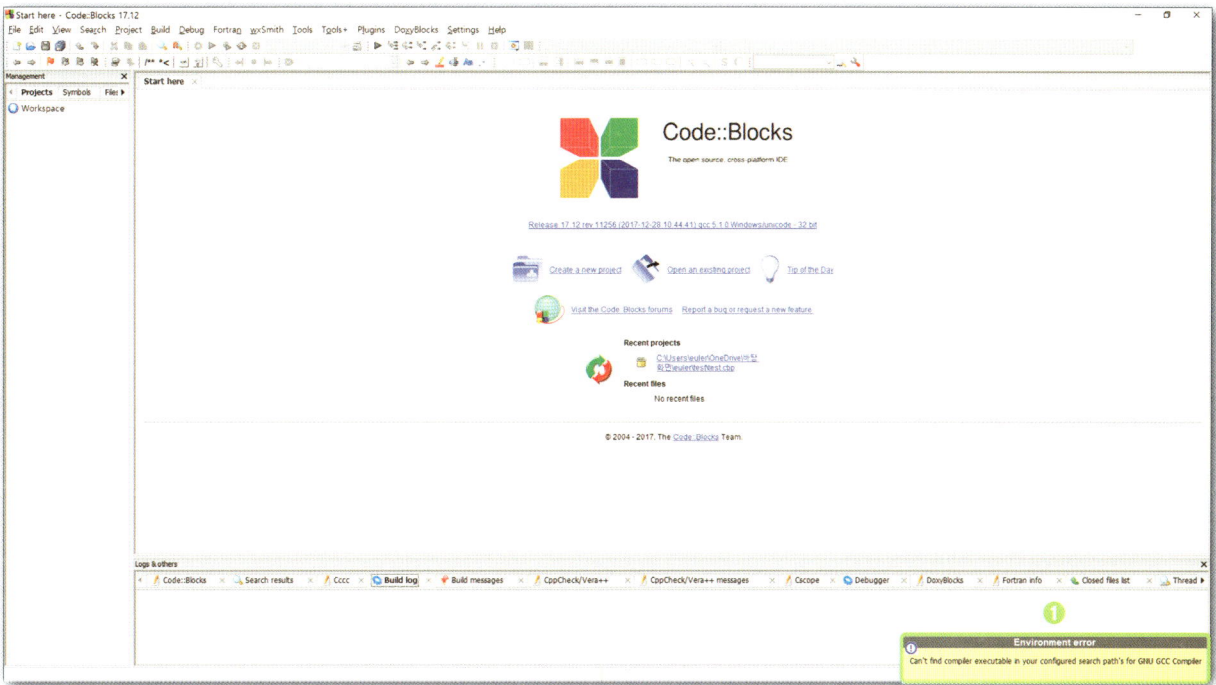

❷ Settings -> Compiler를 선택한다.

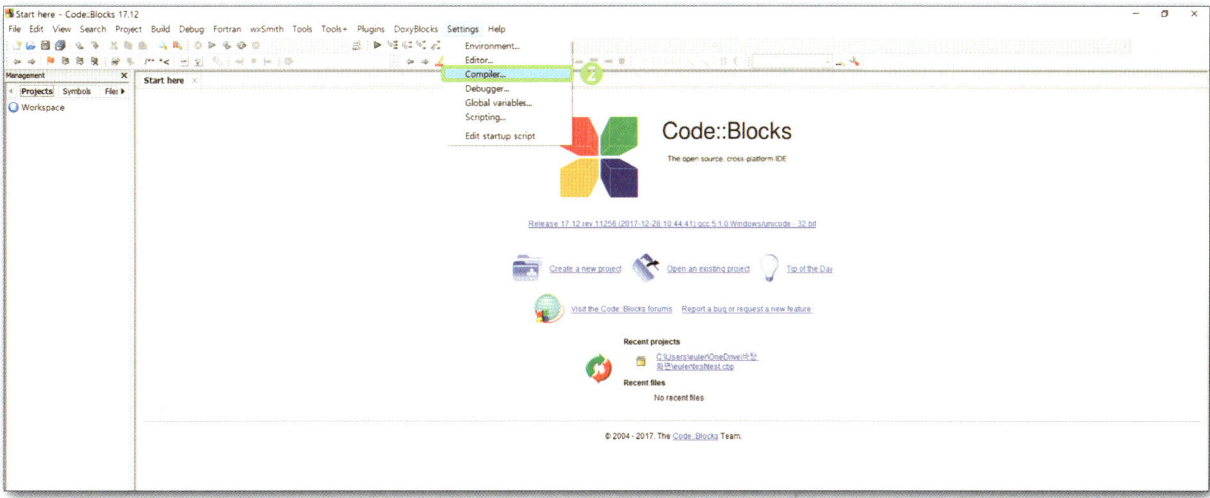

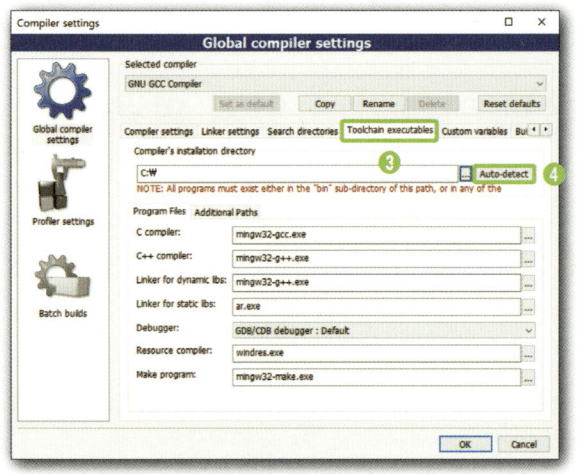

❸ Global compiler settings 대화상자에서 Toolchain executables 탭을 선택한 다음에 컴파일러 경로를 자동으로 찾아주는 Auto-detect를 클릭하거나 또는 수동으로 경로를 찾으려면 경로 찾기 버튼을 클릭한 후 경로 설정을 한다.

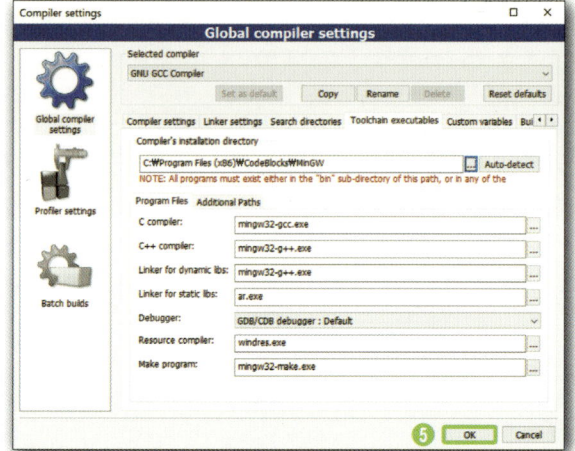

❹ 경로 설정을 마쳤으면 OK 버튼을 클릭한다.

코딩마법서

1권 STONE VERSION
코딩테스트와 알고리즘을 위한 C/C++

제03장

콘솔 출력
Console Output

03.1 printf()문 : 화면 출력
03.2 디버깅 Debugging
03.3 주석 Comment
03.4 제어 문자 Escape Sequence
03.5 연습문제

오일러BOOKS

03.1 printf()문 : 화면 출력

프로그램의 가장 기본적인 틀은 다음과 같다.

 Core
```
#include <cstdio>

int main(void)
{
    // 실제 프로그램 작성 부분
    return 0;
}
```

cstdio(C Standard Input/Output)는 파일의 이름이며 이 파일을 **헤더 파일(Header File)**이라고 부른다. 컴파일 타임에 로드(Load)되어 main() 함수 위에 복사가 된다. 뒤에서 배우게 되는 함수 부분을 이해해야 좀 더 명확히 설명할 수 있기 때문에 해당 구문의 설명은 일단 생략하도록 하겠다. 하지만 앞으로 사용하는 출력함수 printf(), 입력함수 scanf()를 위해서는 #include <cstdio>가 반드시 들어가야 하는 것을 잊어서는 안된다. 그리고 마지막 줄의 return 0은 프로그램이 정상적으로 종료되었음을 알려주는 문장이다. 반드시 작성해야 하는 것은 아니지만 어떤 컴파일러는 작성하지 않을 시 컴파일 타임에 에러를 발생하기 때문에 잊지 말고 프로그램 마지막에 항상 작성해 주는 것이 좋다.

프로그램의 시작은 main()이라고 써 있는 부분부터 시작한다. 이것을 main 함수라고 읽는다. main() 함수는 여는 중괄호(Open Curly Bracket) "{"로 시작해서 닫는 중괄호(Close Curly Bracket) "}"로 끝이 난다. 즉, 프로그램의 시작과 끝을 알리는 괄호이다. 괄호는 여는 괄호("{")로 시작을 알린다면 반드시 닫는 괄호("}")로 마지막을 알려야 하며 괄호의 짝이 맞지 않을 시에는 컴파일 타임에 에러를 구경하게 될 것이다.

 Core
```
printf("Hello, Euler ");
```

main() 함수 안에 작성되는 printf()는 콘솔 윈도우(Console Window)에 출력을 하는 명령문이다. 이것을 printf() 함수라고 읽는다. printf() 함수는 여는 쌍따옴표(")로 시작해서 닫는 쌍따옴표(")로 끝이 나며 따옴표 안의 내용이 콘솔 윈도우에 그대로 출력된다. 따옴표는 반드시 짝이 맞아야 하며 이 또한 짝이 맞지 않을 시에는 컴파일 타임에 에러를 발생하게 된다. 이렇게 여는 쌍따옴표(")로 시작해서 닫는 쌍따옴표(")로 끝이 나는 구간을 출력 문자열이라고 부른다. 그리고 언제나 마지막으로 문장의 끝에는 세미콜론(;)을 기입함으로써 한 개의 명령이 끝났음을 알린다.

Coding

```
1   #include <cstdio>
2
3   int main(void)
4   {
5       printf("Hello, Euler ");
6       printf("Hello, Euler ");
7       printf("Hello, Euler ");
8       return 0;
9   }
```

Interpret

- 프로그램을 컴파일한 후 실행하면 콘솔 윈도우(Console Window)에 "Hello, Euler Hello, Euler Hello, Euler"가 출력된다.

Output

```
Hello, Euler Hello, Euler Hello, Euler
```

Caution

5번째 줄부터 8번째 줄은 모두 4칸의 들여쓰기가 되어 있음을 알 수 있다. 보통 들여쓰기는 2칸 들여쓰기나 4칸 들여쓰기를 한다. 이렇게 들여쓰기를 해야 하는 이유는 5번째 줄부터 8번째 줄은 main() 함수에 소속되어 있는 문장이라는게 한 눈에 봐도 알 수 있게 하기 위해서이다. 들여쓰기는 이와 같이 소스 코드의 가독성을 위해서 반드시 필요하다. 들여쓰기를 하는 방법은 4번째 줄의 여는 중괄호("{")를 작성한 후 엔터키()를 누르면 자동으로 들여쓰기가 되지만 가끔 특정한 경우에는 들여쓰기가 잘되지 않는 경우도 발생하게 된다. 우리는 그때 들여쓰기를 맞추는 것이 중요한데 초보자들의 경우에는 가끔 스페이스바(Space Bar)를 이용해서 맞추는 경우도 있다. 들여쓰기는 스페이스바(Space Bar)를 이용해서 맞추기보다는 자판 왼쪽 상단의 탭키()를 이용하여 들여쓰기를 하는게 좀 더 효율적임을 알 수 있다. 초보자들의 경우 들여쓰기를 소홀히 생각하는 경우도 있지만 들여쓰기는 선택이 아니라 필수가 되어야 한다. 물론 들여쓰기가 제대로 되어있지 않다고 해서 프로그램이 실행되지 않는 것은 아니나 나중에 소스 코드가 복잡해지고 길어질 경우 가독성이 떨어져 본인이 작성한 코드를 본인이 알아보지 못하는 어처구니없는 경우가 발생되기도 하기 때문이다. 멋진 코드는 정확한 들여쓰기에서 오는 것임을 잊지 말고 꼭! 들여쓰기를 소홀히 해서는 안 된다는 것을 명심하자.

Tip

초보자들은 처음에 들여쓰기 기능을 이해하기가 어려울 수도 있다. 그래서 Visual Studio에서는 자동 들여쓰기 기능을 지원한다. 소스 코드를 작성한 후 파일 전체에 대해서 들여쓰기 기능을 적용하고 싶다면  + K 를 누른 후 다시 ctrl + D 를 누르면 파일 전체에 대해서 자동 들여쓰기를 해준다. 또는 선택 범위에 대해서만 들여쓰기를 하고 싶다면 선택 범위를 블록으로 씌운 후 ctrl + K 를 누른 후 다시 ctrl + F 를 누르면 선택 범위에 대해서만 들여쓰기를 해준다. 초보자들의 경우는 단축키를 이용하여 들여쓰기를 해서 어떻게 들여쓰기가 되는지 살펴보는 것도 괜찮은 방법이다.

03.2
디버깅 Debugging

프로그램을 작성하다 보면 단 한 번의 실수 없이 완벽하게 프로그램을 작성할 수 있는 사람은 거의 없다고 봐야 한다. 그렇다면 이렇게 프로그램이 원하지 않게 작성되었을 때 틀린 부분을 얼마나 빨리 찾아서 수정할 수 있느냐 하는 것이 프로그래머의 실력 전체를 차지한다고 해도 과언이 아니다.

 Core

```
7     printf("Hello, Euler ")
8     return 0;
9 }
```

7번째 줄에서 맨 뒤에 세미콜론(";")을 실수로 빼먹고 작성했다면 컴파일 타임에 프로그램은 문법이 맞지 않기 때문에 아래와 같은 에러(Error) 메시지를 발생하게 된다.

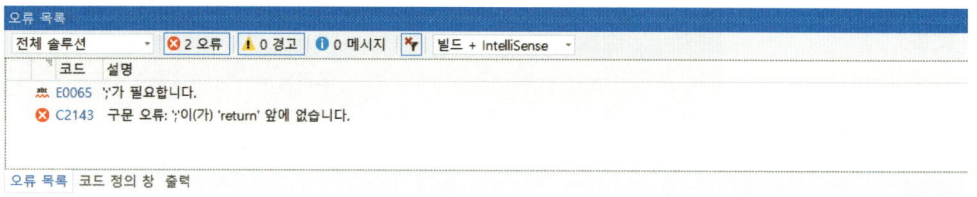

프로그램에서 에러(Error)가 발생했을 시에는 에러(Error)가 없는 문장으로 만들어줘야 하는데 작성한 프로그램을 에러(Error)가 없는 문장으로 만드는 과정을 **디버깅(Debugging)**이라고 한다. 디버깅을 하는 작업은 처음에는 상당히 어렵고 많은 인내력을 필요로 한다. 처음부터 디버깅(Debugging)을 완벽하게 잘 할 수 있는 사람은 존재하지 않는다. 디버깅(Debugging)을 잘하기 위해서는 상당히 많은 시간 투자와 노력이 요구된다.

 Tip

아주 오래전 컴퓨터가 집채만 한 시절에 어느 날 컴퓨터가 작동을 멈추는 일이 발생하였다. 그래서 왜 그런가 하고 컴퓨터를 분해하였더니 컴퓨터 안에 나방(Bug)이 들어가 컴퓨터의 작동을 멈추게 만든 것이다. 이후 나방(Bug)을 제거하고 나니 다시 컴퓨터가 잘 작동되었다는 것에서 유래하여 프로그램의 잘못된 부분을 고치는 과정을 디버깅(Debugging)이라고 한다.

03.3 주석 Comment

프로그램을 작성하다 보면 소스 코드(Source Code)에 무언가 설명을 적어줘야 하는 경우가 종종 발생된다. 이런 경우에 컴파일(Compile) 타임에 영향을 받지 않는 공간이 필요하다. 이렇게 프로그램에 영향을 받지 않게 만드는 과정을 '**주석(Comment) 처리를 한다**'라고 한다. 주석을 처리하는 과정은 어느 특정 부분 전체를 주석으로 처리하는 블록 주석과 한 줄만 주석 처리를 하는 한 줄 주석이 있다. 블록 주석의 시작은 "/*"로 시작해서 주석이 끝나는 부분은 "*/"로 닫아줘야 한다. 그러면 "/*"로 시작하는 부분부터 "*/"로 끝나는 부분까지는 프로그램 진행에 어떠한 영향도 주지 않는다. 한 줄 주석은 "//" 두 개를 사용해서 작성하며 "//"이 시작하는 부분부터 그 줄의 끝나는 부분까지 모두 주석(comment)으로 처리가 된다.

Coding

```c
/*
블록 주석 공간으로 프로그램 실행 시 어떠한 영향도 받지 않는다.
program by 오일러
*/
#include <cstdio>

int main(void)
{
    printf("Hello, Euler ");    // 한 줄 주석 공간
    printf("Hello, Euler ");
    printf("Hello, Euler ");
    return 0;
}
```

Output

```
Hello, Euler Hello, Euler Hello, Euler
```

Tip

Visual Studio는 주석 처리에 대해서 단축키를 지원한다. 주석으로 처리하고 싶은 부분을 블록으로 씌운 후 `ctrl` + `K`를 누른 후 `ctrl` + `C`를 누르면 선택 영역에 대해서 주석 처리가 된다. 주석 처리된 부분을 해제하고 싶다면 주석으로 처리된 부분을 블록으로 씌운 후 `ctrl` + `K`를 누른 후 `ctrl` + `U`를 누르면 선택 범위의 주석이 해제된다.

03.4 제어 문자 Escape Sequence

제어 문자(Escape Sequence)는 출력을 할 때 커서 이동과 소리의 기능을 수행하는 문자라고 생각하면 된다. 03.1번 프로그램을 실행시켜보면 printf()문 3개가 각 줄에 주어졌지만 어떠한 줄 내림도 발생되지 않았다. 하지만 아래의 프로그램을 실행시켜보면 6번째 줄의 출력 문자열 마지막 두 개의 "\n"에 의해서 두 줄이 내려가고 또 다시 7번째 줄에서도 한 개의 "\n"에 의해서 한 줄이 내려가는 것을 알 수 있다. 또한 8번째 줄에서도 한 개의 "\n"에 의해서 한 줄 내림이 발생하였다.

Coding

```c
1   #include <cstdio>
2
3   int main(void)
4   {
5       printf("Hello, Euler ");
6       printf("Hello, Euler\n\n");
7       printf("\n");
8       printf("Hello, Euler\n");
9       return 0;
10  }
```

Output

```
Hello, Euler Hello, Euler

Hello, Euler
```

이와 같이 줄 내리기 또는 커서 이동을 하고자 할 때는 반드시 printf()문의 출력 문자열 안에 백 슬래시 (Back Slash) (한국식 키보드는 ₩, 미국식 키보드는 \)를 입력한 후 제어 문자(Escape Sequence)를 활용하면 줄 내림이나 또는 커서 이동이 가능하다.

Tip

여러 가지 제어 문자(Escape Sequence)

Escape 문자	기능	ASCII
\n	다음 줄의 처음으로 커서 이동(New Line)	10
\r	줄의 처음으로 이동(Carriage Return)	13
\b	왼쪽으로 한 칸 이동(Back Space)	8
\t	탭의 크기만큼 커서 이동(Tab)	9
\a	벨 소리(Alarm)	7

03.5 연습문제 Exercise

① 삼각형 모양을 출력하는 프로그램을 print()문 5개를 각 줄에 사용하여 작성하여라.

Input Form   입력형식 없음.

Output Form   '출력의 예'와 같은 형식으로 삼각형 모양을 5줄에 걸쳐서 각 줄에 출력하여라.

Example

출력
#####

❷ 다이아몬드 모양을 출력하는 프로그램을 print()문 9개를 각 줄에 사용하여 작성하여라.

Input Form   입력형식 없음.

Output Form   '출력의 예'와 같은 형식으로 다이아몬드 모양을 9줄에 걸쳐서 각 줄에 출력하여라.

Example

출력
| ```
    #
   ###
  #####
 #######
#########
 #######
  #####
   ###
    #
``` |

❸ EULER 모양을 출력하는 프로그램을 print()문 5개를 각 줄에 사용하여 작성하여라.

Input Form   입력형식 없음.

Output Form   '출력의 예'와 같은 형식으로 EULER 모양을 5줄에 걸쳐서 각 줄에 출력하여라.

Example

출력
| ```
EEEEEEE  U     U  L        EEEEEEE  RRRRRR
E        U     U  L        E        R     R
EEEEEEE  U     U  L        EEEEEEE  RRRRRRR
E        U     U  L        E        R     R
EEEEEEE  UUUUUUU  LLLLLLL  EEEEEEE  R     R
``` |

코딩마법서

1권 STONE VERSION
코딩테스트와 알고리즘을 위한 C/C++

제04장

정수형 데이터 출력
Integer Type

04.1 %d : 정수형 데이터 출력
04.2 나머지 연산자
04.3 정수형 포맷팅 Formatting
04.4 연습문제

오일러BOOKS

04.1
%d : 정수형 데이터 출력 Integer Type Print

printf() 함수를 이용해서 정수를 출력하고자 한다면 어떻게 해야 하는가?

위의 문장을 실행하면 출력 문자열 안의 내용이 그대로 콘솔 화면에 출력된다. 즉, 34 + 56이 콘솔 화면에 출력된다.

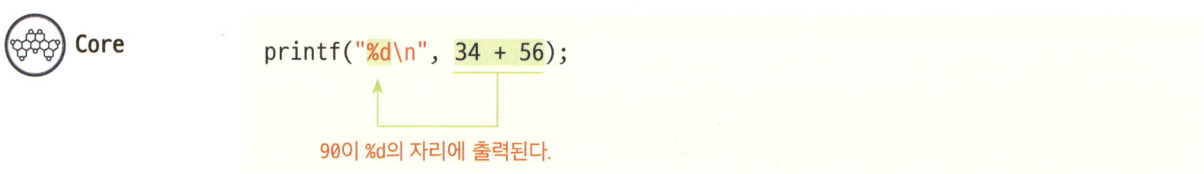

출력 문자열 안에 %d가 등장하는데 이것을 **서식 문자(Conversion Specifier)**라고 한다. 서식 문자가 printf() 함수 안의 출력 문자열 안에 놓여있으면 서식 문자가 놓여있는 곳에 지정된 숫자 또는 문자가 서식에 맞춰서 콘솔 화면에 출력된다. %d는 decimal의 약자로 %d 자리에 10진 정수가 출력된다. 즉, 34 + 56의 결괏값 90이 %d 자리에 출력된다. 그리고 출력 문자열 "%d\n"와 34 + 56 사이는 반드시 콤마(,)로 구분되어 있음을 주의해야 한다.

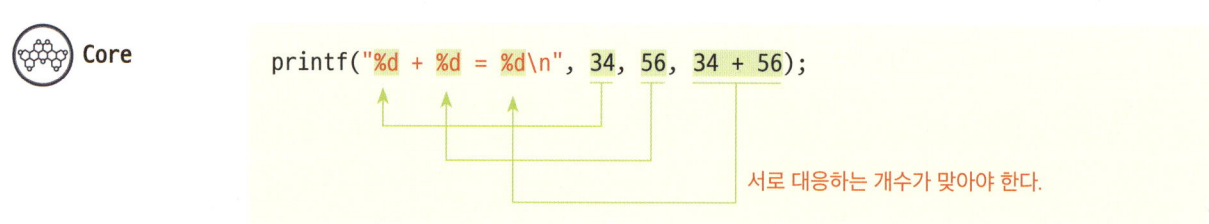

출력 문자열 안에 서식 문자의 개수는 제한이 없으나 반드시 서식 문자의 개수에 맞춰서 문자 또는 숫자가 대응되어야 한다. printf() 출력 문자열 안에는 %d 서식 문자가 3개가 있으므로 그에 대응하는 정수도 반드시 3개가 놓여 있어야 한다. 첫 번째 %d 자리에는 첫 번째 정수인 34가, 두 번째 %d 자리에는 두 번째 정수인 56이, 그리고 세 번째 %d 자리에는 34 + 56의 결괏값 90이 순서대로 대응되어 출력된다. 따라서 출력 결과는 34 + 56 = 90이 콘솔 화면에 출력된다. 그리고 출력 문자열과 각각의 대응되는 정수들은 콤마(,)로 구분되어 있다.

 Coding

```cpp
1   #include <cstdio>
2
3   int main(void)
4   {
5       printf("34 + 56\n");
6       printf("%d\n", 34 + 56);
7       printf("%d + %d = %d\n", 34, 56, 34 + 56);
8
9       printf("34 - 56\n");
10      printf("%d\n", 34 - 56);
11      printf("%d - %d = %d\n", 34, 56, 34 - 56);
12
13      printf("34 * 56\n");
14      printf("%d\n", 34 * 56);
15      printf("%d * %d = %d\n", 34, 56, 34 * 56);
16
17      printf("34 / 56\n");
18      printf("%d\n", 34 / 56);
19      printf("%d / %d = %d\n", 34, 56, 34 / 56);
20      return 0;
21  }
```

 Interpret

- 5번째 줄은 출력 문자열 안의 내용이 그대로 콘솔 화면에 출력된다. 따라서 34 + 56이 출력됨을 알 수 있다. 6번째 줄은 34 + 56의 결괏값 90이 %d 자리에 출력된다. 7번째 줄의 첫 번째 %d 자리에는 첫 번째 정수인 34가, 두 번째 %d 자리에는 두 번째 정수인 56이, 그리고 세 번째는 %d 자리에는 34 + 56의 결괏값 90이 순서대로 대응되어 출력된다. 따라서 7번째 줄의 출력 결과는 34 + 56 = 90이 콘솔 화면에 출력된다.

- 9번째 줄은 출력 문자열 안의 내용이 그대로 콘솔 화면에 출력된다. 따라서 34 – 56이 출력됨을 알 수 있다. 10번째 줄은 34 - 56의 결괏값 –22가 %d 자리에 출력된다. 11번째 줄의 첫 번째 %d 자리에는 첫 번째 정수인 34가, 두 번째 %d 자리에는 두 번째 정수인 56이, 그리고 세 번째 %d 자리에는 34 – 56의 결괏값 –22가 순서대로 대응되어 출력된다. 따라서 11번째 줄의 출력 결과는 34 – 56 = –22가 콘솔 화면에 출력된다.

- 13번째 줄은 출력 문자열 안의 내용이 그대로 콘솔 화면에 출력된다. 따라서 34 * 56이 출력됨을 알 수 있다. 14번째 줄에서 "*"(asterisk)는 곱셈 연산자를 나타낸다. 따라서 14번째 줄은 34 * 56의 결괏값 1904가 %d 자리에 출력된다. 15번째 줄의 첫 번째 %d 자리에는 첫 번째 정수인 34가, 두 번째 %d 자리에는 두 번째 정수인 56이, 그리고 세 번째 %d 자리에는 34 * 56의 결괏값 1904가 순서대로 대응되어 출력된다. 따라서 15번째 줄의 출력 결과는 34 * 56 = 1904가 콘솔 화면에 출력된다.

- 17번째 줄은 출력 문자열 안의 내용이 그대로 콘솔 화면에 출력된다. 따라서 34 / 56이 출력됨을 알 수 있다. 18번째 줄에서 "/"(forward slash)는 나눗셈 연산자를 나타낸다. 18번째 줄의 34 / 56은 34를 56으로 나누는 나눗셈 연산이지만 정수끼리의 연산에서는 34를 56으로 나눈 몫만 연산 결과로 가져오기 때문에 나눗셈 연산 결과의 몫인 0만 %d 자리에 출력된다. 19번째 줄의 첫 번째 %d 자리에는 첫 번째 정수인 34가, 두 번째 %d 자리에는 두 번째 정수인 56이, 그리고 세 번째 %d 자리에는 34 / 56의 결괏값 0이 순서대로 대응되어 출력된다. 따라서 19번째 줄의 출력 결과는 34 / 56 = 0이 콘솔 화면에 출력된다.

Output

```
34 + 56
90
34 + 56 = 90
34 - 56
-22
34 - 56 = -22
34 * 56
1904
34 * 56 = 1904
34 / 56
0
34 / 56 = 0
```

04.2
나머지 연산자

C/C++에서 가장 기본이 되는 연산자는 다음과 같다. 위에서 살펴본 덧셈을 하는 덧셈 연산자 "+", 뺄셈을 하는 뺄셈 연산자 "-", 곱셈을 하는 곱셈 연산자 "*", 나눗셈을 하는 나눗셈 연산자 "/", 그리고 마지막으로 나머지를 구하는 나머지 연산자 "%"가 있다.

Coding

```c
1   #include <cstdio>
2
3   int main(void)
4   {
5       printf("%d\n", 8 / 3);
```

```
 6        printf("%d\n", 8 % 3);
 7        printf("%d\n", 3 / 8);
 8        printf("%d\n", 3 % 8);
 9        printf("%%d\n");
10        return 0;
11    }
```

 Interpret

- 5번째 줄의 8 / 3은 8을 3으로 나눴을 때의 몫 2가 출력되고, 6번째 줄의 8 % 3은 8을 3으로 나눴을 때의 나머지 2가 출력된다. 하나만 더 예를 들어보면 3 / 8과 3 % 8이다. 3을 8로 나누면 몫이 0이고 나머지가 3이 된다. 따라서 7번째 줄은 3 / 8의 결괏값 0이 출력되고 8번째 줄은 3 % 8의 결괏값 3이 출력된다.

 Core

```
        0         ── 3 / 8 의 값
   8 ) 3
        0
        ───
        3         ── 3 % 8 의 값
```

- 9번째 줄에서 %를 화면에 출력하기 위해서는 %를 출력 문자열 안에 2번을 써야만 출력된다. 예를 들어 콘솔 화면에 %d를 출력하기 위해서 printf("%d\n")와 같이 프로그램을 작성하게 되면 에러가 발생된다. 왜냐하면 %d는 정수를 출력하는 서식 문자이기 때문에 출력 문자열 안에 %d가 있다면 반드시 대응해서 출력할 수 있는 정수가 있어야 하는데, 대응하는 정수가 없기 때문에 에러가 발생되는 것이다. 따라서 %d를 화면에 출력하기 위해서는 9번째 줄처럼 출력 문자열 안에 %를 두 번 써서 먼저 %를 출력한 후, 이어서 d를 출력하면 서식 문자로 인식하지 않고 콘솔 화면에 %d를 출력할 수 있다.

 Output

```
2
2
0
3
%d
```

 **Tip**

여러 가지 제어 문자(Escape Sequence) 출력

Escape 문자	기능	ASCII
%%	화면에 % 출력	37
\\	화면에 \ 출력	92
\'	화면에 ' 출력	39
\"	화면에 " 출력	34

 **Caution**

% 연산자는 짝수와 홀수를 판별하거나 배수를 판별할 때 많이 사용되므로 각별히 주의해서 잘 기억해 두도록 하자.

04.3 정수형 포맷팅 Integer Type Formatting

 **Coding**

```c
#include <cstdio>

int main(void)
{
    printf("123 ");
    printf(" 678\n");
    printf("12345678901234\n");
    printf("ABC%8dDEF\n", 123);
    printf("ABC%-8dDEF\n", 123);
    printf("ABC%2dDEF\n", 123);
    return 0;
}
```

 **Interpret**

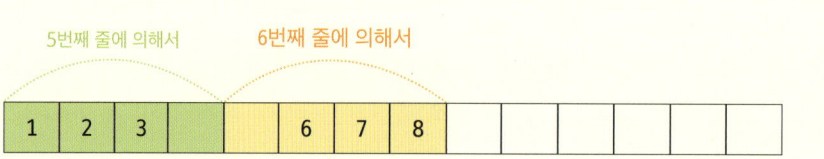

- 5번째 줄은 콘솔 화면에 123을 출력하고 마지막에 한 칸의 공백이 있기 때문에 한 칸의 공백을 출력한다. 그리고 줄 내림 문자 "\n"이 없기 때문에 줄 내림이 발생되지 않는다. 바로 이어서 6번째 줄은 한 칸의 공백을 출력한 후 678을 출력하고 줄 내림이 발생된다. 다시 정리하면 화면에 123을 출력하고 두 칸의 공백 " "을 출력한 후 678을 출력하고 줄 내림이 발생된다. 그리고 7번째 줄에 의해서 12345678901234를 출력하고 다시 한 줄의 줄 내림이 발생된다.

 Core

- 8번째 줄은 서식 문자 %d에서 %와 d 사이에 양의 정수 8을 붙여서 작성하였다. 이것은 해당 숫자만큼 자리를 확보하라는 것인데 먼저 ABC를 출력한 후 %8d에 의해서 8칸의 자리를 확보하고 8칸의 자리에 정수 123을 오른쪽 정렬하여 출력하라는 것이다. 그리고 8칸의 자리 바로 다음에 이어서 DEF를 출력한 후 줄 내림이 발생된다.

 Core

- 9번째 줄처럼 %와 d 사이에 음의 정수를 붙여서 출력할 수도 있다. 이것은 해당 숫자만큼 자리를 확보하고 확보된 자리에 정수 123을 왼쪽 정렬하여 출력하라는 것이다. 그리고 8칸의 자리 바로 다음에 이어서 DEF를 출력한 후 줄 내림이 발생된다.

 Core

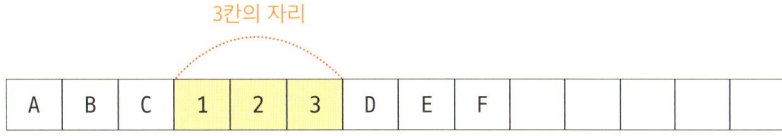

- 10번째 줄을 보면 출력하고자 하는 숫자는 123인 3자리 정수인데 %2d와 같이 자릿수가 더 적은 경우이다. 이런 경우에는 출력하고자 하는 숫자 123의 자릿수에 맞춰서 %3d의 형식으로 출력된다. 앞으로 가장 많이 사용하는 %d도 앞에 1이 생략된 %1d인 것이다.

 Output

```
123   678
12345678901234
ABC        123DEF
ABC123        DEF
ABC123DEF
```

04.4 연습문제 Exercise

① <u>%d 3개를 사용하여</u> 각각의 %d에 숫자 10, 8, 10 % 8을 대응시켜 나머지 연산을 출력하는 프로그램을 작성하여라.

Input Form 입력형식 없음.

Output Form '출력의 예'와 같은 형식으로 나머지 연산 과정을 출력하여라.

Example

출력
10 % 8 = 2

② **printf()문 7개를 각 줄에 사용하여** 정수의 덧셈 과정을 출력하는 프로그램을 작성하여라.

Input Form 입력형식 없음.

Output Form 각 줄에 출력되는 정수는 서식 문자의 자릿수 10자리에 맞춰서 오른쪽 정렬하여 출력하여라. 마지막 줄은 12345 대신에 1 + 11 + 111 + 1111 + 11111의 계산 결과를 서식 문자의 자릿수 10자리에 맞춰서 오른쪽 정렬하여 출력하여라.

Example

출력
⠀⠀⠀⠀⠀⠀⠀⠀⠀1
⠀⠀⠀⠀⠀⠀⠀⠀11
⠀⠀⠀⠀⠀⠀⠀111
⠀⠀⠀⠀⠀⠀1111
⠀⠀⠀⠀⠀11111

⠀⠀⠀⠀⠀12345

③ **printf()문 7개를 각 줄에 사용하여** 정수의 뺄셈 과정을 출력하는 프로그램을 작성하여라.

Input Form 입력형식 없음.

Output Form 각 줄에 출력되는 정수는 서식 문자의 자릿수 5자리에 맞춰서 오른쪽 정렬하여 출력하여라. 마지막 줄은 19754 대신에 22222 − 2222 − 222 − 22 − 2의 계산 결과를 서식 문자의 자릿수 5자리에 맞춰서 오른쪽 정렬하여 출력하여라.

Example

출력
22222
⠀2222
⠀⠀222
⠀⠀⠀22
⠀⠀⠀⠀2

19754

코딩마법서

1권 STONE VERSION
코딩테스트와 알고리즘을 위한 C/C++

제 05장

실수형 데이터 출력
Floating Point Type

05.1 %lf : 실수형 데이터 출력
05.2 실수형 포맷팅 Formatting
05.3 연습문제

오일러BOOKS

05.1
%lf : 실수형 데이터 출력

실수형 데이터를 출력하기 위해서는 서식 문자 **%lf**를 사용한다. **%lf**는 실수형 데이터를 출력하기 위한 서식 문자로 디폴트(default) 값으로 소수점 여섯째 자리까지 출력한다.

Coding

```c
#include <cstdio>

int main(void)
{
    printf("%lf\n", 123.4567);
    printf("%.2lf\n", 123.4567);
    printf("%.0lf\n", 123.4567);
    printf("%.lf\n", 123.4567);
    return 0;
}
```

Interpret

- 5번째 줄에서 123.4567을 서식 문자 %lf에 대응하여 출력하면 화면에 123.456700과 같이 소수점 여섯째 자리(일곱째 자리에서 반올림)까지 출력한다. 하지만 소수점 특정 자리까지만 출력하고 싶다면 "%" 문자 다음에 ".소수점 자릿수"로 표현한다.

- 만일 소수점 둘째 자리(셋째 자리에서 반올림)까지만 출력하고 싶다면 6번째 줄같이 **%.2lf**를 사용하면 된다. 따라서 6번째 줄은 화면에 123.46을 출력한다.

- 만일 소수점 첫째 자리에서 반올림하여 정수 부분만 출력하고 싶다면 7번째 줄처럼 **%.0lf**를 사용하면 된다. 따라서 7번째 줄은 화면에 123을 출력한다.

- 마지막으로 8번째 줄의 **%.lf**는 **%.0lf**와 같은 표현이다. 따라서 8번째 줄도 마찬가지로 화면에 123을 출력한다.

Output

```
123.456700
123.46
123
123
```

05.2 실수형 포맷팅 Formatting

Coding

```
1   #include <cstdio>
2
3   int main(void)
4   {
5       printf("12345678901234\n");
6       printf("ABC%8.2lfDEF\n", 123.4567);
7       printf("ABC%-8.2lfDEF\n", 123.4567);
8       printf("ABC%3.2lfDEF\n", 123.4567);
9       return 0;
10  }
```

Interpret

- 5번째 줄은 화면에 12345678901234를 출력하고 한 줄의 줄 내림이 발생된다. 그리고 6번째 줄에서 나오는 서식 문자 %lf는 전체 자릿수와 소수점 자릿수로 나누어진다. "%" 다음에 나오는 정수는 전체 자릿수를 의미하고 점(.) 다음에 나오는 0 이상의 정수는 소수점 자릿수를 의미한다.

Core

8칸의 자리

| A | B | C | | | 1 | 2 | 3 | . | 4 | 6 | D | E | F |

- 6번째 줄에서 ABC를 출력한 후 이어서 %8에 의해서 8칸의 자리를 확보하고 그 자리에 실수 123.46(123.4567을 소수점 셋째 자리에서 반올림)을 오른쪽 정렬하여 출력한다. 그리고 바로 다음에 이어서 DEF를 출력한 후 줄 내림이 발생된다.

Core

8칸의 자리

| A | B | C | 1 | 2 | 3 | . | 4 | 6 | | | D | E | F |

- 7번째 줄은 ABC를 출력한 후 이어서 %-8에 의해서 8칸의 자리를 확보하고 그 자리에 실수 123.46(123.4567을 소수점 셋째 자리에서 반올림)을 왼쪽 정렬하여 출력한다. 그리고 바로 다음에 이어서 DEF를 출력한 후 줄 내림이 발생된다.

 Core

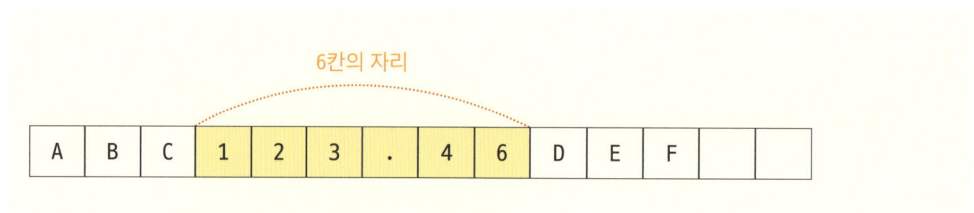

- 마지막 8번째 줄은 ABC를 출력한 후 %3에 의해서 3칸의 자리를 확보한다. 하지만 123.4567을 소수점 둘째 자리(소수점 셋째 자리에서 반올림)까지 출력하면 123.46이 되고 최소 6칸의 자리가 있어야 한다. 이런 경우는 앞장의 정수형 출력에서와 마찬가지로 %6의 형식에 맞춰서 6칸의 자리를 확보한 후 그 자리에 123.46이 출력된다.

 Output

05.3 연습문제 Exercise

① `printf()문 6개를 각 줄에 사용하여` 실수의 덧셈 과정을 출력하는 프로그램을 작성하여라.

Input Form 입력형식 없음.

Output Form 각 줄에 출력되는 실수의 출력은 서식 문자의 자릿수 10자리에 맞춰서 오른쪽 정렬하여 소수점 셋째 자리까지 출력하여라. 마지막 줄은 560.481 대신에 12.345 + 34.567 + 56.789 + 456.780의 계산 결과를 서식 문자의 자릿수 10자리에 맞춰서 오른쪽 정렬하여 소수점 셋째 자리까지 출력하여라.

Example

출력
12.345
34.567
56.789
456.780

560.481

② 실수 12.5672, 456.7769, 123456.78, 4567.5678, 6712.34523를 소수점 셋째 자리까지 출력하여 주어지는 실수가 반올림됨을 증명하여라.

Input Form 입력형식 없음.

Output Form 주어진 실수를 각 줄에 하나씩 순서대로 출력하여라. 각 줄에 출력되는 실수는 자릿수 10자리에 맞춰서 오른쪽 정렬하여 소수점 셋째 자리(소수점 넷째 자리에서 반올림)까지 출력하여라.

Example

출력
12.567
456.777
123456.780
4567.568
6712.345

코딩마법서

1권 STONE VERSION
코딩테스트와 알고리즘을 위한 C/C++

제06장

변수 선언
Variable Declaration

- 06.1 변수(Variable)란?
- 06.2 변수 선언
- 06.3 변수 선언과 동시에 초기화
- 06.4 여러 개의 변수 선언
- 06.5 여러 개의 변수 선언과 동시에 초기화
- 06.6 변수의 명명 규칙
- 06.7 정수형 변수 선언 : int
- 06.8 실수형 변수 선언 : double
- 06.9 문자형 변수 선언 : char
- 06.10 연습문제

오일러BOOKS

06.1 변수란? Variable

프로그램을 작성하려면 어떤 값(데이터)을 저장할 수 있는 기억공간이 있어야 한다. 그렇게 하려면 그 값을 저장할 수 있는 특정한 장소를 만들고 그 장소에 이름(naming)을 부여해야만 한다. 왜냐하면 이렇게 이름을 부여해야지만 필요로 할 때 그 값을 찾아서 불러오거나, 또는 필요 없어서 다른 값으로 바꿀 필요가 있을 때 쉽게 바꿀 수 있기 때문이다. 이렇게 어떤 데이터를 저장할 수 있는 메모리의 기억공간의 이름을 **변수(Variable)**라고 한다. 즉, 변수(Variable)는 하나의 값을 저장할 수 있는 메모리의 기억공간에 붙여진 이름이다.

06.2 변수 선언 Variable Declaration

변수를 사용하려면 변수를 사용하기 전에 어떤 용도의 변수인지를 결정하여 변수의 용도에 맞는 메모리 공간을 할당받아야 한다. 변수의 용도는 정수를 저장하기 위한 변수, 실수를 저장하기 위한 변수, 문자를 저장하기 위한 변수가 있다. 만일 정수를 저장하기 위한 변수라서 정수의 저장에 필요한 메모리 공간을 할당받으려면 변수를 처음 만들 때 결정해야 하는데 우리는 그 과정을 **'정수형 변수를 선언한다.'**라고 말한다.

 Core

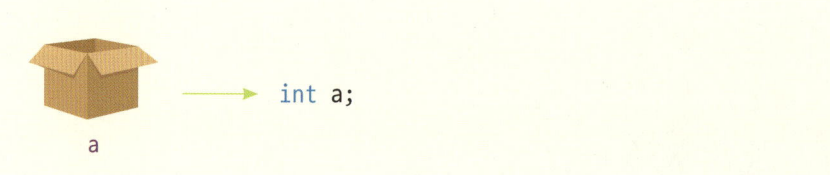

위의 문장은 정수형 변수 a를 선언한 것이다. 여기서 `int`는 integer의 약자로 정수형 변수를 선언할 때 사용하는 예약어(keyword)이다. 즉, 정수를 담을 수 있는 메모리 공간을 확보하고 그 기억공간의 이름을 a라고 이름(naming)을 부여한 것이다. 지금 위의 문장은 정수형 변수 a를 선언했지만 어떠한 값도 a에 저장하지는 않았다.

 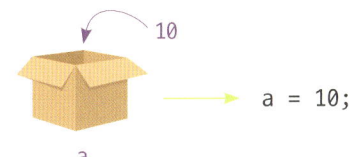

위의 문장은 변수 a에 정수 10을 저장하는 명령이다. 수학에서의 등호('=')는 같음을 의미하는 부호지만 프로그래밍에서의 등호는 우측에 있는 값을 좌측에 있는 변수에 저장을 하는 명령이다. 변수에 값을 저장하는 것을 컴퓨터 프로그래밍에서는 **대입**이라고 말한다. 지금 위와 같이 변수 a에 값 10을 저장하는 것을 '변수 a에 값 10을 대입한다.'라고 말한다. 또한 데이터를 변수에 저장하기 위해서는 항상 변수의 선언이 먼저 있어야 하고 이후에 값을 저장해야만 한다. 만일 변수를 선언하지 않은 상태에서 변수를 사용하려고 한다면 '변수를 선언하지 않았어요'라는 에러 메시지를 만나게 될 것이다.

 Visual Studio에서의 에러 메시지

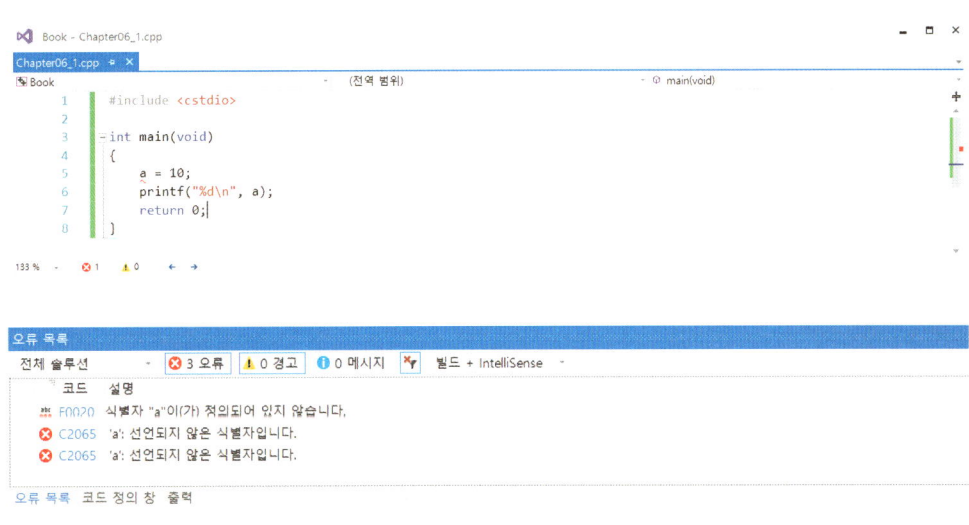

06.3 변수 선언과 동시에 초기화

변수를 선언하면 데이터를 저장하기 위한 메모리 공간을 프로그램으로부터 할당받는다. 할당된 메모리 공간은 할당되기 전에 다른 여러 가지 프로그램(C/C++이 될 수도 있고 또는 운영체제라든지 기타 다른 프로그램)이 사용을 했던 메모리 공간이기 때문에 이전에 사용했던 내용이 그대로 남아있을 수 있다. 따라서 변수를 선언하면 변수에 예상하지 못하는 데이터가 저장되어 있는데 그러한 값들을 '**쓰레기 값**(Garbage Value)'이라고 부른다. 그래서 특별한 경우는 변수를 선언하자마자 특정 데이터로 초기화할 필요가 있는데 우리는 그것을 '**변수를 선언과 동시에 초기화한다.**'라고 말한다.

 Core
```
int a = 10;
```

위의 문장은 정수형 변수 a를 선언하고 10으로 초기화하였다.

06.4 여러 개의 변수 선언

변수를 선언할 때 여러 개의 변수를 동시에 선언할 수도 있다.

 Core
```
int a, b;
```

위의 문장은 정수형 변수 a와 b를 동시에 선언하는 것이고 두 변수의 이름 사이는 콤마(,)로 구분되어 있다. 그리고 변수를 선언할 때 변수의 이름이 서로 중복되어서는 안된다. 예를 들어서 "int a"로 정수형 변수 a를 선언했는데 또다시 "int a"로 선언을 할 수 없다는 것이다. 프로그래밍이 길어지다 보면 가끔 사용했던 변수명을 잊어버리고 또다시 선언하여 사용하려고 하는 경우가 있는데 변수를 선언할 시에는 같은 이름의 변수를 사용했는지 주의를 가져야 할 것이다.

06.5 여러 개의 변수 선언과 동시에 초기화

변수를 선언할 때 여러 개의 변수를 동시에 선언할 수도 있지만 선언과 동시에 초기화할 수도 있다.

 Core
```
int a = 10, b = 20;
```

위의 문장은 정수형 변수 a를 선언과 동시에 10으로 초기화하고, 그리고 정수형 변수 b를 선언과 동시에 20으로 초기화하였다.

 Caution
변수는 프로그램이 진행되는 중간 어느 곳에서나 선언이 가능하다. 하지만 변수를 사용하려면 메모리 할당 이후에 사용이 가능하기 때문에 변수가 선언되기 이전에는 해당 변수를 사용할 수 없다는 것에 주의하도록 하자.

06.6 변수의 명명 규칙

정수형 변수를 선언하기 위해서는 `int`라고 명명을 한 후 뒤에 변수의 이름이 오고, 실수형 변수를 선언하기 위해서는 `double`이라고 명명을 한 후 뒤에 변수의 이름이 오고, 문자형 변수를 선언하기 위해서는 `char`이라고 명명을 한 후 뒤에 변수의 이름이 온다. `int`, `double`, `char`과 같이 변수가 선언될 때 어떠한 형태의 변수로 선언되는지 변수의 이름 앞에 나타내는 명령어들의 집합을 '**자료형(data type)**'이라고 한다. 또한 이와 같은 자료형은 C/C++에서 약속된 단어이기 때문에 '**예약어(reserved word)**'라고 한다. 변수의 이름을 지을 때 C/C++에서 사용하는 특정 예약어는 변수의 이름으로 가져갈 수 없다. 변수의 이름을 지을 때 특정 명명 규칙이 있는데 다음과 같다.

❶ 대소문자가 구분되며, 변수명의 길이에는 제한이 없다.
　(예) 변수명 Aa와 aa는 서로 다른 것으로 간주한다.
❷ 영문자와 숫자를 섞어 쓸 수 있다. 단 숫자로 시작해서는 안 된다.
　(예) abc123(○), 123abc(×)

❸ 변수명은 보통 소문자로 시작한다. (일반적인 변수작명법)
❹ 특수문자(공백 포함)는 변수명으로 사용할 수 없다. 예외적으로 $, 언더스코어(underscore, _)는 변수명으로 사용이 가능하다. (예) #name(×), $$name(○), _name(○)
❺ 예약어(reserved word)는 변수명으로 사용할 수 없다.

예약어(reserved word)	
구분	예약어
자료형	char, short, int, long, float, double, unsigned, struct, union, void, …
제어문	if, else, for, while, do, break, continue, return, switch, case, default, …
기억클래스	auto, extern, register, static, …
기타	const, sizeof, typedef, define, volatile, …

06.7 정수형 변수 선언 int

정수형 변수를 선언하기 위해서는 자료형(data type)을 int로 선언해야 한다.

 Coding

```
1   #include <cstdio>
2
3   int main(void)
4   {
5       int a, b;
6
7       a = 10;
8       b = 20;
9
10      printf("%d\n", a);
11      printf("%d\n", b);
12      return 0;
13  }
```

 **Interpret**
- 5번째 줄은 정수형 변수 a와 b를 선언하였다.
- 7번째 줄은 변수 a에 10을 대입하였고, 8번째 줄은 변수 b에 20을 대입하였다.
- 10번째 줄은 a의 값 10을 첫째 줄에 출력하였고, 11번째 줄은 b의 값 20을 둘째 줄에 출력하였다.

 **Output**

```
10
20
```

06.8 실수형 변수 선언 double

실수형 변수를 선언하기 위해서는 자료형(data type)을 **double**로 선언해야 한다.

 **Coding**

```c
#include <cstdio>

int main(void)
{
    double a, b;

    a = 10.55;
    b = 20.77;

    printf("%.2lf\n", a);
    printf("%.2lf\n", b);
    return 0;
}
```

 **Interpret**
- 5번째 줄은 실수형 변수 a와 b를 선언하였다.
- 7번째 줄은 변수 a에 10.55를 대입하였고, 8번째 줄은 변수 b에 20.77를 대입하였다.
- 10번째 줄은 a의 값 10.55를 소숫점 둘째 자리까지 첫째 줄에 출력하였고, 11번째 줄은 b의 값 20.77을 소숫점 둘째 자리까지 둘째 줄에 출력하였다.

 Output

```
10.55
20.77
```

06.9 문자형 변수 선언 char

문자형 변수를 선언하기 위해서는 자료형(data type)을 character의 약자인 char로 선언해야 한다.

 Coding

```c
#include <cstdio>

int main(void)
{
    char a, b;

    a = 'E';
    b = 'T';

    printf("%c\n", a);
    printf("%c\n", b);
    return 0;
}
```

 Interpret

- 5번째 줄은 문자형 변수 a와 b를 선언하였다. 문자형 변수에는 오직 한 글자의 문자만 저장할 수 있는데 이렇게 한 글자로만 이루어진 문자를 '단일 문자'라고 부르고 단일 문자는 변수의 이름과 구분하기 위해서 작은따옴표(single quotation marks)(') 안에 넣어줘야 한다.

 Core   char a = 'E';   다른 의미   char a = E;

- 왼쪽에 있는 문장은 문자형 변수 a에 단일 문자 'E'를 대입하는 것이고 오른쪽에 있는 문장은 문자형 변수 a에 변수 E의 값을 대입하는 것이다. 따라서 만약에 변수 E에 문자 'A'가 저장되어 있었다면 오른쪽의 문장은 변수 a에 변수 E의 값 'A'를 대입하게 된다. 그리고 단일 문자를 출력하기 위해서는 서식 문자 %c를 사용하는데 10번째 줄은 a의 값 문자 'E'를 첫째 줄에 출력하였고 11번째 줄은 b의 값 문자 'T'를 둘째 줄에 출력하였다.

 Output

```
E
T
```

06.10
연습문제 Exercise

① 두 개의 정수형 변수 a, b에 54와 32를 <u>선언과 동시에 초기화한 후</u> 두 정수의 사칙 연산을 하는 프로그램을 작성하여라.

Input Form 입력형식 없음.

Output Form 첫째 줄은 두 변수에 대한 덧셈 과정을, 둘째 줄은 뺄셈 과정을, 셋째 줄은 곱셈 과정을, 넷째 줄은 나눗셈 과정을 '출력의 예'와 같은 형식에 맞춰서 각 줄에 출력하여라.

Example

출력
54 + 32 = 86
54 - 32 = 22
54 * 32 = 1728
54 / 32 = 1

② 두 개의 실수형 변수 a, b에 12.34와 23.12를 <u>선언과 동시에 초기화한 후</u> 두 실수의 사칙 연산을 하는 프로그램을 작성하여라.

Input Form 입력형식 없음.

Output Form 첫째 줄은 두 변수에 대한 덧셈 과정을, 둘째 줄은 뺄셈 과정을, 셋째 줄은 곱셈 과정을, 넷째 줄은 나눗셈 과정을 '출력의 예'와 같은 형식에 맞춰서 각 줄에 출력하여라. 출력되는 모든 실수는 소수점 셋째 자리에서 반올림하여 소수점 둘째 자리까지 출력하여라.

Example

출력
12.34 + 23.12 = 35.46
12.34 - 23.12 = -10.78
12.34 * 23.12 = 285.30
12.34 / 23.12 = 0.53

코딩마법서

1권 STONE VERSION
코딩테스트와 알고리즘을 위한 C/C++

제07장

데이터 입력
Data Input

07.1 scanf()문 : 데이터 입력
07.2 Visual Studio에서의 scanf()문
07.3 정수형 데이터 입력
07.4 실수형 데이터 입력
07.5 문자형 데이터 입력
07.6 아스키코드 : ASCII Code
07.7 연습문제

오일러BOOKS

07.1
scanf()문 : 데이터 입력

프로그램이 실행되었을 때, 키보드로부터 데이터를 입력받아 지정된 변수에 입력된 값을 저장해야 할 때가 있다. 그때 사용하는 명령어가 scanf()라는 명령문이다. 프로그램이 진행중에 scanf()문을 만나면 프로그램은 더 이상 진행하지 못하고 커서를 깜빡이며 사용자로부터 데이터를 입력받기 위한 대기 상태로 진입한다. 사용자가 형식에 맞춰서 데이터를 입력 후 엔터키를 누르면 입력된 데이터는 지정된 변수에 저장된다.

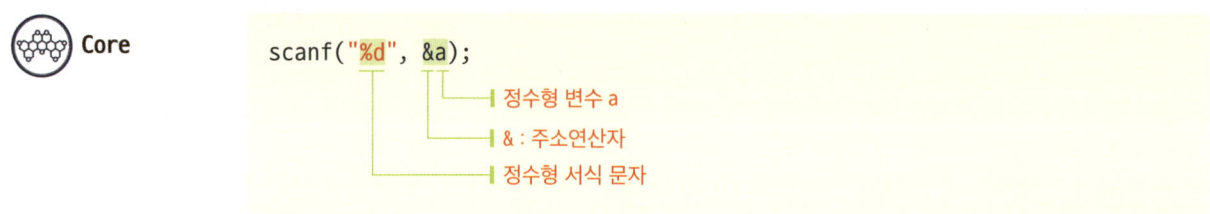

위의 문장은 정수형 데이터를 키보드로부터 입력받기 위한 문장이다. 정수형 데이터를 정수형 변수에 입력받기 위해서는 scanf()문의 문자열 안에 정수형 서식 문자 %d를 넣어줘야 한다. 그리고 콤마(,)를 입력한 후 %d와 대응하기 위한 정수형 변수를 &(ampersand)와 함께 입력해야 한다. 여기서 &는 주소연산자로 반드시 변수명 앞에 & 부호를 붙여야만 한다. & 부호를 변수의 이름 앞에 붙이면 변수에 할당된 메모리의 주소를 나타낸다. 따라서 사용자가 데이터를 입력하면 입력된 값이 변수에 할당된 메모리의 주소에 저장된다. 초보자들이 흔히 하기 쉬운 실수는 scanf()문을 사용하여 입력할 때 & 기호를 빠뜨리는 경우가 종종 있다. 출력할 때는 & 기호가 없어야 하지만 입력을 할 때 & 기호가 없으면 입력된 값을 저장할 메모리의 주소를 모르기 때문에 런타임 에러(Runtime Error)가 발생하게 된다. 따라서 입력을 할 때 변수명 앞에 & 부호를 빠뜨리지 않도록 많은 주의가 필요하다. 또한 scanf()문 안의 서식 문자와 대응되는 변수의 자료형이 다르거나 또는 입력 형식이 지정된 형식이 아니면 입력된 데이터를 제대로 인식하지 못할 수도 있다는 것도 주의하자. 마지막으로 "%d" 문자열과 &a 사이에는 반드시 콤마(,)가 있는 것도 잊어서는 안된다.

07.2
Visual Studio에서의 scanf()문

Visual Studio에서 scanf()문을 작성한 후 컴파일을 시키면 scanf()문은 안전하지 않으니 scanf_s()문을 사용하라면서 아래와 같은 에러메시지를 출력창에 출력하게 된다.

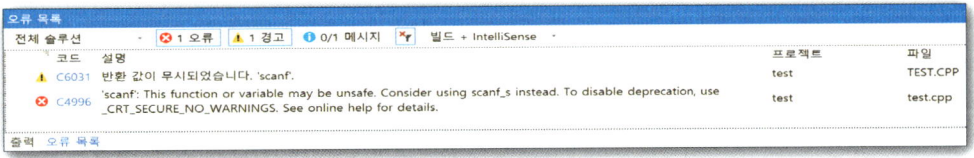

scanf_s()문의 s는 security의 약자로 버퍼의 길이를 명시해주어 범위를 벗어난 입력은 하지 못하도록 보안한 windows에서만 사용할 수 있는 C11 표준 함수이다. 이런 이유로 Visual Studio는 scanf()문을 사용하지 말고 scanf_s()를 사용하라며 에러메시지를 출력하는데 리눅스 운영체제에서는 지원하지 않으므로 기존의 scanf()문을 사용하기 위해서는 약간의 설정이 필요하다. 설정을 하는 방법은 여러 가지가 있는데 여기에 몇 가지를 소개해보고자 한다. 소개가 되는 것들 중에서 한 가지만 적용하여도 Visual Studio에서 scanf()문을 사용할 수 있다.

■ 프로젝트 속성 페이지의 일반 설정 바꾸기

① 솔루션 탐색기의 프로젝트에서 마우스 오른쪽 버튼을 누른 후 메뉴 아래에 있는 속성을 선택한다.

❷ 프로젝트 속성 페이지의 왼쪽의 패널에서 C/C++의 일반을 선택 후 SDL(Security Development Lifecycle) 검사를 "아니요(/sdl-)"로 변경한 후 확인 버튼을 클릭한다.

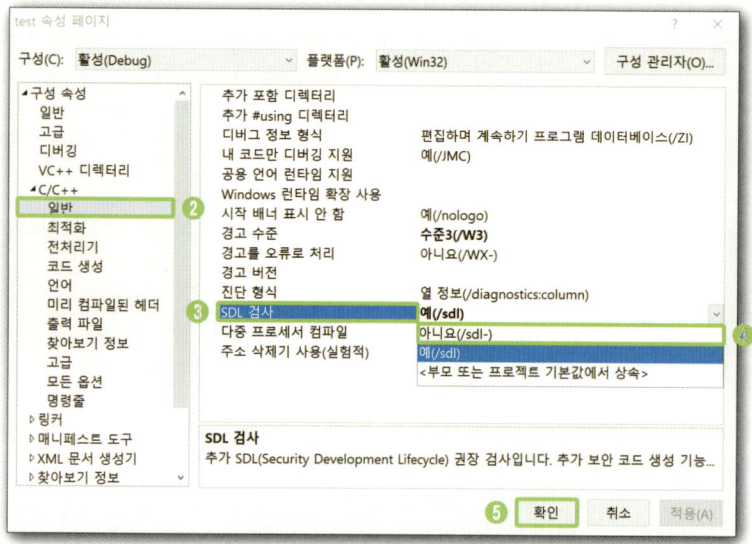

■ 프로젝트 속성 페이지의 전처리기 설정 바꾸기

❶ 솔루션 탐색기의 프로젝트에서 마우스 오른쪽 버튼을 누른 후 메뉴 아래에 있는 속성을 선택한다.

❷ 프로젝트 속성 페이지의 왼쪽 패널에서 C/C++의 전처리기를 선택 후 전처리기 정의의 마지막 문장에 ";"를 입력한 후 "CRT_SECURE_NO_WARNINGS"를 추가한 다음 확인 버튼을 클릭한다.

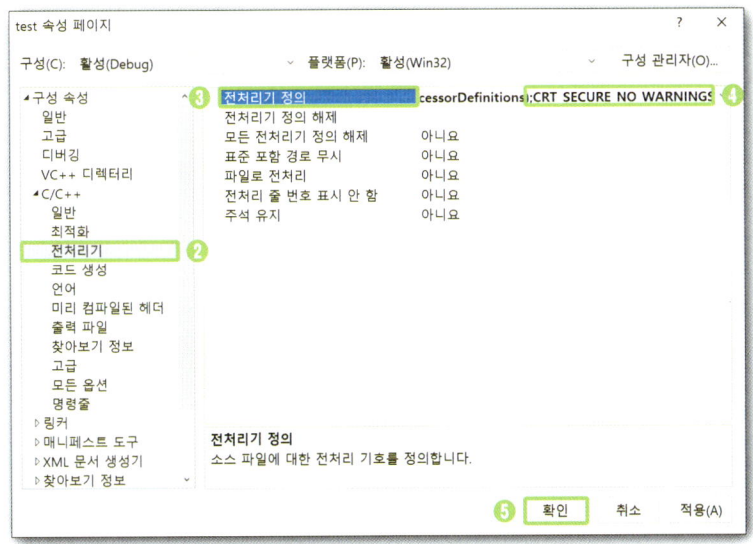

#define 전처리기 추가하기

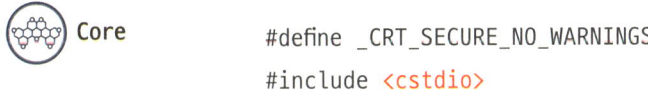

```
#define _CRT_SECURE_NO_WARNINGS
#include <cstdio>
```

소스 코드 첫 부분에 "#define _CRT_SECURE_NO_WARNINGS"를 넣어주면 _s가 없어도 _s 있는 것으로 자동 맵핑된다.

#pragma warning 추가하기

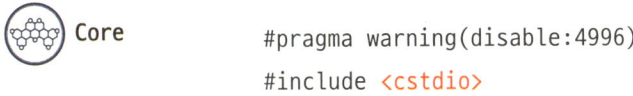

```
#pragma warning(disable:4996)
#include <cstdio>
```

Visual Studio 컴파일러는 경고 메시지마다 자신의 고유 번호를 가지고 있는데 4996은 안전하지 않은 함수 사용에 대한 경고 메시지이다. 소스 파일 처음에 "#pragma warning(disable:4996)"을 적어 놓으면 해당 지시자가 나타난 순간부터 4996 관련 경고 메시지는 무시한다.

07.3
정수형 데이터 입력

 Coding

```c
1   #include <cstdio>
2
3   int main(void)
4   {
5       int a;
6
7       scanf("%d", &a);
8       printf("%d\n", a);
9       return 0;
10  }
```

 Interpret

- 5번째 줄은 정수형 변수 a를 선언하였다.

- 7번째 줄은 사용자로부터 값을 입력받기 위한 문장이다. 콘솔(console) 화면에서 커서가 깜박이며 입력받기 위한 대기 상태에 있을 때, 사용자가 한 개의 정수를 입력하고 엔터(Enter)키를 누르면 입력된 정수의 값이 변수 a에 저장된다.

- 7번째 줄에서 입력이 끝나면 8번째 줄이 실행되며 입력된 정수 a의 값이 출력된다.

- 7번째 줄을 입력의 첫째 줄이라고 부르고 8번째 줄을 출력의 첫째 줄이라고 한다.

 Output

```
10
10
```

 Caution

int형 변수에 값을 입력할 때, 상당히 큰 정수를 입력한 후 출력해보자. 그러면 입력된 정수가 그대로 출력되는 것이 아니라 전혀 예상하지 못한 정수가 출력됨을 알 수 있다. 왜냐하면 int형 변수에 저장할 수 있는 값의 범위는 $-2^{31} \sim +2^{31}-1$까지 정해져 있기 때문이다. 왜? int형 변수에 저장할 수 있는 값의 범위가 $-2^{31} \sim +2^{31}-1$까지 정해져 있는지는 다음 2권인 IRON 버전에서 자세히 다루도록 하겠다.

07.4 실수형 데이터 입력

 Coding

```c
#include <cstdio>

int main(void)
{
    double a;

    scanf("%lf", &a);
    printf("%.2lf\n", a);
    return 0;
}
```

 Interpret

- 5번째 줄은 실수형 변수 a를 선언하였다.

- 7번째 줄은 사용자로부터 값을 입력받기 위한 문장이다. 콘솔(console) 화면에서 커서가 깜박이며 입력받기 위한 대기 상태에 있을 때, 사용자가 한 개의 실수를 입력하고 엔터(Enter)키를 누르면 입력된 실수의 값이 변수 a에 저장된다.

- 실수형 데이터를 입력할 때 주의해야 할 점은 입력받기 위한 서식 문자는 %lf라는 것이다. 소수점 둘째 자리까지 출력을 하기 위해서는 %.2lf와 같은 출력 포맷팅(formatting)을 사용하지만 입력받기 위한 실수형 포맷팅(formatting)은 존재해야 할 필요가 없기 때문에 실수형 데이터를 입력받기 위한 서식 문자는 %lf 이여야만 한다.

- 7번째 줄에서 입력이 끝나면 8번째 줄이 실행되며 입력된 실수 a의 값이 소수점 둘째 자리(셋째 자리 반올림)까지 출력된다.

- 7번째 줄을 입력의 첫째 줄이라고 부르고 8번째 줄을 출력의 첫째 줄이라고 한다.

 Output

```
12.34
12.34
```

07.5 문자형 데이터 입력

 Coding

```c
1    #include <cstdio>
2
3    int main(void)
4    {
5        char a;
6
7        scanf("%c", &a);
8        printf("%c\n", a);
9        return 0;
10   }
```

 Interpret

- 5번째 줄은 문자형 변수 a를 선언하였다.

- 7번째 줄은 사용자로부터 값을 입력받기 위한 문장이다. 콘솔(console) 화면에서 커서가 깜박이며 입력받기 위한 대기 상태에 있을 때, 사용자가 한 개의 단일 문자를 입력하고 엔터(Enter)키를 누르면 입력된 단일 문자의 값이 변수 a에 저장된다.

- 7번째 줄에서 입력이 끝나면 8번째 줄이 실행되며 입력된 단일 문자 a의 값이 출력된다.

- 7번째 줄을 입력의 첫째 줄이라고 부르고 8번째 줄을 출력의 첫째 줄이라고 한다.

 Output

```
A
A
```

 Caution

초보자들의 경우 데이터 입력을 받은 후 새로운 줄 내림이 발생하기 때문에 scanf()문의 입력 문자열 뒤에 줄 내림 문자를 추가하여 scanf("%d\n",&a)와 같이 작성하는 경우가 종종 있다. scanf()문의 입력 문자열 안에 "\n" 제어 문자를 추가하게 되면 프로그램은 데이터를 입력받은 후 무언가 입력받을 데이터가 더 있다고 생각하기 때문에 다음 과정을 진행하지 않고 계속 입력 대기 상태에 놓이게 된다. 데이터를 입력할 때의 엔터(Eeter)는 줄 내림(개행)뿐만 아니라 입력이 완료되었다는 것을 CPU에 전달하기 위한 입력의 완성인데 줄 내림 문자로 인해서 엔터(Eeter)가 CPU에 전달되지 못하기 때문에 계속 입력 대기 상태에 놓이게 되는 것이다. 따라서 데이터를 입력받는 경우 입력 문자열 안에 줄 내림을 위해서 "\n"을 추가하는 실수를 하지 않도록 주의하도록 하자.

07.6 아스키코드 ASCII(American Standard Code for Information Interchange) Code

실제로 컴퓨터의 세계는 문자가 존재하지 않고 모두 숫자(2진수)를 통해서 처리된다. 키보드로부터 입력되는 모든 자판은 약속된 숫자로 CPU에 전달되고 전달받은 숫자를 통해서 CPU는 어떤 자판이 입력되었는지 알 수 있는 것이다. 이렇게 약속된 자판에 대한 숫자를 아스키코드 : ASCII(American Standard Code for Information Interchange) Code라고 부른다.

 Coding

```c
#include <cstdio>

int main(void)
{
    char a;

    scanf("%c", &a);
    printf("%d\n", a);
    return 0;
}
```

 Interpret

- 7번째 줄은 사용자로부터 값을 입력받기 위한 문장이다. 콘솔(Console) 화면에서 커서가 깜박이며 입력받기 위한 대기 상태에 있을 때, 사용자가 단일 문자를 입력하고 엔터(Enter)키를 누르면 문자형 변수 a에 단일 문자의 아스키코드(ASCII Code) 값이 저장된다. 따라서 자료형 char 도 실제적으로는 문자형 자료형이 아니라 숫자형 자료형인 것이다.

- 8번째 줄에서 변수 a의 값을 서식 문자 %d로 출력하면 변수 a에 저장된 단일 문자의 아스키코드 값이 출력되고 %c로 출력하면 아스키코드 값에 해당하는 단일 문자를 출력하게 되는 것이다. 아스키코드(ASCII Code)는 미국 규격협회 ANSI(American National Standards Institute)에서 0부터 127까지 정해놓았다. 모든 아스키코드(ASCII Code) 값들을 알 필요는 없지만 아래에 자주 사용하는 아스키코드(ASCII Code) 값들은 기억해두는 것이 좋다.

 Output

```
A
65
```

 **Tip** 같은 스펠링(예를 들어서 대문자 A와 소문자 a)을 가지는 대문자와 소문자의 아스키코드(ASCII Code) 값의 차이는 32이고, 소문자의 아스키코드 값이 대문자의 아스키코드 값보다 크다는 것이 유용하게 쓰일 때가 많으니 기억해 두도록 하자.

자주 사용하는 아스키코드(ASCII Code)

문자	ASCII	문자	ASCII	문자	ASCII	문자	ASCII
A	65	a	97	0	48	NULL	0
B	66	b	98	1	49	공백(space)	32
C	67	c	99	2	50		
⋮	⋮	⋮	⋮	⋮	⋮		
Z	90	z	122	9	57		

07.7
연습문제 Exercise

① 두 개의 정수형 변수 a와 b를 선언하여 a와 b에 정수 데이터를 입력받아 덧셈, 뺄셈, 곱셈, 나눗셈, 나머지 연산을 하는 프로그램을 작성하여라.

Input Form 첫째 줄에는 정수형 변수 a에 한 개의 정수를 입력받는다. 둘째 줄에는 정수형 변수 b에 한 개의 정수를 입력받는다. 입력되는 정수는 1 이상 100 이하의 양의 정수이다.

Output Form 첫째 줄에는 입력받은 두 정수에 대한 덧셈 연산을, 둘째 줄에는 뺄셈 연산을, 셋째 줄에는 곱셈 연산을, 넷째 줄에는 나눗셈 연산을 그리고 마지막으로 다섯째 줄에는 나머지 연산을 "입력과 출력의 예"와 같은 형식으로 출력하여라.

Example

입력	출력
54 32	54+32=86 54-32=22 54*32=1728 54/32=1 54%32=22

② 두 개의 실수형 변수 a와 b를 선언하여 a와 b에 실수 데이터를 입력받아 덧셈, 뺄셈, 곱셈, 나눗셈 연산을 하는 프로그램을 작성하여라.

Input Form 첫째 줄에는 실수형 변수 a에 한 개의 실수를 입력받는다. 둘째 줄에는 실수형 변수 b에 한 개의 실수를 입력받는다. 입력되는 실수는 1 이상 100 이하의 양의 실수이다.

Output Form 첫째 줄에는 입력받은 두 실수에 대한 덧셈 연산을, 둘째 줄에는 뺄셈 연산을, 셋째 줄에는 곱셈 연산을, 넷째 줄에는 나눗셈 연산을 "입력과 출력의 예"와 같은 형식으로 출력하여라. 출력되는 모든 실수는 소수점 셋째 자리에서 반올림하여 소수점 둘째 자리까지 출력하여라.

Example

입력	출력
12.34 23.12	12.34+23.12=35.46 12.34-23.12=-10.78 12.34*23.12=285.30 12.34/23.12=0.53

코딩마법서

1권 STONE VERSION
코딩테스트와 알고리즘을 위한 C/C++

제08장

**오일러 온라인 저지
(오일러OJ)**

08.1 오일러OJ 회원가입 하기
08.2 로그인 후 소스 코드 제출하기
08.3 온라인 채점 시 정답으로 인정되지 않는 경우
08.4 온라인 채점 시 정답으로 인정되는 경우
08.5 본인이 제출한 소스 코드 확인하기
08.6 그 밖의 메뉴 소개하기
08.7 Open Challenge

현대 사회는 빨리 변하고 있다. 이렇게 빨리 변하는 사회에 적응하기 위해서는 공부해야 할 내용이 너무나도 많다. 그래서 프로그래밍 언어를 최대한 빨리 학습하기 위해서 공부해야 할 내용을 눈과 귀만으로 확인한 후 그냥 지나간다면 학습한 내용은 그리 오래가지 않아 사라지고 말 것이다. (이건 필자의 경험이다) 프로그램 언어를 공부하는 방법은 여러 가지가 있지만, 필자가 생각하기에는 프로그래밍 문법을 공부하였다면 학습한 문법을 적용한 문제들을 직접 풀어보면서 고민해보는 것이 공부한 내용을 장기기억으로 가져가는 가장 좋은 방법이라고 생각한다. 예를 들어서 우리가 수학을 공부할 때 기본적인 이론만 듣고 문제를 풀어보지 않는다고 가정해보자. 지금 당장은 이해를 할 수 있어서 아는 것 같이 느껴지겠지만 어느 날 학습한 내용들을 응용한 문제들이 눈앞에 주어진다면 천재가 아닌 이상 이런 다양한 문제들을 해결하는 것은 상당히 어려움이 있을 것이다. 그래서 필자는 각각의 단원에 대해서 문법과 알고리즘을 공부했다면 공부한 내용들이 적용된 문제들을 풀어볼 수 있도록 하기 위해서 지난 20년의 현장 경험을 살려서 최선을 다해서 문제를 만들었다.

프로그래밍 언어를 공부하는 목적은 여러 가지(진학을 위해서 또는 취직을 위해서, 아니면 진급을 위해서 등등)가 있겠지만 이러한 목적을 달성하기 위해서 코딩 테스트(Coding Test)는 필수 관문이 되어가고 있다. 초중고 학생들이 도전해 볼 수 있는 한국 정보올림피아드(KOI), 고등학생들이 도전해 볼 수 있는 대학교 알고리즘 경진대회(한양대, 국민대, 경희대), 그리고 기업체에서 진행하는 넥슨 청소년 프로그래밍 챌린지(NYPC), 대학생들이 참가하는 ACM ICPC, 삼성 대학생 프로그래밍 경진대회(SCPC), 삼성 자격검정시험(Samsung Certification), 카카오에서 진행하는 신입 개발자 공채 온라인 코딩 테스트, 구글에서 진행하는 Google CodeJam 등 찾아보면 셀 수 없이 많은 코딩 테스트가 있다. 이러한 코딩 테스트를 연습하기 위해서는 프로그래밍 문법과 자료구조 그리고 알고리즘이 적용된 많은 문제들을 풀어봐야 하는데 이러한 문제들을 제공하고 채점을 할 수 있도록 도와주는 사이트를 **온라인 저지 사이트(Online Judge Site)**라고 한다. 국내에 몇 개의 온라인 저지 사이트가 있지만 20년 동안 오일러에서 개발한 오일러 온라인 저지 사이트(오일러OJ)의 다양한 문제들을 이용해서 폭넓고 깊은 학습을 해보도록 하겠다. 일단 오일러OJ를 이용하기 위해서는 회원가입을 해야 한다.

※ 오일러OJ는 지속적인 리뉴얼이 진행되고 있으므로 이 책을 읽을 시점에서는 책의 내용과 오일러OJ 화면 구성이 다를 수 있습니다.
하지만 기본적인 이용 방법은 거의 동일합니다.

※ 그 밖의 여러 국내 온라인 저지 사이트 (Online Judge, OJ)
삼성첨단기술연구소(첨기연), 카이스트(MPP), 경기과학고(코이스터디-KOISTUDY), 경남과학고(GSHS Judge ON),
코드업(Codeup), 알고스팟(ALGOSPOT), 백준온라인저지(ACMICPC)

08.1  오일러OJ 회원가입 하기 Euler Online Judge

❶ https://euleroj.io/에 접속한 후 오일러OJ를 누른다.

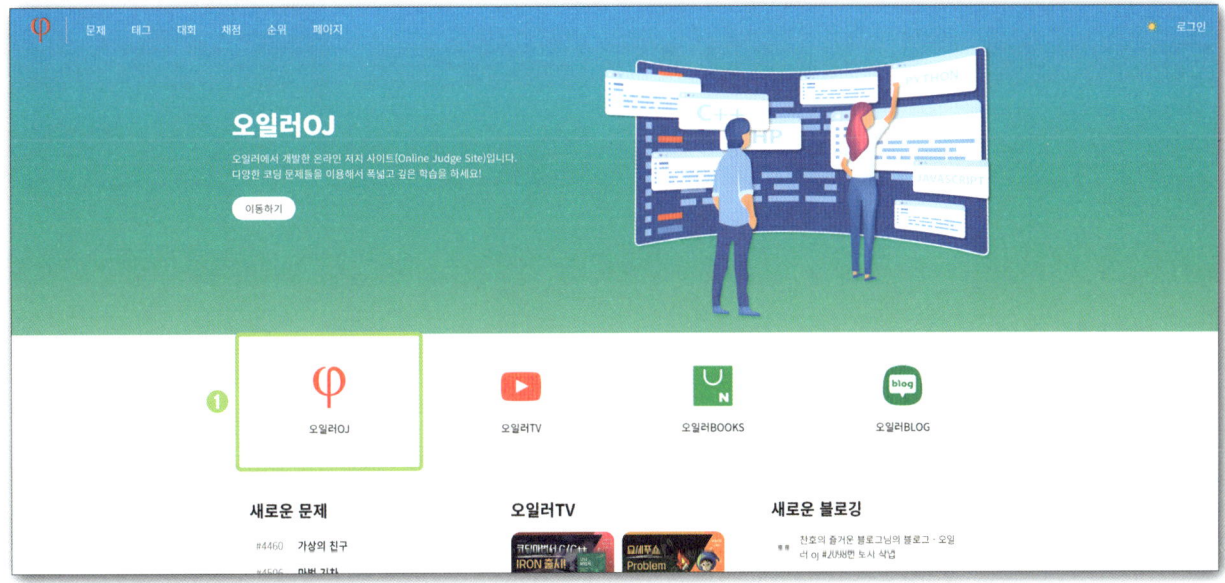

❷ 회원가입을 위해서 로그인을 누른다.

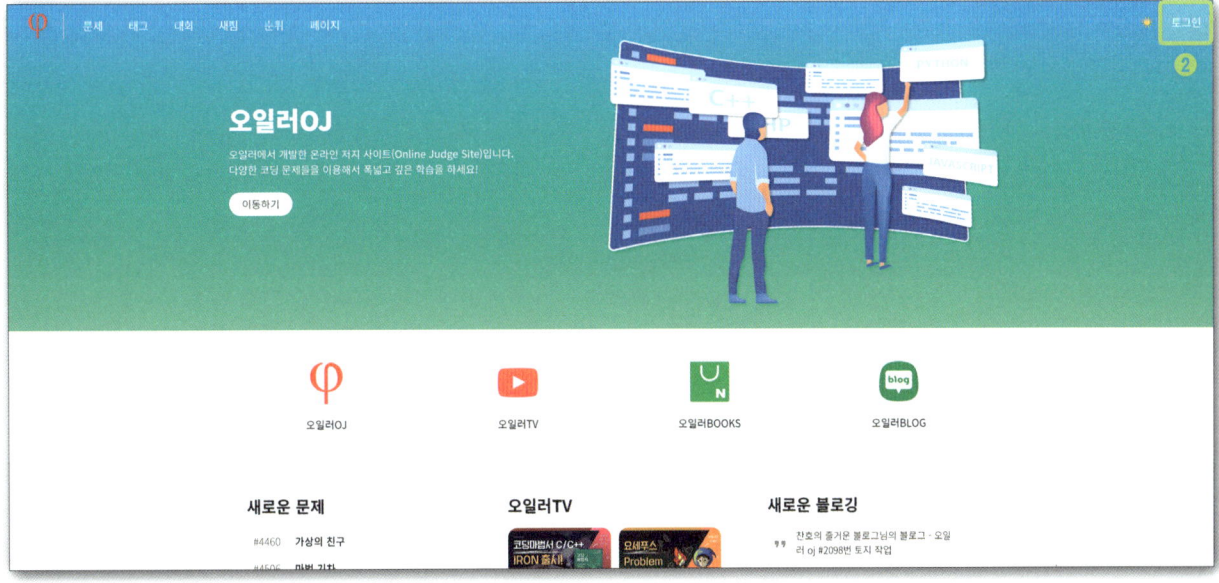

❸ 회원가입 하기를 클릭해서 회원가입을 진행한다.

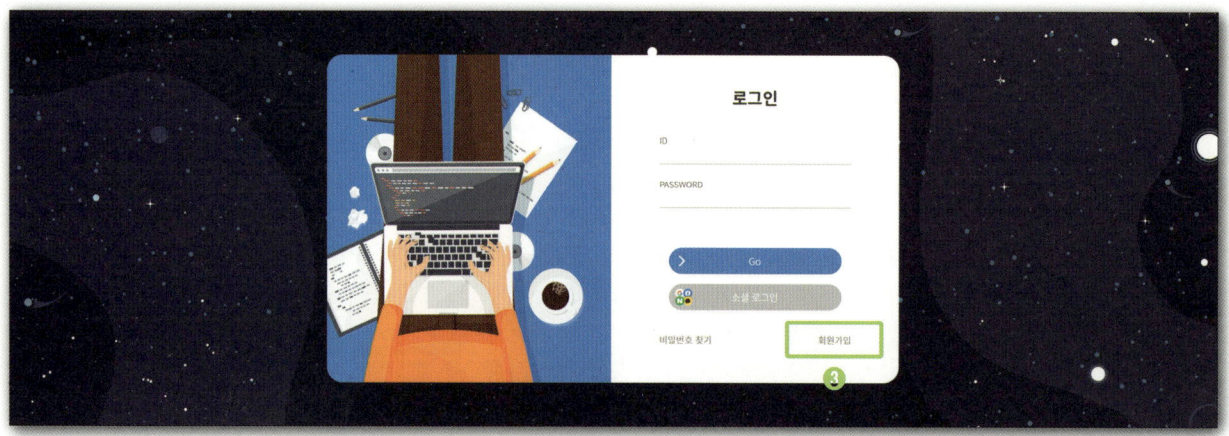

❹ 이메일 주소로 인증해서 회원가입을 할 수도 있고 또는 소셜(SNS) 계정으로도 회원가입이 가능하다.

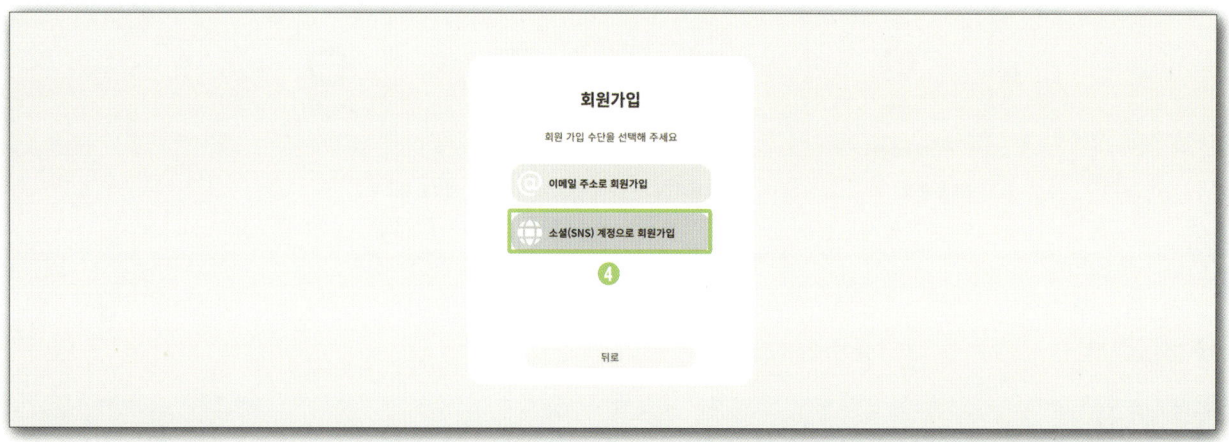

❺ 구글, 네이버 또는 카카오 계정이 있으면 소셜(SNS) 계정으로 회원가입을 진행하자.

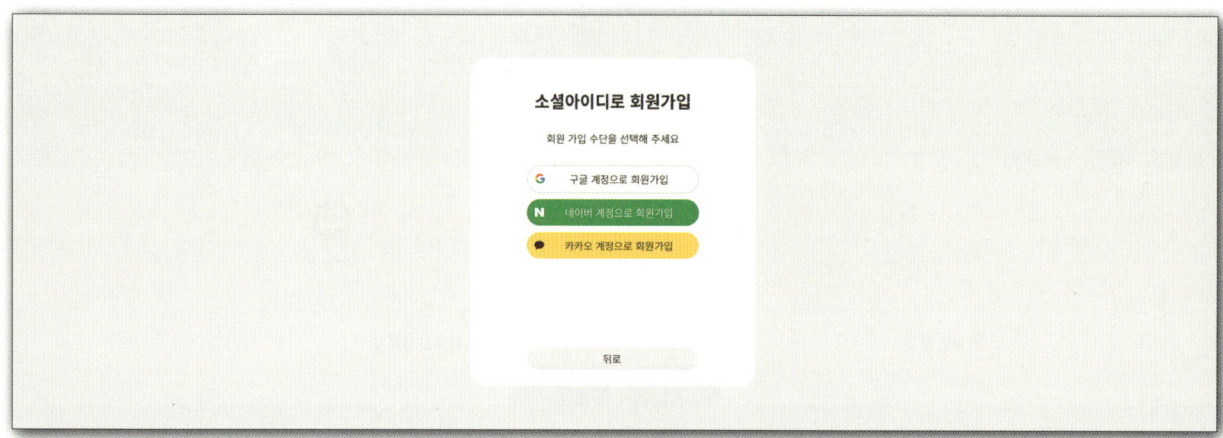

08.2
로그인 후 소스 코드 제출하기

❶ 소셜(SNS) 계정으로 회원가입을 했으면 소셜 로그인을 클릭한다.

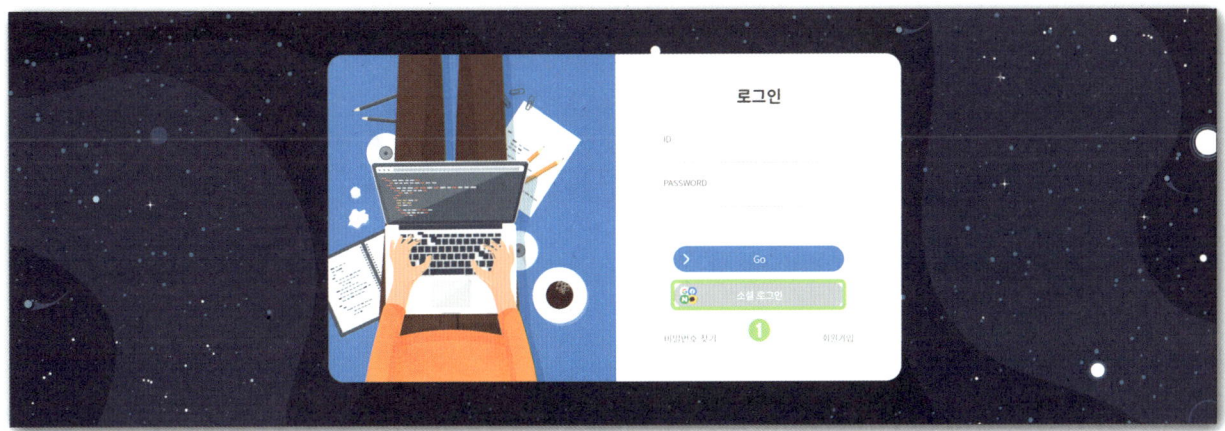

❷ 회원가입을 진행한 소셜(SNS) 계정을 선택한다.

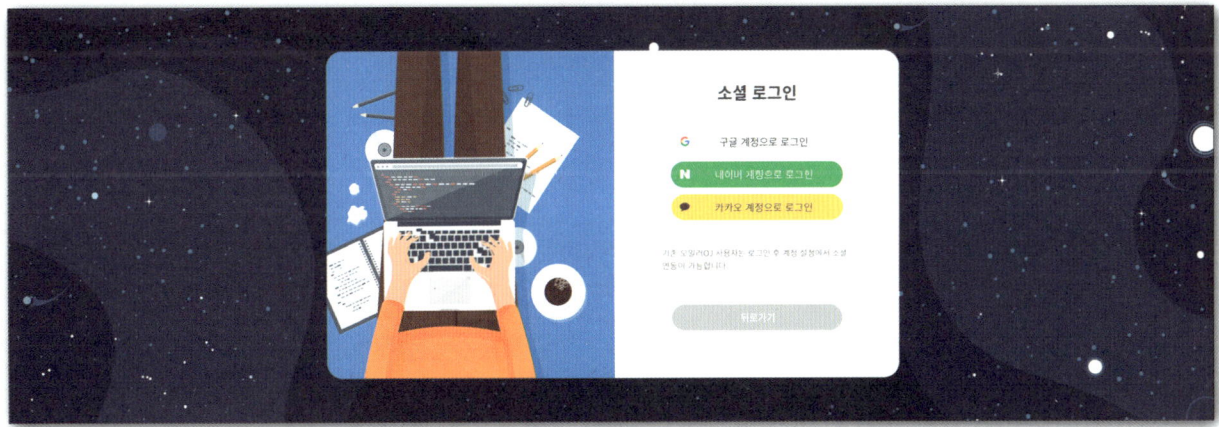

❸ 코딩마법서 C/C++ 1권 STONE에 수록된 문제는 상단 메뉴의 문제에서 코딩마법서의 STONE에 놓여 있다.

❹ 연습을 위해서 코딩마법서 C/C++ 1권 STONE에 놓여있는 문제 1000번의 A+B Problem을 눌러보자.

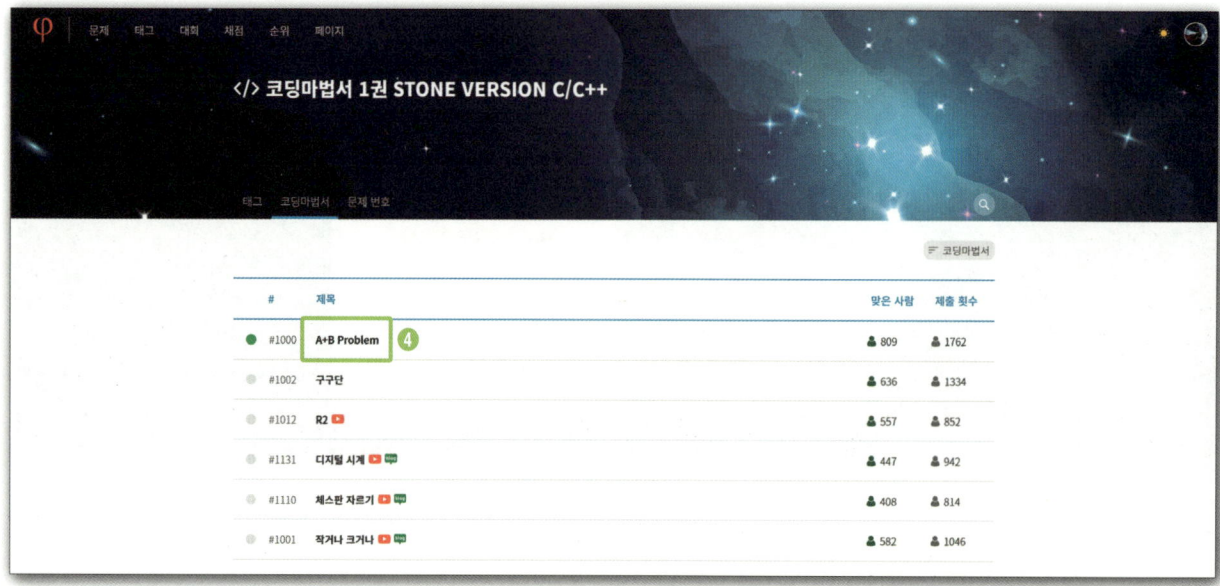

❺ 문제를 읽고 문제에서 요구하는 소스 코드를 완성한다. 소스 코드를 실행시켜서 "입력과 출력의 예"에 해당하는 테스트 케이스를 입력하고 출력 결과가 출력되는지 확인한다. 온라인 저지 시스템에 채점하기 위해서 제출하기 버튼을 클릭한다.

- 프로그램을 작성하여 실행시킨 후 입력의 첫째 줄에 1을 입력하고 입력의 둘째 줄에 2를 입력하면 출력의 첫째 줄에 3이 출력된다.

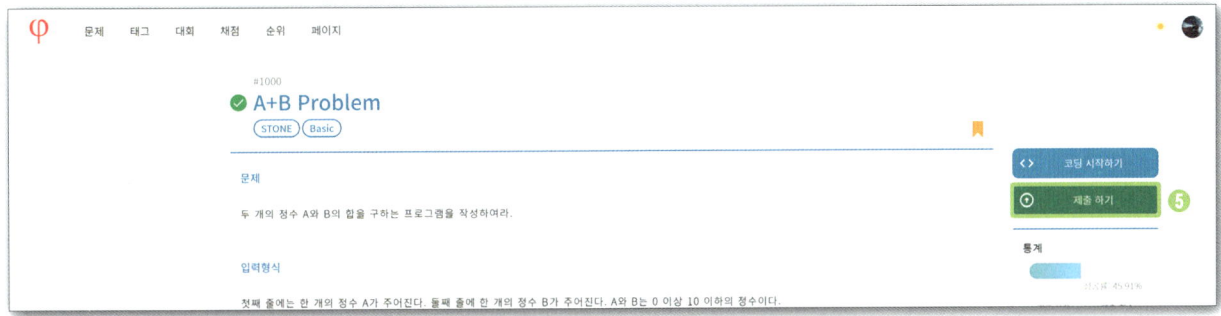

❻ 제출언어를 C++17로 선택한 후, 작성된 소스 코드를 복사하여 제출 창에 붙여넣기를 하고 이 소스 코드 제출하기 버튼을 클릭한다. (참고로 오른쪽의 언어 정렬하기 버튼을 클릭하여 디폴트 값으로 언어를 C++17로 설정해놓으면 편리하다.)

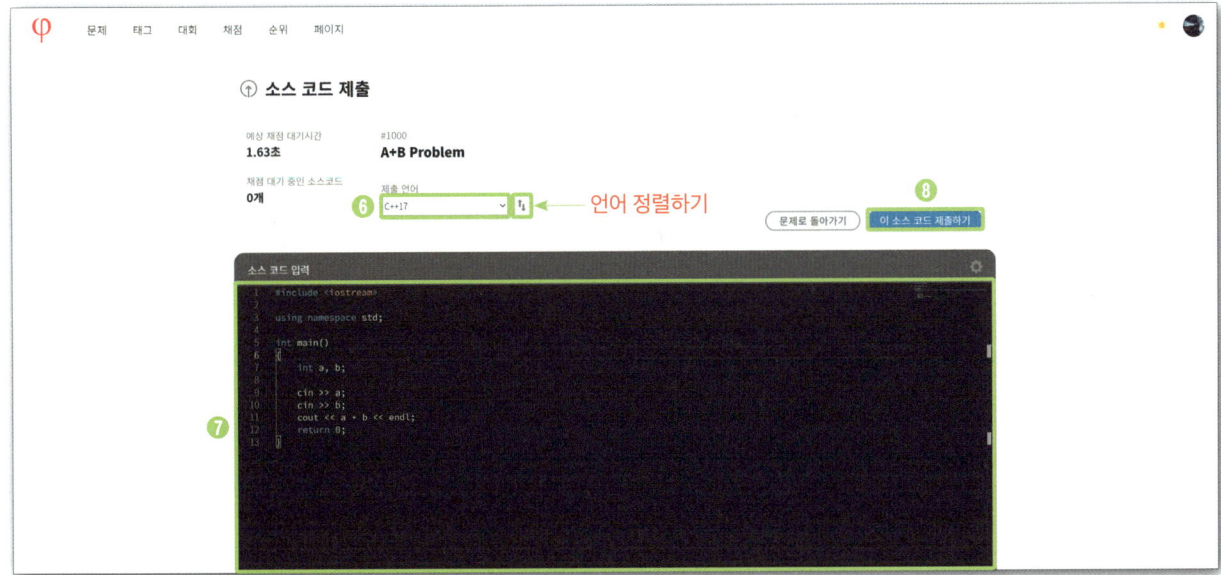

❼ 다른 방법으로도 제출할 수 있는데 코딩 시작하기를 선택하면 웹 에디터 환경에서도 소스 코드를 작성한 후 제출이 가능하다.

❽ 언어를 선택하여 C++17로 변경한 후 소스 코드를 작성하고 "입력의 예"를 복사한 후 정답이 잘 나오는지 실행 버튼을 클릭한다.

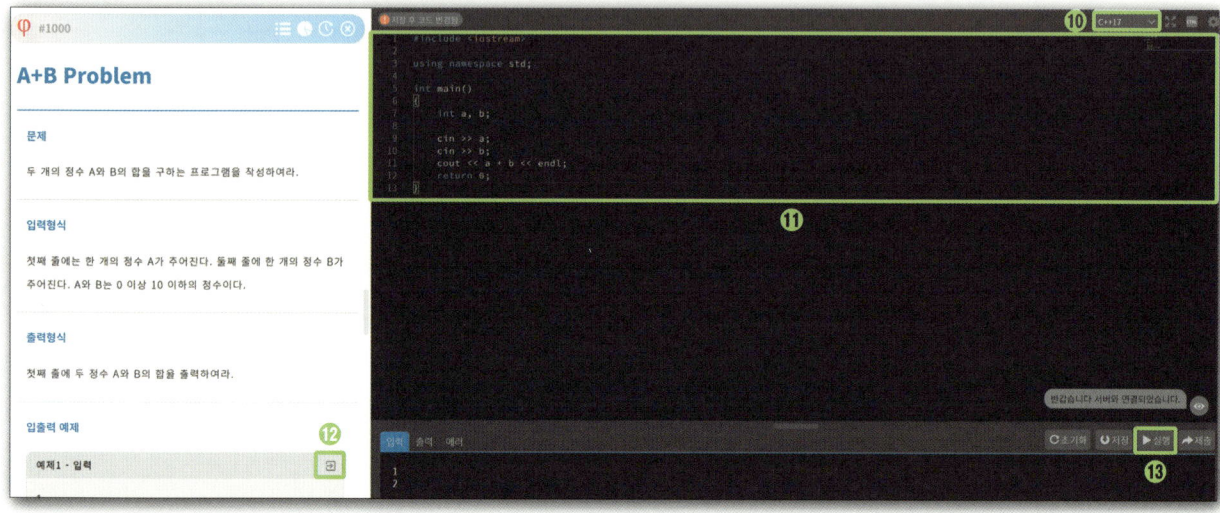

❾ 출력 결과와 일치하면 제출 버튼을 클릭한다.

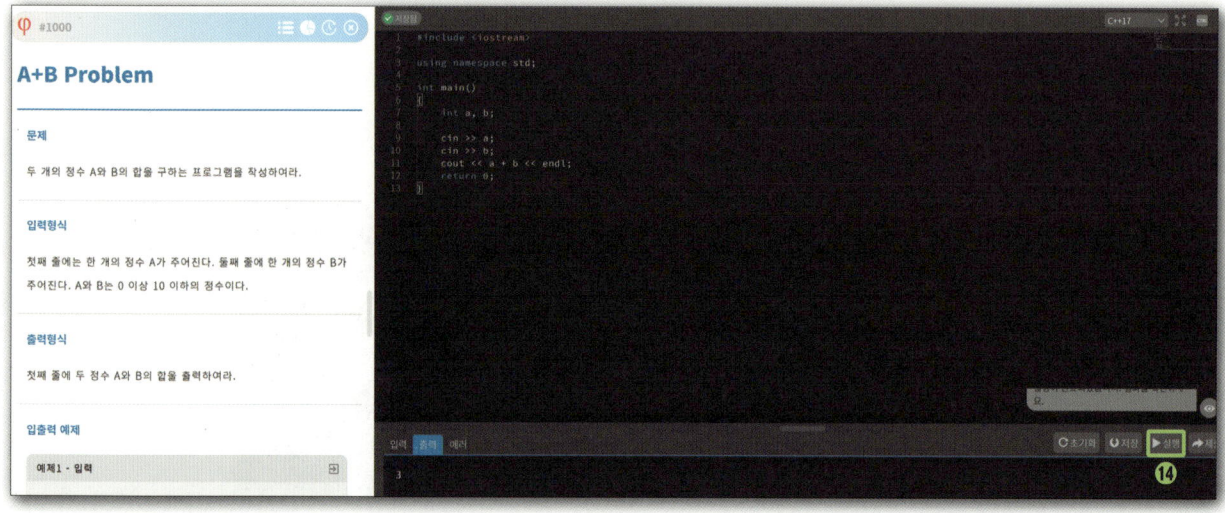

❿ 채점한 결과가 화면에 나타난다.

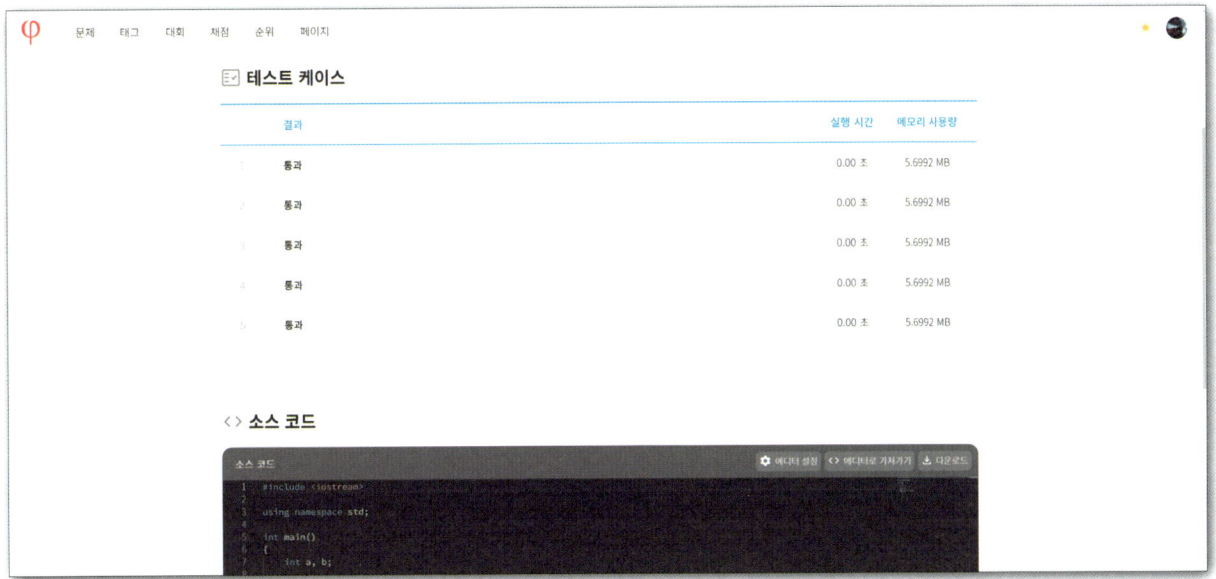

⓫ 채점 결과

- ■ 채점 대기중	채점이 밀려서 아직 채점이 완료되지 않은 대기 상태를 나타낸다. 일반적으로 예상 채점 대기시간 이내에 채점이 된다.
- ■ 컴파일링	테스트 케이스를 새로 고쳤을 경우, 해당 제출 코드를 다시 채점하게 되어 대기 상태로 들어가는 경우에 발생한다.
- ■ 컴파일 진행중	채점하기 위해 컴파일을 하는 중에 나타난다.
- ■ 채점중입니다	채점이 진행되고 있음을 의미한다.
- ■ 맞았습니다	제출한 프로그램이 모든 테스트 케이스를 통과했음을 의미한다.
- ■ 출력 에러	출력 결과가 테스트 케이스와 유사하나, 공백, 빈 줄과 같은 사소한 문제로 인해서 출력 결과가 일치하지 않는 경우에 발생한다.
- ■ 부분 점수	출력 결과가 테스트 케이스와 다른 경우가 있을 경우에 발생한다.
- ■ 시간 초과	제출한 프로그램이 제한된 시간 이내에 끝나지 않은 경우에 발생한다.
- ■ 메모리 초과	제출한 프로그램이 허용된 메모리보다 많은 메모리를 사용했을 경우에 발생한다.
- ■ 출력 초과	예상보다 많은 출력이 출력될 경우에 발생한다. 일반적으로 프로그램이 무한 루프에 빠졌을 경우에 발생한다. 오일러OJ에서는 출력 제한을 1MB로 제한한다.
- ■ 런타임 에러	실행 도중에 segmentation fault, floating point exception, used forbidden functions, tried to access forbidden memories등의 에러가 발생하여 중간에 프로그램이 종료된 경우에 발생한다.
- ■ 컴파일 에러	컴파일러가 제출한 소스 코드를 컴파일하지 못한 경우에 발생한다. 물론 경고 메시지(warning message)는 에러 메시지로 간주하지 않지만 채점 결과를 클릭하면 실제 에러 메시지를 볼 수 있다.

08.3 온라인 채점 시 정답으로 인정되지 않는 경우

❶ 출력이 입력 바로 다음 줄에 발생하지 않는 경우, 예를 들어서 1과 2를 입력한 후 출력의 첫째 줄에 3이 출력되어야 하는데 출력의 둘째 줄에 3이 출력되는 경우는 정답으로 인정되지 않는다.

```
1
2

3
```

❷ 출력의 예시에는 공백이 없는데 출력의 앞부분에 공백이 발생한 경우, 예를 들어서 출력의 첫째 줄에 3이 출력되어야 하는데 앞에 공백이 발생한 후 3이 출력되는 경우는 정답으로 인정되지 않는다.

```
1
 2
  3
```

❸ 출력의 예시에는 공백이 없는데 출력의 사이에 공백이 발생한 경우, 예를 들어서 출력의 첫째 줄에 1+2=3이 출력되어야 하는데 1 + 2 = 3이 출력되는 경우 또는 반대로 공백이 발생되어 1 + 2 = 3이 출력되어야 하는데 1+2=3이 출력되는 경우

```
1
2
1 + 2 = 3
```

❹ 대문자 YES가 출력되어야 하는데 소문자 yes가 출력되는 경우 또는 반대로 소문자 yes가 출력되어야 하는데 대문자 YES가 출력되는 경우

08.4 온라인 채점 시 정답으로 인정되는 경우

❶ 출력의 마지막에 공백이 발생하는 경우, 예를 들어서 출력의 첫째 줄에 "3"이 출력되어야 하는데 "3 "과 같이 3이 출력된 후 뒤에 공백이 출력되는 경우는 정답으로 인정된다.

❷ 테스트 케이스가 여러 개인 경우에는 모든 테스트 케이스를 입력받고 테스트 케이스에 대한 정답을 마지막에 각 줄에 출력하여도 정답으로 인정되지만 각각의 테스트 케이스에 대해서 테스트 케이스마다 각 줄에 정답을 출력하여도 정답으로 인정된다. 예를 들어서 두 개의 정수를 입력받아 각각의 정수에 대한 약수의 합을 구하는 프로그램을 작성한다고 해보자.

Example

입력	출력
1	1
6	12

- 1에 대한 약수의 합 1이 출력의 첫째 줄에 출력되고 6에 대한 약수의 합 12가 출력의 둘째 줄에 출력될 때 위의 두 가지 경우 모두 정답으로 인정된다.

08.5 본인이 제출한 소스 코드 확인하기

제출한 소스 코드의 확인은 본인이 작성한 코드만 가능하다.

❶ 상단 메뉴 채점을 누른 후 내 채점 기록을 클릭하면 여태까지 제출했던 결과들이 출력되는데 확인해 보고 싶은 결과에 대한 제출언어를 누르면 채점 당시에 제출했던 소스 코드를 확인해 볼 수 있다.

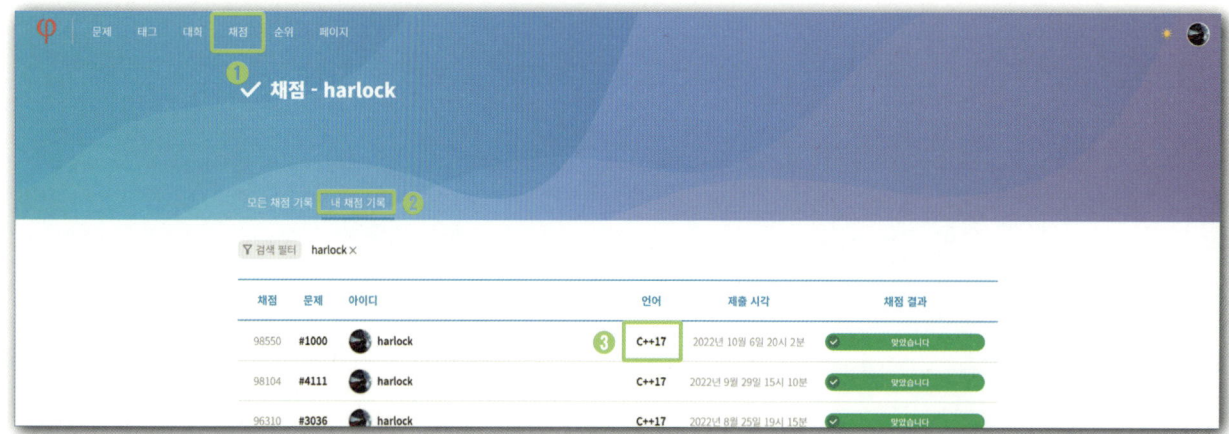

❷ 제출했던 소스 코드 확인

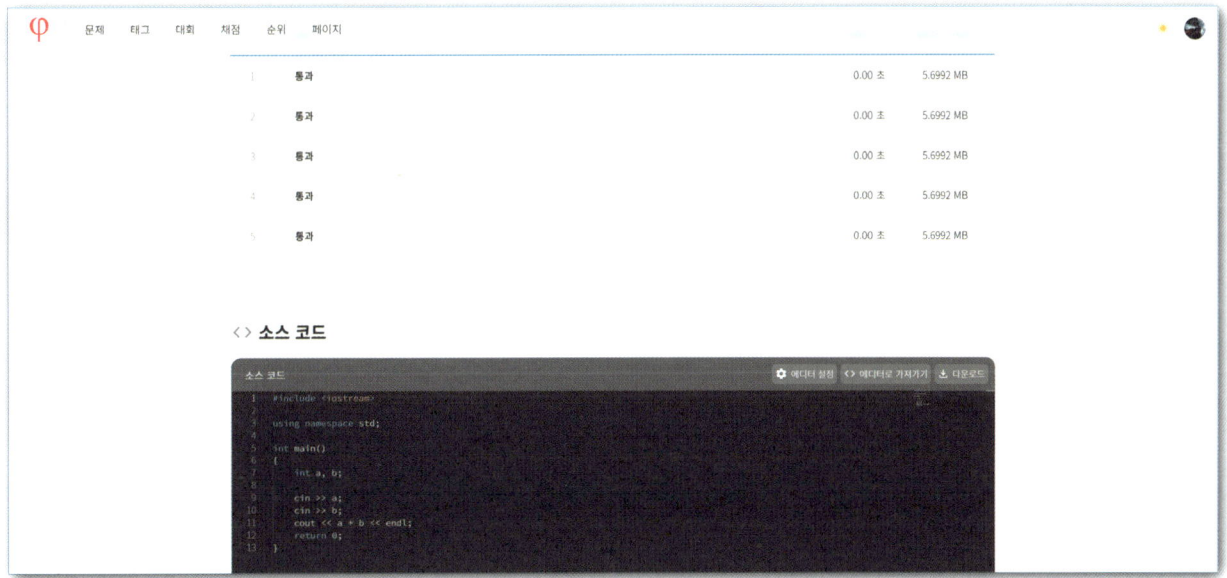

08.6
그 밖의 메뉴 소개하기

❶ 상단 메뉴의 문제는 태그, 코딩마법서, 문제번호, 최근 방문기록 순으로 정리해 놓았다.

❷ 상단 메뉴의 태그를 통해서 맞춤식 문제를 선택할 수도 있다.

❸ 상단 메뉴의 대회를 통해서 나의 실력을 평가해 볼 수 있다.

❹ 상단 메뉴의 채점에서 모든 채점 기록은 실시간 채점 현황을 나타낸다.

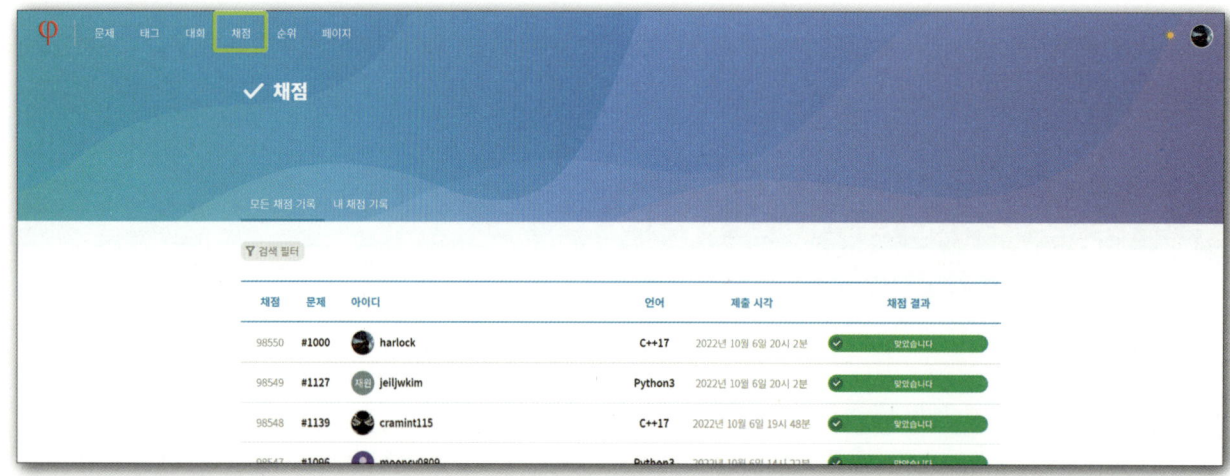

❺ 상단 메뉴의 순위는 맞은 문제 수가 많은 회원 순으로 순위를 표시해 준다. 만일 맞은 문제 수가 같다면 제출 횟수가 적은 회원이 우선순위가 높다.

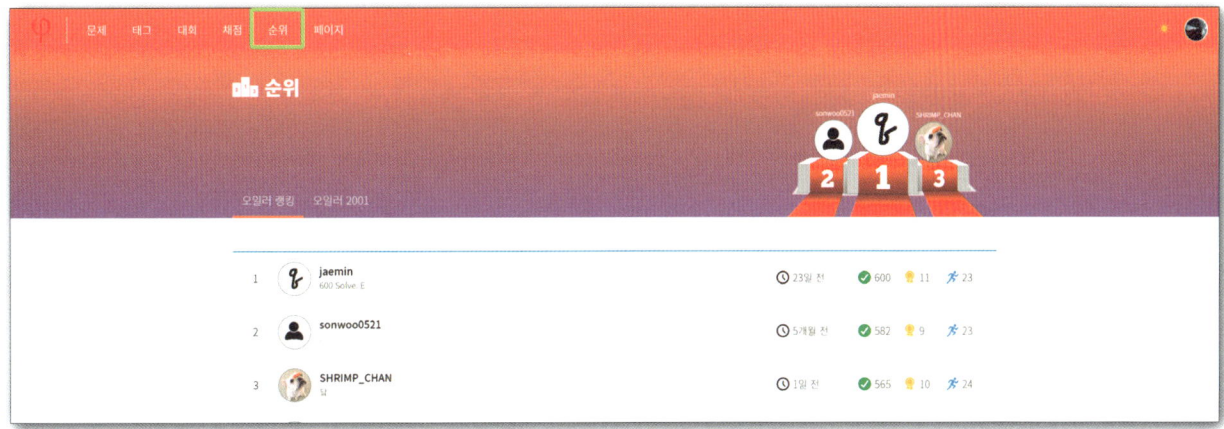

❻ 상단 메뉴의 페이지는 오일러OJ의 업데이트 기록을 알려준다.

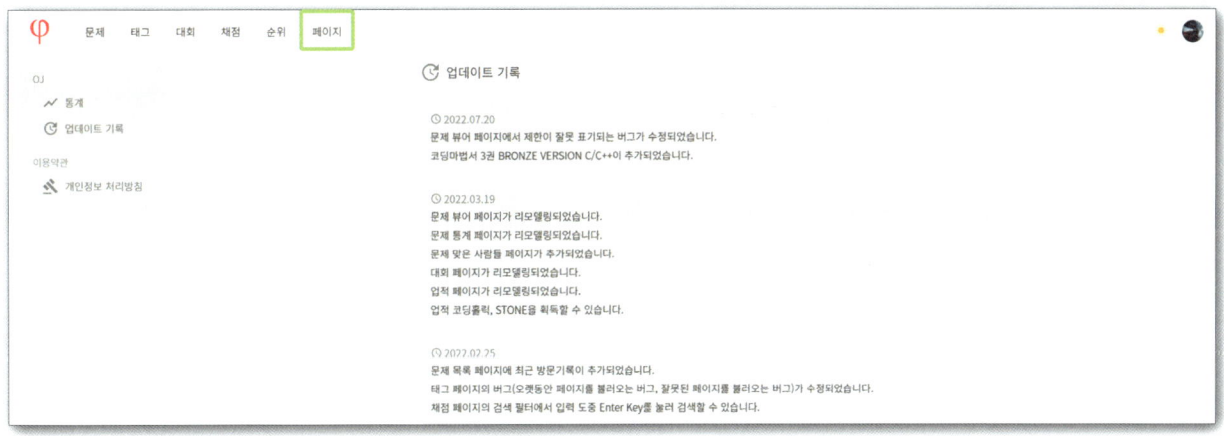

❼ 상단 메뉴의 본인 ID를 누르면 내 프로필 확인과 계정 설정을 변경할 수 있다.

❽ 내 프로필에 있는 업적 및 활동에서 획득한 뱃지를 확인할 수 있다.

❾ 내 프로필에서 맞은 문제와 공부한 날짜를 확인할 수 있다.

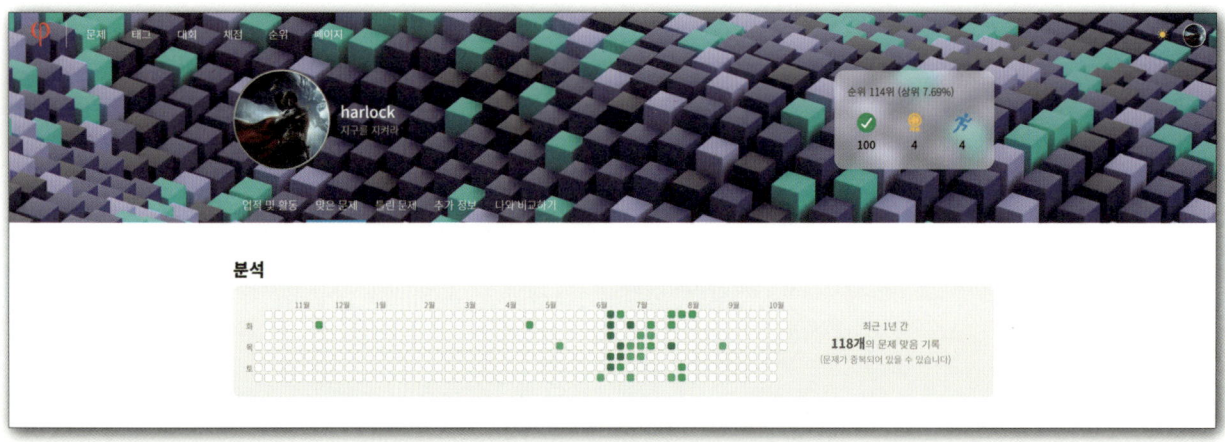

❿ 내 북마크를 통해서 북마크한 문제들을 확인할 수 있다.

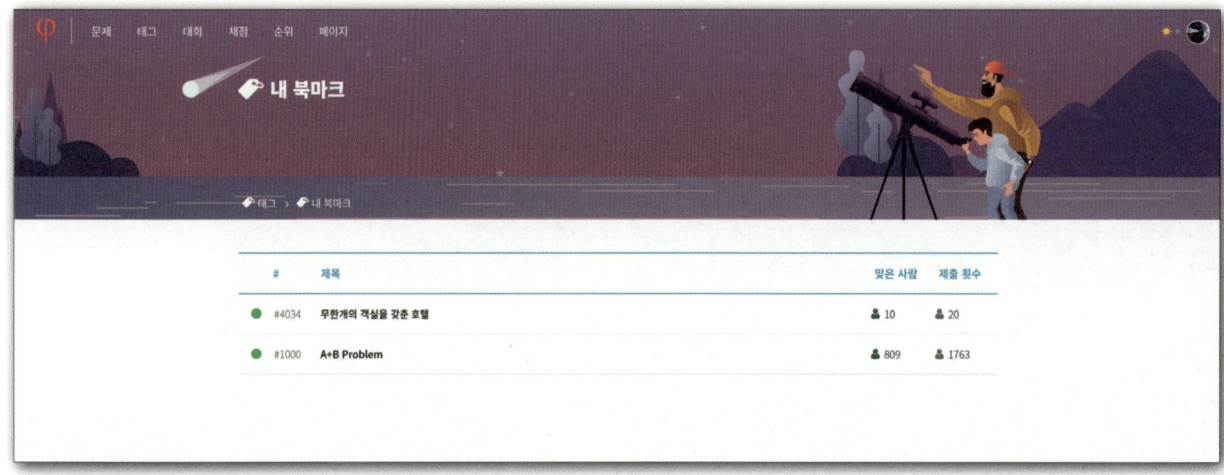

⑪ 계정 설정을 통해서 개인정보, 비밀번호, 소셜 연동, 사이트 테마, 언어 정렬, 에디터, 빠른 OJ의 사용등을 변경할 수 있다.

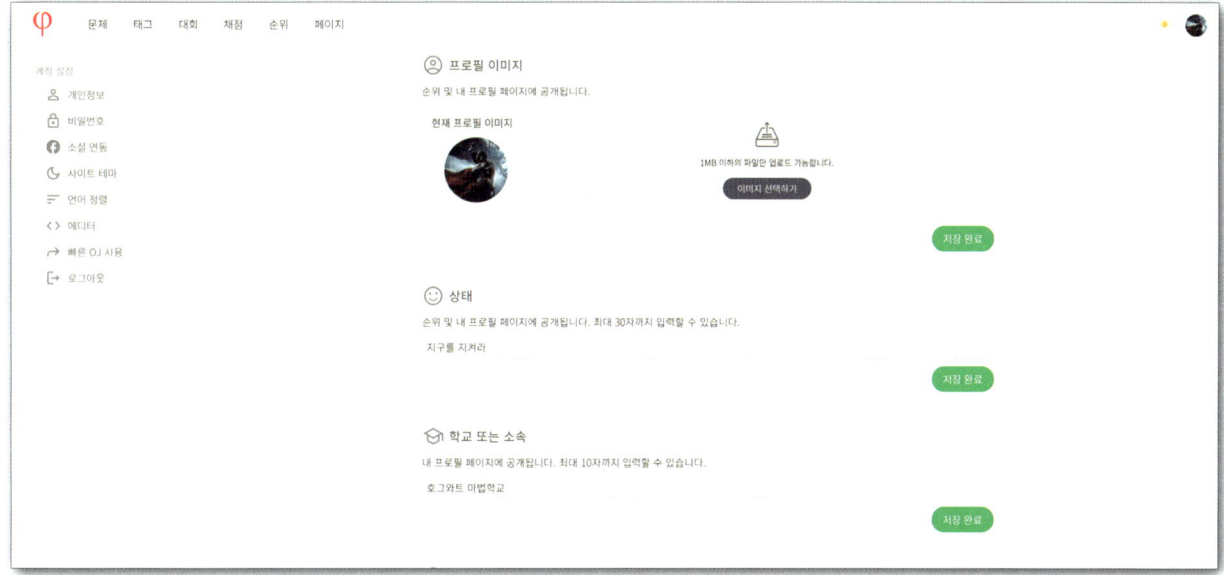

⑫ 현재의 계정을 소셜과 연동하여 사용할 수 있다.

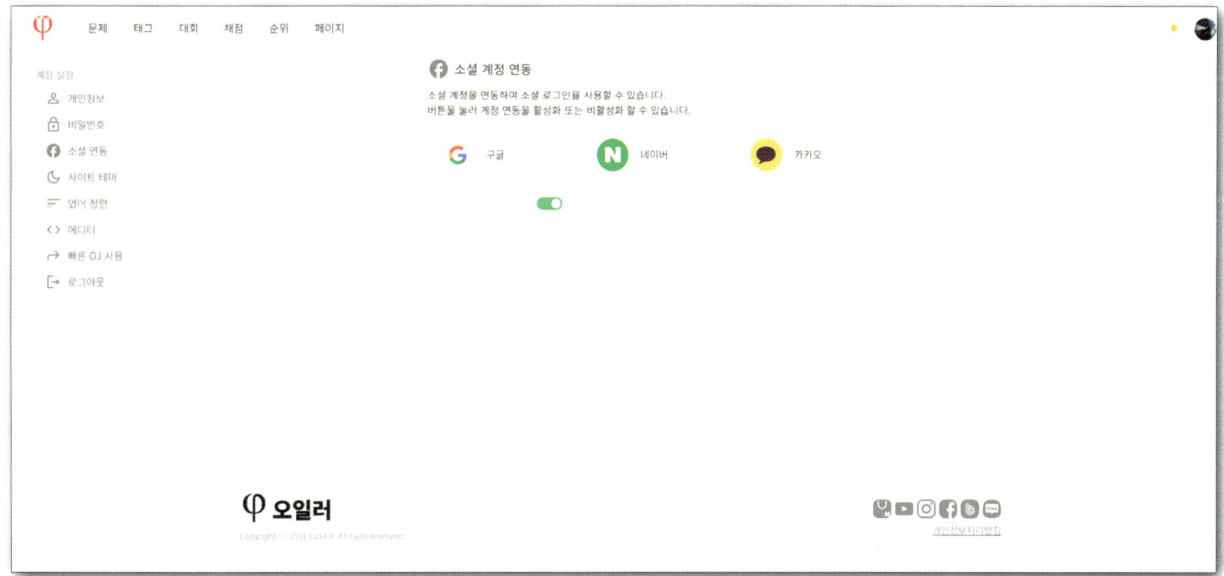

⑬ 언어 정렬을 통해서 채점 언어의 우선순위를 변경하고 활성화할 수 있다. 채점 언어의 우선 순위를 변경하기 위해서는 오른쪽 눈을 활성화하고 마우스로 드래그하여 변경한다.

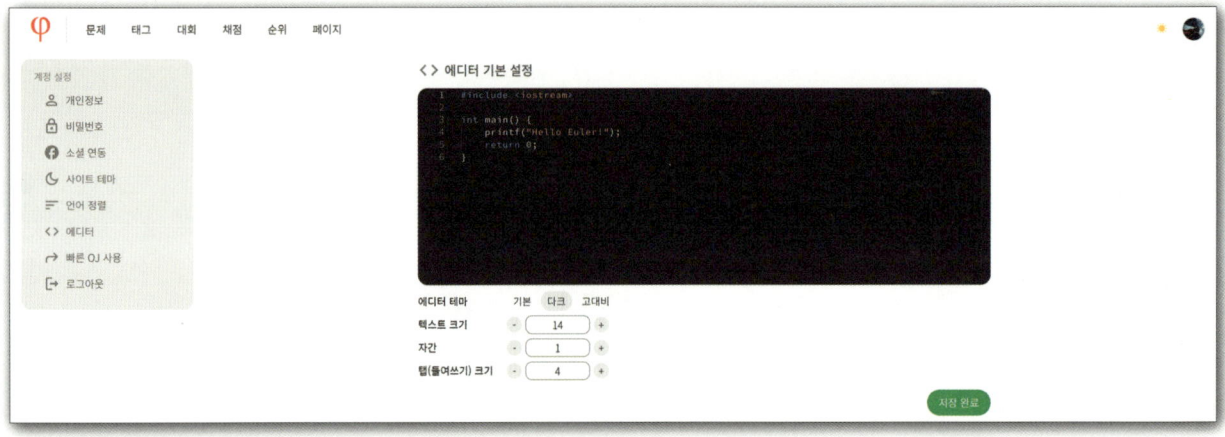

⑭ 에디터를 통해서 웹 에디터의 기본 설정(글꼴, 텍스트 크기, 자간, 들여쓰기와 폰트)을 변경할 수 있다.

⑮ 오일러OJ의 테마를 다크 모드나 라이트 모드로 변경할 수 있다.

08.7
Open Challenge

Open Challenge는 오일러에서 주관하는 코딩 테스트 시험이다. 과거부터 지금까지 모두 252회의 코딩 테스트를 진행해왔다. 앞으로는 새로운 시스템에 새로운 방식으로 코딩 테스트를 진행하려고 한다. 코딩마법서가 일정부분 완성되면 Open Challenge를 다시 진행할 예정이다.

❶ 대회 홈

❷ 대회 문제

❸ 순위는 ACM-ICPC 방식을 따른다.

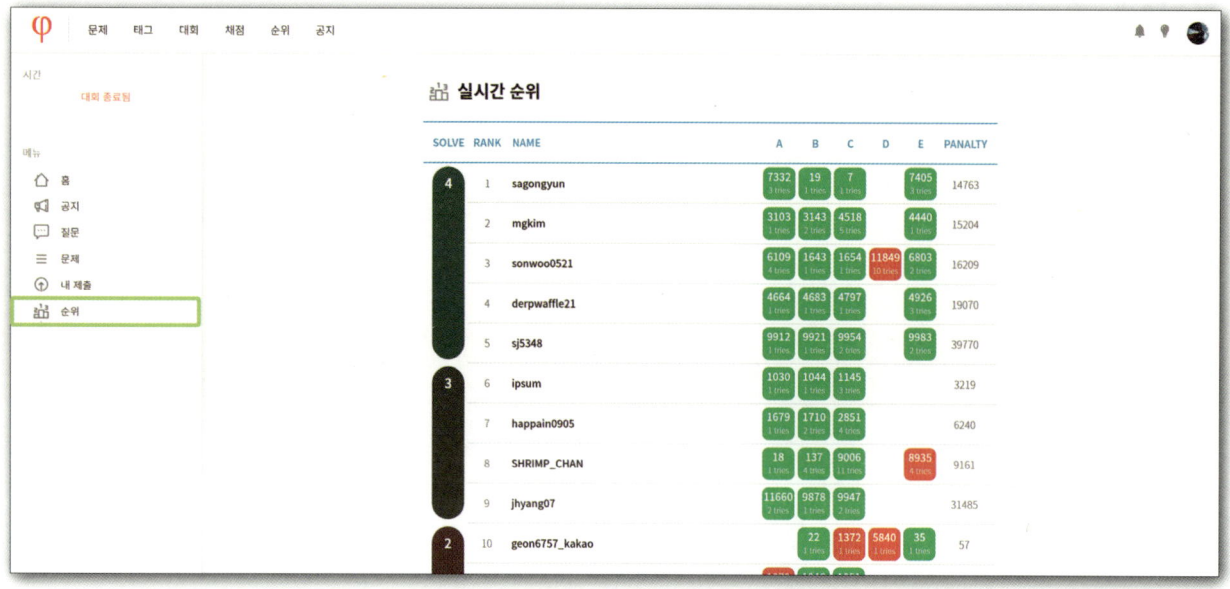

1000
A+B Problem

실행 제한시간 1초
메모리 사용 제한 32MB

두 개의 정수 A와 B의 합을 구하는 프로그램을 작성하여라.

Input Form 첫째 줄에 한 개의 정수 A가 주어진다. 둘째 줄에 한 개의 정수 B가 주어진다. A와 B는 0 이상 10 이하의 정수이다.

Output Form 두 정수 A와 B의 합을 첫째 줄에 출력하여라.

Example

입력	출력
1 2	3

1002
구구단

실행 제한시간 **1초**
메모리 사용 제한 **32MB**

입력으로 주어지는 한 개의 양의 정수 N(2≤N≤100)에 대하여 구구단을 출력하는 프로그램을 작성하여라.

Input Form   첫째 줄에 단수 2 이상 100 이하인 한 개의 양의 정수 N이 주어진다.

Output Form   주어진 N에 대한 구구단을 '출력의 예'와 같은 형식으로 각 줄에 출력하여라.

Example

입력	출력
2	2*1=2 2*2=4 2*3=6 2*4=8 2*5=10 2*6=12 2*7=14 2*8=16 2*9=18

코딩마법서

1권 STONE VERSION
코딩테스트와 알고리즘을 위한 C/C++

제09장

여러 개의 데이터 입력

09.1 정수형 데이터 입력
09.2 실수형 데이터 입력
09.3 문자형 데이터 입력
09.4 연습문제

오일러BOOKS

앞장에서는 한 개의 scanf() 문장을 가지고서 한 개의 변수에만 입력을 받았다. 이번 장에서는 scanf() 한 문장을 가지고서 여러 개의 변수에 입력받는 것에 대해서 알아보자.

 Core   scanf("%d %d", &a, &b);

서로 대응하는 개수가 맞아야 한다.

위의 문장은 scanf()문의 문자열 안에 정수형 서식 문자 %d가 두 개 놓여있다. 그리고 콤마(,)를 입력한 후 %d와 대응하기 위한 정수형 변수 a와 b 두 개가 콤마(,)로 구분되어 있다. 위와 같이 scanf()문의 문자열 안에 자료형 서식 문자가 n개 있으면 그에 대응하는 변수도 서식 문자 자료형에 맞춰서 n개가 있어야 한다. 지금 위와 같은 문장은 프로그램이 실행되어 커서가 깜빡이며 입력을 받기 위한 대기 상태에 놓일 때, 사용자가 두 개의 정수를 한 개의 공백으로 분리하여 입력하면 첫 번째 입력한 정수는 첫 번째 정수형 변수인 a에 입력되고 두 번째 입력한 정수는 두 번째 정수형 변수인 b에 입력된다.

 Core   scanf("%d %c", &a, &b);

이와 같이 scanf()문의 문자열 안에 서로 다른 자료형의 서식 문자가 놓일 수도 있다. 이때는 입력을 받기 전에 변수 a는 정수형 자료형인 int로 선언되어 있어야 하고, 변수 b는 문자형 자료형인 char로 선언되어 있어야 한다.

 Tip   scanf("%d,%d", &a, &b)와 같이 입력 문자열 안에 두 개의 서식 문자가 콤마로 구분되어 놓여있을 수도 있다. 프로그램이 실행되어 커서가 깜빡이며 입력을 받기 위한 대기 상태에 놓일 때, 사용자는 두 개의 정수를 콤마(,)로 구분하여 입력하면 첫 번째 입력한 정수는 변수 a에 입력되고 두 번째 입력한 정수는 변수 b에 입력된다.

09.1
정수형 데이터 입력

 **Coding**

```cpp
#include <cstdio>

int main(void)
{
    int a, b;

    scanf("%d %d", &a, &b);
    printf("%d\n", a);
    printf("%d\n", b);
    return 0;
}
```

 **Interpret**

- 5번째 줄은 정수형 변수 a와 b를 선언하였다.
- 7번째 줄은 입력의 첫째 줄이라고 한다. 커서가 깜빡이며 입력받기 위한 대기 상태에 놓일 때, 사용자가 두 개의 정수를 한 개의 공백으로 분리하여 입력하면 두 정수의 값이 각각 차례로 변수 a와 b에 입력된다.
- 8번째 줄은 출력의 첫째 줄에 a의 값을 출력하였고, 9번째 줄은 출력의 둘째 줄에 b의 값을 출력하였다.

 **Output**

```
10 20
10
20
```

09.2
실수형 데이터 입력

 Coding

```c
#include <cstdio>

int main(void)
{
    double a, b;

    scanf("%lf %lf", &a, &b);
    printf("%.2lf\n", a);
    printf("%.2lf\n", b);
    return 0;
}
```

 Interpret

- 5번째 줄은 실수형 변수 a와 b를 선언하였다.

- 7번째 줄은 입력의 첫째 줄이라고 한다. 커서가 깜빡이며 입력받기 위한 대기 상태에 놓일 때, 사용자가 두 개의 실수를 한 개의 공백으로 분리하여 입력하면 두 실수의 값이 각각 차례로 변수 a와 b에 입력된다.

- 8번째 줄은 출력의 첫째 줄에 a의 값을 소수점 둘째 자리(셋째 자리에서 반올림)까지 출력을 하였고, 9번째 줄은 출력의 둘째 줄에 b의 값을 소수점 둘째 자리(셋째 자리에서 반올림)까지 출력하였다.

 Output

```
12.34 23.12
12.34
23.12
```

09.3 문자형 데이터 입력

 Coding

```
1   #include <cstdio>
2
3   int main(void)
4   {
5       char a, b, c;
6
7       scanf("%c %c %c", &a, &b, &c);
8       printf("%c\n", a);
9       printf("%c\n", b);
10      printf("%c\n", c);
11      return 0;
12  }
```

 Interpret

- 5번째 줄은 문자형 변수 a, b, c를 선언하였다.

- 7번째 줄은 입력의 첫째 줄이라고 한다. 커서가 깜빡이며 입력받기 위한 대기 상태에 놓일 때, 사용자가 세 개의 단일 문자를 한 개의 공백으로 분리하여 입력하면 세 개의 단일 문자의 아스키코드 (ASCII Code) 값이 각각 차례로 변수 a, b, c에 입력된다.

- 8번째 줄은 출력의 첫째 줄에 a의 아스키코드 값에 해당하는 단일 문자를 출력하였고, 9번째 줄은 출력의 둘째 줄에 b의 아스키코드 값에 해당하는 단일 문자를 출력하였고, 10번째 줄은 출력의 셋째 줄에 c의 아스키코드 값에 해당하는 단일 문자를 출력하였다.

 Output

```
A B C
A
B
C
```

09.4 연습문제 Exercise

① 세 개의 정수 A, B, C가 주어진다. 주어진 세 정수의 사칙 연산을 계산하는 프로그램을 작성하여라.

Input Form 1 이상 100 이하의 정수 A, B, C가 한 개의 공백으로 분리되어 첫째 줄에 주어진다.

Output Form 첫째 줄에는 세 정수에 대한 덧셈 연산을 출력하고, 둘째 줄에는 뺄셈 연산을, 셋째 줄에는 곱셈 연산을, 넷째 줄에는 나눗셈 연산을 "입력과 출력의 예"와 같은 형식으로 각 줄에 출력하여라.

Example

입력	출력
6 3 2	6+3+2=11 6-3-2=1 6*3*2=36 6/3/2=1

② 두 개의 단일 문자가 주어진다. 주어진 두 문자의 아스키코드(ASCII Code) 값을 출력하는 프로그램을 작성하여라.

Input Form 영문 알파벳 두 개가 한 개의 공백으로 분리되어 첫째 줄에 주어진다.

Output Form 첫 번째 주어진 문자와 아스키코드(ASCII Code) 값을 콜론(:)으로 구분하여 첫째 줄에 출력하고, 두 번째 주어진 문자와 아스키코드(ASCII Code) 값을 콜론(:)으로 구분하여 둘째 줄에 출력하여라.

Example

입력	출력
A Z	A:65 Z:90

코딩마법서

1권 STONE VERSION
코딩테스트와 알고리즘을 위한 C/C++

제10장

연산자
Operator

- 10.1 산술 연산자 Arithmetic Operator
- 10.2 대입 연산자 Assignment Operator
- 10.3 누적시키기
- 10.4 관계 연산자 Relational Operator
- 10.5 형 변환 연산자 Casting Operator
- 10.6 콤마 연산자 Comma Operator
- 10.7 연산자 우선순위
- 10.8 연습문제

오일러BOOKS

10.1 산술 연산자 Arithmetic Operator

연산자에는 덧셈을 하는 덧셈 연산자 '+', 뺄셈을 하는 뺄셈 연산자 '-', 곱셈을 하는 곱셈 연산자 '*', 나눗셈을 하는 나눗셈 연산자 '/', 그리고 마지막으로 나머지를 구하는 나머지 연산자 '%'가 있다는 것을 앞장에서 배웠다. 이 연산자들을 통틀어 산술 연산자(Arithmetic Operator)라고 한다. 이 중에서 뺄셈 연산자 '-'는 단독으로 사용하여 부호를 바꾸는 연산에도 사용할 수 있다.

 Coding

```
1  #include <cstdio>
2
3  int main(void)
4  {
5      int a = 10, b = 3;
6
7      printf("%d\n", a + b);    // 덧셈
8      printf("%d\n", a - b);    // 뺄셈
9      printf("%d\n", a * b);    // 곱셈
10     printf("%d\n", a / b);    // 나눗셈
11     printf("%d\n", a % b);    // 나머지 계산
12     printf("%d\n", -b);       // 부호 변환
13     return 0;
14 }
```

 Interpret

- 5번째 줄은 정수형 변수 a를 선언과 동시에 10으로 초기화하였고 b를 선언과 동시에 3으로 초기화하였다.

- 7번째 줄은 a + b의 값 13이 출력의 첫째 줄에 출력된다. 8번째 줄은 a - b의 값 7이 출력의 둘째 줄에 출력된다. 9번째 줄은 a * b의 값 30이 출력의 셋째 줄에 출력된다.

- 10번째 줄은 나눗셈 연산이라 주의가 필요하다. 정수끼리의 나눗셈 연산에서는 10을 3으로 나눈 몫만 연산 결과로 가져오기 때문에 3만 출력의 넷째 줄에 출력된다. 나눗셈 연산에 대해서는 이장의 다섯 번째 단원인 형 변환 연산에서 좀 더 자세히 설명하도록 하겠다.

- 11번째 줄은 10을 3으로 나눈 나머지 1이 출력의 다섯째 줄에 출력된다.

- 12번째 줄은 양의 정수 b의 반대 부호인 -3이 출력의 여섯째 줄에 출력된다. 마지막 줄에서 -b를 출력했다고 해서 b의 값이 -3으로 변환되는 것은 아니다.

Output

```
13
7
30
3
1
-3
```

10.2 대입 연산자 Assignment Operator

수학에서 사용하는 등호('=')와 프로그래밍에서 사용하는 등호('=')는 다른 의미를 가지고 있다. 수학에서는 등호의 좌측을 좌변이라 부르고 우측을 우변이라 부르며 등호의 의미는 좌변의 값과 우변의 값이 같다는 의미이다. 하지만 프로그래밍에서의 등호는 다른 의미를 가지고 있다.

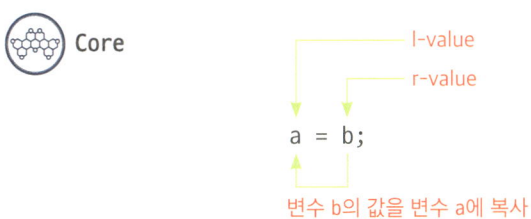

Core

프로그래밍에서는 등호의 좌측에 있는 값을 l-value(left value)라고 부르고 우측에 있는 값을 r-value(right value)라고 부르는데 등호의 의미는 우측에 있는 r-value의 값을 좌측에 있는 l-value 값에 대입하라는 의미이다. 즉, 다시 말해서 좌측 변수 a에 저장되어 있던 기존의 값은 지워지고 우측 변수 b가 가지고 있던 값으로 대체가 된다는 말이다. 물론 우측에 있는 b의 값은 변함이 없으며 오로지 좌측에 있는 a의 값만 b의 값으로 복사가 되는 것이다. 이것을 **'b의 값을 a에 대입한다.'** 라고 말한다.

 **Coding**

```c
#include <cstdio>

int main(void)
{
    int a, b, c = 5;

    a = b = c;   // a = 5, b = 5

    printf("%d\n", a);
    printf("%d\n", b);
    printf("%d\n", c);
    return 0;
}
```

 **Core**

```
        c의 값을 b에 대입
         ↓  ┐①
a = b = c;
↑   ┘②
b의 값을 a에 대입
```

 **Interpret**

- 5번째 줄은 정수형 변수 c를 선언과 동시에 5로 초기화하였다.

- 7번째 줄은 c의 값을 b에 대입한 후 다시 b의 값을 a에 대입하는 문장이다. 등호(=) 연산은 연산자 우선순위가 우측에서 좌측(←)으로 진행하기 때문에 먼저 c에 저장되어 있는 값 5를 b에 대입한 후, 다시 b에 저장되어 있는 값 5를 a에 대입한다.

- 9번째 줄부터 11번째 줄은 a, b, c의 값 5를 각 줄에 출력한다.

 **Output**

```
5
5
5
```

10.3 누적시키기

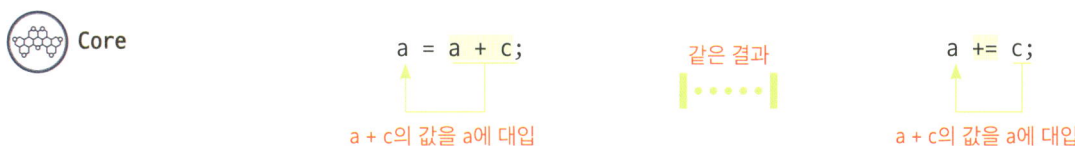

위에 있는 문장은 a의 값에 c의 값을 더한 후 다시 a에 대입하는 문장이다. 예를 들어 a의 값이 5이고 c의 값이 3이라면 a의 값에 5 + 3이 대입되어 a의 값이 8로 바뀌게 된다. 이렇게 기존에 있던 a의 값이 더 추가되어 늘어나기 때문에 이런 연산을 보고 '**c의 값을 변수 a에 누적한다.**'라고 말한다. 또한 왼쪽에 있는 문장을 오른쪽과 같이 줄여서 표현할 수도 있다. 따라서 왼쪽에 있는 문장의 연산 결과와 오른쪽에 있는 문장의 연산 결과는 같다.

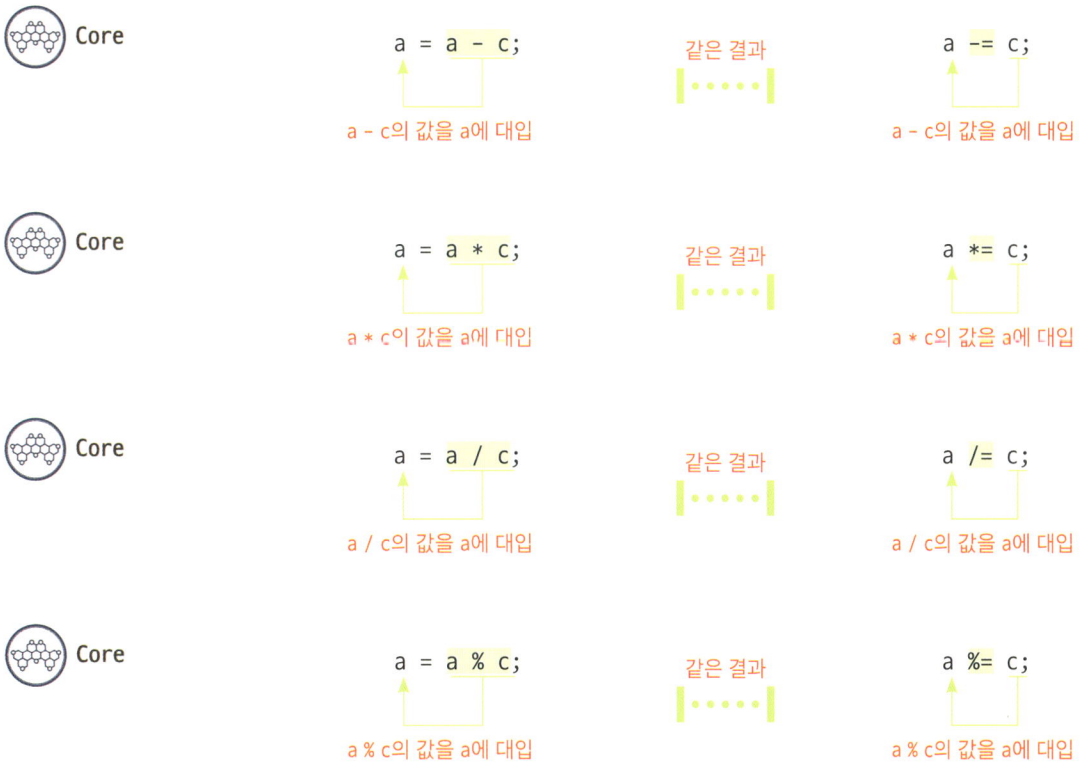

물론 뺄셈, 곱셈, 나눗셈, 나머지 연산에 대해서도 오른쪽과 작성할 수 있다. 오른쪽과 같이 작성된 연산자 (+=, -=, *=, /=, %=)들을 **복합 대입 연산자**라고 한다. 앞으로 이렇게 복합 대입 연산자를 이용하여 연산하는 경우가 많으니 잘 기억해 두도록 하자.

 **Caution** a = a + b의 연산을 복합 대입 연산자를 이용하여 a += b와 같이 나타낼 수 있다는 것을 배웠다. 그런데 여기서 주의해야 할 것은 a =+ b는 a += b와 서로 다르다는 것에 주의해야 한다. a =+ b는 a = +b의 의미로 "변수 a에 +b의 값을 대입하라."는 연산과 같다는 것에 주의해야 한다.

 **Coding**

```c
#include <cstdio>

int main(void)
{
    int s = 10;

    s += 5;      // s = s + 5
    printf("%d\n", s);

    s *= 5;      // s = s * 5
    printf("%d\n", s);

    s -= 5;      // s = s - 5
    printf("%d\n", s);

    s /= 5;      // s = s / 5
    printf("%d\n", s);

    s %= 5;      // s = s % 5
    printf("%d\n", s);
    return 0;
}
```

 **Interpret**

- 5번째 줄은 정수형 변수 s를 선언과 동시에 10으로 초기화하였다.

- 7번째 줄은 s의 값에다 5를 더해서 다시 s에 대입하였기 때문에 s에 15가 대입된다. 8번째 줄은 s의 값 15를 출력의 첫째 줄에 출력한다.

- 10번째 줄은 s의 값에다 5를 곱해서 다시 s에 대입하였기 때문에 s에 75가 대입된다. 11번째 줄은 s의 값 75를 출력의 둘째 줄에 출력한다.

- 13번째 줄은 s의 값에서 5를 빼서 다시 s에 대입하였기 때문에 s에 70이 대입된다. 14번째 줄은 s의 값 70을 출력의 셋째 줄에 출력한다.

- 16번째 줄은 s의 값을 5로 나누어서 다시 s에 대입하였기 때문에 s에 14가 대입된다. 17번째 줄은 s의 값 14를 출력의 넷째 줄에 출력한다.

- 19번째 줄은 s의 값을 5로 나눈 나머지를 다시 s에 대입하였기 때문에 s에 4가 대입된다. 20번째 줄은 s의 값 4를 출력의 다섯째 줄에 출력한다.

```
15
75
70
14
4
```

10.4 관계 연산자 Relational Operator

대소 관계를 나타내는 연산자는 '>, <, <=, >='가 있고 동등 관계를 나타내는 연산자는 '==, !='가 있다.

Core   c = a == b

위의 문장에서 두 변수 a와 b 사이에 두 개의 등호가 놓여있다. 두 개의 등호가 있다는 것은 a의 값과 b의 값을 비교하는 **관계 연산자**(Relational Operator)인데 만일 a와 b의 값이 같다면 두 연산의 연산 결과는 참(true)을 의미하는 대푯값 1이 c에 대입되고 만일 a와 b의 값이 같지 않다면 거짓(false)을 의미하는 대푯값 0이 c에 대입된다. 이렇게 관계를 비교하는 연산자는 6개가 있는데 아래 다음과 같다.

	여섯 개의 관계 연산자	
연산자	연산의 예	의미
<	a < b	a가 b의 값보다 작은가?
>	a > b	a가 b의 값보다 큰가?
<=	a <= b	a가 b의 값보다 작거나 같은가?
>=	a >= b	a가 b의 값보다 크거나 같은가?
==	a == b	a와 b의 값이 같은가?
!=	a != b	a와 b의 값이 같지 아니한가?

 **Caution**

컴퓨터는 이진(binary) 체계로 되어있다. 그래서 0 또는 1로만 표현된다. 컴퓨터에서는 거짓(false)의 대푯값은 0이고 참(true)의 대푯값은 1이다. 따라서 두 값에 대한 관계 연산의 결과를 정수로 표현하면 0 또는 1이 된다. 또한 대소 관계를 나타내는 연산자 '<='와 '>='에서 항상 부등호('<' 또는 '>')가 먼저 나온 후 나중에 등호('=')가 나오는 것도 주의하도록 하자.

 **Coding**

```c
#include <cstdio>

int main(void)
{
    int a = 15, b = 8;

    printf("%d\n", a > b);    // 조건이 참이면 1
    printf("%d\n", a < b);    // 조건이 거짓이면 0
    printf("%d\n", a >= b);
    printf("%d\n", a <= b);
    printf("%d\n", a == b);
    printf("%d\n", a != b);
    return 0;
}
```

 **Interpret**

- 5번째 줄은 정수형 변수 a와 b를 선언과 동시에 15와 8로 초기화하였다.

- 7번째 줄은 a > b는 참이므로 출력의 첫째 줄에 1을 출력한다.

- 8번째 줄은 a < b는 거짓이므로 출력의 둘째 줄에 0을 출력한다.

- 9번째 줄은 a >= b는 참이므로 출력의 셋째 줄에 1을 출력한다.

- 10번째 줄은 a <= b는 거짓이므로 출력의 넷째 줄에 0을 출력한다.

- 11번째 줄은 a == b는 거짓이므로 출력의 다섯째 줄에 0을 출력한다.

- 12번째 줄은 a != b는 참이므로 출력의 여섯째 줄에 1을 출력한다.

 **Output**

```
1
0
1
0
0
1
```

10.5 형 변환 연산자 Casting Operator

 Coding

```c
#include <cstdio>

int main(void)
{
    int a = 10, b = 3;
    double c, d, e, f;

    c = a / b;
    d = (double)a / b;      // a의 값을 실수형으로 변환해서 연산
    e = double(a) / b;      // a의 값을 실수형으로 변환해서 연산
    f = a / 3.0;

    printf("%.2lf\n", c);
    printf("%.2lf\n", d);
    printf("%.2lf\n", e);
    printf("%.2lf\n", f);
    return 0;
}
```

 Interpret

- 5번째 줄은 정수형 변수 a와 b를 선언과 동시에 10과 3으로 초기화하였다.
- 6번째 줄은 실수형 변수 c, d, e, f를 선언하였다. 8번째 줄부터 11번째 줄은 a / b의 다양한 연산을 보여주고 있다. a / b의 연산을 하기 위해서는 메모리에 있는 a의 값과 b의 값을 CPU의 저장 공간인 레지스터(register)로 불러와야 한다. 이 과정을 로드(Load)라고 하고 연산을 하기 전에 발생되는 작업이다.

 Core

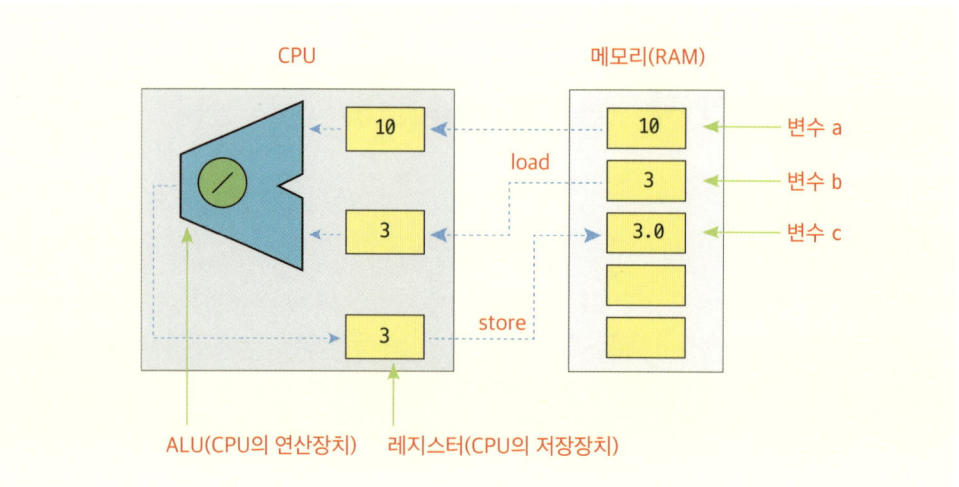

 Interpret

- 불러온 데이터가 레지스터에 저장되면 연산장치인 ALU(Arithmetic & Logic Unit)에 의해서 연산이 수행되고 그 결괏값을 레지스터에 저장하는데 만일 가져온 두 개의 값이 정수형이면 정수형 연산(몫만 구함)을 한 후 레지스터에 저장된다. 이후 저장된 레지스터의 값 3을 변수 c에 대입하는데 이 과정을 스토어(store)라고 한다. 레지스터에 저장되었던 값은 정수형이고 변수 c의 자료형은 실수형이기 때문에 정수형 값을 실수형 값으로 자동 형 변환하여 변수 c에 3.0이 저장된다. 그렇다면 실수 3.33…의 값을 구하기 위해서는 어떻게 해야하는가? 그것은 연산을 하는 두 개의 값 중에 단 하나만이라도 실수형 값이면 나머지 값도 실수형 값으로 자동 형 변환을 한 후 두 실수를 실수형 연산을 하여 값을 가져오기 때문에 연산하는 두 개의 값 중 단 하나만이라도 실수형 값이면 실수 3.33…을 구할 수 있다.

 Core

- 9번째 줄은 정수형 변수 a의 값를 연산하는 순간에만 실수형의 값으로 형 변환을 하는 것이다. 그렇다고 정수형 변수 a가 실수형 변수로 변환되는 것은 아니고 연산을 하는 순간에만 실수형의 값으로 취급을 하겠다는 것이다. 이것을 강제 형 변환이라 하고 또 다른 말로는 **캐스팅 연산(Casting Operator)**이라고 한다. 이렇게 정수형 변수 a의 값을 연산하는 순간에만 실수형의 값으로 변환을 하면 나머지 정수형의 값도 실수형의 값으로 자동 형 변환을 한 후 실수형 연산을 하여 레지스터에 연산 결과도 실수형으로 저장된다. 따라서 변수 d에는 실수 3.33…이 대입된다.
- 10번째 줄은 9줄과 마찬가지로 정수형 변수 a의 값을 연산하는 순간에만 실수형의 값으로 강제 형 변환을 하는 것이다. 9번째 줄은 C와 C++ 두 곳 모두에서 사용이 가능하지만 10번째 줄은 C++에서만 사용이 가능하다.
- 11번째 줄은 나누는 젯수 자체가 실수형의 값인 3.0이므로 지금의 연산 또한 정수형 값과 실수형

값이 연산되어 연산의 결과는 실수형이 된다.

- 13번째 줄은 8번째 줄의 연산 결과인 c의 값 3.00이 출력의 첫째 줄에 출력된다.
- 14번째 줄은 9번째 줄의 연산 결과인 d의 값 3.33이 출력의 둘째 줄에 출력된다.
- 15번째 줄은 10번째 줄의 연산 결과인 e의 값 3.33이 출력의 셋째 줄에 출력된다.
- 16번째 줄은 11번째 줄의 연산 결과인 f의 값 3.33이 출력의 넷째 줄에 출력된다.

 Output

```
3.00
3.33
3.33
3.33
```

10.6 콤마 연산자 Comma Operator

콤마 연산자(Comma Operator)는 둘 이상의 변수를 동시에 선언하거나 둘 이상의 문장을 한 행에 삽입하는 경우에 사용된다. 콤마 연산자는 다른 연산자처럼 연산을 하기 위한 목적이 아니라 구분을 하기 위한 목적으로 사용된다.

 Coding

```c
#include <cstdio>

int main(void)
{
    int a, b, c;
    int d = 1, e = 2, f = 3;

    a = 4, b = 5, c = 6;
    printf("%d\n", a), printf("%d\n", b), printf("%d\n", c);
    return 0;
}
```

 Interpret
- 5번째 줄은 정수형 변수 a, b, c를 선언하였다.
- 6번째 줄은 정수형 변수 d에 1을, e에 2를, f에 3을 선언과 동시에 초기화하였다.
- 8번째 줄은 a에 4를, b에 5를, c에 6을 대입하였다.
- 9번째 줄은 출력의 첫째 줄에 a의 값 4를, 둘째 줄에 b의 값 5를, 셋째 줄에 c의 값 6을 출력하였다.

Output

```
4
5
6
```

10.7 연산자 우선순위

 Core   d = 5 + 3 * 9 / 2 - 7;

수학에서 5 + 3 * 9 / 2 - 7을 계산하기 위해서는 곱셈과 나눗셈의 연산이 덧셈과 뺄셈보다 먼저 계산되듯이 C/C++에서도 곱셈과 나눗셈의 연산이 덧셈과 뺄셈보다 먼저 처리된다. C/C++에서는 사칙 연산 말고도 많은 연산자가 있기 때문에 여러 개의 연산자가 일렬로 나열되어 있을 때 어떤 연산자를 먼저 처리할지 순서가 정해져 있는데 이것을 **연산자 우선순위**라고 한다. 지금 위의 문장에는 모두 5개의 연산자(=, +, *, /, -)가 놓여있다.

이 중에서 가장 우선순위가 높은 연산자는 곱셈 연산자(*)와 나눗셈 연산자(/)이고 그 다음으로 우선순위가 높은 연산자는 덧셈 연산자(+)와 뺄셈 연산자(-)이며 이 중에서 가장 우선순위가 낮은 연산자는 대입 연산자(=)이다. 따라서 곱셈과 나눗셈 연산을 먼저 처리하는데 곱셈 연산자와 나눗셈 연산자는 동등한 연산자 우선순위를 가지고 있다.

이렇게 동등한 연산자 우선순위를 가지고 있을 때는 어느 방향으로(좌측에서 우측 또는 우측에서 좌측) 연산 처리를 진행할지를 결정하는데 이것을 **결합 방향**이라고 한다. 곱셈과 나눗셈은 좌측에서 우측 방향으로 연산을 처리한다.(→) 따라서 먼저 3 * 9에 대한 연산 27을 계산한 후, 다음으로 27 / 2의 연산이 진행되어 결괏값으로 13이 된다. 그리고 덧셈과 뺄셈 연산자도 우선순위가 같고 결합 방향이 (→)이므로 5 + 13을 연산하면 18이 되고 다시 18 - 7을 연산하면 11이 된다. 마지막으로 우선순위가 가장 낮은 대입 연산자(=)를 처리하는데 대입 연산자의 결합 방향은 (←)이므로 우측에 있는 값 11이 변수 d에 대입되는 것이다.

다음에 주어진 표는 연산자 우선순위와 결합 방향을 나타내는 표이다. 자주 사용하는 연산자의 우선순위를 기억하고 있는 것도 좋으나 만일 연산자 우선순위를 모른다고 하더라도 괄호() 처리를 해주어 우선순위를 정해주면 되기 때문에 이렇게 많은 연산자 우선순위를 어떻게 기억할지를 고민할 필요는 전혀 없다.

연산자 우선순위

순위	연산기호	연산자	결합 방향
1	()	함수호출	→
	[]	인덱스	
	->	간접지정	
	.	직접지정	
	++ (postfix)	후위증가	
	-- (postfix)	후위감소	
2	++ (prefix)	전위증가	←
	-- (prefix)	전위감소	
	sizeof	바이트 단위 크기 계산	
	~	비트 단위 NOT	
	!	논리 NOT	
	-, +	부호 연산(음수와 양수의 표현)	
	&	주소 연산	
	*	간접지정 연산	
3	(casting)	자료형 변환	←
4	*, /, %	곱셈, 나눗셈, 나머지 연산	→
5	+, -	덧셈, 뺄셈 연산	→
6	<<, >>	비트 연산	→
7	<, >, <=, >=	대소 비교	→
8	==, !=	동등 비교	→
9	&	비트 AND 연산	→
10	^	비트 XOR 연산	→
11	|	비트 OR 연산	→
12	&&	논리 AND	→
13	||	논리 OR	→
14	? :	조건 연산	←
15	=, +=, -=, *=, /=, %=, <<=, >>=, &=, ^=, !=	대입 연산	←
16	,	콤마 연산	→

10.8 연습문제 Exercise

① 다섯 개의 정수가 주어지면 주어진 정수의 누적 결과를 각 줄에 차례대로 출력하는 프로그램을 작성하여라.

Input Form 1 이상 100 이하의 다섯 개의 정수가 각 줄에 주어진다.

Output Form 첫째 줄에는 첫 번째로 입력한 정수의 누적 결과를 출력하여라. 둘째 줄에는 앞에서 누적된 결과에 두 번째로 입력한 정수의 누적 결과를 출력하여라. 셋째 줄에는 앞에서 누적된 결과에 세 번째로 입력한 정수의 누적 결과를 출력하여라. 넷째 줄에는 앞에서 누적된 결과에 네 번째로 입력한 정수의 누적 결과를 출력하여라. 다섯째 줄에는 앞에서 누적된 결과에 다섯 번째로 입력한 정수의 누적 결과를 출력하여라.

Example

입력	출력
5	5
8	13
7	20
8	28
11	39

② 세 개의 정수 A, B, C가 주어지면 주어진 세 수의 총합과 평균을 구하는 프로그램을 작성하여라.

Input Form 1 이상 100 이하의 정수 A, B, C가 한 개의 공백으로 분리되어 첫째 줄에 주어진다.

Output Form 첫째 줄에는 입력으로 주어진 세 정수의 총합을 출력하고 둘째 줄에는 세 정수의 평균을 소수점 둘째 자리(셋째 자리 반올림)까지 출력하여라. 총합은 정수이기 때문에 정수형 서식 문자 %d를 이용하여 값을 출력하고 평균은 실수이기 때문에 실수형 서식 문자 %lf를 이용하여 출력하여라.

Example

입력	출력
62 38 45	145
	48.33

1012

R2

실행 제한시간 **1초**
메모리 사용 제한 **32MB**

만일 S가 (R1 + R2) / 2와 같다면 우리는 S를 두 개의 정수 R1과 R2의 평균값이라고 부른다. 이번 오일러의 생일을 맞이하여 오일러는 두 개의 정수 R1과 R2를 선물 받았다. 오일러는 즉시 두 수의 평균을 계산하였지만, 며칠이 지난 후 그만 R2를 잃어버리고 말았다. 오일러가 R2를 찾을 수 있도록 도와주어라.

Input Form 첫째 줄에 -1,000 이상 1,000 이하인 두 개의 정수 R1과 S가 주어진다.

Output Form R2의 값을 첫째 줄에 출력하여라.

Example

입력	출력
11 15	19

입력	출력
4 3	2

1131
디지털 시계

실행 제한시간 **1초**
메모리 사용 제한 **32MB**

오일러는 오일러OJ에서 새롭게 추가된 문제 '디지털 시계'를 풀려고 한다. 문제를 풀기 시작한 현재 시간은 A(0≤A≤23)시 B(0≤B≤59)분이다. 문제를 풀기 시작해서 최종 통과가 될 때까지 소요된 시간은 정확히 C(0≤C≤1,000)분이 소요되었다.

오일러가 문제를 끝마친 시간은 언제인지 구하는 프로그램을 작성하여라.

Input Form 첫째 줄에는 오일러가 문제를 풀기 시작한 현재 시간 A시 B분이 한 개의 공백으로 분리되어 주어진다. 둘째 줄에는 문제를 푸는데 소요된 시간 C분이 주어진다. (A, B, C는 정수)

Output Form 오일러가 문제를 끝마친 시간의 시와 분을 한 개의 공백으로 분리하여 첫째 줄에 출력하여라. (단, 시는 0시부터 23시까지의 정수이고, 분은 0분부터 59분까지의 정수이다. 디지털 시계에서 23시 59분에서 1분이 지나면 0시 0분으로 바뀐다.)

Example

입력	출력
6 17 25	6 42

입력	출력
15 30 90	17 0

입력	출력
23 58 22	0 20

1110
체스판 자르기

실행 제한시간 **1초**
메모리 사용 제한 **32MB**

체스판의 말들이 부족하여 더 이상 체스를 둘 수 없었던 오일러는 위즐리의 집에 달려가 다락방에 있던 예전의 말들을 찾아내었다. 놀랍게도 위즐리의 다락방에 있던 체스판의 말들은 모두 브라운색이었다. 더 이상 체스를 둘 수 없었던 그들은 체스판을 자르기로 결심하였다.

숙련된 나무 절단 전문가인 오일러는 최대한 많은 조각으로 절단하려고 한다. 오일러는 최대 N번의 자르기로, 체스판의 가장자리에서 오직 수평으로 자르거나 수직으로만 잘라야 한다. (체스판의 가장자리와 평행하게)

Input Form 첫째 줄에는 오일러가 체스판을 자른 횟수인 한 개의 정수 N(1≤N≤100)이 주어진다.

Output Form N번의 절단으로 체스판을 자르고 나서 오일러가 얻을 수 있는 최대 조각의 수를 첫째 줄에 출력하여라.

Example

입력	출력
1	2

입력	출력
3	6

코딩마법서

1권 STONE VERSION
코딩테스트와 알고리즘을 위한 C/C++

제11장

증감 연산자
Increase or
Decrease Operator

11.1   증가 연산자   Increase Operator
11.2   감소 연산자   Decrease Operator
11.3   연습문제

오일러BOOKS

11.1 증가 연산자 Increase Operator

a의 값을 1 증가시키기 위해서는 a = a + 1의 연산을 하거나 또는 a += 1의 연산을 하면 a의 값은 1 증가된다. 그런데 아래와 같은 연산을 단독으로 하여도 a의 값은 1 증가된다.

만일 변수 a에 10이 저장되어 있고 왼쪽에 있는 a++의 연산을 단독으로 실행하면 a의 값은 1 증가되어 11이 된다. 또한 만일 오른쪽에 있는 ++a의 연산을 단독으로 실행하여도 마찬가지로 a의 값은 1 증가되어 11이 된다. 이렇게 a++ 또는 ++a의 연산을 단독으로 실행하게 되면 모두 a의 값은 1이 증가된다.

그러나 위와 같이 증가 연산자를 대입 연산자와 같이 사용하게 되면 연산자 우선순위에 의해서 왼쪽에 있는 문장의 연산 결과와 오른쪽에 있는 문장의 연산 결과는 다르다. 왼쪽에 있는 문장의 연산은 먼저 a의 값을 변수 b에 대입시킨 후 a의 값을 1 증가시킨다. 예를 들어 a에 10이 저장되어 있다면 먼저 b에 a의 값 10을 대입한 후 a의 값이 1 증가되어 11이 된다. 즉, b의 값은 10이 되고 a의 값은 11이 된다. 이것을 '**선대입 후증가**'라고 한다. 그런데 만일 오른쪽과 같은 문장이 있다면 먼저 a의 값을 1 증가시킨 후 b에 a의 값을 대입한다. 예를 들어서 a에 10이 저장되어 있다면 먼저 a의 값을 1 증가시켜 11을 만든 후 b에 a의 값 11을 대입한다. 따라서 a의 값은 11이 되고 b의 값도 11이 된다. 이것을 '**선증가 후대입**'이라고 한다.

11.2 감소 연산자 Decrease Operator

a의 값을 1 감소시키기 위해서는 a = a - 1의 연산을 하거나 또는 a -= 1의 연산을 하면 a의 값은 1 감소된다. 그런데 아래와 같은 연산을 단독으로 하여도 a의 값은 1 감소된다.

Core   a--;   같은 결과   --a;

만일 변수 a에 10이 저장되어 있고 왼쪽에 있는 a--의 연산을 단독으로 실행하면 a의 값은 1 감소되어 9가 된다. 또한 만일 오른쪽에 있는 --a의 연산을 단독으로 실행하여도 마찬가지로 a의 값은 1 감소되어 9가 된다. 이렇게 a-- 또는 --a의 연산을 단독으로 실행하게 되면 모두 a의 값은 1이 감소된다.

Core   b = a--;   다른 결과   b = --a;

그러나 위와 같이 감소 연산자를 대입 연산자와 같이 사용하게 되면 연산자 우선순위에 의해서 왼쪽에 있는 문장의 연산 결과와 오른쪽에 있는 문장의 연산 결과는 다르다. 왼쪽에 있는 문장의 언산은 먼지 a의 값을 변수 b에 대입시킨 후 a의 값을 1 감소시킨다. 예를 들어 a에 10이 저장되어 있다면 먼저 b에 a의 값 10을 대입한 후 a의 값이 1 감소되어 9가 된다. 즉, b의 값은 10이 되고 a의 값은 9가 된다. 이것을 **'선대입 후 감소'** 라고 한다. 그런데 만일 오른쪽과 같은 문장이 있다면 먼저 a의 값을 1 감소시킨 후 b에 a의 값을 대입한다. 예를 들어서 a에 10이 저장되어 있으면 먼저 a의 값을 1 감소시켜 9를 만든 후 b에 a의 값 9를 대입한다. 따라서 a의 값은 9가 되고 b의 값도 9가 된다. 이것을 **'선감소 후대입'** 이라고 한다.

증감 연산자는 위와 같이 대입 연산을 할 때 서로 다른 방법으로 연산이 되는데 아래와 같이 출력할 때도 서로 다르게 출력된다.

Coding

```c
#include <cstdio>

int main(void)
{
    int a = 10;

    printf("%d\n", a++);    // a의 값을 출력한 후 1증가
    printf("%d\n", ++a);    // a의 값을 1증가한 후 출력
    printf("%d\n", a--);    // a의 값을 출력한 후 1감소
    printf("%d\n", --a);    // a의 값을 1감소한 후 출력
    return 0;
}
```

Interpret

- 5번째 줄은 정수형 변수 a를 선언과 동시에 10으로 초기화하였다.

- 7번째 줄은 먼저 a의 값을 출력한 후 a의 값을 1 증가시킨다. 따라서 출력의 첫째 줄에 10이 출력되고 a의 값은 11이 된다. 이것을 '선출력 후증가'라고 한다.

- 8번째 줄은 먼저 a의 값을 1 증가시킨 후 a의 값을 출력한다. 따라서 a의 값은 1 증가되어 12가 되고 출력의 둘째 줄에 12가 출력된다. 이것을 '선증가 후출력'이라고 한다.

- 9번째 줄은 먼저 a의 값을 출력한 후 a의 값을 1 감소시킨다. 따라서 출력의 셋째 줄에 12가 출력되고 a의 값은 11이 된다. 이것을 '선출력 후감소'라고 한다. 마지막으로

- 10번째 줄은 먼저 a의 값을 1 감소시킨 후 a의 값을 출력한다. 따라서 a의 값은 1 감소되어 10이 되고 출력의 넷째 줄에 10이 출력된다. 이것을 '선감소 후출력'이라고 한다.

Output

```
10
12
12
10
```

11.3 연습문제 Exercise

① 다음 프로그램을 보고 화면에 출력되는 수를 예측하여라.

```cpp
#include <cstdio>

int main(void)
{
    int b = 12;

    printf("%d\n", b--);
    printf("%d\n", --b);
    printf("%d\n", ++b);
    printf("%d\n", ++b);
    printf("%d\n", b--);
    return 0;
}
```

② 다음 프로그램을 보고 화면에 출력되는 수를 예측하여라.

```cpp
#include <cstdio>

int main(void)
{
    int c = 7;

    printf("%d\n", ++c);
    printf("%d\n", c++);
    printf("%d\n", c++);
    printf("%d\n", c--);
    printf("%d\n", --c);
    return 0;
}
```

다음 프로그램을 보고 화면에 출력되는 수를 예측하여라.

Coding

```c
#include <cstdio>

int main(void)
{
    int d = -3;

    printf("%d\n", d--);
    printf("%d\n", d--);
    printf("%d\n", ++d);
    printf("%d\n", ++d);
    printf("%d\n", d++);
    return 0;
}
```

 다음 프로그램을 보고 화면에 출력되는 수를 예측하여라.

Coding

```c
#include <cstdio>

int main(void)
{
    int e = 7;

    printf("%d\n", --e);
    printf("%d\n", e--);
    printf("%d\n", e++);
    printf("%d\n", ++e);
    e++;
    printf("%d\n", e);
    return 0;
}
```

코딩마법서

1권 STONE VERSION
코딩테스트와 알고리즘을 위한 C/C++

제12장

**조건문
if**

12.1   if문을 이용한 대소 비교
12.2   if문을 이용한 동등 비교
12.3   여러 개의 if문
12.4   연습문제

오일러BOOKS

어떤 특별한 조건에 대해서만 만족할 때 명령 또는 연산을 실행해야 할 때가 있는데 이때 사용되는 명령문이 if문이고 특별한 조건에 의해서만 조건적 실행을 하기 때문에 이것을 조건문이라고 한다.

 Core

```
if ( 실행의 조건 ) ──────────── 실행의 조건이 참일 때 if문 실행
{
    실행하고자 하는 내용1;
        ⋮
    실행하고자 하는 내용2;
}
```

실행의 조건에는 6가지의 관계 연산자(Relational Operator)를 사용한 조건문이 올 수 있다. 만일 조건문이 참이면 if문이 실행되어 여는 중괄호("{")로 시작해서 닫는 중괄호("}")로 끝나는 곳까지 if문 안의 내용을 차례로 실행한다. 만일 조건문이 거짓이면 if문의 여는 중괄호("{")로 시작해서 닫는 중괄호("}")로 끝나는 부분을 건너뛴 후 if문 이후의 과정을 진행한다.

12.1
if문을 이용한 대소 비교 If ①

 **Coding**

```c
1   #include <cstdio>
2
3   int main(void)
4   {
5       int b;
6
7       scanf("%d", &b);
8       if (b >= 10)
9       {
10          printf("b >= 10\n");
11      }
12      return 0;
13  }
```

 **Interpret**
- 5번째 줄은 정수형 변수 b를 선언하였다.
- 7번째 줄은 입력의 첫째 줄로 변수 b에 한 개의 정수를 입력받는다.
- 8번째 줄부터 11번째 줄까지가 하나의 조건문이다. 만일 입력한 정수 b가 10보다 크거나 같다면 조건문이 실행되어 10번째 줄이 실행되며 출력의 첫째 줄에 'b >= 10'을 출력한다. 만일 입력한 정수 b가 10보다 작다면 8번째 줄부터 11번째 줄을 건너뛰어 12번째 줄이 실행되어 프로그램을 종료한다.

 **Output**

```
20
b >= 10
```

12.2 if문을 이용한 동등 비교 If ②

 **Coding**

```c
#include <cstdio>

int main(void)
{
    int a, b;

    scanf("%d %d", &a, &b);
    if (a != b)     // a의 값이 b의 값과 다를 때만 실행
    {
        printf("%d!=%d\n", a, b);
    }
    return 0;
}
```

 **Interpret**
- 5번째 줄은 두 개의 정수형 변수 a와 b를 선언하였다.
- 7번째 줄은 입력의 첫째 줄이고 한 개의 공백으로 분리하여 두 개의 정수를 입력받는다. 첫 번째 입력한 정수는 변수 a에 입력되고 두 번째 입력한 정수는 변수 b에 입력된다.

- 8번째 줄부터 11번째 줄까지가 하나의 조건문이다. 만일 입력한 두 정수 a와 b가 같지 않다면 조건문이 실행되어 10번째 줄이 실행되며 출력의 첫째 줄에 두 정수가 같지 않다는 메시지를 출력한다. 만일 입력한 두 정수 a와 b가 같다면 8번째 줄부터 11번째 줄을 건너뛰어 12번째 줄이 실행되어 프로그램을 종료한다.

 Output

```
1 2
1!=2
```

12.3 여러 개의 if문 If ③

한 개의 프로그램에 여러 개의 if문이 올 수도 있다.

 Coding

```c
1   #include <cstdio>
2
3   int main(void)
4   {
5       int a;
6
7       scanf("%d", &a);
8       if (a > 0)
9       {
10          printf("Positive Integer\n");
11      }
12      if (a < 0)
13      {
14          printf("Negative Integer\n");
15      }
16      if (a == 0)
17      {
```

```
18            printf("Zero\n");
19        }
20        return 0;
21    }
```

- 5번째 줄은 정수형 변수 a를 선언하였다.
- 7번째 줄은 입력의 첫째 줄로 변수 a에 한 개의 정수를 입력받는다.
- 8번째 줄부터 11번째 줄까지가 하나의 조건문이다. 만일 입력한 정수 a가 0보다 크면 조건문을 만족하여 10번째 줄이 실행되며 'Positive Integer'를 출력한다. 만일 입력한 정수 a가 0보다 크지 않다면 8번째 줄부터 11번째 줄을 건너뛰어 12번째 줄이 실행된다.
- 다시 12번째 줄부터 15번째 줄까지가 하나의 조건문이다. 만일 입력한 정수 a가 0보다 작다면 조건문을 만족하여 14번째 줄이 실행되며 'Negative Integer'를 출력한다. 만일 입력한 정수 a가 0보다 작지 않다면 12번째 줄부터 15번째 줄을 건너뛰어 16번째 줄이 실행된다.
- 다시 16번째 줄부터 19번째 줄까지가 하나의 조건문이다. 만일 입력한 정수 a가 0과 같다면 조건문을 만족하여 18번째 줄이 실행되며 'Zero'를 출력한다. 만일 입력한 정수 a가 0이 아니라면 16번째 줄부터 19번째 줄을 건너뛰어 20번째 줄이 실행되어 프로그램을 종료한다.
- 위의 예시는 3개의 조건문이 주어졌지만 어떠한 입력에도 두 가지 이상의 조건문을 만족하지는 않도록 프로그램 되어 있다. 하지만 만일 입력한 값이 다른 조건문도 만족한다면 해당 조건문도 처리하고 이후의 과정을 진행한다.

```
10
Positive Integer
```

프로그램을 처음 접하는 초보자들이 많이 하는 실수는 비교 연산을 할 때, if문 안에 등호(=)를 한 개만 사용하는 실수가 종종 있다. 두 값이 같은지 비교하는 비교 연산을 하기 위해서는 if문 안의 등호(=)는 반드시 두 개를 작성해야지만 비교 연산이 된다는 것에 주의해야 한다. 만일 등호(=)를 한 개만 사용하게 되면 우측에 있는 값을 좌측의 변수에 대입하는 대입 연산을 하기 때문이다.

12.4 연습문제 Exercise

① 한 개의 양의 정수가 A가 주어지면 주어진 정수가 짝수인지 또는 홀수인지를 판별하는 프로그램을 작성하여라.

Input Form 첫째 줄에 1 이상 100 이하의 한 개의 양의 정수 A가 주어진다.

Output Form 주어진 정수가 짝수이면 'even'을 홀수이면 'odd'를 첫째 줄에 출력하여라.

Example

입력	출력
7	odd

Note 짝수는 2로 나누었을 때 나머지가 0이고, 홀수는 2로 나누었을 때 나머지가 1이 된다.

② 두 개의 정수가 A와 B가 주어지면 두 정수의 합이 짝수인지 또는 홀수인지를 판별하는 프로그램을 작성하여라.

Input Form 첫째 줄에 한 개의 공백으로 분리되어 1 이상 100 이하의 두 개의 양의 정수 A와 B가 주어진다.

Output Form 두 정수의 합이 짝수이면 'even'을 홀수이면 'odd'를 첫째 줄에 출력하여라.

Example

입력	출력
3 5	even

1001

작거나 크거나

실행 제한시간 **1초**
메모리 사용 제한 **32MB**

오일러는 "작다" 그리고 "크다"를 나타내는 부등호 기호에 대해서 잘 알지 못한다. 하지만 오일러는 어떤 수가 다른 어떤 수보다 그 수가 큰 수인지 작은 수인지에 대해서는 잘 알고 있다. 오일러에게 두 수에 대해서 부등호 기호를 나타내는 것을 보여주는 프로그램을 작성하여라. 두 수 A와 B(범위:1 이상 1,000,000 이하)를 읽어서 만일 A < B이면 부등호 "<"를 출력하고, A > B이면 부등호 ">"를 출력하고, 두 수가 같으면 등호 "="를 출력하여라.

Input Form 첫째 줄에는 두 개의 정수 A와 B가 주어진다.

Output Form 첫째 줄에 두 수의 대소 관계를 나타내는 부등호를 출력하여라.

Example

입력	출력
200009 90	>

코딩마법서

1권 STONE VERSION
코딩테스트와 알고리즘을 위한 C/C++

제13장

**조건문
if else**

13.1 if else문과 대소 비교
13.2 if else문과 동등 비교
13.3 연습문제

오일러BOOKS

if문은 독립된 하나의 문장으로 사용되기도 하지만 if...else...와 같이 쓰여 하나의 문장을 구성하기도 한다.

 **Core**

```
if ( 조건문 )                    ──── 실행의 조건이 참일 때 if문 실행
{
    실행하고자 하는 내용1;
            ⋮
    실행하고자 하는 내용2;
}
else                             ──── 실행의 조건이 참이 아닐때 else문 실행
{
    실행하고자 하는 내용3;
            ⋮
    실행하고자 하는 내용4;
}
```

만일 주어진 조건문이 참이면 if문이 실행되어 if문의 여는 중괄호("{")로 시작해서 닫는 중괄호("}")로 끝나는 곳까지 if문 안의 내용을 차례로 실행한다. 만일 조건문이 거짓이면 else문이 실행되어 else문의 여는 중괄호("{")로 시작해서 닫는 중괄호("}")로 끝나는 곳까지 else문 안의 내용을 차례로 실행한다. if...else...문은 하나의 조건문 그룹으로 if문 또는 else문 중에서 반드시 하나는 실행되어야 하는 경우에 사용된다.

13.1
if...else...문과 대소 비교 If else ①

 Coding

```c
1   #include <cstdio>
2
3   int main(void)
4   {
5       int a;
6
7       scanf("%d", &a);
8       if (a > 10)
9       {
10          printf("a > 10\n");
11      }
12      else
13      {
14          printf("a <= 10\n");
15      }
16      return 0;
17  }
```

 Interpret

- 5번째 줄은 정수형 변수 a를 선언하였다.
- 7번째 줄은 입력의 첫째 줄로 변수 a에 한 개의 정수를 입력받는다.
- 8번째 줄은 입력한 정수 a가 10보다 크면 if문이 실행되어 10번째 줄에서 출력의 첫째 줄에 'a > 10'이 출력되고 10보다 크지 않다면 else문이 실행되어 14번째 줄에서 출력의 첫째 줄에 'a <= 10'이 출력된다.

 Output

```
10
a <= 10
```

13.2
if...else...문과 동등 비교 If else ②

 Coding

```c
#include <cstdio>

int main(void)
{
    int a;

    scanf("%d", &a);
    if (a % 3 == 0)
    {
        printf("Multiples of 3\n");
    }
    else
    {
        printf("Not a Multiples of 3\n");
    }
    return 0;
}
```

 Interpret

- 5번째 줄은 정수형 변수 a를 선언하였다.
- 7번째 줄은 입력의 첫째 줄로 변수 a에 한 개의 정수를 입력받는다.
- 8번째 줄은 입력한 정수 a가 3의 배수이면 3으로 나눴을 때 나머지가 0이 되므로 if문이 실행되어 10번째 줄에서 출력의 첫째 줄에 'Multiples of 3'이 출력되고 3의 배수가 아니면 else문이 실행되어 14번째 줄에서 출력의 첫째 줄에 'Not a Multiples of 3'이 출력된다.

 Output

```
12
Multiples of 3
```

13.3 연습문제 Exercise

① 두 개의 양의 정수 A와 B가 주어지면 <u>if else문을 이용하여</u> 두 정수의 합이 짝수인지 또는 홀수인지를 판별하는 프로그램을 작성하여라.

Input Form 첫째 줄에 한 개의 공백으로 분리되어 1 이상 100 이하의 두 개의 양의 정수 A와 B가 주어진다.

Output Form 두 정수의 합이 짝수이면 'even'을 홀수이면 'odd'를 첫째 줄에 출력하여라.

Example

입력	출력
3 5	even

② 두 개의 정수 A와 B가 주어지면 <u>if else문을 이용하여</u> 두 정수의 합이 자연수인지를 판별하는 프로그램을 작성하여라.

Input Form 첫째 줄에 한 개의 공백으로 분리되어 -100 이상 100 이하의 두 개의 정수 A와 B가 주어진다.

Output Form 두 정수의 합이 자연수이면 'Natural Number'를 자연수가 아니면 '0 or Negative Number'를 첫째 줄에 출력하여라.

Example

입력	출력
5 -4	Natural Number

Note <u>0보다 큰 양의 정수를 자연수(Natural Number)라고 한다.</u>

1132
햄버거

실행 제한시간	1초
메모리 사용 제한	32MB

오일러는 시간이 없어서 오늘 점심은 햄버거로 하기로 하였다. 햄버거를 사기 위해서 가진 돈이 모자를 경우 은행에서 돈을 찾으려고 한다. 햄버거 한 개의 가격이 K, 사려고 하는 햄버거의 개수가 N개, 현재 가진 돈의 액수가 M원이라고 할 때 여러분은 오일러가 은행에서 찾아야 하는 모자란 돈의 액수를 알려주어야 한다.

예를 들어서, 만일 햄버거 한 개의 가격이 500원이고, 사려고 하는 햄버거의 개수가 5개, 현재 오일러가 가진 돈이 2000원이라고 할 때, 오일러가 은행에서 찾아야 하는 돈은 500원이다.

햄버거 한 개의 가격, 사려고 하는 햄버거의 개수와 오일러가 가진 돈의 액수가 주어질 때, 오일러가 은행에서 찾아야 하는 돈은 얼마인지 구하는 프로그램을 작성하여라.

Input Form 첫째 줄에는 햄버거 한 개의 가격 K, 사려고 하는 햄버거의 개수 N, 현재 오일러가 가진 돈 M이 각각 한 개의 공백을 사이에 두고 주어진다. 단, K, N은 1,000 이하의 양의 정수이고, M은 10만 이하의 양의 정수이다. ($1 \leq K, N \leq 1,000$, $1 \leq M \leq 100,000$)

Output Form 첫째 줄에 오일러가 은행에서 찾아야 하는 돈의 액수를 출력하여라.

Example

입력	출력
500 5 2000	500

입력	출력
1000 3 5000	0

1037
점수

실행 제한시간 **1초**
메모리 사용 제한 **32MB**

호그와트 마법 학교의 학생 오일러와 헤르미온느는 네 개의 과목을 시험 본다. - 정보, 고양이로 변신할 수 있는 변신술, 어둠의 마법 방어술, 약초학

오일러의 네 과목의 총점을 S라고 하고, 헤르미온느의 네 과목의 총점을 T라고 할 때, S와 T 중에서 더 높은 점수를 구하여라. 만일 S와 T가 같다면 둘 중 어느 것을 선택해도 상관없다.

Input Form 입력은 모두 두 개의 줄로 구성된다. 첫째 줄에는 오일러의 정보, 변신술, 방어술, 약초학의 점수를 나타내는 네 개의 정수가 주어지고, 둘째 줄에는 헤르미온느의 정보, 변신술, 방어술, 약초학의 점수를 나타내는 네 개의 정수가 주어진다. 주어지는 점수는 모두 0 이상 100 이하의 정수이다.

Output Form 오일러와 헤르미온느의 총점 중에서 더 높은 점수를 첫째 줄에 출력하여라.

Example

입력	출력
100 80 70 60 80 70 80 90	320

코딩마법서

1권 STONE VERSION
코딩테스트와 알고리즘을 위한 C/C++

제14장

논리 연산자
Logical Operator

14.1 괄호의 생략
14.2 AND 연산자
14.3 OR 연산자
14.4 참(true)과 거짓(false)이란?
14.5 NOT 연산자
14.6 연습문제

오일러BOOKS

14.1 괄호의 생략

여는 중괄호("{")로 시작해서 닫는 중괄호("}")로 끝나는 곳까지를 블록 범위(Block Scope)라고 부른다. 그런데 아래와 같이 특별한 경우는 괄호의 생략이 가능하다.

Core

```
if ( 조건문 )
    실행하고자 하는 내용;
```

같은 의미

```
if ( 조건문 )
{
    실행하고자 하는 내용;
}
```

위의 왼쪽과 같이 실행하고자 하는 내용이 한 줄일 경우 괄호 처리를 생략하면 한 줄까지만 if문에 종속된 것으로 처리하기 때문에 프로그램의 실행 결과는 오른쪽과 같다.

Core

```
if ( 조건문 )
    실행하고자 하는 내용1;
    실행하고자 하는 내용2;
```

같은 의미

```
if ( 조건문 )
{
    실행하고자 하는 내용1;
}
실행하고자 하는 내용2;
```

그런데 만일 위의 왼쪽과 같이 두 줄의 명령을 괄호 처리하지 않으면 '실행하고자 하는 내용1'만 if문에 종속되고 '실행하고자 하는 내용2'는 if문에 종속되지 않기 때문에 프로그램의 실행 결과는 오른쪽과 같다.

Core

```
if ( 조건문 )
{
    실행하고자 하는 내용1;
    실행하고자 하는 내용2;
}
```

따라서 두 문장이 모두 if문에 종속되고자 한다면 위와 같이 반드시 괄호를 생략해서는 안 된다.

Core

```
if ( 조건문 )                          if ( 조건문 )
    if ( 조건문 )                      {
    {                                      if ( 조건문 )
        실행하고자 하는 내용1;              {
                  ⋮                            실행하고자 하는 내용1;
        실행하고자 하는 내용2;                         ⋮
    }                                          실행하고자 하는 내용2;
                                           }
                                       }
```

같은 의미

위의 왼쪽과 같이 실행하고자 하는 내용이 한 개의 블록일 경우 괄호 처리를 생략하면 한 개의 블록은 if문에 종속된 것으로 처리하기 때문에 프로그램의 실행 결과는 오른쪽과 같다.

Core

```
if ( 조건문 )                          if ( 조건문 )
    if ( 조건문 )                      {
        실행하고자 하는 내용;               if ( 조건문 )
                                           {
                                               실행하고자 하는 내용;
                                           }
                                       }
```

같은 의미

위와 같이 첫 번째 if문에 종속된 블록이 한 개이고 다시 종속된 if문에 '실행하고자 하는 내용'이 한 줄일 경우는 위의 왼쪽과 같이 나타낼 수 있고 프로그램의 실행 결과는 오른쪽과 같다.

Core

```
if ( 조건문 )
{
    if ( 조건문 )
        실행하고자 하는 내용1;
    if ( 조건문 )
        실행하고자 하는 내용2;
}
```

하지만 두 개의 블록이 모두 if문에 종속되고자 한다면 위와 같이 반드시 괄호를 생략해서는 안된다. 블록 안에 종속되어 있는 두 개의 if문은 각각 실행하고자 하는 내용이 한 줄이므로 괄호를 생략하였다.

 Core

```
if ( 조건문 );
    실행하고자 하는 내용;
```

같은 의미

```
if ( 조건문 )
{
    ;
}
실행하고자 하는 내용;
```

왼쪽과 같이 프로그램 작성 시 초보자들이 흔히 하기 쉬운 실수는 if문 뒤에 세미콜론(;)을 붙이는 경우가 있다.

 Caution

프로그램을 작성하는 과정에서 실수로 if문의 뒤에 세미콜론(;)을 붙이게 되면 오른쪽과 같이 세미콜론(;) 문장(빈 문장)만 if문에 종속되어 '실행하고자 하는 내용'은 조건문이 거짓(false)이어도 if문이 끝난 후에 실행이 된다. 조건문이 참(true)일 경우에만 '실행하고자 하는 내용'이 실행되어야 하는데 조건문이 거짓(false)이어도 '실행하고자 하는 내용'이 실행되어 원하지 않는 결과가 발생하기 때문에 프로그램을 작성할 때, if문 뒤에 세미콜론(;)을 붙이지 않도록 각별히 조심해야 한다.

14.2
AND 연산자 조건이 동시에 성립되면 참

여러 개의 조건문이 주어질 때 주어진 조건문이 모두 참(true)일 경우 연산의 결과가 언제나 참(true)인 연산을 논리곱(AND) 연산이라 부르고 기호로는 '&&'로 나타내며 다음과 같다.

 Core

```
c = 조건문 && 조건문;
```

만일 두 조건문이 모두 참이면 연산의 결괏값으로 참(true)의 대푯값 1이 변수 c에 대입된다. 물론 위와 같은 대입 연산보다는 아래와 같이 if문과 동반하여 조건 연산에 더 많이 사용된다.

Coding

```
1  #include <cstdio>
2
3  int main(void)
4  {
```

```
5         int a, b;
6
7         scanf("%d %d", &a, &b);
8         if (a > 0 && b > 0)
9             printf("a > 0 and b > 0\n");
10        else
11            printf("a <= 0 or b <= 0\n");
12        return 0;
13    }
```

- 5번째 줄은 두 개의 정수형 변수 a와 b를 선언하였다.
- 7번째 줄은 입력의 첫째 줄이고 한 개의 공백으로 분리하여 두 개의 정수를 입력받는다. 첫 번째 입력한 정수는 변수 a에 입력되고 두 번째 입력한 정수는 변수 b에 입력된다.
- 8번째 줄은 if문 안에 두 개의 조건문이 AND 연산자로 연결되어 있는데 만일 a와 b에 입력한 두 정수가 모두 양의 정수이면 연산의 결과는 1이 되고 if문이 실행되어 출력의 첫째 줄에 'a > 0 and b > 0'가 출력된다. 만일 입력한 두 정수 중에서 한 개라도 0보다 크지 않다면 else문이 실행되어 출력의 첫째 줄에 'a <= 0 or b <= 0'가 출력된다.

```
1 1
a > 0 and b > 0
```

14.3

OR 연산자 조건이 하나만 성립되도 참

여러 개의 조건문이 주어질 때 주어진 조건문 중에서 한 개라도 참(true)일 경우 연산의 결과가 언제나 참(true)인 연산을 논리합(OR) 연산이라 부르고 기호로는 '||'로 나타내며 다음과 같다.

c = 조건문 || 조건문;

만일 두 조건문 중에서 한 개라도 참이면 연산의 결괏값으로 참(true)의 대푯값 1이 변수 c에 대입된다. 물론 위와 같은 대입 연산보다는 아래와 같이 if문과 동반하여 조건 연산에 더 많이 사용된다.

```c
#include <cstdio>

int main(void)
{
    int a, b;

    scanf("%d %d", &a, &b);
    if (a % 2 == 0 || b % 2 == 0)
        printf("a or b is even number\n");
    else
        printf("a and b is odd number\n");
    return 0;
}
```

- 5번째 줄은 두 개의 정수형 변수 a와 b를 선언하였다.

- 7번째 줄은 입력의 첫째 줄이고 한 개의 공백으로 분리하여 두 개의 정수를 입력받는다. 첫 번째 입력한 정수는 변수 a에 입력되고 두 번째 입력한 정수는 변수 b에 입력된다.

- 8번째 줄은 if문 안에 두 개의 조건문이 OR 연산자로 연결되어 있는데 만일 a와 b에 입력한 두 정수 중에서 단 하나라도 짝수가 있으면 연산의 결과는 1이 되고 if문이 실행되어 출력의 첫째 줄에 'a or b is even number'가 출력된다. 만일 입력한 두 정수가 모두 홀수이면 else문이 실행되어 출력의 첫째 줄에 'a and b is odd number'가 출력된다.

```
1 2
a or b is even number
```

14.4 참(true)과 거짓(false)이란? True & False

앞장에서 참(true)의 대푯값은 1이고 거짓(false)의 대푯값은 0이라는 것을 알아보았다. 이 부분에 대해서 좀 더 자세히 다뤄보자.

Core
```
if ( a % 2 == 0 )         같은 의미      if ( 1 )
    실행하고자 하는 내용;                    실행하고자 하는 내용;
```

만일 위의 왼쪽의 조건문에서 a의 값이 짝수이면 a % 2 == 0은 참(true)이 되기 때문에 연산 결과는 1이 된다. 따라서 오른쪽과 같이 변형되면서 조건문이 실행되는 것이다.

Core
```
if ( a % 2 == 0 )         같은 의미      if ( 0 )
    실행하고자 하는 내용;                    실행하고자 하는 내용;
```

그런데 만일 위의 왼쪽의 조건문에서 a의 값이 홀수이면 a % 2 == 0은 거짓(false)이 되기 때문에 연산 결과는 0이 된다. 따라서 오른쪽과 같이 변형되면서 조건문이 실행되지 않는 것이다. 그런데 실제로 컴퓨터 프로그래밍에서 <u>거짓(false)은 오직 0 하나이고 나머지 다른 숫자들은 참(true)으로 처리된다.</u> 컴퓨터는 이것은 참이고, 이것은 거짓이다처럼 이분법적으로 참과 거짓을 판단하는 것이 아니고 오직 거짓만을 판단하며 거짓이 아니면 나머지는 모두 참으로 판단한다. 다음 아래 프로그램을 살펴보자.

Core
```
if ( 2 )
    실행하고자 하는 내용;
```

만일 위와 같은 문장이 있다면 조건문의 결과는 언제나 참(true)이 되므로 '실행하고자 하는 내용'이 실행된다.

Core
```
if ( 0 )
    실행하고자 하는 내용;
```

만일 위와 같은 문장이 있다면 조건문의 결과는 언제나 거짓(false)이 되므로 '실행하고자 하는 내용'이 실행되지 않는다. 따라서 프로그래밍에서 0이 아닌 다른 모든 값은 참(true)으로 처리되고, 0만 거짓

(false)으로 처리된다는 것을 기억하도록 하자.

14.5
NOT 연산자

참(true)을 거짓(false)으로 바꾸고 거짓(false)을 참(true)으로 바꾸는 연산을 논리부정(NOT) 연산이라 부르고 기호로는 '!'로 나타내며 다음과 같다.

Core

```
if ( a % 3 == 0 )              if ( !(a % 3) )
    실행하고자 하는 내용;              실행하고자 하는 내용;
```
같은 의미

왼쪽에 있는 조건문은 a의 값이 3의 배수이면 a % 3 == 0의 연산 결과는 1이 되어 참(true)이 되므로 조건문이 실행되어 '실행하고자 하는 내용'이 실행된다. 오른쪽에 있는 조건문을 살펴보자. 만일 a가 3의 배수이면 (a % 3)의 연산 결과는 0이 되어 거짓(false)이 된다. 그런데 앞에 NOT 연산자(!)가 있으므로 거짓(false)의 반대인 참(true)이 되어 '실행하고자 하는 내용'이 실행된다. 만일 a가 3의 배수가 아니면 (a % 3)의 연산 결과는 1 또는 2가 되어 참(false)이 된다. 앞에 NOT 연산자(!)가 있으므로 참(true)의 반대인 거짓(false)이 되어 '실행하고자 하는 내용'이 실행되지 않는다. 따라서 왼쪽에 있는 조건문과 오른쪽에 있는 조건문은 같은 조건을 처리하는 조건문인 것이다.

Coding

```c
1   #include <cstdio>
2
3   int main(void)
4   {
5       int a;
6
7       scanf("%d", &a);
8       if (!(a % 2))      // a % 2 == 0
9           printf("a is even\n");
10      else
11          printf("a is odd\n");
```

```
12        return 0;
13    }
```

- 5번째 줄은 한 개의 정수형 변수 a를 선언하였다.
- 7번째 줄은 입력의 첫째 줄이고 변수 a에 한 개의 정수를 입력받는다.
- 8번째 줄은 만일 입력한 정수가 짝수이면 a % 2의 연산 결과는 0이 되고 다시 NOT 연산자에 의해서 최종 연산 결과는 1인 참(true)이 되므로 출력의 첫째 줄에 'a is even'을 출력한다. 만일 입력한 정수 a가 홀수이면 a % 2의 연산 결과는 1이 되고 다시 NOT 연산자에 의해서 최종 연산 결과는 0인 거짓(false)이 되므로 출력의 첫째 줄에 'a is odd'를 출력한다.

```
10
a is even
```

14.6 연습문제 Exercise

**① ** 한 개의 정수 A가 주어졌을 때, 주어진 정수가 1 이상 10 이하이면 '1 or more and 10 or less'를, 만일 그렇지 않다면 'less than 1 or greater than 10'을 출력하는 프로그램을 작성하여라.

Input Form   첫째 줄에 -100 이상 100 이하의 한 개의 정수 A가 주어진다.

Output Form   주어진 정수가 1 이상 10 이하이면 '1 or more and 10 or less'를, 그렇지 않다면 'less than 1 or greater than 10'을 첫째 줄에 출력하여라.

Example

입력	출력
5	1 or more and 10 or less

**② ** 두 개의 정수 A와 B가 주어졌을 때, 두 정수 중에서 음수가 있다면 'One of a or b is negative number'를, 만일 그렇지 않다면 'both a and b are zero or more'를 출력하는 프로그램을 작성하여라.

Input Form   첫째 줄에 한 개의 공백으로 분리되어 -100 이상 100 이하의 두 개의 정수 A와 B가 주어진다.

Output Form   두 정수 중에서 한 개라도 음수가 있다면 'One of a or b is negative number'를, 그렇지 않다면 'both a and b are zero or more'를 첫째 줄에 출력하여라.

Example

입력	출력
5 -4	One of a or b is negative number

1112 수박

실행 제한시간 **1초**
메모리 사용 제한 **32MB**

뜨거운 여름날 오일러와 그의 친구 위즐리는 수박을 사기로 결심하였다. 그들의 생각에 가장 크고 아주 잘 익은 수박 하나를 선택하였다. 그리고 수박의 무게를 측정하였고 무게는 W 킬로그램으로 측정되었다. 그들은 곧장 집으로 달려갔고, 갈증으로 수박을 나누기로 결심하였지만 어려운 문제에 직면하였다.

오일러와 위즐리는 짝수를 너무나 좋아하기 때문에 수박을 두 조각으로 나눌 때, 두 개의 무게는 같지 않아도 상관없으나 두 수박의 무게가 모두 짝수가 되도록 나누고 싶어한다. 그들은 너무 피곤해서 가능하면 빨리 저녁 식사를 하기를 원하고 있기 때문에 그들이 원하는 방식으로 수박을 나눌 수 있는지 그들을 도와야 한다. 당연히 나누어진 수박의 무게는 양의 정수를 갖는다.

Input Form 첫째 줄에는 수박의 무게를 나타내는 한 개의 양의 정수 W가 주어진다. (1≤W≤100)

Output Form 수박의 무게를 두 개의 짝수로 나눌 수 있다면 첫째 줄에 YES를 출력하고 나눌 수 없다면 NO를 출력하여라.

Example

입력	출력
8	YES

Note 예를 들어, 오일러와 위즐리는 8킬로의 수박의 무게를 2와 6으로 나눌 수 있다. (또 다른 방법으로는 4와 4로도 나눌 수 있다.)

1016
코딩마법서

| 실행 제한시간 | **1초** |
| 메모리 사용 제한 | **32MB** |

오일러는 마법의 주문이 적혀있는 코딩마법서를 볼드모트 손에 넘어가지 않도록 금고에 잘 보관해야 한다. 금고는 한 개의 자물쇠로 채워져 있는데 자물쇠의 비밀번호는 0부터 9까지 숫자 4개로 이루어진 비밀번호를 넣으면 열리게 되어있다. 볼드모트가 비밀번호를 맞출 확률은 1 / 10,000로 작지만 반복적인 시도를 한다면 언젠가는 코딩마법서를 훔칠 수 있을지도 모른다.

볼드모트는 첫날에는 0000, 다음 날에는 0001, 그 다음 날에는 0002, …와 같은 식으로 마지막 날에는 9999로 하루에 비밀번호를 하나씩 바꾸어 가면서 코딩마법서를 훔치려 시도한다.

오일러는 볼드모트의 공격을 막기 위해서 새로운 아이디어를 생각해내었다. 비밀번호가 다른 두 개의 자물쇠를 매일 매일 번갈아 가면서 채운다면 볼드모트가 훔쳐가지 못할거라 생각하였다.

자물쇠를 각각 자물쇠1, 자물쇠2로 이름을 붙이자. 볼드모트가 노리는 첫날에는 자물쇠1을 사용했으며, 그 다음 날에는 자물쇠2, 다시 다음 날에는 자물쇠1과 같은 식으로 매일 매일 자물쇠는 바뀐다. 여러분들에게 두 자물쇠의 비밀번호가 주어지면 오일러가 볼드모트에게서 코딩마법서를 지킬 수 있는지 알려주는 프로그램을 작성하여라.

Input Form 비밀번호는 0부터 9까지의 정수 4자리로 이루어지며, 첫째 줄에는 자물쇠1의 비밀번호가 주어지고 둘째 줄에는 자물쇠2의 비밀번호가 주어진다.

Output Form 볼드모트로부터 마법책을 지킬 수 있다면 0을 지킬 수 없다면 1을 첫째 줄에 출력하여라.

Example

입력	출력
0001 0002	0

입력	출력
0002 0001	1

코딩마법서

1권 STONE VERSION
코딩테스트와 알고리즘을 위한 C/C++

제15장

복합 if문

15.1 복합 if문
15.2 복합 if문과 else
15.3 연습문제

오일러BOOKS

15.1
복합 if문 if...else if...

조건문을 작성할 때, 조금 더 많은 조건을 한 번에 확인해야 하는 경우가 있는데, 그때 사용하는 것이 복합 if문이다.

 **Core**

```
if ( 조건문 A )
{
    실행하고자 하는 내용1;
}
else if ( 조건문 B )
{
    실행하고자 하는 내용2;
}
```

조건문 A가 참(true)일 경우 if문을 실행하고 아래의 else if문은 건너뛴다.

조건문 A가 참(true)이 아닐 경우 조건문 B를 확인하며, 이때 조건문 B가 참이면 else if문이 실행된다.

지금 위에는 두 개의 조건문 A와 조건문 B가 있다. 조건문 A가 참(true)이면 if문이 실행되어 '실행하고자 하는 내용1'이 실행된다. 이후 조건문 B는 참(true)과 거짓(false)에 상관없이 무조건 실행되지 않는다. 하지만 조건문 A가 거짓(false)이면 아래의 조건문 B의 내용을 확인하는데 조건문 B의 내용이 참(true)이면 '실행하고자 하는 내용2'가 실행된다. 만일 조건문 B의 내용도 거짓(false)이면 조건문 B도 실행되지 않는다. 검사해야 할 조건문이 많아진다면 아래와 같이 얼마든지 else if문을 추가할 수 있다.

 **Coding**

```
1   #include <cstdio>
2
3   int main(void)
4   {
5       int a;
6
7       scanf("%d", &a);
8       if (a % 4 == 0)
9           printf("Mod is 0\n");
10      else if (a % 4 == 1)
11          printf("Mod is 1\n");
12      else if (a % 4 == 2)
13          printf("Mod is 2\n");
```

```
14        return 0;
15    }
```

 Interpret
- 5번째 줄은 정수형 변수 a를 선언하였다.
- 7번째 줄은 입력의 첫째 줄로 변수 a에 한 개의 정수를 입력받는다.
- 8번째 줄은 입력한 정수 a가 4의 배수이면 조건문이 실행되어 출력의 첫째 줄에 'Mod is 0'을 출력하고 모든 조건문을 건너뛴 후 14번째 줄에서 프로그램을 종료한다. 만일 a가 4의 배수가 아니면 10번째 줄에서 다시 조건문을 확인한다.
- 10번째 줄에서 입력한 정수 a가 4로 나눠서 나머지가 1이면 조건문이 실행되어 출력의 첫째 줄에 'Mod is 1'을 출력하고 밑에 나머지 조건문을 건너뛴 후 14번째 줄에서 프로그램을 종료한다. 만일 a가 4로 나눠서 나머지가 1이 아니면 12번째 줄에서 다시 조건문을 확인한다.
- 12번째 줄에서 입력한 정수 a가 4로 나눠서 나머지가 2이면 조건문이 실행되어 출력의 첫째 줄에 'Mod is 2'를 출력한 후 프로그램을 종료한다.
- 하지만 만일 사용자가 4로 나눠서 나머지가 3인 수, 예를 들어 7 또는 11등을 입력했을 경우는 지금 위의 조건문을 만족하는 경우가 하나도 없으므로 어떠한 조건문도 실행되지 않고 프로그램을 종료한다.
- 다시 설명하자면 복합 if문은 위에서부터 차례대로 조건문을 확인하며 해당 조건문을 만족하면 만족하는 조건문만 실행한 후 나머지 조건문은 빠져나오기 때문에 두 가지 조건문을 모두 만족했다고 해서 두 조건문 모두가 실행되는 것이 아니고 처음으로 만족하는 조건문만 처리하고 조건문을 종료하는 것이다. 만일 주어진 조건문들을 모두 만족하지 못한다면 어떠한 조건문도 실행되지 않는다.

 Output

15.2 복합 if문과 else if...else if...else...

마지막에 else문과 결합하여 복합 if문을 완성할 수도 있다.

 Core

```
if ( 조건문 A )
{
    실행하고자 하는 내용1;
}
else if ( 조건문 B )
{
    실행하고자 하는 내용2;
}
else
{
    실행하고자 하는 내용3;
}
```

- 조건문 A가 참(true)일 경우 if문을 실행하고 아래의 마지막 else문까지 모두 건너뛴다.
- 조건문 A가 참(true)이 아닐 경우 조건문 B를 확인하며, 이때 조건문 B가 참이면 else if문을 실행하고 마지막 else문까지 모두 건너뛴다.
- 조건문 A와 조건문 B를 모두 만족하지 않으면 실행된다.

만일 조건문 A가 참(true)이면 if문이 실행되어 '실행하고자 하는 내용1'이 실행되고 조건문 B와 마지막 else문까지 모두 건너뛴 후 if문을 종료한다. 하지만 조건문 A가 거짓(false)이면 조건문 B의 내용을 확인하는데 조건문 B의 내용이 참(true)이면 '실행하고자 하는 내용2'가 실행되고 else문을 건너뛴 후 if문을 종료한다. 하지만 조건문 B의 내용도 거짓(false)이면 마지막으로 else문이 실행되어 '실행하고자 하는 내용3'이 실행된다. 복합 if문에서 마지막 else에는 어떠한 조건문도 사용하지 않는 것에 주의하여라.

 Coding

```
1  #include <cstdio>
2
3  int main(void)
4  {
5      int a;
6
7      scanf("%d", &a);
8      if (a > 0)
9          printf("Positive Number\n");
10     else if (a < 0)
```

```
            printf("Negative Number\n");
        else
            printf("Zero\n");
    return 0;
}
```

 **Interpret**

- 5번째 줄은 정수형 변수 a를 선언하였다.

- 7번째 줄은 입력의 첫째 줄로 변수 a에 한 개의 정수를 입력받는다.

- 8번째 줄은 입력한 정수 a가 0보다 크면 조건문이 실행되어 출력의 첫째 줄에 'Positive Number' 를 출력하고 모든 조건문을 건너뛴 후 14번째 줄에서 프로그램을 종료한다. 만일 a가 0보다 크지 않 다면 10번째 줄에서 다시 조건문을 확인한다.

- 10번째 줄에서 a가 0보다 작다면 조건문이 실행되어 출력의 첫째 줄에 'Negative Number'를 출력 하고 나머지 else문을 건너뛴 후 14번째 줄에서 프로그램을 종료한다.

- 입력한 정수가 0이면 어떠한 조건문도 만족하지 않으므로 마지막 else문이 실행되어 출력의 첫째 줄에 'Zero'를 출력한 후 프로그램을 종료한다.

 **Output**

15.3 연습문제 Exercise

① 점수 S가 주어지면 점수에 해당하는 학점을 구하는 프로그램을 작성하여라. 각 점수에 대한 구간별 학점은 아래 다음과 같다.

점수(s)	학점
90점 이상 100점 이하	A
80점 이상 90점 미만	B
70점 이상 80점 미만	C
60점 이상 70점 미만	D
60점 미만	F

Input Form 첫째 줄에 0 이상 100 이하의 한 개의 정수 S가 주어진다.

Output Form 입력으로 주어진 점수 S에 해당하는 학점을 영문 알파벳 대문자로 첫째 줄에 출력하여라.

Example

입력	출력
79	C

② 여러 개의 부족들 중에서 또치족은 숫자 1을 좋아한다. 만일 정글에서 우연히 어떤 부족민을 만났을 때 이 부족민이 또치족인지 아닌지를 판별하는 방법은 좋아하는 숫자를 물어보는 것이다. 오일러는 밀림을 탐험하다가 만난 두 명의 부족민에게 좋아하는 숫자를 물어보았다. 이들이 또치족인지 아닌지를 판별하는 프로그램을 작성하여라.

Input Form 두 명의 부족민이 각각 대답한 숫자 두 개가 한 개의 공백으로 분리되어 첫째 줄에 주어진다. (부족민들은 오직 두 개의 숫자 1과 0만을 사용한다.)

Output Form 두 명이 모두 또치족이면 'both'를, 둘 중에 한 명만 또치족이면 'either'를, 둘 다 또치족이 아니면 'neither'을 첫째 줄에 출력하여라.

Example

입력	출력
1 0	either

1010
세 수

실행 제한시간	1초
메모리 사용 제한	32MB

오일러는 세 개의 정수, 그리고 등호와 네 개의 사칙연산(덧셈, 뺄셈, 곱셈, 나눗셈) 부호를 가지고 그의 수학 노트에 하나의 수학식을 완성하였다. 다른 과목을 공부하는 동안, 그의 친구 위즐리가 완성된 수학식 중에서 연산부호와 등호를 지워버리고 말았다. 남아있는 세 개의 정수 사이에 연산부호를 집어넣어 다시 수학식을 복원할 수 있도록 오일러를 도와주어라.

A ? B ? C

Input Form 100보다 작은 세 개의 정수가 한 개의 공백으로 분리되어 첫째 줄에 주어진다.

Output Form 세 개의 정수(입력과 같은 순서대로), 한 개의 등호 그리고 한 개의 사칙연산 기호를 포함한 유효한 방정식을 첫째 줄에 출력하여라. 만일 여러 가지 답안이 존재한다면 그중에 어느 것을 출력하여도 무방하다.

Example

입력	출력
5 3 8	5+3=8

입력	출력
5 15 3	5=15/3

Note 테스트 케이스에 대한 정답은 유일하지는 않지만 언제나 정답이 존재한다는 것은 보장한다.

1133 마법 상자

실행 제한시간 **1초**
메모리 사용 제한 **32MB**

마법 상자 안에는 0부터 9까지 숫자가 적혀있는 마법의 숫자 카드가 들어있다. 마법의 숫자 카드는 각각의 숫자마다 3장씩 모두 30장의 카드가 들어있다. 오일러가 마법 상자 안에서 3장의 숫자 카드를 뽑으면 아래 다음 규칙에 따라 상자에서 금화가 쏟아진다.

① 같은 숫자가 3개가 나오는 경우는 금화 10,000냥 + (같은 숫자) × 1,000냥의 금화를 받게 된다.
② 같은 숫자가 2개만 나오는 경우는 금화 1,000냥 + (같은 숫자) × 100냥의 금화를 받게 된다.
③ 숫자 카드 3개의 숫자가 모두 다른 경우는 (가장 큰 숫자 카드의 숫자) × 100냥의 금화를 받게 된다.

오일러가 마법 상자로부터 받게 되는 금화는 모두 몇 냥인지를 구하여라.

Input Form 세 개의 숫자 카드의 숫자가 한 개의 공백을 사이에 두고 첫째 줄에 주어진다.

Output Form 오일러가 마법 상자로부터 받게 되는 금화를 첫째 줄에 출력하여라.

Example

입력	출력
3 3 5	1300

입력	출력
8 8 8	18000

입력	출력
3 8 9	900

2004
스테이크

실행 제한시간 **1초**
메모리 사용 제한 **32MB**

훌륭한 프로그램을 작성하기를 원한다면 강한 체력과 고도의 두뇌 훈련이 필요하다. 이런 학생들을 위해서 왕국에서는 N명의 마법학교 학생들에게 스테이크를 제공하기로 하였다. 스테이크는 프라이팬에서 굽는데 한 면을 굽기 위해서는 1분이 필요하고 양면을 모두 다 구워야 먹을 수 있다.

마법학교에 급식을 제공하는 오일러FOOD에서는 이렇게 많은 학생들에게 스테이크를 제공할지 예상하지 못했기 때문에 동시에 K장을 구울 수 있는 프라이팬을 오직 한 개만 가지고 있었다.

오일러FOOD의 수석 셰프인 오일러가 모든 스테이크를 굽는데 걸리는 시간은 몇 분이 걸릴지 예상할 수 있도록 여러분들의 뛰어난 프로그램 실력으로 오일러를 도와주어라.

Input Form 첫째 줄에는 N과 K가 하나의 공백을 사이에 두고 주어진다. (1≤N,K≤1,000)

Output Form 마법학교 N명의 학생들을 위해서 모든 스테이크를 굽는데 걸리는 시간(단위 분)을 첫째 줄에 출력하여라.

Example

입력	출력
3 2	3

코딩마법서

1권 STONE VERSION
코딩테스트와 알고리즘을 위한 C/C++

제16장

순환문 for

16.1   1씩 증가하면서 회전하기
16.2   1씩 감소하면서 회전하기
16.3   특정 구간 회전하기
16.4   구간의 합 구하기
16.5   연습문제

오일러BOOKS

화면에 'Hello, Euler'를 10,000번 출력해야 한다고 해보자. 지금까지 배운 내용으로만 작성해야 한다면 printf()문을 10,000번 사용해서 프로그래밍을 작성해야 할 것이다. 이 얼마나 끔찍한 일인가! for문은 이러한 반복적인 작업을 필요한 만큼 실행해야 할 때 사용된다. for문은 아래와 같이 초기부, 조건부, 처리부로 모두 3개의 구간으로 나누어져 있다. 그리고 각각의 구간은 세미콜론(;)으로 구분되어 있다.

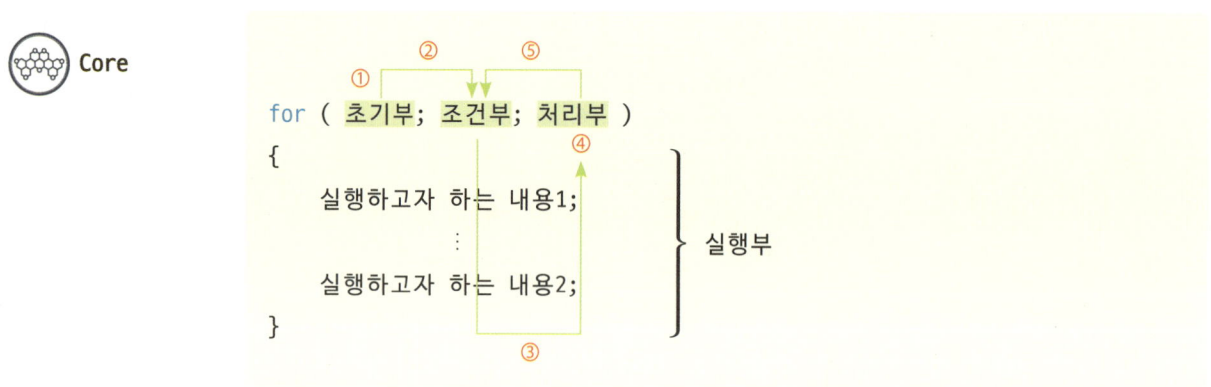

프로그램이 진행중에 for문을 만나면 ① 초기부가 실행된다. 이후 ② 조건부를 확인하여 조건이 참(true)이면 for문에 해당하는 ③ 블록 구간(Block Scope)을 처음부터 차례대로 모두 실행한 후 ④ 처리부로 이동한다. 처리부를 실행한 후 다시 ⑤ 조건부를 확인하여 조건이 참(true)이면 for문의 ③ 블록 구간(Block Scope)을 처음부터 차례대로 모두 실행한 후 ④ 처리부로 이동한다. for문은 이렇게 초기부 ⟶ 조건부 ⟶ 실행부 ⟶ 처리부 ⟶ 조건부 ⟶ 실행부 ⟶ 처리부 ⋯ 의 작업을 반복하다가 조건부에서 조건이 거짓(false)이 되면 더 이상 실행부를 실행하지 못하고 for문을 빠져나와 이후의 과정을 진행한다. 여기서 기억해야 할 것은 프로그램이 진행중에 for문을 만나면 <u>초기부는 조건부에 상관없이 무조건 한 번은 실행됨</u>을 기억해야 한다.

16.1
1씩 증가하면서 회전하기

for문을 이용해서 1부터 10까지 출력하고자 한다면 어떻게 해야 하는가?

Core

```
                    초기부    조건부    처리부
                      ↓        ↓        ↓
            for (i = 1; i <= 10; i++)
            {
                printf("%d", i);
            }
```

for문을 만나면 초기부가 실행되고 정수형 변수 i의 값이 1로 초기화된다. 이후 조건부로 이동한 후 조건을 확인하여 조건이 참(true)이면 for문의 블록 구간(Block Scope)이 실행되고 이때의 i의 값 1이 화면에 출력된다. 블록 구간(Block Scope)의 실행이 모두 끝나면 처리부로 이동하여 i의 값을 1 증가하여 2가 된다. 다시 조건부로 이동하여 조건이 참(true)이면 for문의 블록 구간(Block Scope)이 실행되어 i의 값 2를 출력하고, 처리부로 이동하여 i의 값은 3이 된다. 이와 같은 반복작업을 조건부가 거짓(false)이 될 때까지 10바퀴를 회전하며 1, 2, 3, … , 10까지의 숫자를 화면에 출력한다.

Coding

```
1   #include <cstdio>
2
3   int main(void)
4   {
5       int i;
6
7       for (i = 1; i <= 10; i++)
8           printf("%d ", i);
9       return 0;
10  }
```

- 5번째 줄은 정수형 변수 i를 선언하였다.
- 7, 8번째 줄은 for문의 구간이고 종속되는 구간이 한 줄이므로 괄호({})를 생략하였다.

Output

```
1 2 3 4 5 6 7 8 9 10
```

16.2
1씩 감소하면서 회전하기

for문을 이용해서 10부터 1까지 출력하고자 한다면 어떻게 해야 하는가?

Core

```c
for (i = 10; i >= 1; i--)
{
    printf("%d ", i);
}
```

for문을 만나면 초기부가 실행되고 정수형 변수 i의 값이 10으로 초기화된다. 이후 조건부로 이동하여 조건을 확인한 후 조건이 참(true)이면 for문의 블록 구간(Block Scope)이 실행되고 i의 값이 화면에 출력된다. 블록 구간(Block Scope)의 실행이 모두 끝나면 처리부로 이동하여 i의 값은 1 감소된다. 이와 같은 반복작업을 조건부가 거짓(false)이 될 때까지 10바퀴를 회전하며 10, 9, 8, … , 1까지의 숫자를 화면에 출력한다.

Coding

```c
1   #include <cstdio>
2
3   int main(void)
4   {
5       int i;
6
7       for (i = 10; i >= 1; i--)
8           printf("%d ", i);
9       return 0;
10  }
```

 Interpret
- 5번째 줄은 정수형 변수 i를 선언하였다.
- 7, 8번째 줄은 for문의 구간이고 종속되는 구간이 한 줄이므로 괄호({})를 생략하였다.

 Output
```
10 9 8 7 6 5 4 3 2 1
```

16.3 특정 구간 회전하기

for문을 이용해서 10부터 20까지 출력하고자 한다면 어떻게 해야 하는가?

Core

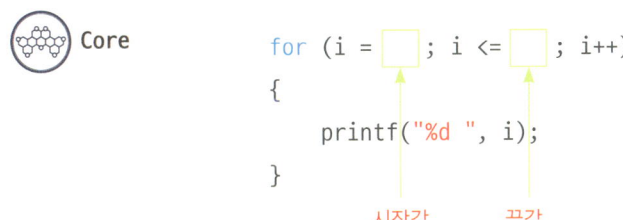

for문을 만나면 초기부가 실행되고 정수형 변수 i의 값을 처음에 출력하고자 하는 값 10으로 초기화한다. 그리고 조건부의 끝값을 마지막에 출력하고자 하는 값 20으로 한다. 그러면 i는 시작값 10부터 끝값 20 이하가 될 때까지 i를 1씩 증가하며 10, 11, 12, …, 20까지의 숫자를 화면에 출력한다.

Coding

```
1   #include <cstdio>
2
3   int main(void)
4   {
5       int i;
6
7       for (i = 10; i <= 20; i++)
8           printf("%d ", i);
9       return 0;
10  }
```

 Interpret   - 5번째 줄은 정수형 변수 i를 선언하였다.
- 7, 8번째 줄은 for문의 구간이고 종속되는 구간이 한 줄이므로 괄호({})를 생략하였다.

 Output

```
10 11 12 13 14 15 16 17 18 19 20
```

16.4 구간의 합 구하기

1부터 5까지의 합을 구하려고 한다면 어떻게 해야 하는가?

Core
```
s += 1;
s += 2;
s += 3;
s += 4;
s += 5;
```

정수형 변수 s는 0으로 초기화되어 있다고 하자. 1부터 5까지의 합을 구하려고 한다면 처음에 s의 값에다 1을 누적해서 s의 값은 1이 되고, 다시 s의 값에다 2를 누적해서 s의 값은 3이 되고. 다시 s의 값에다 3을 누적해서 s의 값은 6이 되고, 다시 s의 값에다 4를 누적해서 s의 값은 10이 되고, 마지막으로 s의 값에다 5를 누적해서 s의 값은 15가 되어 모두 5줄에 걸쳐서 작성하면 된다. 그런데 만일 1부터 10,000까지의 합을 구하려고 한다면 위와 같은 문장을 10,000줄을 작성해야 하기 때문에 너무나도 힘든 작업이 되고 만다. 그래서 위와 같은 반복 작업을 for문을 이용해서 구하려고 한다면 다음과 같다.

Core
```
for (i = 1; i <= 5; i++)
{
    s += i;
}
```

for문을 만나면 초기부가 실행되고 정수형 변수 i의 값이 1로 초기화된다. 이후 조건부로 이동하여 조건이 참(true)이면 for문의 블록 구간(Block Scope)이 실행되고 i의 값 1을 s에 누적하여 s의 값은 1이 된다. 다시 처리부로 올라가 i의 값은 1 증가되어 2가 된다. 조건부가 참(true)이므로 블록 구간(Block Scope)이 실행되고 s에 i의 값 2를 누적하여 s의 값은 3이 된다. 이와 같은 반복작업을 조건부가 거짓(false)이 될 때까지 5바퀴를 회전하면서 s에 i의 값을 누적하여 1부터 5까지의 합이 s에 구해지게 되는 것이다.

 Coding

```c
#include <cstdio>

int main(void)
{
    int i, s = 0;

    for (i = 1; i <= 5; i++)
        s += i;
    printf("%d\n", s);
    return 0;
}
```

 Interpret

5번째 줄은 정수형 변수 i와 s를 선언하였고 s는 선언과 동시에 0으로 초기화하였다.

- 7, 8번째 줄은 for문의 구간이고 종속되는 구간이 한 줄이므로 괄호({})를 생략하였다.
- 8번째 줄은 i의 값 1부터 5까지를 s에 누적하고 있다. for문의 회전이 모두 끝난 후
- 9번째 줄에서 1부터 5까지의 합 s를 출력의 첫째 줄에 출력한다.

 Output

```
15
```

초보자들이 흔히 하기 쉬운 실수는 앞에서 배운 if문과 마찬가지로 for문 뒤에 세미콜론(;)을 붙이는 경우가 종종 있다.

 Core

```
for (i = 1; i <= 10; i++);
    s += i;
printf("%d\n", s);
```

같은 의미

```
for (i = 1; i <= 10; i++)
{
    ;
}
s += i;
printf("%d\n", s)
```

 Caution

for문을 이용해서 1부터 10까지의 합 55를 구하는 프로그램을 작성한다고 해보자. 프로그램을 작성하는 과정에서 그만 실수로 for문 뒤에 세미콜론(;)을 붙이게 되면 오른쪽과 같이 세미콜론(;) 문장(빈 문장)만 for문에 종속되어 10번의 처리가 되고 i의 값이 11이 되었을 때, 조건부가 거짓이 되므로 for문의 실행을 멈추게 된다. 그리고 s += i는 for문의 실행이 끝난 후에 실행되어 s에 i의 값 11을 누적하므로 최종적으로 원하는 결괏값 55가 아닌 11이 구해지게 된다. 초보자들의 경우, for문 뒤에 세미콜론(;)을 붙이는 실수를 하게 되면 문법적 에러가 발생되지 않기 때문에 잘못된 부분을 찾기까지 상당히 어려움이 있게 된다. 이렇게 구문 오류(Syntax Error)가 아닌 논리 오류(Logical Error)를 쉽게 발견하기까지는 상당한 노력이 요구된다.

16.5 연습문제 Exercise

① 한 개의 양의 정수 N이 주어지면 1부터 N까지 출력하는 프로그램을 작성하여라.

Input Form 첫째 줄에 1 이상 100 이하의 양의 정수 N이 주어진다.

Output Form 1부터 N까지의 정수를 작은 수부터 큰 수 순으로 각각 한 개의 공백으로 분리하여 첫째 줄에 출력하여라.

Example

입력
80

출력
1 2 3 4 5 6 7 8 9 10 11 12 13 14 15 16 17 18 19 20 21 22 23 24 25 26 27 28 29 30 31 32 33 34 35 36 37 38 39 40 41 42 43 44 45 46 47 48 49 50 51 52 53 54 55 56 57 58 59 60 61 62 63 64 65 66 67 68 69 70 71 72 73 74 75 76 77 78 79 80

② 한 개의 양의 정수 N이 주어지면 N부터 1까지 출력하는 프로그램을 작성하여라.

Input Form 첫째 줄에 1 이상 100 이하의 양의 정수 N이 주어진다.

Output Form N부터 1까지의 정수를 큰 수부터 작은 수 순으로 각각 한 개의 공백으로 분리하여 첫째 줄에 출력하여라.

Example

입력
50

출력
50 49 48 47 46 45 44 43 42 41 40 39 38 37 36 35 34 33 32 31 30 29 28 27 26 25 24 23 22 21 20 19 18 17 16 15 14 13 12 11 10 9 8 7 6 5 4 3 2 1

③ 두 개의 양의 정수 A와 B가 주어지면 A부터 B까지 출력하는 프로그램을 작성하여라.

Input Form 첫째 줄에 1 이상 100 이하의 양의 정수 A와 B가 한 개의 공백으로 분리되어 주어진다.
(1≤A≤B≤100)

Output Form A부터 B까지의 정수를 작은 수부터 큰 수 순으로 각각 한 개의 공백으로 분리하여 첫째 줄에 출력하여라.

Example

입력
1 100

출력
1 2 3 4 5 6 7 8 9 10 11 12 13 14 15 16 17 18 19 20 21 22 23 24 25 26 27 28 29 30 31 32 33 34 35 36 37 38 39 40 41 42 43 44 45 46 47 48 49 50 51 52 53 54 55 56 57 58 59 60 61 62 63 64 65 66 67 68 69 70 71 72 73 74 75 76 77 78 79 80 81 82 83 84 85 86 87 88 89 90 91 92 93 94 95 96 97 98 99 100

④ 두 개의 양의 정수 B와 A가 주어지면 B부터 A까지 출력하는 프로그램을 작성하여라.

Input Form 첫째 줄에 1 이상 100 이하의 양의 정수 B와 A가 한 개의 공백으로 분리되어 주어진다.
(1≤A≤B≤100)

Output Form B부터 A까지의 정수를 큰 수부터 작은 수 순으로 각각 한 개의 공백으로 분리하여 첫째 줄에 출력하여라.

Example

입력
100 1

출력
100 99 98 97 96 95 94 93 92 91 90 89 88 87 86 85 84 83 82 81 80 79 78 77 76 75 74 73 72 71 70 69 68 67 66 65 64 63 62 61 60 59 58 57 56 55 54 53 52 51 50 49 48 47 46 45 44 43 42 41 40 39 38 37 36 35 34 33 32 31 30 29 28 27 26 25 24 23 22 21 20 19 18 17 16 15 14 13 12 11 10 9 8 7 6 5 4 3 2 1

5 한 개의 양의 정수 N이 주어지면 1부터 N까지의 총합을 구하는 프로그램을 작성하여라.

Input Form 첫째 줄에 1 이상 100 이하의 양의 정수 N이 주어진다.

Output Form 1부터 N까지의 총합을 첫째 줄에 출력하여라.

Example

입력	출력
100	5050

6 두 개의 양의 정수 A와 B가 주어지면 A부터 B까지의 총합을 구하는 프로그램을 작성하여라.

Input Form 첫째 줄에 1 이상 100 이하의 양의 정수 A와 B가 한 개의 공백으로 분리되어 주어진다. ($1 \leq A \leq B \leq 100$)

Output Form A부터 B까지의 총합을 첫째 줄에 출력하여라.

Example

입력	출력
1 100	5050

1005 숫자 계산 I

실행 제한시간 **1초**
메모리 사용 제한 **32MB**

양의 정수 N이 주어지면 (N × 1) + (N × 2) + (N × 3) + ⋯ + (N × 99) + (N × 100)을 계산하는 프로그램을 작성하여라.

Input Form 첫째 줄에 양의 정수 N이 주어진다. (1≤N≤100)

Output Form N에 대한 결괏값을 첫째 줄에 출력하여라.

Example

입력	출력
2	10100

1006 숫자 계산 II

실행 제한시간 **1초**
메모리 사용 제한 **32MB**

양의 정수 N이 주어지면 1 + (2 × 2) + (3 × 3) + … + ((N − 1) × (N − 1)) + (N × N)을 계산하는 프로그램을 작성하여라.

Input Form 첫째 줄에 양의 정수 N이 주어진다. (1≤N≤100)

Output Form N에 대한 결괏값을 첫째 줄에 출력하여라.

Example

입력	출력
10	385

1007
숫자 계산 Ⅲ

실행 제한시간 **1초**
메모리 사용 제한 **32MB**

양의 정수 N이 주어지면 (1 × N) + (2 × (N – 1)) + (3 × (N – 2)) + … + ((N – 1) × 2) + (N × 1)을 계산하는 프로그램을 작성하여라.

Input Form 첫째 줄에 양의 정수 N이 주어진다. (1≤N≤100)

Output Form N에 대한 결괏값을 첫째 줄에 출력하여라.

Example

입력	출력
10	220

코딩마법서

1권 STONE VERSION
코딩테스트와 알고리즘을 위한 C/C++

제17장

가우스 계산법
Gauss

17.1 가우스(Gauss) 계산법
17.2 연습문제

오일러BOOKS

17.1 가우스 계산법 Gauss

카를 프리드리히 가우스
(1777 - 1855)

가우스(1777 - 1855, Carl Friedrich Gauss)의 선생님 뷔트너씨는 수업 시간에 잠시 쉴 생각으로 학생들에게 1부터 100까지 더하는 문제를 냈다. 그런데 그는 곧바로 자리에서 일어나야만 했다. 순식간에 5050이라는 정답을 맞힌 가우스 때문이다. 가우스의 천재성을 알아본 뷔트너 선생님은 그에게 고등학교 수학 교과서를 선물했다고 한다. 독일의 수학자 가우스는 아르키메데스, 뉴턴과 함께 수학의 역사상 가장 위대한 세 명의 수학자 중 한 명이다.

가우스 계산법은 연속된 수 또는 규칙적으로 나열되어 있는 수열등의 합을 쉽게 계산하기 위해서 사용하는 계산법이다.

 Core

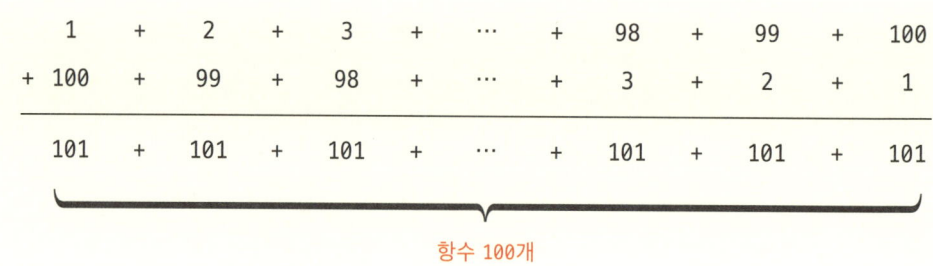

가우스가 계산한 방법은 다음과 같다. 예를 들어서 1부터 100까지의 합을 구하고자 한다면 아랫줄에 100부터 1까지의 합을 다시 한번 나열한 후 1은 100과 대응하여 더하고, 2는 99와 대응하여 더하고, 3은 98과 대응하여 더하고, ⋯ , 마지막으로 100은 1과 대응하여 더한다면 100개의 101의 합이 된다. 즉, 101이 100개가 있으므로 101 * 100 = 10100이 되고 1부터 100까지의 합을 2번 했으므로 마지막으로 10100을 2로 나누면 5050이 되는 것이다. 이것을 일반화하면 아래 다음과 같다.

 Core

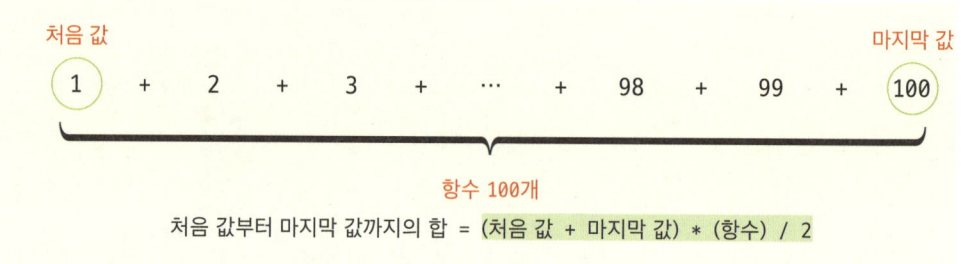

따라서 1부터 100까지의 합은 (1 + 100) * 100 / 2 = 5050이 된다. 이것을 프로그래밍에 대입해보자. 일반적으로 1부터 100까지의 합을 구하고자 한다면, for문을 1부터 100까지 회전시켜서 100번의 더하기 연산을 하여 구하였다. 하지만 수학적으로 가우스 계산을 이용한다면 단 한 번의 연산만으로도 1부터 100까지의 합을 구할 수 있게 되는 것이다.

 **Coding**

```c
#include <cstdio>

int main(void)
{
    printf("%d\n", (1 + 100) * 100 / 2);
    return 0;
}
```

 **Interpret** - 5번째 줄은 1부터 100까지의 총합을 출력의 첫째 줄에 출력한다.

 **Output**

```
5050
```

17.2 연습문제 Exercise

① 한 개의 양의 정수 N이 주어지면 1부터 N까지의 총합을 가우스(Gauss) 계산을 이용하여 구하는 프로그램을 작성하여라.

Input Form 첫째 줄에 1 이상 100 이하의 양의 정수 N이 주어진다.

Output Form 1부터 N까지의 총합을 첫째 줄에 출력하여라.

Example

입력	출력
100	5050

② 두 개의 양의 정수 A와 B가 주어지면 A부터 B까지의 총합을 가우스(Gauss) 계산을 이용하여 구하는 프로그램을 작성하여라.

Input Form 첫째 줄에 1 이상 100 이하의 양의 정수 A와 B가 한 개의 공백으로 분리되어 주어진다. (1≤A≤B≤100)

Output Form A부터 B까지의 총합을 첫째 줄에 출력하여라.

Example

입력	출력
51 100	3775

Note ① 처음 수 A와 마지막 수 B를 더해서 A부터 B까지의 항수를 곱한 후 2로 나눈다.
② 다른 방법으로는 1부터 B까지의 합에서 1부터 A − 1까지의 합을 빼면 A부터 B까지의 총합을 구할 수 있다.

1145 철사

실행 제한시간 **1초**
메모리 사용 제한 **32MB**

오일러는 긴 철사를 아래의 그림과 같이 규칙적으로 6번을 구부려서 29개의 점을 갖는 나선형 모양을 만들었다.

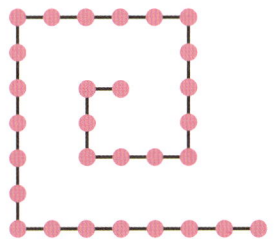

오일러는 위와 같은 방법으로 나선형 철사를 모두 N번을 구부리면 사용된 점의 개수가 몇 개인지 궁금하였다. 오일러의 궁금증을 해결해주자.

Input Form 첫째 줄에는 한 개의 양의 정수 N이 주어진다. (1≤N≤40,000)

Output Form 모든 점의 개수를 첫째 줄에 출력하여라.

Example

입력	출력
6	29

1146 정육각형

실행 제한시간 **1초**
메모리 사용 제한 **32MB**

아래 그림과 같이 정육각형 모양으로 점을 놓을 때, 정육각형의 한 변에 4개의 점이 놓일 때까지 계속해서 점을 찍게 되면 모든 점의 개수는 37개이다.

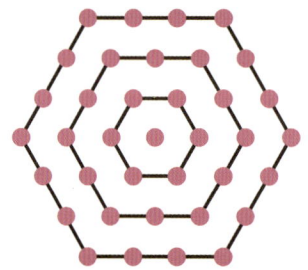

정육각형의 한 변에 N개의 점이 놓일 때까지 계속해서 점을 찍게 되면 모두 몇 개의 점이 놓이게 되는지 구하여라.

Input Form 첫째 줄에는 한 개의 양의 정수 N이 주어진다. (1≤N≤10,000)

Output Form 모든 점의 개수를 첫째 줄에 출력하여라.

Example

입력	출력
2	7

입력	출력
4	37

코딩마법서

1권 STONE VERSION
코딩테스트와 알고리즘을 위한 C/C++

제18장

배수와 약수
Multiple and Divisor

18.1   배수 Multiple
18.2   약수 Divisor
18.3   연습문제

φ 오일러BOOKS

18.1 배수 Multiple

어떤 수에다 1배, 2배, 3배, 4배, … 한 수들을 그 수의 **배수(Multiple)**라고 한다. 예를 들어서 3을 1배 한 수는 3이고 3을 2배 한 수는 6, 3을 3배 한 수는 9, 3을 4배 한 수는 12, … 와 같이 3에다가 몇 배를 곱해서 만들어진 수들을 3의 배수라고 한다.

 Core

```
for (i = 3; i <= 100; i += 3)
    printf("%d ", i);
```
같은 의미
```
for (i = 1; i <= 100; i++)
    if (i % 3 == 0)
        printf("%d ", i);
```

왼쪽에 있는 문장은 i의 값을 3부터 시작해서 for문이 1회전 할 때마다 3씩 증가하므로 1부터 100까지 3의 배수들을 출력한다. 오른쪽에 있는 문장은 i가 1부터 100까지 회전하면서 3으로 나누었을 때 나머지가 0인 수들을 출력하므로 오른쪽에 있는 문장도 1부터 100까지의 3의 배수들을 출력하는 문장이다.

 Coding

```
1  #include <cstdio>
2
3  int main(void)
4  {
5      int i;
6
7      for (i = 3; i <= 100; i += 3)
8          printf("%d ", i);
9      return 0;
10 }
```

 Interpret

- 5번째 줄은 정수형 변수 i를 선언하였다.
- 7, 8번째 줄은 3부터 시작해서 1회전 할 때마다 3씩 증가하는 for문의 구간이다.
- 8번째 줄은 for문에 종속되는 구간이 한 줄이므로 괄호({})를 생략하였고 100 이하의 3의 배수들을 출력의 첫째 줄에 출력한다.

Output

```
3 6 9 12 15 18 21 24 27 30 33 36 39 42 45 48 51 54 57 60 63 66 69 72 75 78 81 84
87 90 93 96 99
```

18.2
약수 Divisor

어떤 수를 나누었을 때, 나누어떨어지게 하는 자연수를 어떤 수의 **약수(Divisor)**라고 한다. 예를 들어서 1, 2, 3, 4, 6, 12로 12를 나누게 되면 12는 나누어떨어지므로 1, 2, 3, 4, 6, 12를 12의 약수라고 한다. 또한 모든 수는 1로 나누었을 때, 나누어떨어지므로 1은 모든 수의 약수이다.

 Core

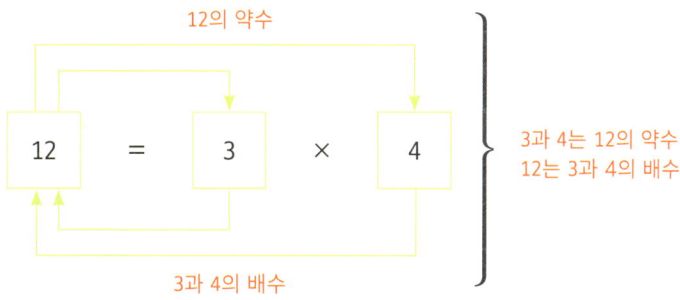

 Coding

```c
#include <cstdio>

int main(void)
{
    int i;

    for (i = 1; i <= 12; i++)
        if (12 % i == 0)
            printf("%d ", i);
    return 0;
}
```

 Interpret

- 5번째 줄은 정수형 변수 i를 선언하였다.
- 7번째 줄부터 9번째 줄은 for문의 구간이고 종속되는 구간이 한 개의 블록인 if문이므로 괄호({})를 생략하였다.
- 8번째 줄은 12를 나누었을 때 나머지가 0인 수들만 조건을 만족하므로 9번째 줄에서 12의 약수를 출력의 첫째 줄에 출력한다. 12의 약수는 12 이하의 정수로 이루어졌기 때문에 for문의 회전은 1부터 12까지만 회전한다.

 Output

1 2 3 4 6 12

18.3 연습문제 Exercise

1. 한 개의 양의 정수 N이 주어지면 1부터 N까지의 홀수를 출력하는 프로그램을 작성하여라.

Input Form 첫째 줄에 1 이상 100 이하의 양의 정수 N이 주어진다.

Output Form 1부터 N까지의 홀수를 작은 수부터 큰 수 순으로 각각 한 개의 공백으로 분리하여 첫째 줄에 출력하여라.

Example

입력
100

출력
1 3 5 7 9 11 13 15 17 19 21 23 25 27 29 31 33 35 37 39 41 43 45 47 49 51 53 55 57 59 61 63 65 67 69 71 73 75 77 79 81 83 85 87 89 91 93 95 97 99

② 두 개의 양의 정수 A와 B가 주어지면 A부터 B까지의 5의 배수의 총합을 구하는 프로그램을 작성하여라.

Input Form 첫째 줄에 1 이상 100 이하의 양의 정수 A와 B가 한 개의 공백으로 분리되어 주어진다. (1≤A≤B≤100)

Output Form A부터 B까지의 5의 배수의 총합을 첫째 줄에 출력하여라.

Example

입력	출력
1 100	1050

③ 한 개의 양의 정수 N이 주어지면 N에 대한 약수의 개수를 구하는 프로그램을 작성하여라.

Input Form 첫째 줄에 1 이상 100 이하의 양의 정수 N이 주어진다.

Output Form N에 대한 약수의 개수를 첫째 줄에 출력하여라.

Example

입력	출력
12	6

Note 1, 2, 3, 4, 6, 12

1003
홀수와 짝수의 합

실행 제한시간 **1초**
메모리 사용 제한 **32MB**

1부터 N(1≤N≤1,000)까지의 짝수의 합과 홀수의 합을 출력하는 프로그램을 작성하여라.

Input Form 첫째 줄에 1 이상 1,000 이하의 양의 정수 N이 주어진다.

Output Form 1부터 N까지의 짝수의 합을 첫째 줄에 출력하고 홀수의 합을 둘째 줄에 출력하여라.

Example

입력	출력
10	30
	25

1013
오일러 프로젝트

실행 제한시간 **1초**
메모리 사용 제한 **32MB**

오일러는 왕국의 시민들을 제2의 오일러로 만드는 오일러 프로젝트(Euler Project)를 시작하기로 하였다.

1부터 N(1≤N≤1,000) 미만의 정수 중에서 3의 배수이거나 5의 배수인 정수들의 총합을 구하여라. 만일 N이 10이라면 N 미만의 3 또는 5의 배수인 수들은 3, 5, 6, 9가 있고, 이 수들의 합은 23이 된다.

Input Form 첫째 줄에 한 개의 양의 정수 N이 주어진다.

Output Form N 미만의 3 또는 5의 배수인 모든 정수들의 총합을 첫째 줄에 출력하여라.

Example

입력	출력
10	23

1011
잠자기 전에 독서 I

실행 제한시간 **1초**
메모리 사용 제한 **32MB**

오일러의 어머니는 잠자기에 들기 전에 오일러를 위해서 책 읽어주기를 하고 있다. "오, 이건 내 머리를 아프게 만드는군."라고 오일러는 불평을 한다. "하지만 이건 매우 간단한 수 이론이야!"라고 오일러의 어머니는 대답하였다. "다시 한번 생각해보자. 어느 숫자에 대한 시그마 함숫값은 그 수의 약수들의 합이다. 따라서 12에 대한 약수는 1, 2, 3, 4, 6, 12이고 그것들을 다 더하면 28을 얻는다."

"그게 전부에요?"라고 오일러가 물었다.

"그럼", 오일러의 어머니는 대답했다. "아마도 누군가가 정수 N(1≤N≤1,000,000)에 대한 시그마 함숫값을 계산하는 프로그램을 작성해 줄 거야."

Input Form   첫째 줄에는 시그마 함숫값을 구하기 위한 정수 N이 주어진다.

Output Form N에 대한 약수들의 총합을 첫째 줄에 출력하여라.

Example

입력	출력
12	28

1134

두 개의 짝수

실행 제한시간 **0.1초**
메모리 사용 제한 **32MB**

오일러는 덤블도어 선생님으로부터 두 개의 짝수의 곱으로 표현되는 N보다 작은 양의 정수는 모두 몇 개가 있는지 찾아오라는 숙제를 받아왔다. 예를 들어서 4는 2 × 2인 두 개의 짝수의 곱으로 표현이 가능하다. 마찬가지로 28도 2 × 14인 두 개의 짝수의 곱으로 표현이 가능하다.

오일러는 제한 시간의 어려움 때문에 여러분들에게 도움을 청하고 있다. 오일러가 숙제를 할 수 있도록 여러분들이 도와주어라.

Input Form 첫째 줄에 한 개의 양의 정수 N이 주어진다. (1≤N≤2,000,000,000)

Output Form 두 개의 짝수의 곱으로 표현되는 N보다 작은 양의 정수의 개수를 첫째 줄에 출력하여라.

Example

입력	출력
10	2

Note 두 개의 짝수의 곱으로 표현되는 10보다 작은 양의 정수는 4(= 2 × 2)와 8(= 2 × 4)이 있다.

코딩마법서

1권 STONE VERSION
코딩테스트와 알고리즘을 위한 C/C++

제19장

완전수
Perfect Number

19.1 완전수 Perfect Number
19.2 연습문제

오일러BOOKS

19.1 완전수 Perfect Number

그 수 자신을 제외한 모든 약수의 합이 그 수 자신과 같은 수를 **완전수(Perfect Number)**라고 한다. 예를 들어 6의 약수는 1, 2, 3, 6이고 그 수 자신을 제외한 1 + 2 + 3의 합은 6과 같으므로 6은 완전수(Perfect Number)이다.

그 수 자신을 제외한 모든 약수의 합이 그 수 자신보다 작은 수를 **부족수(Deficient Number)**라고 한다. 예를 들어 8의 약수는 1, 2, 4, 8이고 그 수 자신을 제외한 1 + 2 + 4의 합은 8보다 작으므로 8은 부족수(Deficient Number)이다.

그 수 자신을 제외한 모든 약수의 합이 그 수 자신보다 큰 수를 **과잉수(Abundant Number)**라고 한다. 예를 들어 12의 약수는 1, 2, 3, 4, 6, 12이고 그 수 자신을 제외한 1 + 2 + 3 + 4 + 6의 합은 12보다 크므로 12는 과잉수(Abundant Number)이다.

피타고라스
(BC582 - BC497)

고대 그리스 사람들은 숫자 6이 자신을 제외한 약수들의 합(6 = 1 + 2 + 3)으로 표시됨을 알아차리고 이것이야말로 완전한 수의 형태라고 생각했다. 아우구스투스(BC63 - AD14, Augustus)는 "신이 세상을 6일 동안 창조하신 이유는 6이 완전수이기 때문이다."라고 말하기도 하였다. 완전수(Perfect Number)라는 명칭은 **피타고라스(BC582 - BC497, Pythagoras)**를 따르는 피타고라스 학파가 처음으로 사용하였고 홀수인 완전수는 아직 밝혀지지 않았으며, 완전수가 무한히 존재하는지도 아직 밝혀지지 않았다. 홀수인 완전수가 없다는 것은 증명되지는 않았지만, 지금까지 발견된 정수 중에는 홀수인 완전수는 없다는 것은 확인되었다.

2000년이 넘도록 수학자들은 오직 11개의 완전수만을 찾아내었고 1877년에 한 개의 완전수를 더 찾아내었다. 20세기 후반에 들어오면서 컴퓨터의 발달로 새로운 완전수를 찾기 시작하였고 1952년 캘리포니아 대학의 로빈슨이 컴퓨터 SWAC를 이용하여 새로운 완전수를 발견한 이래로 2018년 12월 이전까지 모두 51개의 완전수가 발견되었다.

참고 : https://www.mersenne.org/primes/

Coding

```c
#include <cstdio>

int main(void)
{
    int i, num, sum = 0;

    num = 28;
    for (i = 1; i <= num - 1; i++)
        if (num % i == 0)
            sum += i;

    if (num == sum)
        printf("Perfect Number");
    return 0;
}
```

Interpret

- 5번째 줄은 정수형 변수 i, num, sum을 선언하였고 총합을 구하기 위해서 sum을 선언과 동시에 0으로 초기화하였다.

- 7번째 줄에서 정수형 변수 num에 28을 대입하였고 8번째 줄부터 10번째 줄은 자기 자신 28을 제외한 약수(1, 2, 4, 7, 14)의 총합을 구하고 있다.

- 12번째 줄에서 num과 sum의 값이 같으므로 출력의 첫째 줄에 'Perfect Number'를 출력한다.

Output

19.2 연습문제 Exercise

① 어떤 한 개의 양의 정수에 대해서 그 수 자신을 제외한 모든 약수의 합이 그 수 자신과 같은 수를 완전수라고 하고 그 수 자신을 제외한 모든 약수의 합이 그 수 자신보다 작은 수를 부족수라고 한다. 그리고 그 수 자신을 제외한 모든 약수의 합이 그 수 자신보다 큰 수를 과잉수라고 한다.

한 개의 양의 정수 N이 주어지면 그 수가 완전수인지, 부족수인지, 과잉수인지를 판별하는 프로그램을 작성하여라.

Input Form 첫째 줄에 1 이상 10,000 이하의 양의 정수 N이 주어진다.

Output Form 주어진 정수 N을 판별하여 완전수이면 'PERFECT'를 부족수이면 'DEFICIENT'를 과잉수이면 'ABUNDANT'를 첫째 줄에 출력하여라.

Example

입력	출력
8128	PERFECT

1098
약수

실행 제한시간 **2초**
메모리 사용 제한 **32MB**

1보다 큰 정수는 두 개 이상의 약수를 가진다. 약수는 해당 정수를 정확하게 나머지가 없이 나눌 수 있는 수를 의미한다. 예를 들어 6은 약수로 1, 2, 3, 6을 가진다. 그리고 약수 중에서 자기 자신 6을 제외한 모든 약수를 더해보면 1 + 2 + 3 = 6이 되는 재미있는 사실을 발견할 수 있다. 우리는 이런 수를 완전수라 부른다. 정수 14의 약수는 1, 2, 7, 14이고 여기서 자기 자신의 수 14를 제외하고 더하면 10이 된다.

입력된 정수가 완전수인지 알아보기 위해서 한 개의 정수 N(1≤N≤10,000,000)을 읽어들여 N에 대한 약수의 합을 구하는 프로그램을 작성하여라. (자기 자신 제외)

Input Form 첫째 줄에 한 개의 정수 N이 주어진다.

Output Form 자기 자신 N을 제외한 약수의 총합을 첫째 줄에 출력하여라.

Example

입력	출력
314	160

코딩마법서

1권 STONE VERSION
코딩테스트와 알고리즘을 위한 C/C++

제20장

**팩토리얼
Factorial**

20.1 팩토리얼 Factorial
20.2 연습문제

오일러BOOKS

20.1
팩토리얼 Factorial

1부터 N까지 모두 곱한 수를 N 팩토리얼(Factorial)이라 부르며 기호로는 N!로 나타낸다.

 Core

N! = 1 × 2 × 3 × ⋯ × N

예를 들어서

0! = 1

1! = 1

2! = 1 × 2 = 2

3! = 1 × 2 × 3 = 6

4! = 1 × 2 × 3 × 4 = 24

5! = 1 × 2 × 3 × 4 × 5 = 120이 된다.

5!을 구하고자 하면 어떻게 해야 하는가?

 Core

```
fact *= 1;
fact *= 2;
fact *= 3;
fact *= 4;
fact *= 5;
```

정수형 변수 fact는 1로 초기화되어 있다고 하자. 왜냐하면 fact의 초깃값이 0이면 fact에다 어떤 수를 곱해도 항상 0이 되기 때문에 <u>곱셈 연산을 할 때의 초깃값은 언제나 1</u> 이어야 한다. 5!을 구하고자 한다면 처음에 fact의 값에다 1을 곱해서 fact의 값은 1이 되고, 다시 fact의 값에다 2를 곱해서 fact의 값은 2가 되고, 다시 fact의 값에다 3을 곱해서 fact의 값은 6이 되고, 다시 fact의 값에다 4를 곱해서 fact의 값은 24가 되고, 마지막으로 fact의 값에다 5를 곱해서 fact의 값은 120이 된다. 그래서 위와 같은 반복된 작업을 for문을 이용해서 구하고자 한다면 다음과 같다.

```
for (i = 1; i <= 5; i++)
{
    fact *= i;
}
```

for문을 만나면 초기부가 실행되며 정수형 변수 i의 값이 1로 초기화된다. 이후 조건부로 이동하여 조건이 참(true)이면 for문의 블록 구간(Block Scope)이 실행되고 i의 값 1이 fact에 곱해져서 fact의 값은 1이 된다. 처리부로 올라가 i의 값은 1 증가되어 2가 된다. 조건부가 참(true)이므로 블록 구간(Block Scope)이 실행되고 fact에 i의 값 2가 곱해져서 fact의 값은 2가 된다. 이와 같은 반복 작업을 조건부가 거짓(false)이 될 때까지 모두 5바퀴를 회전하며 fact에 1부터 5까지 곱해지게 되어 fact에 5!의 값이 구해지게 되는 것이다.

```
1   #include <cstdio>
2
3   int main(void)
4   {
5       int i, fact = 1;
6
7       for (i = 1; i <= 5; i++)
8           fact *= i;
9       printf("%d\n", fact);
10      return 0;
11  }
```

- 5번째 줄은 정수형 변수 i와 fact를 선언하였고 fact는 선언과 동시에 1로 초기화하였다.

- 7, 8번째 줄은 for문의 구간이고 종속되는 구간이 한 줄이므로 괄호({})를 생략하였다.

- for문의 회전이 끝난 후, 9번째 줄에서 5!의 값 120을 출력의 첫째 줄에 출력한다.

```
120
```

20.2 연습문제 Exercise

① 한 개의 양의 정수 N이 주어지면 N! 과정을 출력하는 프로그램을 작성하여라.

Input Form 첫째 줄에 1 이상 100 이하의 양의 정수 N이 주어진다.

Output Form '입력과 출력의 예'와 같이 N! 과정을 첫째 줄에 출력하여라.

Example

입력	출력
5	1*2*3*4*5

1014
수학 숙제

실행 제한시간   **1초**
메모리 사용 제한   **32MB**

오일러는 지난 오랜 과제인 몇 개의 문제들을 되돌아보기로 하였고 그 중에서도 "factorial"을 구하는 것에 대해서 고민하고 있다. 오일러는 N의 값이 12 이하면 N factorial의 결괏값은 1,000,000,000보다 크지는 않지만 결괏값을 물어보면 그 어느 누구도 대답해 줄 수 없다는 것을 알고 있다.

여기서 N factorial이란 N * (N - 1) * (N - 2) * ... * 3 * 2 * 1의 결괏값을 의미한다. 오일러의 오랜 학교 숙제에 대한 결괏값을 구해주는 프로그램을 작성하여라. 예를 들어 5 factorial의 결괏값은 5 * 4 * 3 * 2 * 1 = 120이다.

Input Form   첫째 줄에는 한 개의 정수 N이 주어진다. (1≤N≤12)

Output Form   N factorial의 결괏값을 첫째 줄에 출력하여라.

Example

입력	출력
5	120

1008

팩토리얼(Factorial)

실행 제한시간 **1초**
메모리 사용 제한 **32MB**

계승(Factorial)의 계산 과정을 분석적으로 표시하는 프로그램을 작성하여라.

예를 들어 N!은 N × (N – 1) × (N – 2) × ⋯ × 3 × 2 × 1을 나타낸다.

Input Form 첫째 줄에 양의 정수 N이 주어진다. (1≤N≤12)

Output Form "출력의 예"와 같이 계승(Factorial)의 계산 과정을 분석적으로 표시하여 첫째 줄에 출력하여라.

Example

입력	출력
5	5!=(1*2*3*4*5)=120

코딩마법서

1권 STONE VERSION
코딩테스트와 알고리즘을 위한 C/C++

제21장

중첩 순환문 for

21.1   1중 for문과 2중 for문의 비교
21.2   2중 for문 활용
21.3   연습문제

오일러BOOKS

21.1
1중 for문과 2중 for문의 비교

'Hello, Euler'를 콘솔(console) 화면에 10,000번 출력하기 위해서 for문을 사용하여 작성한다면 다음과 같다.

 **Core**

```
for (i = 1; i <= 10000; i++)
{
    printf("Hello, Euler\n");
}
```

그런데 아래와 같이 중첩된 for문을 이용해서도 'Hello, Euler'를 10,000번 출력할 수 있다.

 Coding

```
1   #include <cstdio>
2
3   int main(void)
4   {
5       int i, j;
6
7       for (i = 1; i <= 100; i++)
8       {
9           for (j = 1; j <= 100; j++)
10          {
11              printf("Hello, Euler\n");
12          }
13      }
14      return 0;
15  }
```

 **Interpret**

- 5번째 줄은 정수형 변수 i와 j를 선언하였다.

- 7번째 줄은 i가 1일 경우 9번째 줄에서 j가 1부터 100까지 100바퀴 회전하면서 'Hello, Euler'를 100번 출력한다. 이후 i는 2가 되고 다시 j가 1부터 100까지 100바퀴 회전하면서 'Hello, Euler'를 100번 출력한다. 이와 같이 각각의 i에 대해서 j의 반복 작업을 100번씩 하게 되므로 모두 100 * 100번의 순환이 발생되어 'Hello, Euler'를 10,000번 출력한다.

Output

```
Hello, Euler
Hello, Euler
Hello, Euler
Hello, Euler
Hello, Euler
Hello, Euler
Hello, Euler
Hello, Euler
Hello, Euler
Hello, Euler
```

21.2
2중 for문 활용

Core

```
for (i = 1; i <= ☐ ; i++)
{
    printf("#");
}
```
└─ for문의 회전수

지금 위에 있는 for문은 몇 바퀴를 회전할 것이라 예상하는가? 초등학생의 관점에서 대답을 한다면 ☐바퀴를 회전한다. 즉, i는 1부터 시작하기 때문에 ☐안에 들어가는 숫자가 for문의 회전수를 결정하는 것이다. 만일 ☐ 대신에 숫자 10을 쓴다면 for문은 10바퀴를 회전할 것이고, ☐ 대신에 100,000,000을 쓴다면 for문은 1억 바퀴를 회전할 것이다.

Coding

```
1   #include <cstdio>
2
3   int main(void)
4   {
5       int i, j;
6
7       for (i = 1; i <= 5; i++)
```

```
 8          {
 9              for (j = 1; j <= 5; j++)
10              {
11                  printf("#");
12              }
13              printf("\n");
14          }
15          return 0;
16      }
```

**Interpret**

- 5번째 줄은 정수형 변수 i와 j를 선언하였다.

- 7번째 줄은 i가 1일 경우 j가 5바퀴를 회전하므로 출력의 첫째 줄에 '#'을 5개 출력한다. 그리고 13번째 줄에 의해서 줄을 내린 후, i는 2가 되고 다시 j는 5바퀴를 회전하므로 출력의 둘째 줄에도 '#'이 5개 출력된다.

- 이와 같은 방법으로 i는 모두 5바퀴를 회전하고 각각의 i에 대해서 j도 5바퀴를 회전하므로 화면에 출력되는 모양은 아래 다음과 같다.

Output

```
#####
#####
#####
#####
#####
```

21.3 연습문제 Exercise

① 2중 for문을 이용하여 '출력의 예'와 같이 출력하는 프로그램을 작성하여라.

Input Form 입력형식 없음.

Output Form 5줄에 걸쳐서 각 줄에 모양을 출력하여라.

Example

출력
#####

② 2중 for문을 이용하여 '출력의 예'와 같이 출력하는 프로그램을 작성하여라.

Input Form 입력형식 없음.

Output Form 5줄에 걸쳐서 각 줄에 모양을 출력하여라.

Example

출력
#

③ 2중 for문을 이용하여 '출력의 예'와 같이 출력하는 프로그램을 작성하여라.

Input Form 입력형식 없음.

Output Form 5줄에 걸쳐서 각 줄에 모양을 출력하여라.

Example

출력
#####

④ 2중 for문을 이용하여 '출력의 예'와 같이 출력하는 프로그램을 작성하여라.

Input Form 입력형식 없음.

Output Form 5줄에 걸쳐서 각 줄에 모양을 출력하여라.

Example

출력

#####
 ####
  ###
   ##
    #

5. 2중 for문을 이용하여 '출력의 예'와 같이 출력하는 프로그램을 작성하여라.

Input Form 입력형식 없음.

Output Form 5줄에 걸쳐서 각 줄에 모양을 출력하여라.

Example

출력
``
#
###
#####
#######
#########

6. 2중 for문을 이용하여 '출력의 예'와 같이 출력하는 프로그램을 작성하여라.

Input Form 입력형식 없음.

Output Form 5줄에 걸쳐서 각 줄에 모양을 출력하여라.

Example

출력
#########
#######
#####
###
#

2013 도미노 게임

실행 제한시간 1초
메모리 사용 제한 32MB

도미노 게임은 여러 가지 숫자가 써 있는 도미노를 가지고 하는 게임이다. 각각의 도미노는 위, 아래 두 부분으로 나누어져 있다. 나누어진 각각은 눈의 수로써 수를 표현하고 값을 결정한다. (0도 가능) 읽는 순서에 상관없이 두 개의 도미노가 같은 눈을 가지고 있다면, 두 개의 도미노는 같은 것으로 간주한다. 예를 들어서, 위, 아래 2와 8을 갖는 도미노와 위, 아래 8과 2를 갖는 도미노는 같은 도미노로 취급한다. 크기가 N(1≤N≤1,000)인 도미노 게임은 눈의 수(위, 아래 각각)가 0 이상 N 이하인 도미노를 가지고 한다. 게임의 크기 N이 주어지면 눈의 수(위, 아래 각각)가 N 이하이고, 같은 도미노를 가지지 않도록 모든 도미노를 적절히 배치하자. 예를 들어 N = 2이면 6개의 도미노를 배치할 수 있다.

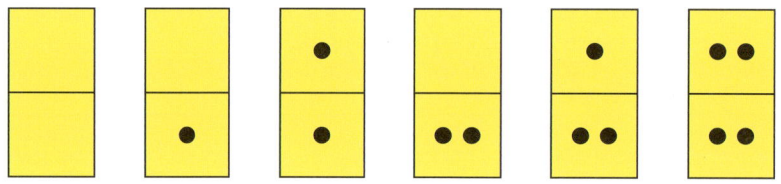

도미노 게임의 크기 N이 주어지면, 눈의 수가 N 이하인 모든 도미노를 중복되지 않게 배치했을 때, 배치된 도미노의 모든 눈의 개수는 얼마인지 구하여라.

Input Form 첫째 줄에는 도미노 게임의 크기를 나타내는 한 개의 양의 정수 N이 주어진다.

Output Form 눈의 수가 N 이하인 모든 도미노를 중복되지 않게 배치했을 때, 배치된 도미노의 모든 눈의 개수를 첫째 줄에 출력하여라.

Example

입력	출력
2	12

코딩마법서

1권 STONE VERSION
코딩테스트와 알고리즘을 위한 C/C++

제22장

기초테스트 I
Training

22.1 기초테스트 I

오일러BOOKS

22.1
기초테스트 I

① 2중 for문을 이용하여 '출력의 예'와 같이 출력하는 프로그램을 작성하여라.

Input Form 입력형식 없음.

Output Form 5줄에 걸쳐서 각 줄에 숫자를 출력하여라.

Example

출력
1
12
123
1234
12345

② 2중 for문을 이용하여 '출력의 예'와 같이 출력하는 프로그램을 작성하여라.

Input Form 입력형식 없음.

Output Form 5줄에 걸쳐서 각 줄에 숫자를 출력하여라.

Example

출력
12345
1234
123
12
1

③ 2중 for문을 이용하여 '출력의 예'와 같이 출력하는 프로그램을 작성하여라.

Input Form 입력형식 없음.

Output Form 5줄에 걸쳐서 각 줄에 숫자를 출력하여라.

Example

출력
5
45
345
2345
12345

④ 2중 for문을 이용하여 '출력의 예'와 같이 출력하는 프로그램을 작성하여라.

Input Form 입력형식 없음.

Output Form 5줄에 걸쳐서 각 줄에 숫자를 출력하여라.

Example

출력
12345
2345
345
45
5

⑤ 2중 for문을 이용하여 '출력의 예'와 같이 출력하는 프로그램을 작성하여라.

Input Form 입력형식 없음.

Output Form 5줄에 걸쳐서 각 줄에 숫자를 출력하여라.

Example

출력
1
123
12345
1234567
123456789

⑥ 2중 for문을 이용하여 '출력의 예'와 같이 출력하는 프로그램을 작성하여라.

Input Form 입력형식 없음.

Output Form 5줄에 걸쳐서 각 줄에 숫자를 출력하여라.

Example

출력
123456789
1234567
12345
123
1

7 2중 for문을 이용하여 '출력의 예'와 같이 출력하는 프로그램을 작성하여라.

Input Form   입력형식 없음.

Output Form 5줄에 걸쳐서 각 줄에 숫자를 출력하여라.

Example

출력
9
789
56789
3456789
123456789

8 2중 for문을 이용하여 '출력의 예'와 같이 출력하는 프로그램을 작성하여라.

Input Form   입력형식 없음.

Output Form 5줄에 걸쳐서 각 줄에 숫자를 출력하여라.

Example

출력
123456789
3456789
56789
789
9

⑨ 1중 for문을 이용하여 '출력의 예'와 같이 출력하는 프로그램을 작성하여라.

Input Form   입력형식 없음.

Output Form   5줄에 걸쳐서 각 줄에 문자를 출력하여라.

Example

출력
A B C D E

⑩ 2중 for문을 이용하여 '출력의 예'와 같이 출력하는 프로그램을 작성하여라.

Input Form   입력형식 없음.

Output Form   5줄에 걸쳐서 각 줄에 문자를 출력하여라.

Example

출력
A BBB CCCCC DDDDDDD EEEEEEEEE

⑪ 2중 for문을 이용하여 '출력의 예'와 같이 출력하는 프로그램을 작성하여라.

Input Form 입력형식 없음.

Output Form 5줄에 걸쳐서 각 줄에 문자를 출력하여라.

Example

출력
A
AB
ABC
ABCD
ABCDE

⑫ 2중 for문을 이용하여 '출력의 예'와 같이 출력하는 프로그램을 작성하여라.

Input Form 입력형식 없음.

Output Form 5줄에 걸쳐서 각 줄에 문자를 출력하여라

Example

출력
A
BCD
CDEFG
DEFGHIJ
EFGHIJKLM

2000 세 수의 합

실행 제한시간 1초
메모리 사용 제한 64MB

1 이상 10 이하의 정수를 이용하여 세 수의 합이 N(3≤N≤30)이 되는 모든 경우를 찾아내는 프로그램을 작성하여라.

Input Form 첫 줄은 세 수의 합 N(3≤N≤30)이 주어진다.

Output Form 세 수는 달라야 하며, 각각의 세트는 한 번만 출력되어야 한다. 세트에서의 출력 순서는 첫 번째 수, 두 번째 수, 세 번째 수의 작은 것부터 출력해야 한다. 세트의 출력 순서는 각각의 세트 중 첫 번째 숫자가 작은 것이 먼저 출력되어야 한다. 첫 번째 숫자가 같을 경우는 두 번째 숫자를 보고, 두 번째 숫자가 같을 경우는 세 번째 숫자가 작은 것을 우선시한다. 마지막 줄에는 조건에 맞는 경우의 수를 출력하도록 하여라.

Example

입력	출력
10	1 2 7 1 3 6 1 4 5 2 3 5 4

2001 추의 합

실행 제한시간 **1초**
메모리 사용 제한 **64MB**

2g, 3g, 5g의 추가 각각 10개씩 있다. 각각의 추를 1개 이상 사용하여 무게 G를 측정하려고 한다. 무게 G를 만족하는 모든 경우를 찾아서 각각의 추의 개수를 출력하여라. 만족하는 경우가 없으면 경우의 수는 0이 된다.

Input Form 첫 줄은 측정하기를 원하는 무게 G(그램)가 주어진다. (G는 1 이상 50 이하의 양의 정수)

Output Form 경우를 2g, 3g, 5g의 순서대로 출력하되 2g의 개수가 가장 작은 경우가 먼저 오고 만일 2g의 개수가 같을 경우는 3g의 개수가 가장 작은 경우가 먼저 오고 2g, 3g이 모두 같을 경우는 5g이 가장 작은 경우가 먼저 오도록 출력한 후 마지막 줄에 경우의 수도 출력하도록 한다. 경우의 수가 없을 경우는 출력의 첫째 줄에 0을 출력하도록 하여라.

Example

입력	출력
20	1 1 3 2 2 2 3 3 1 6 1 1 4

2007 나비

실행 제한시간 1초
메모리 사용 제한 64MB

나비의 크기 N(1≤N≤10)이 주어지면 아래와 같이 나비 모양을 출력하는 프로그램을 작성하여라. 아래의 나비 모양은 N의 값으로 5가 주어졌을 경우의 모양이다.

```
1        1
12      21
123    321
1234  4321
123454321
1234  4321
123    321
12      21
1        1
```

Input Form 첫째 줄에는 나비의 크기 N(1≤N≤10)이 주어진다. 나비의 크기 N은 나비의 가운데 숫자를 의미한다.

Output Form 주어진 N에 대한 나비의 모양을 출력하여라. 나비의 크기로 10이 주어졌을 경우 나비의 가운데 숫자 10은 0으로 출력하도록 한다.

Example

입력	출력
5	1 1 12 21 123 321 1234 4321 123454321 1234 4321 123 321 12 21 1 1

코딩마법서

1권 STONE VERSION
코딩테스트와 알고리즘을 위한 C/C++

제 23장

순환문 while

23.1 while문
23.2 while문과 카운팅
23.3 do while문
23.4 do while문과 카운팅
23.5 연습문제

오일러BOOKS

앞장에서 순환문의 하나인 for문에 대해서 공부하였다. 이번 장에서는 또 다른 순환문인 while문에 대해서 살펴보기로 하자. while문은 아래와 같이 조건부 하나로 이루어져 있다.

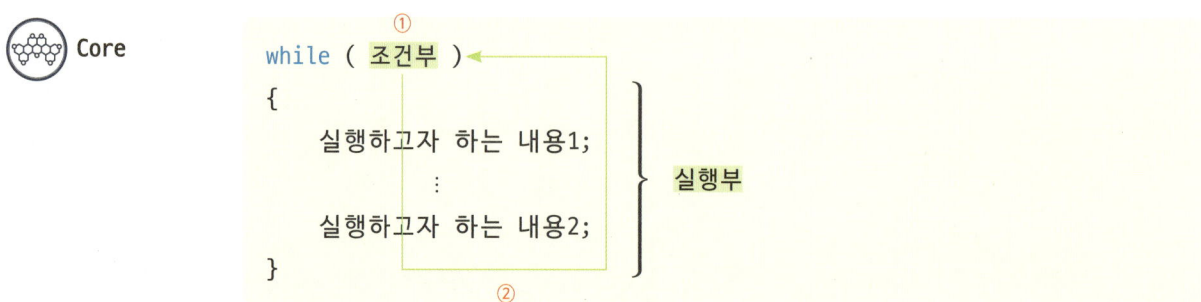

프로그램이 진행중에 while문을 만나면 ① 조건부가 실행된다. 조건부를 확인하여 조건이 참(true)이면 while문에 해당하는 ② 블록 구간(Block Scope)을 처음부터 차례대로 실행한 후 다시 ① 조건부로 이동한다. 마찬가지로 조건부를 확인하여 조건이 참(true)이면 while문의 ② 블록 구간(Block Scope)을 처음부터 차례대로 실행한 후 다시 ① 조건부를 확인한다. while문은 이렇게 조건부 → 실행부 → 조건부 → 실행부 → … 의 작업을 반복하다가 조건부에서 조건이 거짓(false)이 되면 while문을 빠져나와 while문 이후의 과정을 진행한다. 또한 프로그램이 진행중에 while문을 만났을 때 처음부터 조건부가 거짓(false)이면 while문은 단 한 번도 실행되지 않을 수 있다는 것도 기억도록 하자.

23.1 while문

while문을 이용해서 1부터 10까지 출력하고자 한다면 어떻게 해야 하는가?

```
while (a < 10)              ── 조건부
{
    a++;
    printf("%d ", a);
}
```

while문이 실행되기 전에 a의 값은 0으로 초기화되어 있다고 가정하자. 프로그램이 진행중에 while문을

만나면 조건부를 확인하여 조건이 참(true)이면 while문의 블록 구간(Block Scope)이 실행된다. 블록 구간(Block Scope)의 첫째 줄에 변수 a의 값은 1 증가되어 1이 되고 다음 줄에서 a의 값 1을 출력한 후 조건부로 이동한다. 다시 조건이 참(true)이므로 블록 구간(Block Scope)이 실행되어 a의 값은 1 증가되어 2가 되고 a의 값 2를 출력한다. 이와 같은 반복 작업을 조건부가 거짓(false)이 될 때까지 10바퀴를 회전하며 1, 2, 3, … , 10까지의 숫자를 출력한다.

Coding

```cpp
#include <cstdio>

int main(void)
{
    int a = 0;

    while (a < 10)
    {
        a++;
        printf("%d ", a);
    }
    return 0;
}
```

Interpret

- 5번째 줄은 정수형 변수 a를 선언하였고 선언과 동시에 0으로 초기화하였다.
- 7번째 줄부터 11번째 줄은 while문의 구간이며 while문이 회전할 때마다 9번째 줄에서 a의 값은 1씩 증가되고 10번째 줄에서 a의 값을 출력한다.

Output

```
1 2 3 4 5 6 7 8 9 10
```

23.2
while문과 카운팅

Coding

```
1   #include <cstdio>
2
3   int main(void)
4   {
5       int a = 0, cnt = 0;
6
7       while (a < 100)
8       {
9           a++;
10          if (a % 2 == 1)
11          {
12              printf("%d ", a);
13              cnt++;
14              if (cnt % 5 == 0)
15                  printf("\n");
16          }
17      }
18      return 0;
19  }
```

Interpret

- 5번째 줄은 정수형 변수 a와 cnt를 선언과 동시에 0으로 초기화하였다.

- 7번째 줄부터 17번째 줄은 while문의 구간이며 회전할 때마다 9번째 줄에서 a의 값은 1씩 증가한다.

- 10번째 줄부터 16번째 줄은 a의 값이 홀수일 때만 조건문이 참(true)이 되어 12번째 줄에서 a의 값을 출력한다.

- 13번째 줄에서 a의 값이 홀수일 때만 cnt의 값은 1씩 증가하며, 14번째 줄에서 cnt의 값이 5의 배수가 될 때마다 줄 내림이 발생한다.

- 따라서 프로그램의 실행 결과는 1부터 100까지의 홀수를 한 줄에 5개씩 출력한다.

Output

```
1 3 5 7 9
11 13 15 17 19
21 23 25 27 29
31 33 35 37 39
41 43 45 47 49
51 53 55 57 59
61 63 65 67 69
71 73 75 77 79
81 83 85 87 89
91 93 95 97 99
```

23.3 do while문

순환문의 하나인 while문은 처음부터 조건부가 주어지기 때문에 먼저 조건부를 확인하여 조건이 참(true)이면 순환문을 실행하지만 지금 배울 do while문은 실행부를 통과해야지만 조건부가 주어지 때문에 먼저 실행부를 진행한 후 조건부를 확인하여 조건이 참(true)이면 순환문을 실행한다.

Core

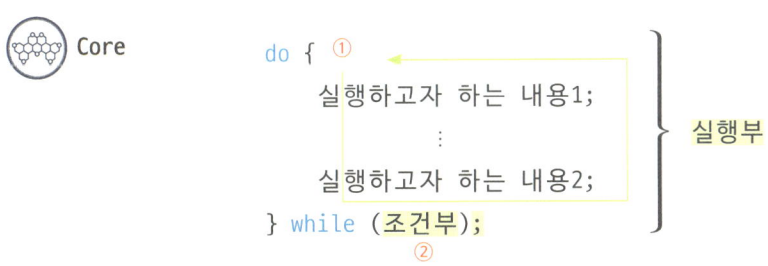

프로그램이 진행중에 처음으로 do while문을 만나면 do while문의 블록 구간(Block Scope)인 ① 실행부가 처음부터 차례대로 실행된다. 실행부가 실행되고 난 후 ② 조건부를 확인하여 조건이 참(true)이면 다시 do while문의 do문으로 이동하여 블록 구간(Block Scope)인 ① 실행부를 처음부터 차례대로 실행한 후 다시 ② 조건부를 확인한다. 이렇게 do while문은 실행부 → 조건부 → 실행부 → 조건부 → … 의 작업을 반복하다가 조건부가 거짓(false)이면 더 이상 do while문의 do문으로 이동하지 못하고 빠져나와 do while문 이후의 과정을 진행한다. 여기서 반드시 기억해야 할 것은 while문은 조건부가 처음부터 거짓(false)이면 단 한 번도 실행되지 않지만, do while문은 조건부가 처음부터 거짓(false)이어도 조건부를 만나러 가기 위해서 실행부를 최소 한 번은 지나가야 하기 때문에 do while문에서는 최소 한 번은 반드시 실행부가 실행됨을 기억해야 한다. 또한 do while문의 <u>조건부 끝에는 반드시 세미콜론(;)으로 끝나야 한다</u>는 것도 주의해야 하겠다.

do while문을 이용해서 1부터 10까지 출력하고자 한다면 어떻게 해야 하는가?

 **Core**

```
do {
    a++;
    printf("%d ", a);
} while (a < 10);                조건부
```

do while문이 실행되기 전에 a의 값은 0으로 초기화되어 있다고 가정하자. 프로그램이 진행중에 do while문을 처음으로 만나면 블록 구간(Block Scope)이 실행된다. 블록 구간(Block Scope)에서 a의 값은 1 증가되어 1이 되고 다음 줄에서 a의 값 1을 출력하고 조건부로 이동한다. 조건이 참(true)이므로 블록 구간(Block Scope)의 처음인 do문으로 이동한 후 다시 실행부가 실행되어 a의 값은 1 증가되어 2가 되고 a의 값 2를 출력한다. 이와 같은 반복작업을 조건부가 거짓(false)이 될 때까지 10바퀴를 회전하며 1, 2, 3, … , 10까지의 숫자를 출력한다.

 **Coding**

```
1    #include <cstdio>
2
3    int main(void)
4    {
5        int a = 0;
6
7        do {
8            a++;
9            printf("%d ", a);
10       } while (a < 10);
11       return 0;
12   }
```

 **Interpret**

- 5번째 줄은 정수형 변수 a를 선언하였고 선언과 동시에 0으로 초기화하였다.
- 7번째 줄부터 10번째 줄은 do while문의 구간이며 회전할 때마다 8번째 줄에서 a의 값은 1씩 증가되고 9번째 줄에서 a의 값을 출력한다.

 Output

```
1 2 3 4 5 6 7 8 9 10
```

23.4 do while문과 카운팅

 Coding

```cpp
1   #include <cstdio>
2
3   int main(void)
4   {
5       int a = 0, cnt = 0;
6
7       do {
8           a++;
9           if (!(a % 3))      // a % 3 == 0
10          {
11              printf("%d ", a);
12              cnt++;
13              if (cnt % 5 == 0)
14                  printf("\n");
15          }
16      } while (a < 100);
17      return 0;
18  }
```

 Interpret

- 5번째 줄은 정수형 변수 a와 cnt를 선언과 동시에 0으로 초기화였다.

- 7번째 줄부터 16번째 줄은 do while문의 구간이며 회전할 때마다 8번째 줄에서 a의 값은 1씩 증가한다.

- 9번째 줄부터 15번째 줄은 a의 값이 3의 배수일 때만 조건문이 참(true)이 되어 11번째 줄에서 a의

값을 출력한다.

- 12번째 줄에서 a의 값이 3의 배수일 때만 cnt의 값은 1씩 증가하며, 13번째 줄에서 cnt의 값이 5의 배수가 될 때마다 줄 내림이 발생한다.
- 따라서 프로그램의 실행 결과는 1부터 100까지 한 줄에 5개씩 3의 배수를 출력한다.

Output

```
3  6  9  12 15
18 21 24 27 30
33 36 39 42 45
48 51 54 57 60
63 66 69 72 75
78 81 84 87 90
93 96 99
```

23.5 연습문제 Exercise

① 1부터 100까지 3의 배수를 출력하는 프로그램을 <u>while문을 이용하여</u> 작성하여라.

Input Form 입력형식 없음.

Output Form 1부터 100까지의 3의 배수를 작은 수부터 큰 수 순으로 각각 한 개의 공백으로 분리하여 한 줄에 10개씩 출력하여라.

Example

출력
3 6 9 12 15 18 21 24 27 30
33 36 39 42 45 48 51 54 57 60
63 66 69 72 75 78 81 84 87 90
93 96 99

2 1부터 100까지 3의 배수를 출력하는 프로그램을 do while문을 이용하여 작성하여라.

Input Form 입력형식 없음.

Output Form 1부터 100까지의 3의 배수를 작은 수부터 큰 수 순으로 각각 한 개의 공백으로 분리하여 한 줄에 10개씩 출력하여라.

Example

출력
3 6 9 12 15 18 21 24 27 30 33 36 39 42 45 48 51 54 57 60 63 66 69 72 75 78 81 84 87 90 93 96 99

3 왕국의 버스 요금은 한 번 탑승할 때마다 A(1≤A≤10,000)원이 지불된다. 오일러는 충전금이 10,000원인 교통 카드를 가지고 있다. 오일러는 이 교통 카드로 버스를 몇 번 탑승할 수 있는지 알고 싶어 한다. 오일러가 한 번 탑승할 때마다 남아있는 교통 카드 잔액과 교통 카드를 사용한 횟수를 구해주는 프로그램을 작성하여라.

Input Form 첫째 줄에는 1 이상 10,000 이하의 한 개의 정수 A가 주어진다.

Output Form 오일러가 한 번 탑승할 때마다 교통 카드에 남아있는 잔액을 각 줄에 출력하여라. 출력의 마지막 줄은 오일러가 교통 카드를 사용한 횟수를 출력하도록 한다.

Example

입력	출력
1250	8750 7500 6250 5000 3750 2500 1250 0 8

1018
골동품

실행 제한시간 **1초**
메모리 사용 제한 **32MB**

경매에 굉장히 좋은 골동품이 나왔다. 골동품을 입찰받기 위해서는 흥정을 하게 되는데, 맨 처음 내가 제시한 가격을 a, 판매사가 제시한 가격을 c라고 하자. 만일 a와 c가 같다면 이 가격에 골동품을 입찰받게 되지만 그런 경우는 흔치 않고, 매번 입찰할 때마다 내가 제시한 가격은 b씩 올라가며, 이에 대해 판매사는 d씩 내려간다. 가격이 결정되는 순간은 두 가격이 같거나, 내가 제시한 가격이 입찰자가 제시하는 가격보다 클 두 경우 모두 내가 제시한 가격에 골동품을 입찰받게 된다. 골동품의 가격을 결정하는 프로그램을 작성하여라.

Input Form 네 정수 a, b, c, d가 하나의 공백을 사이에 두고 주어진다. (1≤a,b,c,d≤10,000)

Output Form 결정된 골동품의 입찰 가격을 첫째 줄에 출력하여라.

Example

입력	출력
150 50 1000 100	450

2016
콜라

실행 제한시간	0.2초
메모리 사용 제한	64MB

오일러는 N(1≤N≤1,000,000,000)병의 콜라를 가지고 있다. 오일러는 모든 콜라를 하나씩 마신 후 빈 병을 잘 보관한다. 빈 병이 K(K>1)개가 모아지면 그는 새로운 콜라를 얻을 수 있다.

오일러가 마실 수 있는 콜라는 최대 모두 몇 병인가?

Input Form 첫째 줄에는 두 개이 정수 N과 K가 주어진다.

Output Form 오일러가 마실 수 있는 콜라의 최대 수를 첫째 줄에 출력하여라.

Example

입력	출력
4 3	5

입력	출력
10 3	14

2085
Gold Coins

실행 제한시간 **1초**
메모리 사용 제한 **32MB**

왕국의 왕은 그의 충성스러운 기사에게 매일 금화를 나누어주고 있다. 기사는 처음 첫째 날에는 금화 한 개를 받는다. 다음 이틀 동안(둘째 날과 셋째 날)은 매일 금화 두 개씩을 받는다. 다음 삼일 동안(넷째 날, 다섯째 날, 여섯째 날)은 매일 금화 세 개씩을 받는다. 다음 사일 동안(일곱째 날, 여덟째 날, 아홉째 날, 열째 날)은 매일 금화 네 개씩을 받는다. 이와 같은 방식으로 왕은 기사에게 금화를 매일 나누어주고 있다. : 연속적인 N일 동안은 매일 N개의 금화를 받고, 다시 연속적인 N + 1일 동안은 매일 N + 1개의 금화를 받는다. 여기서 N은 양의 정수이다.

기간이 주어지면(첫날부터 시작하여) 기사가 왕으로부터 받은 금화가 모두 얼마나 되는지 구하여라.

Input Form 첫날부터 얼마나 경과하였는지를 나타내는 기간(1 이상 10,000 이하)이 첫째 줄에 주어진다.

Output Form 전체 기간 동안 기사가 왕으로부터 받은 금화가 얼마나 되는지를 첫째 줄에 출력하여라.

Example

입력	출력
10	30

Note
금화 1개 : 첫째 날

금화 2개 : 둘째 날, 셋째 날

금화 3개 : 넷째 날, 다섯째 날, 여섯째 날

금화 4개 : 일곱째 날, 여덟째 날, 아홉째 날, 열째 날

코딩마법서

1권 STONE VERSION
코딩테스트와 알고리즘을 위한 C/C++

제24장

완전제곱수
Perfect Square Number

24.1 정사각수
24.2 약수의 개수를 이용한 완전제곱수 판별
24.3 제곱근을 이용한 완전제곱수 판별
24.4 순환문을 이용한 완전제곱수 판별
24.5 연습문제

오일러BOOKS

24.1 정사각수 Square Number

어떤 자연수의 제곱이 되는 1^2, 2^2, 3^2, 4^2과 같은 수를 **완전제곱수(Perfect Square Number)** 또는 **제곱수(Square Number)** 또는 **정사각수**라고 한다.

$1 = 1^2$

$1 + 3 = 2^2$

$1 + 3 + 5 = 3^2$

$1 + 3 + 5 + 7 = 4^2$

$1 + 3 + 5 + 7 + 9 = 5^2$

그림에서와 같이 1부터 연속된 홀수의 합은 언제나 완전제곱수(Perfect Square Number)임을 알 수 있다.

24.2 약수의 개수를 이용한 완전제곱수 판별

완전제곱수(Perfect Square Number)는 약수의 개수가 언제나 홀수개이므로 약수의 개수를 확인하여 완전제곱수인지 판별할 수 있다. (중학교 수학 1 - 1 참조)

 Coding

```
1   #include <cstdio>
2
3   int main(void)
4   {
5       int i, j, cnt;
6
7       for (i = 1; i <= 100; i++)
8       {
```

```
 9              cnt = 0;
10              for (j = 1; j <= i; j++)    // 각각의 i에 대한 약수의 개수 구하기
11                  if (i % j == 0)
12                      cnt++;
13
14              if (cnt % 2 == 1)           // 약수의 개수가 홀수개이면 완전제곱수
15                  printf("%d\n", i);
16          }
17          return 0;
18      }
```

- 5번째 줄은 정수형 변수 i, j, cnt를 선언하였다.
- 7번째 줄부터 16번째 줄은 1부터 100까지 약수의 개수를 구하기 위한 순환문이다.
- 9번째 줄은 각각의 i에 대해서 약수의 개수를 카운팅해야 하기 때문에 먼저 cnt를 0으로 초기화한 후 j를 순환해야 한다. i의 약수는 언제나 1 이상 i 이하의 수이기 때문에 10번째 줄에서 j는 1부터 i까지 순환한다. 만일 j가 i의 약수이면 11번째 줄의 조건을 만족하므로 12번째 줄에 의해서 cnt는 1씩 증가한다.
- 10번째 줄부터 12번째 줄까지의 순환이 완료되면 각각의 i에 대한 약수의 개수를 알 수 있다. 예를 들어서 1은 약수의 개수가 한 개이므로 cnt의 값은 1이 되고, 2는 약수의 개수가 두 개이므로 cnt의 값은 2가 되고, …, 100은 약수의 개수가 아홉 개이므로 cnt의 값이 9가 된다.
- 14번째 줄에서 약수의 개수가 홀수개인 수는 완전제곱수이므로 15번째 줄에서 완전제곱수를 각 줄에 출력한다.

개수를 세기 위한 변수명 cnt는 count의 약자로 '총 수를 세다'와 같은 뜻을 가진다. 많은 프로그래머들이 카운팅을 하기 위한 변수의 이름을 cnt로 명명하는 경우가 많이 있다.

24.3 제곱근을 이용한 완전제곱수 판별

어떤 수의 제곱근을 구하기 위해서는 C/C++에서 제공되는 기본 함수가 있다. 아직 함수에 대해서 자세히 다루지는 않았지만 기본 명령어 정도라고만 이해하고 넘어가도록 하자. 사용법은 아래 다음과 같다. (중학교 수학 3 - 1 참조)

 Core

```
double k;
k = sqrt(2);
printf("%.3lf", k);
```

sqrt는 squre root의 약자이다. 즉, $\sqrt{2}$ 는 sqrt(2)가 되는 것이다. 만일 sqrt()라는 함수에 어떤 수(한 개의 정수 또는 실수)를 전달하면 어떤 수의 제곱근이 double형으로 반환된다. 따라서 위에 있는 문장은 $\sqrt{2}$ 의 값을 소수점 셋째 자리까지 출력하는 문장이다. 또한 sqrt() 함수를 사용하기 위해서는 사용하기 전에 반드시 cmath 헤더 파일(Header file)을 include 해야 한다. 이렇게 수학과 관련된 함수를 사용하기 위해서는 cmath 헤더 파일(Header file)을 include 해야 사용할 수 있는데 여기서 헤더 파일(Header file)이란? 자주 사용되거나 필요한 코드를 묶어서 관리하고 사용할 수 있도록 하는 파일을 말한다.

어떤 수가 완전제곱수인지 판별하기 위해서는 어떤 수의 제곱근을 정수 부분만 취한 후 정수 부분을 제곱한 수와 어떤 수가 같으면 완전제곱수임을 판별할 수 있다. 예를 들어서 2의 제곱근은 1.414… 이고 이 중에서 정수 부분인 1의 제곱 1(= 1 * 1)은 2와 같지 않으므로 2는 완전제곱수가 아니다. 3의 제곱근은 1.732… 이고 이 중에서 정수 부분인 1의 제곱 1(= 1 * 1)은 3과 같지 않으므로 3은 완전제곱수가 아니다. 4의 제곱근은 2.0 이고 이 중에서 정수 부분인 2의 제곱 4(= 2 * 2)는 4와 같으므로 4는 완전제곱수이다. 이와 같이 제곱근의 정수 부분을 제곱해서 해당 정수와 비교하면 완전제곱수인지를 판별할 수 있다.

Coding

```cpp
#include <cstdio>
#include <cmath>

int main(void)
{
    int i, k;

    for (i = 1; i <= 100; i++)
    {
        k = sqrt(i);
        if (k * k == i)
            printf("%d\n", i);
    }
    return 0;
}
```

Interpret

- 6번째 줄은 정수형 변수 i, k를 선언하였다.
- 8번째 줄부터 13번째 줄은 1부터 100까지 완전제곱수를 구하기 위한 순환문이다.
- 10번째 줄은 i의 제곱근을 정수형 변수 k에 저장한다. sqrt() 함수에서 반환되는 값은 실수형이지만 k는 정수형 변수이기 때문에 제곱근 값이 정수형으로 묵시적 형 변환되어 소수점 이하는 모두 절삭된 정숫값을 k에 대입한다.
- 11번째 줄에서 k의 제곱값과 i의 값이 같으면 완전제곱수이므로 12번째 줄에서 완전제곱수를 각 줄에 출력한다.

Output

```
1
4
9
16
25
36
49
64
81
100
```

24.4 순환문을 이용한 완전제곱수 판별

완전제곱수의 판별을 sqrt() 함수를 이용하여 구할 수도 있지만 제곱근을 모르는 초등학생이나 또는 제곱근 함수가 기억이 안난다면 함수를 이용하지 않고 순환문을 이용하여 작성할 수도 있다.

 Core

```
i = 9, k = 1;
while (k * k < i)
    k++;
if (k * k == i)
    printf("%d\n", i);
```

예를 들어서 어떤 수 i가 제곱수인지 판별하기 위해서 k의 값은 1부터 순환을 시작한다. while문의 순환은 k * k의 값이 i의 값보다 작다면 k의 값을 계속 1씩 증가하며 순환한다. while문의 순환이 종료되었을 때는 k * k의 값이 i의 값과 같거나 또는 i의 값보다 클 때이다. 만일 k * k의 값이 i의 값과 같다면 i는 정수의 제곱으로 이루어진 완전제곱수이다.

 Coding

```
1   #include <cstdio>
2
3   int main(void)
4   {
5       int i, k;
6
7       for (i = 1; i <= 100; i++)
8       {
9           k = 1;
10          while (k * k < i)
11              k++;
12          if (k * k == i)
13              printf("%d\n", i);
14      }
15      return 0;
16  }
```

 Interpret
- 5번째 줄은 정수형 변수 i, k를 선언하였다.
- 7번째 줄부터 14번째 줄은 1부터 100까지 완전제곱수를 구하기 위한 순환문이다.
- 10, 11번째 줄은 k의 값이 1부터 순환을 시작한다. 한 번의 순환이 발생할 때마다 k의 값은 1씩 증가하는데 k * k의 값이 i의 값보다 작다면 계속적인 순환이 발생하고 k * k의 값이 i의 값보다 크거나 같다면 while문의 순환이 종료된다.
- 12번째 줄에서 i의 값이 완전제곱수라면 k * k의 값과 같기 때문에 14번째 줄에서 완전제곱수 i의 값을 각 줄에 출력한다.

 Output

```
1
4
9
16
25
36
49
64
81
100
```

24.5 연습문제 Exercise

1 한 변의 길이가 양의 정수인 정사각형의 한 변의 길이 N이 주어지면 한 변의 길이가 양의 정수인 크고 작은 정사각형이 모두 몇 개가 있는지 전체 개수를 구하는 프로그램을 작성하여라.

예를 들어서 한 변의 길이가 4인 정사각형에서는 한 변의 길이가 1인 정사각형이 16개, 한 변의 길이가 2인 정사각형이 9개, 한 변의 길이가 3인 정사각형이 4개, 한 변의 길이가 4인 정사각형이 1개가 있으므로 크고 작은 정사각형은 모두 30개가 있음을 알 수 있다.

Input Form 첫째 줄에 1 이상 100 이하의 양의 정수 N이 주어진다.

Output Form 크고 작은 정사각형의 전체 개수를 첫째 줄에 출력하여라.

Example

입력	출력
4	30

1009
홀수의 합

실행 제한시간 **1초**
메모리 사용 제한 **32MB**

구간 [a, b]가 주어지면 이 구간에 존재하는 모든 홀수의 합을 구하여라. 예를 들어 [3, 9] 구간에 존재하는 모든 홀수의 합은 3 + 5 + 7 + 9 = 24이다.

Input Form 첫째 줄에 구간 [a, b]를 나타내는 정수 a가 주어지고 둘째 줄에는 b가 주어진다. (0≤a≤b≤100)

Output Form 구간 [a, b] 범위에 존재하는 홀수의 합을 첫째 줄에 출력하여라.

Example

입력	출력
3 9	24

1004
홀수 제곱과 짝수 제곱

| 실행 제한시간 | 1초 |
| 메모리 사용 제한 | 32MB |

오일러는 마법학교에서 수학 시간에 제곱수에 대해서 공부하였다. 양의 정수 N(1≤N≤1,000)이 주어지면 1부터 N까지의 모든 홀수는 제곱해서 더하고 짝수는 제곱해서 빼는 프로그램을 작성해오라는 숙제가 주어졌다. 오일러의 공부를 도와주자.

예를 들어 N의 값으로 5가 주어지면 $1^2 - 2^2 + 3^2 - 4^2 + 5^2$ 의 값을 구하면 된다.

Input Form 첫째 줄에 한 개의 양의 정수 N이 주어진다.

Output Form 주어진 N에 대한 결과를 첫째 줄에 출력하여라.

Example

입력	출력
10	-55

1135 홀수 모으기

실행 제한시간 **0.1초**
메모리 사용 제한 **32MB**

오일러는 홀수를 좋아한다. 그래서 어느 날부터인가 홀수를 모으기 시작했다. 첫째 날에는 양의 정수 중에서 가장 작은 홀수를 모았고 둘째 날에는 양의 정수 중에서 가장 작은 홀수와 두 번째로 작은 두 개의 홀수를 모았고, 셋째 날에는 양의 정수 중에서 가장 작은 홀수와 두 번째로 작은 홀수 그리고 세 번째로 작은 세 개의 홀수를 모았고, 마찬가지의 방법으로 꾸준히 홀수를 모아서 N째 날에는 가장 작은 홀수부터 N번째로 작은 N개의 홀수를 모았다. N째 날까지 오일러가 모은 홀수는 다음과 같다.

$$1 + (1 + 3) + (1 + 3 + 5) + \cdots + (1 + 3 + 5 + \cdots + 2 \times N-1)$$

오일러가 N째 날까지 모은 모든 홀수의 총합은 얼마인가?

Input Form 첫째 줄에 한 개의 양의 정수 N이 주어진다. (1≤N≤1,000)

Output Form N째 날까지 오일러가 모은 모든 홀수의 총합을 첫째 줄에 출력하여라.

Example

입력	출력
3	14

1144

타일의 개수

실행 제한시간 **1초**
메모리 사용 제한 **32MB**

아래 다음과 같은 규칙으로 타일을 붙여 나갈 때, N번째 타일의 개수는 모두 몇 개인지 구하여라.

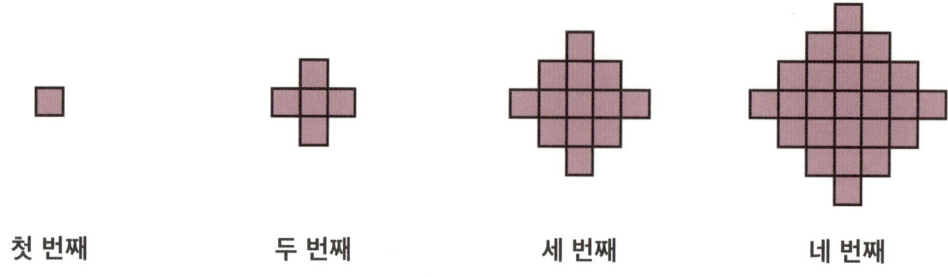

첫 번째   두 번째   세 번째   네 번째

Input Form   첫째 줄에 한 개의 양의 정수 N(1≤N≤30,000)이 주어진다.

Output Form   N번째 타일의 개수를 첫째 줄에 출력하여라.

Example

입력
2

출력
5

입력
4

출력
25

1138
정사각수

실행 제한시간 **1초**
메모리 사용 제한 **32MB**

어떤 자연수의 제곱이 되는 수를 제곱수(Square Number) 또는 정사각수 또는 완전제곱수(Perfect Square Number)라고 한다. 두 개의 정수 A와 B가 주어지면 A 이상이고 B 이하인 정수 중에서 정사각수인 수를 모두 골라 그 합을 구하고 A 이상 B 이하의 정수중에서 가장 작은 정사각수를 찾는 프로그램을 작성하여라.

예를 들어서 A의 값이 1이고 B의 값이 100인 정사각수는 1, 4, 9, 16, 25, 36, 49, 64, 81, 100이므로 정사각수의 총합은 385이고 가장 작은 정사각수는 1이다.

Input Form 첫째 줄에 두 개의 정수 A와 B가 한 개의 공백으로 분리되어 주어진다. (1≤A≤B≤10,000)

Output Form A 이상 B 이하의 정사각수의 총합을 첫째 줄에 출력하고 그중에서 가장 작은 정사각수를 둘째 줄에 출력하여라. 만일 정사각수가 없을 경우에는 첫째 줄에 -1을 출력하도록 한다.

Example

입력	출력
1 100	385 1

입력	출력
50 60	-1

2015
술 취한 교도관

실행 제한시간 1초
메모리 사용 제한 32MB

우측으로 길게 나열된 복도의 N(5≤N≤100)개의 감옥에 각각 한 명씩의 죄수들이 있고 각 방은 잠겨있다. 어느 날 밤, 교도관은 지루했고 그래서 게임을 하기로 결심하였다. 첫 번째 라운드에서 그는 위스키를 마셨고 잠겨있던 감옥의 문을 모두 열었다. 두 번째 라운드에서 그는 또다시 위스키를 마셨고 (2, 4, 6, 8, …)번째 감옥을 모두 잠갔다. 세 번째 라운드에서 그는 또다시 위스키를 마셨고 (3, 6, 9, 12, …)번째 모든 감옥을 방문하면서 만일 감옥이 잠겨있다면 다시 열어 놓고 열려 있다면 다시 잠가 놓았다. 그는 다음과 같은 작업을 N라운드까지 반복한 후, 마침내 너무 취해서 쓰러지고 말았다. 몇 명의 죄수들은 그들의 감옥이 잠겨있지 않다는 것을 알아차렸고 그들은 즉시 도망가 버렸다. 교도소의 방의 수가 주어지면 얼마나 많은 죄수가 탈출했는지 구하여라.

Input Form   첫째 줄에는 한 개의 양의 정수 N이 주어진다.

Output Form   감옥을 탈출한 죄수의 수를 첫째 줄에 출력하여라.

Example

입력	출력
5	2

1143 타일 붙이기

실행 제한시간 **1초**
메모리 사용 제한 **32MB**

오일러는 색깔이 다른 파란색 타일과 붉은색 타일을 벽면에 붙이려고 한다.

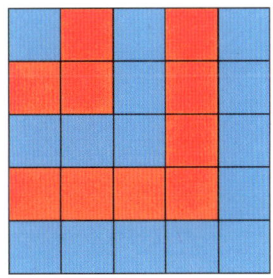

만일 벽면에 모두 25개의 타일이 들어간다면 파란색 타일은 1 + 5 + 9 = 15개가 필요하고, 붉은색 타일은 3 + 7 = 10개가 필요하다. 덤블도어 선생님으로부터 파란색 타일과 붉은색 타일의 차이가 얼마나 나는지 알아 오라는 명령을 받았다. 오일러를 도와주어라.

Input Form 첫째 줄에는 벽면에 붙인 타일의 개수를 나타내는 한 개의 양의 정수인 제곱수 N이 주어진다. (1≤N≤2,000,000,000)

Output Form 파란색 타일과 붉은색 타일의 차이를 첫째 줄에 출력하여라.

Example

입력	출력
25	5

2071 완전제곱수

실행 제한시간 **1초**
메모리 사용 제한 **64MB**

오일러와 위즐리는 게임을 하고 있다. 위즐리는 양의 정수 A와 B($1 \leq B \leq A \leq 500$)의 범위에서 다음 아래에 해당하는 숫자 조합은 어떤 것이 있는지 오일러에게 문제를 내었다.

완전제곱수 A는 완전제곱수 B보다 N($1 \leq N \leq 1,000$)이 큰 숫자 조합 A와 B는 어떤 것이 있는가? ($A^2 = B^2 + N$)

오일러는 위의 힌트로 가능한 A와 B에 대한 조합의 개수가 얼마나 되는지 모두 구해야 한다. 오일러는 여러분들이 정확한 해법을 구할 수 있는 프로그램을 작성해 주기를 원하고 있다.

Input Form 첫째 줄에는 한 개의 양의 정수 N이 주어진다.

Output Form 가능한 숫자 조합의 개수를 첫째 줄에 출력하여라.

Example

입력	출력
15	2

Note (A, B) = (4, 1), (8, 7)

코딩마법서

1권 STONE VERSION
코딩테스트와 알고리즘을 위한 C/C++

제25장

팔린드롬
Palindrome

25.1 숫자 뒤집기
25.2 연습문제

오일러BOOKS

보통 낱말 사이에 있는 띄어쓰기나 문장 부호는 무시하고 앞으로 읽으나 거꾸로 읽으나 같은 문장 또는 낱말을 한문으로는 회문(回文), 영어로는 **팔린드롬(Palindrome)**이라고 한다. 예를 들어서 "소주 만 병만 주소", "다시 합창 합시다", "여보 안경 안보여"등이 있다.

수학에서도 111, 12321과 같이 똑바로 읽으나 거꾸로 읽으나 같은 수를 **팔린드롬 수(Palindrome Nubmer)** 또는 **대칭수**라고 한다.

25.1 숫자 뒤집기

숫자 k = 123, r = 0으로 초기화되어 있다고 하자. 지금 아래의 순환문을 완료하면 k의 값은 0이 되고 r의 값은 k의 값이 거꾸로 뒤집어진 321이 된다.

 Core

```
while (k != 0)
{
    p = k % 10;
    r = r * 10 + p;
    k /= 10;
}
```

같은 결과

```
while (k != 0)
{
    r = r * 10 + k % 10;
    k /= 10;
}
```

while문은 k의 값이 0이 아니면 회전을 한다. 1회전 할 때, p의 값은 k의 일의 자리인 3이 된다. 그리고 r의 값은 10배하여 자릿수를 한 자리 올린 후 일의 자리에 p의 값 3을 더하면 3이 된다. 이후 정수끼리의 나눗셈은 몫만 연산 결과로 가져오기 때문에 k의 값 123을 10으로 나누면 12가 된다. 2회전 할 때, k의 값은 12이기 때문에 p의 값은 k의 일의 자리인 2가 되고 r의 값은 10배한 후 p의 값 2를 더하기 때문에 32가 된다. k의 값은 12를 10으로 나눈 몫이기 때문에 1이 된다. 3회전 할 때, k의 값은 1이기 때문에 p의 값은 k의 일의 자리인 1이 된다. 그리고 r의 값은 10배하여 자릿수를 올린 후 p의 값 1을 더하기 때문에 321이 된다. k의 값 1을 10으로 나눈 몫은 0이 되고 while문의 회전은 멈추게 된다. 회전이 멈추면 r의 값은 k의 값이 거꾸로 뒤집어진 321이 된다. 왼쪽에 있는 문장에서 변수 p를 생략하여 작성하면 오른쪽 문장과 같이 작성할 수 있다.

Coding

```cpp
#include <cstdio>

int main(void)
{
    int k = 123, r = 0;

    while (k != 0)
    {
        r = r * 10 + k % 10;
        k /= 10;
    }
    printf("%d\n", r);
    return 0;
}
```

Interpret

- 5번째 줄은 정수형 변수 k와 r을 선언하였다. k는 123, r은 0으로 선언과 동시에 초기화하였다.
- 9번째 줄은 r에 10을 곱해서 자릿수를 한 자리 올린 후 k의 일의 자리를 r에 추가한다.
- while문을 종료하면 r의 값은 k의 값이 거꾸로 뒤집어진 321이 된다.

```
321
```

25.2 연습문제 Exercise

① 121과 같이 앞으로 읽으나 거꾸로 읽으나 같은 수를 팔린드롬 수(Palindrome Number)라고 한다. 1 이상 1,000 이하의 한 개의 정수 N이 주어지면 주어진 정수가 팔린드롬 수인지 판별하는 프로그램을 작성하여라.

Input Form 첫째 줄에 한 개의 정수 N이 주어진다.

Output Form 주어진 N이 팔린드롬 수이면 "Palindrome Number"를 아니면 "Normal Number"를 첫째 줄에 출력하여라.

Example

입력	출력
121	Palindrome Number

② 두 개의 양의 정수 A와 B가 주어지면 A부터 B까지 일의 자리의 숫자가 7인 정수의 총합을 구하는 프로그램을 작성하여라.

Input Form 첫째 줄에 1 이상 10,000 이하의 양의 정수 A와 B가 한 개의 공백으로 분리되어 주어진다. (1≤A≤B≤10,000)

Output Form A부터 B까지 일의 자리의 숫자가 7인 정수의 총합을 첫째 줄에 출력하여라.

Example

입력	출력
1 10000	5002000

③ 두 개의 양의 정수 A와 B가 주어지면 A부터 B까지 십의 자리의 숫자가 7인 정수의 총합을 구하는 프로그램을 작성하여라.

Input Form 첫째 줄에 10 이상 10,000 이하의 양의 정수 A와 B가 한 개의 공백으로 분리되어 주어진다. (10≤A≤B≤10,000)

Output Form A부터 B까지 십의 자리의 숫자가 7인 정수의 총합을 첫째 줄에 출력하여라.

Example

입력	출력
10 10000	5024500

1043

숫자 뒤집기

실행 제한시간 **1초**
메모리 사용 제한 **32MB**

오일러에게는 이제 막 학교에 들어간 남동생이 한 명 있는데, 그는 숫자를 읽는데 약간 문제가 있다. 선생님이 오일러의 동생을 돕기 위해서 세 자리 양의 정수 두 개를 칠판에 적었다. 그리고 어느 숫자가 더 커다란 수인지 오일러의 동생에게 물었다. 하지만 그는 가장 왼쪽 자리의 자릿수부터 수를 읽는 것이 아니고, 가장 오른쪽 자리에 있는 자릿수부터 왼쪽으로 수를 읽어 나갔다. 그리고 그는 당당하게 선생님에게 둘 중에 가장 큰 수를 말하였다. 오일러의 동생이 말한 수가 무엇인지 구하여라.

Input Form 첫째 줄에 선생님이 칠판에 적은 세 자리 양의 정수 A와 B가 주어진다. A와 B는 같은 수는 아니며 또한 각 자리에 절대로 0을 포함하지 않는다.

Output Form 오일러의 동생이 생각한 큰 수를 첫째 줄에 출력하여라. 오일러의 동생은 숫자를 거꾸로 읽기 때문에 오일러의 동생의 관점에서 생각한 최댓값을 출력해야만 한다.

Example

입력
734 893

출력
437

입력
221 231

출력
132

1048

수의 덧셈

실행 제한시간 **1초**
메모리 사용 제한 **32MB**

오일러는 때때로 그의 친구들과 함께 깊은 수학적 수수께끼에 빠지곤 한다.

오일러는 어느 날 어떤 특정 숫자 N(1≤N≤999,999)을 거꾸로 뒤집어서 원래 숫자와 덧셈을 하면 아주 재미있는 결과가 발생될거라 생각하였다. 오일러가 이와 같은 덧셈을 할 수 있도록 도와주어라.

예를 들면

$$23 + 32 = 55$$
$$123 + 321 = 444$$
$$9730 + 379 = 10109$$

Input Form   첫째 줄에는 특정 숫자 N이 주어진다.

Output Form   덧셈한 결과를 첫째 줄에 출력하여라.

Example

입력	출력
9730	10109

1136

팔린드롬 수(Palindrome Number)

실행 제한시간 1초
메모리 사용 제한 32MB

앞에서 읽으나 뒤에서 읽으나 같은 수를 팔린드롬 수(Palindrome Number)라고 한다. 예를 들어서 두 자리로 이루어진 팔린드롬 수(Palindrome Number)는 11, 22, 33, 44, 55, 66, 77, 88, 99로 모두 9개가 있다.

오일러는 마법학교의 덤블도어 선생님으로부터 A 이상 B 이하의 정수 중에서 팔린드롬 수(Palindrome Number)는 모두 몇 개가 있는지 구해오라는 숙제를 받아왔다.

오일러는 그의 동생과 고민에 빠져있다. 여러분들이 나서서 오일러를 도와주어라.

Input Form 첫째 줄에 두 개의 정수 A와 B가 한 개의 공백으로 분리되어 주어진다. (1≤A≤B≤100,000)

Output Form A 이상 B 이하의 팔린드롬 수(Palindrome Number)의 개수를 첫째 줄에 출력하여라.

Example

입력	출력
1 9	9

입력	출력
10 99	9

코딩마법서

1권 STONE VERSION
코딩테스트와 알고리즘을 위한 C/C++

제26장

소수
Prime Number

26.1 약수의 개수를 이용한 소수 판별
26.2 쌍둥이 소수 Twin Primes
26.3 메르센 소수 Mersenne Primes
26.4 골드바흐의 추측 Goldbach's Conjecture
26.5 소수의 개수
26.6 제곱근을 이용한 소수 판별
26.7 연습문제

오일러BOOKS

26.1
약수의 개수를 이용한 소수 판별

1보다 큰 자연수 중에서 1과 자기 자신 이외에는 약수를 가지지 않는 수, 즉 약수의 개수가 두 개인 자연수를 **소수(Prime Number)**라고 한다.

 **Core**

2의 약수 : 1, 2
3의 약수 : 1, 3
4의 약수 : 1, 2, 4
5의 약수 : 1, 5
6의 약수 : 1, 2, 3, 6
7의 약수 : 1, 7

2, 3, 5, 7, … 등은 약수의 개수가 2개이므로 **소수(Prime Number)**이다.

 **Coding**

```c
#include <cstdio>

int main(void)
{
    int i, j, cnt;

    for (i = 2; i <= 10; i++)
    {
        cnt = 0;
        for (j = 1; j <= i; j++)      // 각각의 i에 대한 약수의 개수 구하기
            if (i % j == 0)
                cnt++;

        if (cnt == 2)                  // 약수의 개수가 2개이면 소수
            printf("%d\n", i);
    }
    return 0;
}
```

 **Interpret**   - 5번째 줄은 정수형 변수 i, j, cnt를 선언하였다.

- 7번째 줄부터 16번째 줄은 2부터 10까지 약수의 개수를 구하기 위한 순환문이다. (1은 소수가 아니기 때문에 제외)
- 9번째 줄은 각각의 i에 대해서 약수의 개수를 카운팅하기 때문에 먼저 cnt를 0으로 초기화한 후 j를 순환해야 한다. i의 약수는 언제나 1 이상 i 이하의 수이기 때문에 10번째 줄에서 j는 1부터 i까지 순환한다. 만일 j가 i의 약수이면 11번째 줄의 조건을 만족하므로 12번째 줄에서 cnt를 1씩 증가한다. 예를 들어서 i의 값이 2일 경우에는 j는 1과 2, i의 값이 3일 경우에는 j는 1과 3, i의 값이 4일 경우에는 j는 1, 2, 4의 값들이 i % j의 값을 0으로 만든다.
- 10번째 줄부터 12번째 줄까지의 순환이 완료되면 각각의 i에 대한 약수의 개수를 알 수 있다. 예를 들어서 2는 약수의 개수가 2개이기 때문에 cnt의 값은 2가 되고, 3은 약수의 개수가 2개이기 때문에 cnt의 값은 2가 되고, … , 10은 약수의 개수가 4개이기 때문에 cnt의 값은 4가 된다.
- 14번째 줄에서 약수의 개수가 2개인 수는 소수(prime)이므로 15번째 줄에서 소수를 각 줄에 출력한다.

Output

26.2
쌍둥이 소수 Twin Prime

소수들 중에서 3과 5, 11과 13, 17과 19처럼 두 수의 차가 2인 수들이 있다. 이렇게 두 수의 차가 2인 수들을 **쌍둥이 소수(Twin Primes)**라고 한다. 두 수의 차가 1인 소수는 2와 3을 제외하고는 없다. 만일 두 수의 차가 1이라면 두 수는 연달아 있을 것이고 그렇다면 둘 중에 하나는 짝수이기 때문이다. 쌍둥이 소수(Twin Primes)는 도대체 몇 개나 될까? 3과 5, 5와 7, 11과 13, … , 71과 73, 101과 103, 107과 109, … 와 같이 무수히 많을 것 같지만, 사실 이 문제는 아직까지 아무도 해결하지 못한 아주 어려운 문제이다. 가장 큰 쌍둥이 소수(Twin Primes)는 2016년에 발견된 $2996863034895 \times 2^{1290000} + 1$과 $2996863034895 \times 2^{1290000} - 1$이다.

1994년 미국의 수학자 토마스 나이슬리(Thomas R.Nicely)는 쌍둥이 소수의 역수의 합을 계산하던 중 인텔 펜티엄 마이크로프로세서 칩이 오류를 일으킴을 발견하였다. 윈도우즈 95 또는 윈도우즈 98의 계산기나 마이크로소프트 엑셀에서 4195835 × 3145727 ÷ 3145727을 계산했을 때, 4195579가 나온다면 결함이 있는 칩이었다고 한다. 이로 인해서 인텔은 모든 칩을 전량 회수해야만 했다.

26.3 메르센 소수 Mersenne Primes

마린 메르센
(1588 - 1684)

프랑스의 수도사였던 **메르센(1588 - 1684, Marin Mersenne)**은 페르마(Fermat), 갈릴레오(Galileo), 파스칼(Pascal)과 함께 정수론을 발전시켰다. 이때 당시에는 "모든 소수 p에 대해서 $2^p - 1$은 소수이다."라는 가설이 사실로 받아들여졌다. 물론 p에 2를 대입하면 $2^2 - 1 = 3$, p에 3을 대입하면 $2^3 - 1 = 7$, p에 5를 대입하면 $2^5 - 1 = 31$, p에 7을 대입하면 $2^7 - 1 = 127$과 같이 모든 소수 p에 대해서 성립하는 것처럼 보인다. 이렇게 사실로 받아들여졌던 가설은 1536년 후댈리쿠스 레기우스(Hudalricus Regius)라는 수학자에 의해 참이 아니라는 사실이 밝혀졌다. p에 11을 대입하면 $2^{11} - 1 = 2047$이라는 값을 얻는데 2047은 23과 89의 곱으로 표현될 수 있기 때문에 잘못된 가설임을 밝혀낸 것이다. 1603년에 피에트로 캐댈리(Pietro Cataldi)는 p가 17과 19일 때 $2^p - 1$이 소수이고 p가 23, 29, 31, 37일 때도 소수가 된다고 주장했으나 1640년 페르마(Fermat)는 p가 23과 27인 경우에는 소수가 되지 않는다는 것을 알아내었고, 오일러(Euler)가 p가 29인 경우도 소수가 되지 않는다는 것을 밝혀내었다. 그래서 메르센(Mersenne)은 p가 어느 값일 때 소수가 되고, 어느 값일 때 소수가 안되는지 밝히고 싶었는데 1644년에 "만약 p가 2, 3, 5, 7, 13, 17, 19, 31, 67, 127, 257중의 하나이면 $2^p - 1$은 소수이다."라고 논문을 발표하였다. 하지만 시간이 흘러 후배 수학자들에 의해서 p의 값이 67과 257일 경우에는 소수가 되지 않음을 밝혀내었고 대신에 61, 89, 107은 포함되어야 함을 알아내었다. 메르센(Mersenne)은 이 세상의 모든 소수를 $2^p - 1$과 같이 간결한 수식으로 표현하고 싶어했다. 후세에 와서 사람들은 평생을 공부와 기도에 바친 메르센(Mersenne)에게 다음과 같은 알고리즘을 헌사하였다. "$2^p - 1$(여기서 p는 소수)의 형태의 수를 메르센 수(Mersenne Number)라고 부르며, p가 소수일 때 $2^p - 1$이 소수이면, 그것은 메르센 소수(Mersenne Prime)라고 한다." 현재 발견한 것 중 자릿수가 큰 소수들 대부분은 메르센 소수(Mersenne Prime)가 차지하고 있는데 메르센 수(Mersenne Number) 중에서 소수가 무한개인지는 아무도 모르기 때문에 당분간 큰 소수를 찾기 위한 경쟁은 메르센 소수(Mersenne Prime)에 국한될 것 같다. 메르센 소수(Mersenne Prime)는 2018년 12월 21일부로 51개가 발견되었다.

참고 : https://www.mersenne.org/

26.4 골드바흐의 추측 Goldbach's Conjecture

크리스찬 골드바흐
(1690 - 1764)

독일의 수학자 **골드바흐(1690 - 1764, Christian Goldbach)**가 당대 최고의 수학자 오일러(1707 - 1783)에게 보낸 편지에 다음과 같은 명제가 참인지 거짓인지 증명할 수 있겠느냐고 질문한데서 비롯된 문제이다.

"5보다 큰 모든 자연수는 3개의 소수의 합으로 나타낼 수 있다." 예를 들어서 6 = 2 + 2 + 2, 7 = 2 + 2 + 3, 10 = 2 + 3 + 5, 20 = 2 + 5 + 13과 같이 나타낼 수 있다는 것이다.

하지만 오일러는 위의 명제를 다음과 같이 바꿔놓았다. "2보다 큰 모든 짝수는 두 개의 소수의 합으로 나타낼 수 있다." 예를 들면 4 = 2 + 2, 6 = 3 + 3, 8 = 3 + 5, 10 = 3 + 7, 20 = 7 + 13과 같이 나타낼 수 있다는 것이다.

하지만 아직까지도 2보다 큰 모든 짝수에 대해서 성립하는지는 250년이 지난 지금에도 해결하지 못하고 있다.

26.5 소수(Prime Number)의 개수

1 이상 100 이하의 소수는 몇 개가 있을까? 하나씩 세어보면 25개가 있다. 25%가 소수이다. 1 이상 1,000 이하에는 모두 168개의 소수가 있다. 16.8%가 소수이다. 1 이상 10,000 이하에는 1,229개가 있고 약 12.3%가 소수이다. 1 이상 100,000 이하에는 9,552개의 소수가 있다. 약 9.6%가 소수이다. 1 이상 1,000,000 이하에는 78,498개의 소수가 있고 약 7.8%가 소수이다. 그렇다면 지금까지 발견된 소수들 중에서 가장 큰 소수는 얼마인가? 이것은 정수론과 컴퓨터 공학의 문제이기도 하다. 지금까지 알려진 소수보다 더 큰 소수를 찾아내는 일은 수학 실력도 좋아야 하지만 컴퓨터 성능과 컴퓨터 실력도 좋아야 하기 때문이다.

지금까지 많은 수학자, 공학자, 과학자들이 더 큰 소수를 찾아내는데 몰두해 오고 있다. 가장 큰 소수 발견의 역사는 다음과 같다. 2003년 10월 2일에 미국 미시간주립대 화학공학과 대학원생인 마이클 세이퍼(Michael Shafer, 26세)는 새로운 소수 $2^{20996011} - 1$를 발견하였다. 그는 이 수가 소수임을 증명하기 위해서 2GHZ의 펜티엄 4 컴퓨터를 19일 동안 돌렸다고 한다. 자릿수는 632만 자리이고 보통 사람이 노트에 쓴다면 꼬박 5주가 걸린다고 한다. 2004년 6월 8일에 미국립해양대기청 고문인 핀들리 조지(Findley Josh)가 새로운 소수 $2^{24036583} - 1$를 발견하였다. 이 소수는 약 723만 자리이고 공식적으로 41번째 메르센 소수(Mersenne Prime)가 되었다. 이 소수는 풀어쓰는 데만 6주가 걸리고 그 길이는 25km나 된다. 핀들리는 2.4GHZ 펜티엄 4 윈도우즈 XP로 이 소수를 찾아내었다. 그는 245만대의 개인용 컴퓨터를 인터넷으로 병렬 연결해 5년 동안 이 프로젝트에 참가해 왔으며 이 계산을 마치기까지 꼬박 14일 동안 쉬지 않고 컴퓨터를 가동하였다. 다음 2005년 2월 18일에 독일인 안과 의사인 마틴 노박 박사(Dr. Marttin Nowak)가 $2^{25964951} - 1$를 발견하였다. 이 소수는 약 781만 자리의 숫자이고 공식적으로 42번째 메르센 소수(Mersenne Prime)가 되었다. 이 소수를 찾는데 2.4GHZ 펜티엄 4 컴퓨터를 가지고 계산 시간만 50일 이상 걸렸다고 한다. 다음은 2005년 12월 25일 크리스마스 날, 커티스 쿠퍼(Dr. Curtis Cooper) 박사와 스티븐 부네(Dr. Steven Boone) 박사가 주도하는 미국 센트럴 주립대학 팀(CMSU)이 새로운 소수 $2^{30402457} - 1$를 발견하였다. 이 소수는 약 915만 자리이다. 2006년 9월 11일 커티스 쿠퍼(Dr. Curtis Cooper) 박사와 스티븐 부네(Dr. Steven Boone) 박사가 주도하는 미국 센트럴 주립대학 팀(CMSU)이 또 다른 소수인 $2^{32582657} - 1$를 발견하였다. 1,000만 자리가 넘는 소수를 발견하는 사람에게 미 전기프론티어재단(EFF, Electronic Frontier Foundation)에서 10만 달러의 상금이 걸려 있었다. 아쉽게도 이 소수는 약 980만 자리의 숫자이고 44번째 메르센 소수(Mersenne Prime)가 되었다. 이 소수의 길이는 보통 사람이 손으로 쓰면 꼬박 9주가 걸리고 그 길이가 34km에 달한다고 한다. 대학의 700개의 컴퓨터를 PrimeNet에 연결하여 이 소수를 발견하였다. 2008년 8월 23일 미국 로스엔젤레스 캘리포니아 대학(UCLA)의 수학팀의 리더인 에드손 스미스(Edson Smith)가 드디어 1,000만 자리가 넘는 소수 $2^{43112609} - 1$를 발견하였다. 이 소수는 무려 약 1,297만 자리의 숫자이고 공식적으로 46번째 메르센 소수(Mersenne Prime)가 되었다. 에드손 스미스(Edson Smith)는 윈도우즈 XP를 탑재한 75대의 컴퓨터 네트워크를 통해 이 메르센 소수(Mersenne Prime)를 발견했으며, 다른 컴퓨터 시스템의 다른 연산법에 의해서 이 소수의 존재가 검증되었다. EFF는 또다시 1억 자리가 넘는 소수에 15만 달러의 상금을 걸었다. 2013년 2월 5일 미국 센트럴 미주리대의 커티스 쿠퍼(Dr. Curtis Cooper) 교수가 새로운 소수 $2^{57885161} - 1$를 발견하였다. 이 소수는 무려 1,742만 자리의 숫자이고 공식적으로 48번째 메르센 소수(Mersenne Prime)가 되었다. 2016년 1월 20일 미국 센트럴 미주립대의 컴퓨터사이언스학과 커티스 교수는 새로운 소수 $2^{74207281} - 1$를 발견하였다. 이 수는 무려 약 2,233만 자리의 숫자이고 1초에 숫자를 두 개씩 셀 수 있다고 할 때 아무것도 안하고 넉 달 동안 세어야 하는 숫자이다. 텍스트 파일로 저장하더라도 용량이 21.7MB에 달할 정도라고 한다. 현재까지 가장 큰 소수는 2018년에 발견된 $2^{82589933} - 1$이고 자릿수가 약 2,486만 자리이다.

참고사이트 : https://primes.utm.edu/largest.html#intro

26.6
제곱근을 이용한 소수 판별

100의 약수는 1, 2, 4, 5, 10, 20, 25, 50, 100이 있다. 그런데 100의 약수를 살펴보면 10(100의 제곱근)을 기준으로 서로 대칭됨을 알 수 있다.

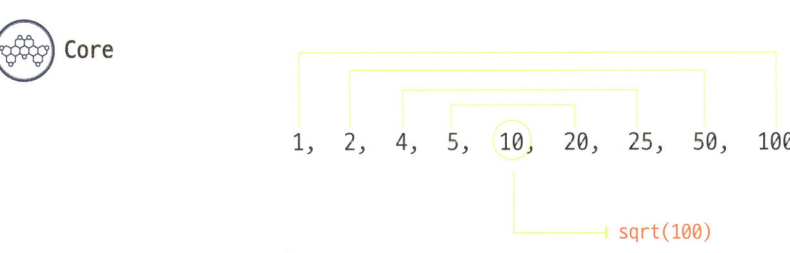

즉, sqrt(100)을 기준으로 100이 1로 나누어떨어지면 100 ÷ 1의 몫인 100으로도 나누어떨어지고, 2로 나

누어떨어지면 100 ÷ 2의 몫인 50으로도 나누어떨어지고, 4로 나누어떨어지면 100 ÷ 4의 몫인 25로도 나누어떨어지고, 5로 나누어떨어지면 100 ÷ 5의 몫인 20으로도 나누어떨어지고, 10으로 나누어떨어지면 100 ÷ 10의 몫인 10으로도 나누어떨어진다. 즉, 어떤 수 n이 소수인지 판별하고자 할 때, 1은 모든 수의 약수이므로 제외하고 2부터 sqrt(n)까지의 정수들로 n을 나누어 봤을 때, 나누어떨어지는 수가 없다면 당연히 오른쪽에 대칭되는 수도 존재하지 않기 때문에 n을 소수라고 판별할 수 있다.

 Coding

```
1   #include <cstdio>
2   #include <cmath>
3   
4   int main(void)
5   {
6       int i, j, k, cnt;
7   
8       for (i = 2; i <= 10; i++)
9       {
10          cnt = 0;
11          k = sqrt(i);
12          for (j = 2; j <= k; j++)
13              if (i % j == 0)
14                  cnt++;
15  
16          if (cnt == 0)
17              printf("%d\n", i);
18      }
19      return 0;
20  }
```

 Interpret

- 2번째 줄은 제곱근 함수 sqrt()를 사용하기 위해서 cmath를 include 하였다.

- 6번째 줄은 정수형 변수 i, j, k, cnt를 선언하였다.

- 8번째 줄부터 18번째 줄은 2부터 10까지 소수를 판별하기 위한 순환문이다.

- 10번째 줄은 각각의 i에 대해서 약수의 개수를 카운팅하기 위해서 cnt를 0으로 초기화한 후 j를 순환한다.

- 12번째 줄부터 14번째 줄은 2부터 제곱근 i(= k)까지 순환하면서 i를 나눌 수 있는 j를 찾아서 cnt를 1씩 증가한다. 예를 들어서 i의 값이 2일 경우에는 k의 값은 1(2의 제곱근은 1.414…)이기 때문에 어떠한 회전도 없다. 따라서 cnt의 값은 0이므로 2는 소수이다. i의 값이 3일 경우에는 k의 값

은 1(3의 제곱근은 1.732…)이기 때문에 어떠한 회전도 없다. 따라서 cnt의 값은 0이므로 3은 소수이다. i의 값이 4일 경우에는 k의 값이 2(4의 제곱근은 2)이기 때문에 j가 2일 경우 cnt의 값이 1 증가한다. 따라서 4를 나눌 수 있는 수가 존재하므로 4는 소수가 아니다.

- 이와 같은 방법으로 제곱근을 이용해서 17번째 줄에서 소수를 각 줄에 출력한다.

Output

Tip

모든 소수는 6n + 1 또는 6n + 5의 형태이다. 왜냐하면 6n은 6의 배수이고, 6n + 2는 2의 배수이고, 6n + 3은 3의 배수이고, 6n + 4는 2의 배수이다. 따라서 6n + 1이나 6n + 5가 소수가 될 확률이 있다. 따라서 모든 소수는 6으로 나눈 나머지가 1 또는 5가 되기 때문에 이 점을 이용해서도 소수인지 아닌지를 판별할 수 있다.

26.7 연습문제 Exercise

 1 이상 100 이하의 소수를 모두 구하여라.

Input Form 입력형식 없음

Output Form 1 이상 100 이하의 소수를 작은 수에서 큰 수 순으로 한 개의 공백으로 분리하여 한 줄에 5개씩 출력하여라.

Example

출력
2 3 5 7 11
13 17 19 23 29
31 37 41 43 47
53 59 61 67 71
73 79 83 89 97

1140 소수 찾기

실행 제한시간 **1초**
메모리 사용 제한 **32MB**

약수가 1과 자기 자신밖에 없는 수를 소수(Prime Number)라고 부른다. 왕국의 유명한 수학자인 가우스(Gauss)로부터 1,000 이하인 소수의 개수는 모두 168개가 있다고 전해 내려오고 있다. 오일러는 덤블도어 선생님으로부터 A 이상 B 이하의 양의 정수 중에서 K번째로 작은 소수를 찾아오라는 숙제를 받아왔다. 언제나 늘 그랬듯이 여러분들의 뛰어난 프로그램 실력으로 오일러의 숙제를 도와주어라.

예를 들어서 A = 1, B = 10, K = 3이면 1 이상 10 이하의 소수는 2, 3, 5, 7이고 이 중에서 3번째로 작은 소수는 5이므로 K번째로 작은 소수는 5가 된다.

Input Form 첫째 줄에는 세 개의 정수 A, B, K가 각각 한 개의 공백으로 분리되어 주어진다. (1≤A≤B≤1,000, 1≤K≤200)

Output Form 첫째 줄에 A 이상 B 이하인 소수의 합을 출력하고 둘째 줄에 K번째로 작은 소수를 출력하여라. 만일 K번째로 작은 소수가 존재하지 않는다면 둘째 줄에 K번째로 작은 소수 대신에 –1을 출력하도록 하여라.

Example

입력	출력
1 10 3	17 5

입력	출력
1 1000 169	76127 -1

1141 쌍둥이 소수(Twin Primes)

실행 제한시간 **1초**
메모리 사용 제한 **32MB**

소수들 중에는 3과 5, 11과 13, 17과 19처럼 두 수의 차가 2인 수들이 있다. 이렇게 두 수의 차가 2인 수들을 쌍둥이 소수(Twin Primes)라고 한다. 두 수의 차가 1인 소수는 2와 3을 제외하고는 없다. 만일 두 수의 차가 1이라면 두 수는 연달아 있을 것이고 그렇다면 둘 중에 하나는 짝수이기 때문이다. 그렇다면 쌍둥이 소수(Twin Primes)는 도대체 몇 개나 될까? 3과 5, 5와 7, 11과 13, … , 71과 73, 101과 103, 107과 109, … 와 같이 쌍둥이 소수(Twin Primes)가 무수히 많을 것 같지만, 사실 이 문제는 아직까지 아무도 해결하지 못한 아주 어려운 문제이다.

2	3	5	7	11	13	17	19	23	29	31	37	41	43	47	53	59	61	67
71	73	79	83	89	97	101	103	107	109	113	127	131	137	139	149	151	157	163
167	173	179	181	191	193	197	199	211	223	227	229	233	239	241	251	257	263	269
271	277	281	283	293	307	311	313	317	331	337	347	349	353	359	367	373	379	383
389	397	401	409	419	421	431	433	439	443	449	457	461	463	467	479	487	491	499

한 개의 양의 정수 N이 주어지면 N 이하의 쌍둥이 소수(Twin Primes)를 모두 구하여라.

Input Form 첫째 줄에 한 개의 양의 정수 N이 주어진다. (5≤N≤1,000)

Output Form N 이하의 쌍둥이 소수(Twin Primes)의 쌍을 각 줄에 출력하여라. 한 쌍의 쌍둥이 소수는 작은 수를 왼쪽에 출력하고 한 개의 공백으로 분리한 후 큰 수를 오른쪽에 출력하여라. 모든 쌍둥이 소수들은 큰 수에서 작은 수 순서로 각 줄에 출력한다. 마지막 줄에는 쌍둥이 소수의 전체 쌍의 개수를 출력하여라.

Example

입력	출력
10	3 5 5 7 2

1142
메르센 소수(Mersenne Primes)

실행 제한시간 1초
메모리 사용 제한 32MB

마린 메르셴
(1588 - 1684)

프랑스의 수도사였던 메르셴(1588 - 1684)은 $2^2 - 1 = 3$, $2^3 - 1 = 7$, $2^5 - 1 = 31$, $2^7 - 1 = 127$처럼 $2^n - 1$의 형태의 많은 수가 소수가 됨을 발견했는데, 그 후 사람들은 $2^n - 1$(여기서 n은 소수) 형태의 수를 '메르센 수'라고 불렀으며 메르센 수 중에서 소수가 되는 수를 메르센 소수(Mersenne Prime)라고 부르게 되었다. 현재 발견한 소수들 중에서 자릿수가 큰 소수들은 대부분 메르센 소수가 차지하고 있는데 메르센 수 중에서 소수가 무한개인지는 아무도 모르기 때문에 당분간 큰 소수를 찾기 위한 경쟁은 메르센 소수에 국한될 것 같다.

한 개의 양의 정수 N이 주어지면 N 이하의 메르센 소수(Mersenne Primes)를 모두 구하여라.

Input Form 첫째 줄에 한 개의 양의 정수 N이 주어진다. (3≤N≤10,000,000)

Output Form N 이하의 메르센 소수(Mersenne Prime)를 작은 수에서 큰 수의 순서로 각 줄에 출력하여라.

Example

입력
10

출력
3
7

코딩마법서

1권 STONE VERSION
코딩테스트와 알고리즘을 위한 C/C++

제27장

**보조제어문
break & continue**

27.1   break문
27.2   중첩 순환문에서의 break문
27.3   중첩 순환문 빠져나오기
27.4   무한루프
27.5   continue문
27.6   연습문제

오일러BOOKS

27.1 break문

break문은 순환문 안에서 더 이상 순환을 진행하지 않고 강제적으로 순환문을 빠져나가고자 할 때 사용한다. 일반적으로 조건문(if문)과 동반하여 사용한다.

 Core

```
for (i = 1; i <= 10; i++)
{
    if (i >= 5)
        break;  ────────────────→ 조건을 만족하면 순환문 탈출
}
```

i의 값이 5 이상이 될 때 for문의 순환을 강제 종료한다.

 Coding

```
1   #include <cstdio>
2
3   int main(void)
4   {
5       int i;
6
7       for (i = 1; i <= 10; i++)
8       {
9           printf("%d\n", i);
10          if (i >= 5)
11              break;
12      }
13      return 0;
14  }
```

Interpret
- 5번째 줄은 정수형 변수 i를 선언하였다.
- 7번째 줄부터 12번째 줄은 i의 값이 1부터 10까지 1씩 증가하며 10바퀴를 회전하는 for문의 구간이다.
- 9번째 줄은 for문이 회전할 때마다 각 줄에 i의 값을 출력한다. i의 값은 1부터 5까지 각 줄에 차례대로 출력한 후 i의 값이 5일 때 10번째 줄의 조건문을 만족하므로 더 이상 순환문을 진행하지 못하고 빠져나온 후 13번째 줄에 의해서 프로그램을 종료한다.

 Output

```
1
2
3
4
5
```

27.2
중첩 순환문에서의 break문

중첩 순환문에서 break문을 만나면 가장 가까이 인접한 순환문만 빠져나오고 바깥쪽 순환문은 break문의 영향을 받지 않는다.

Core

```
for (i = 1; i <= 5; i++)
{
    for (j = 1; j <= 5; j++)
        if (j == 1)
            break;                          ← 인접한 순환문만 빠져나옴
}
```

바깥쪽에서 회전하는 순환문 i와 안쪽에서 회전하는 순환문 j가 있을 때, 안쪽에서 회전하는 순환문 j 안에서 break문을 만나면 가장 가까이 인접한 순환문 j만 빠져나오고 바깥쪽에서 회전하는 순환문 i에는 어떠한 영향도 미치지 않는다.

 Coding

```c
#include <cstdio>

int main(void)
{
    int i, j;

    for (i = 1; i <= 5; i++)
    {
        for (j = 1; j <= 5; j++)
        {
            printf("%d %d\n", i, j);
            if (j == 1)
                break;
        }
    }
    return 0;
}
```

 Interpret

- 5번째 줄은 정수형 변수 i와 j를 선언하였다.
- 7번째 줄부터 15번째 줄은 i의 값이 1부터 5까지 1씩 증가하며 5바퀴를 회전하는 for문 구간이다.
- 9번째 줄부터 14번째 줄은 각각의 i에 대해서 j의 값이 1부터 5까지 1씩 증가하며 5바퀴를 회전하는 for문의 구간이다. i의 값이 1이고 j의 값이 1일 때, 11번째 줄은 i와 j의 값 "1 1"을 출력의 첫째 줄에 출력하고 12번째 줄에 의해서 순환문 j를 종료한다. 마찬가지 방법으로 i의 값이 2일 때 "2 1", i의 값이 3일 때 "3 1", i의 값이 4일 때 "4 1", i의 값이 5일 때 "5 1"을 각 줄에 출력한 후 순환문을 종료한다.

 Output

```
1 1
2 1
3 1
4 1
5 1
```

27.3 중첩 순환문 빠져나오기

그러면 중첩 순환문을 빠져나오기 위해서는 어떻게 해야 하는가? 여기서는 두 가지 방법을 설명하려고 한다. 첫 번째는 각각의 순환문마다 빠져나오기 위한 조건문을 작성하는 것이다.

Core

```c
for (i = 1; i <= 5; i++)
{
    for (j = 1; j <= 5; j++)
    {
        printf("%d %d\n", i, j);
        if (i + j == 4)
        {
            ok = 1;
            break;          // 순환문 j 종료
        }
    }
    if (ok == 1)
        break;              // 순환문 i 종료
}
```

중첩 순환문을 회전하기 전에 정수형 변수 ok 값은 0으로 초기화되어 있다고 가정하자. 중첩 순환문을 회전하다가 i + j의 값이 4가 된다면 ok 값을 1로 변경하여 모든 순환문을 빠져나오기 위한 준비 작업을 한다. 이후 break문에 의해서 가장 인접한 순환문 j를 빠져나온다. 순환문 j를 빠져나오자마자 바로 또 다른 순환문 i를 빠져나오기 위한 조건문을 만들어서 가장 바깥쪽에 순환하는 순환문 i를 빠져나온다.

물론 이렇게 작성하는 것도 나쁘지는 않으나 중첩된 순환문이 2중이 아니라 3중 또는 4중으로 쌓이게 된다면 왠지 깔끔해 보이지 않는다. 다음과 같이 작성한다면 좀 더 깔끔해 보인다.

Core

```
for (i = 1, ok = 0; i <= 5 && !ok; i++)
{
    for (j = 1; j <= 5 && !ok; j++)
    {
        printf("%d %d\n", i, j);
        if (i + j == 4)
            ok = 1;
    }
}
```

for문의 초기부는 순환문이 회전하기 전에 한 번만 실행되므로 콤마 연산자(comma operator)를 이용하여 i의 값은 1로 ok의 값은 0으로 초기화하였다. 그리고 순환문의 조건부는 두 개의 조건을 동시에 만족해야 하는 AND 연산으로 이루어져 있다. 즉, for문을 순환하기 위해서는 두 가지 조건을 동시에 만족해야지만 회전할 수 있다. 만일 ok의 값이 0이면 결괏값은 거짓(false)이 되고 다시 !ok는 참(true)이 되기 때문에 ok의 값이 0이고 AND 연산에 의한 또 다른 조건을 만족한다면 순환문은 두 조건을 모두 만족하므로 회전을 할 수 있게 된다. 그런데 만일 ok의 값이 1로 변경된다면 중첩 순환문의 조건부를 모두 만족하지 못하기 때문에 중첩된 두 개의 순환문을 한 번에 빠져나올 수 있다.

Coding

```
1   #include <cstdio>
2
3   int main(void)
4   {
5       int i, j, ok;
6
7       for (i = 1, ok = 0; i <= 5 && !ok; i++)
8       {
9           for (j = 1; j <= 5 && !ok; j++)
10          {
11              printf("%d %d\n", i, j);
12              if (i + j == 4)
13                  ok = 1;
14          }
15      }
16      return 0;
17  }
```

Interpret
- 5번째 줄은 정수형 변수 i, j, ok를 선언하였다.
- 7번째 줄부터 15번째 줄은 i의 값이 1부터 5까지 1씩 증가하며 5바퀴를 회전하는 for문의 구간이고
- 9번째 줄부터 14번째 줄은 각각의 i에 대해서 j의 값이 1부터 5까지 1씩 증가하며 5바퀴를 회전하는 for문의 구간이다. i의 값이 1이고 j의 값이 1일 때, 11번째 줄에 의해서 i와 j의 값 "1 1"을 출력의 첫째 줄에 출력한다. 다시 j의 값이 2일 때, "1 2"를 출력의 둘째 줄에 출력한다. j의 값이 3일 때, "1 3"을 출력의 셋째 줄에 출력한다.
- 12번째 줄에서 i + j의 값 4를 만족하므로 13번째 줄에서 ok의 값은 1로 변경된다. 중첩된 두 개의 순환문에 대한 조건부를 모두 만족하지 못하므로 순환문을 모두 종료한 후 프로그램을 종료한다.

Output

```
1 1
1 2
1 3
```

27.4 무한루프

순환문의 하나인 while문에서 조건부에 있는 조건이 언제나 참(true)이 된다면 프로그램은 종료되지 않고 계속 진행 중인 상태에 놓이게 된다. 이렇게 프로그램이 종료되지 않고 계속 진행 중인 상태에 놓이게 되는 경우를 '**무한루프에 빠졌다.**'라고 말한다.

Core

```
while (1)
{
    실행하고자 하는 내용1;
    ⋮
    실행하고자 하는 내용2;
}
```

같은 결과

```
while (true)
{
    실행하고자 하는 내용1;
    ⋮
    실행하고자 하는 내용2;
}
```

while문의 조건부에 참(true)의 대푯값 1(또는 0 이외의 수)을 적어주거나 true를 적어준다면 조건부는 언제나 참(true)이 되기 때문에 무한루프에 빠지게 된다. 이렇게 무한루프에 빠지게 되면 프로그램은 종료되지 않기 때문에 반드시 무한루프를 빠져나올 수 있는 조건문을 동반해야 한다.

 Coding

```c
#include <cstdio>

int main(void)
{
    int a, maxv = 0;

    while (1)
    {
        scanf("%d", &a);
        if (a == 0)
            break;
        if (maxv < a)
            maxv = a;
    }
    printf("%d", maxv);
    return 0;
}
```

 Interpret

- 5번째 줄은 정수형 변수 a를 선언하고 maxv를 선언과 동시에 0으로 초기화하였다.

- 7번째 줄부터 14번째 줄은 조건문이 항상 참(true)인 무한루프이고 while문이 한 바퀴 회전할 때마다 a의 값을 입력받는다. 만일 입력받은 a의 값이 0이면 11번째 줄에 의해서 순환문을 강제 종료하고 그렇지 않으면 다음 문장을 진행한다.

- 12번째 줄에서 입력받은 a의 값이 maxv보다 크면 maxv의 값을 a의 값으로 변경한다.

- 입력받은 값이 0일 때 순환문을 종료하며 15번째 줄에 의해서 사용자로부터 입력받은 정수 중에서 가장 큰 값을 출력의 첫째 줄에 출력한다.

 Output

```
5
8
10
3
9
0
10
```

27.5 continue문

continue문도 순환문에서 사용된다. for문이 진행 중에 continue문을 만나면 처리부로 이동한 후 조건부를 확인하여 조건이 참(true)이면 다시 for문을 진행하고, 마찬가지로 while문이 진행 중에 continue문을 만나면 조건부로 돌아가 조건이 참(true)이면 다시 while문을 진행한다.

Core
```
for (i = 1; i <= n; i++)
{
    if ( 조건 )              처리부로 이동
        continue;
    실행하고자 하는 내용1;
}
```

for문을 회전하다가 if문의 조건을 만족하여 continue문을 만나면 continue문 이후의 명령은 실행하지 못하고 처리부로 이동한 후 조건부를 확인하여 조건이 참(true)이면 다시 for문의 과정을 진행한다.

Core
```
while ( 조건 )
{
    if ( 조건 )              조건부로 이동
        continue;
    실행하고자 하는 내용1;
}
```

while문을 회전하다가 if문의 조건을 만족하여 continue문을 만나면 continue문 이후의 명령은 실행하지 못하고 조건부로 이동하여 조건이 참(true)이면 다시 while문의 과정을 진행한다. (do ~ while문도 마찬가지로 조건부로 이동한다.)

 Coding

```c
#include <cstdio>

int main(void)
{
    int i;

    for (i = 1; i <= 10; i++)
    {
        if (i <= 5)
            continue;
        printf("%d\n", i);
    }
    return 0;
}
```

 Interpret

- 5번째 줄은 정수형 변수 i를 선언하였다.

- 7번째 줄부터 12번째 줄은 i의 값이 1부터 10까지 순환하는 for문의 구간이다. i의 값이 1부터 5일 때까지는 9번째 줄의 조건문에 의해서 10번째 줄의 continue문이 실행되어 이후의 과정을 진행하지 못하고 for문의 처음으로 돌아가 i의 값을 1 증가한 후 다시 진행하기 때문에 11번째 줄이 실행되지 못하며, i의 값이 6일 때부터는 11번째 줄이 실행되어 6부터 10까지의 정수를 각 줄에 출력한다.

 Output

```
6
7
8
9
10
```

27.6 연습문제 Exercise

① 1부터 100까지의 짝수를 출력하고 누적하면서 지금까지 누적된 합이 50보다 크면 순환문을 강제 종료한 후 지금까지 누적된 수의 총합을 출력하는 프로그램을 break문을 이용하여 작성하여라.

Input Form 입력형식 없음.

Output Form 지금까지 누적된 짝수를 작은 수에서 큰 수의 순으로 한 개의 공백으로 분리하여 첫째 줄에 출력하고 총합을 둘째 줄에 출력하여라.

Example

출력
2 4 6 8 10 12 14 56

② 한 번의 명령이 실행될 때마다 사용자로부터 두 개의 정수 A와 B를 입력받는다. 입력받은 두 정수 A와 B가 둘 다 0이면 더 이상의 입력이 주어지지 않는다. 프로그램을 종료하기 전에 지금까지 입력된 두 정수 A와 B의 합 중에서 가장 큰 두 정수의 합을 출력하여라.

Input Form 한 번의 명령이 실행될 때마다 두 개의 정수 A와 B가 한 개의 공백으로 분리되어 각 줄에 주어진다. 주어진 두 개의 정수 A와 B가 동시에 0이면 더 이상의 입력이 주어지지 않는다. (A와 B는 0 이상 100 이하의 정수)

Output Form 지금까지 주어진 두 정수 A와 B의 합 중에서의 최댓값을 첫째 줄에 출력하여라.

Example

입력	출력
1 2 2 3 3 4 4 5 0 0	9

③ 1부터 100까지 2의 배수이거나 3의 배수인 수를 제외한 정수들을 출력하는 프로그램을 <u>continue문을 이용하여</u> 작성하여라.

Input Form 입력형식 없음.

Output Form 1부터 100까지 2의 배수이거나 3의 배수인 수를 제외한 정수들을 작은 수부터 큰 수 순으로 각각 한 개의 공백으로 분리하여 한 줄에 10개씩 출력하여라.

Example

출력
1 5 7 11 13 17 19 23 25 29 31 35 37 41 43 47 49 53 55 59 61 65 67 71 73 77 79 83 85 89 91 95 97

1046
행복한 오일러

실행 제한시간 **1초**
메모리 사용 제한 **32MB**

오일러는 농구를 아주 좋아한다. 오일러는 전반전과 후반전을 합쳐서 8골보다 더 많은 골을 넣는다면, 그날은 행복한 날로 여긴다. 오일러는 골을 더욱더 많이 넣으면 넣을수록 행복지수가 올라간다. 우리는 최근 오일러가 시합한 농구 결과를 알고 있을 때, 이러한 날들 중에서 오일러가 행복해한 날은 언제인지 찾는 것이 우리의 문제이다.

Input Form 오일러가 그동안 시합한 농구 결과가 첫째 날부터 차례대로 날짜순으로 주어진다. 각 줄은 각각의 날에 대한 농구 결과로 첫 번째 정수는 오일러가 전반전에 넣은 골의 수이고 두 번째 정수는 후반전에 넣은 골의 수이다. 전반전에 넣은 골의 수가 0이고 후반전에 넣은 골의 수가 0이면 더 이상의 입력이 주어지지 않는다. 입력되는 정수는 10보다 작은 음이 아닌 정수이다.

Output Form 만일 오일러가 행복한 날이 하나도 없다면, 첫째 줄에 0을 출력하고, 그렇지 않으면 오일러가 행복한 날은 몇 번째 날인지 첫째 줄에 출력하여라. 만일 행복한 날이 유일하지 않다면, 그중에서 가장 빠른 날을 선택하도록 한다.

Example

입력	출력
5 3 6 2 7 2 5 3 5 4 0 4 0 6 0 0	3

코딩마법서

1권 STONE VERSION
코딩테스트와 알고리즘을 위한 C/C++

제 28장

콜라츠 추측
Collatz Conjecture

28.1 콜라츠 추측 Collatz Conjecture
28.2 연습문제

오일러BOOKS

28.1 콜라츠 추측 Collatz Conjecture

로타르 콜라츠
(1910 - 1990)

콜라츠 추측(Collatz Conjecture)은 1937년에 처음으로 이 추측을 제기한 독일의 수학자 **로타르 콜라츠(1910 - 1990, Lothar Collatz)**의 이름을 딴 법칙으로 처음 시작은 임의의 양의 정수 N에서 시작한다.

- 만일 N이 짝수이면, N을 2로 나눈다.
- 만일 N이 홀수이면, N에 3을 곱한 후 1을 더한다.

위와 같은 과정을 1이 될 때까지 반복한다. 예를 들어 8에서 시작하면 8 → 4 → 2 → 1이 되고, 3에서 시작하면 3 → 10 → 5 → 16 → 8 → 4 → 2 → 1 이 된다.

이것을 콜라츠 추측(Collatz Conjecture)이라 하고 이러한 수들을 마치 우박이 구름 속에서 오르내리며 자라다가 지상으로 떨어지는 것과 비슷하다 하여 사람들은 "**우박수(Hailstone Sequence)**" 또는 "**3N + 1 Problem**"라고 부르기도 한다. 아직까지 증명되지 않았지만 어떤 양의 정수 N이 주어졌을 때 위와 같은 과정을 반복하다 보면 언제나 마지막에는 1로 끝나리라 추측이 된다. 현재까지 이 추측은 컴퓨터로 20^{58}까지 모두 성립함이 확인되었다고 한다. 그러나 아직 모든 자연수에 대해 성립하는지는 발견되지 않고 있다.

 Coding

```c
#include <cstdio>

int main(void)
{
    int n = 3;

    while (n != 1)
    {
        printf("%d\n", n);
        if (n % 2 == 0)
            n /= 2;
        else
            n = 3 * n + 1;
    }
    return 0;
```

16   }

- 5번째 줄은 정수형 변수 n을 선언과 동시에 3으로 초기화하였다.
- 7번째 줄부터 14번째 줄은 n의 값이 1이 아니면 순환하는 while문의 구간이다.
- 9번째 줄에서 n의 값을 출력한 후 만일 n이 짝수이면 11번째 줄에 의해서 2로 나누고 n이 홀수이면 13번째 줄에 의해서 n을 3배 한 후 1을 더한다.
- 따라서 n의 값은 3에서 시작해서 1이 될 때까지 3 ⋯→ 10 ⋯→ 5 ⋯→ 16 ⋯→ 8 ⋯→ 4 ⋯→ 2 ⋯→ 1의 과정이 진행된다.

```
3
10
5
16
8
4
2
```

28.2 연습문제 Exercise

① 자연수 N에 대하여 N이 짝수이면 반으로 나누고, 홀수이면 N + 1을 반으로 나누는 연산을 생각해보자. 어떤 자연수에 대해서도 이 연산을 반복하여 적용하면 결국 1이 된다. 예를 들어 N = 10인 경우는 다음과 같이 이 연산을 4번만 적용하면 1이 된다.

$$10 \to 5 \to 3 \to 2 \to 1$$

주어진 N에 대해서 1을 만드는데 몇 번의 연산이 필요한지 구하는 프로그램을 작성하여라.

Input Form 첫째 줄에 한 개의 정수 N이 주어진다. (1≤N≤1,000)

Output Form 주어진 N을 1로 만드는데 필요한 연산 횟수를 첫째 줄에 출력하여라.

Example

입력	출력
10	4

1027 우박수

실행 제한시간 **1초**
메모리 사용 제한 **32MB**

우박수(Hailstone Sequence)는 다음과 같은 계산 과정을 반복한다.

- 만일 N이 짝수이면, N을 2로 나눈다.
- 만일 N이 홀수이면, N에 3을 곱한 후 1을 더한다.

어떤 양의 정수 N이 주어졌을 때, 아직 증명은 되지 않았지만 위와 같은 과정을 반복한다면 언제나 마지막에는 1로 끝나리라 추측이 된다. 이것을 콜라츠 추측(Collatz Conjecture)이라고 하며, 이러한 수들을 우박수(Hailstone Sequence)라 부르기도 한다.

Input Form 첫째 줄에 한 개의 양의 정수 N(1≤N≤100,000)이 주어진다.

Output Form 양의 정수 N을 포함하여 수열이 끝날 때까지 수열에 포함되었던 가장 큰 양의 정수가 어떤 수인지 구하여 첫째 줄에 출력하여라.

Example

입력	출력
1	1

입력	출력
3	16

코딩마법서

1권 STONE VERSION
코딩테스트와 알고리즘을 위한 C/C++

제29장

일차원 배열
Array

29.1 배열의 선언
29.2 배열의 선언과 동시에 초기화
29.3 일차원 배열 출력
29.4 일차원 배열의 입력 및 출력
29.5 연습문제

오일러BOOKS

29.1
배열의 선언

정수형 변수 5개가 필요하다고 하자. 그러면 아래와 같이 변수의 이름을 5개 만들어 사용하면 된다.

 Core
```
int num1, num2, num3, num4, num5;
```

그런데 5개의 변수가 아니고 100개 또는 그 이상으로 필요하다고 한다면 어떻게 해야 하는가? 변수의 이름을 하나하나 만들어 사용하고자 한다면 너무나도 비효율적이고 또한 한꺼번에 많은 양의 데이터를 처리하고자 할 때도 상당히 어려운 문제에 부딪히게 될 것이다. **배열(Array)**이란? 이렇게 많은 양의 데이터를 한꺼번에 일괄적으로 처리하고자 할 때, 유용하게 사용될 수 있는 변수들의 모임이라고 생각하면 된다. 배열(Array)의 선언 방법은 아래 다음과 같다.

 Core
```
int a[10];
```
- 배열의 길이
- 배열의 이름
- 배열의 자료형

앞에 선언된 int는 배열의 자료형을 의미하고 다음에 나오는 a는 배열의 이름을 나타낸다. 그리고 대괄호([]) 안의 숫자는 배열의 길이를 나타낸다. 숫자 10은 정수형 변수가 10개 선언된 것을 의미하고 변수의 이름은 a[0], a[1], a[2], …, a[9]로 모두 10개가 된다. 그리고 각각의 이들을 배열의 **요소(Element)**라고 한다.

배열 각각의 값은 대괄호([])안의 숫자로 나타내는데 이를 배열의 **인덱스(index)** 또는 **첨자**라고 한다. a[0]에서 0은 배열 a의 0번 인덱스, a[1]에서 1은 배열 a의 1번 인덱스라고 부른다.

 Caution

초보자들이 흔히 하기 쉬운 실수는 배열을 a[10]으로 선언했을 때, 배열의 요소가 a[1], a[2], a[3], …, a[10]으로 10개가 있다고 착각하기 쉬운데, 하지만 a[10]으로 선언된 배열의 요소는 a[0], a[1], a[2], …, a[9]까지 10개가 있다는 것을 주의하도록 하자.

29.2 배열의 선언과 동시에 초기화

 `int a[5] = { 1, 2, 3, 4, 5 };`

1	2	3	4	5
a[0]	a[1]	a[2]	a[3]	a[4]

정수형 배열 a를 선언하고 배열의 길이를 5로 하였다. 배열 a는 차례대로 a[0]의 요소는 1, a[1]의 요소는 2, a[2]의 요소는 3, a[3]의 요소는 4, a[4]의 요소는 5로 초기화된다.

 `int b[] = { 1, 2, 3, 4, 5 };`

1	2	3	4	5
b[0]	b[1]	b[2]	b[3]	b[4]

정수형 배열 b를 선언하고 배열의 길이를 지정하지 않았다. 하지만 프로그램은 초기화 데이터가 5개이므로 자동으로 배열 b의 길이를 5로 할당하고 배열의 요소에 값을 초기화한다. 이렇게 배열의 길이를 지정하지 않고 값을 초기화하는 것은 배열을 처음에 선언할 때만 가능하다는 것에 유의해야 한다.

 `int c[5];`

?	?	?	?	?
c[0]	c[1]	c[2]	c[3]	c[4]

만일 배열을 선언하고 값을 초기화하지 않게 되면 어떻게 될까? 배열을 선언하게 되면 프로그램은 정수형 데이터를 저장하기 위한 연속된 메모리의 공간을 찾아서 메모리 할당이 발생하게 된다. 이때, 할당된 메모리 공간은 초기화되지 않았기 때문에 **쓰레기 값(Garbage Value)**들이 들어있게 된다. 이렇게 배열의 요소에 쓰레기 값들이 들어있는 상태에서 연산하거나 또는 출력하게 된다면 전혀 예측할 수 없는 결과가 나오기 때문에 만일 너무나 터무니없는 결괏값이 발생된다면 배열의 초기화 상태를 한 번 점검해 볼 필요가 있다.

 Core   `int d[5] = { 0 };`

0	0	0	0	0
d[0]	d[1]	d[2]	d[3]	d[4]

정수형 배열 d를 선언하고 배열의 길이를 5로 하였다. 모든 배열의 요소 d[0], d[1], d[2], d[3], d[4]가 0으로 초기화된다.

 Core   `int e[5] = { 1, 2 };`

1	2	0	0	0
e[0]	e[1]	e[2]	e[3]	e[4]

정수형 배열 e를 선언하고 배열의 길이를 5로 하였다. e[0]의 요소는 1로, e[1]의 요소는 2로 초기화된다. 배열의 길이보다 초기화 데이터의 개수가 적을 때는 처음 초기화 값을 제외한 나머지 배열 요소들의 값은 모두 0으로 초기화된다.

 Caution 만일 할당된 배열의 길이보다 초기화하고자 하는 데이터가 많다면 컴파일러는 여러분들에게 error: too many initializers 라는 메시지를 보여줄 것이고 여러분들이 이를 알아차리고 배열의 길이를 더 늘리기 전까지는 어떠한 방법이라도 프로그램을 실행시키지 못할 것이다.

29.3 일차원 배열 출력

Coding
```
1  #include <cstdio>
2
3  int main(void)
4  {
5      int i, a[10] = { 10, 20, 30, 40, 50, 60, 70, 80, 90, 100 };
```

```
    6
    7        for (i = 0; i < 10; i++)
    8            printf("%d ", a[i]);
    9        return 0;
    10   }
```

Interpret
- 5번째 줄은 길이가 10인 정수형 일차원 배열 a를 선언하였고 배열의 요소 a[0]의 값으로 10을, a[1]의 값으로 20을, …, 마지막으로 a[9]의 값으로 100을 초기화하였다.
- 7, 8번째 줄은 순환문이 0부터 9까지 회전하면서 배열 a의 첫 번째 요소 a[0]부터 마지막 요소 a[9]까지의 값을 한 개의 공백으로 분리하여 첫째 줄에 출력한다.

Output

```
10 20 30 40 50 60 70 80 90 100
```

29.4 일차원 배열의 입력 및 출력

문제에서 데이터의 개수를 나타내는 한 개의 양의 정수 N과 그리고 N(1≤N≤100)개의 데이터가 각 줄에 주어진다. 주어진 데이터를 배열에 입력받아 입력받은 N개의 데이터를 한 개의 공백으로 분리하여 첫째 줄에 출력하는 프로그램을 작성해보자. 입력의 첫째 줄에는 데이터의 개수를 나타내는 한 개의 양의 정수 N이 주어진다. 둘째 줄부터는 1 이상 100 이하의 정수가 각 줄에 한 개씩 차례대로 N개의 줄에 걸쳐서 주어진다.

Example

입력	출력
5 10 20 30 40 50	10 20 30 40 50

 Coding

```
1   #include <cstdio>
2
3   int main(void)
4   {
5       int i, n, a[100];
6
7       scanf("%d", &n);
8       for (i = 0; i < n; i++)
9           scanf("%d", &a[i]);
10
11      for (i = 0; i < n; i++)
12          printf("%d ", a[i]);
13      return 0;
14  }
```

 Interpret

- 5번째 줄은 데이터의 개수를 저장하기 위한 정수형 변수 n을 선언하였다. 문제에서 데이터의 개수는 최대 100개까지 주어질 수 있으므로 100개의 정수를 저장할 수 있는 공간을 확보해 놓아야 한다. 따라서 배열의 길이를 100으로 할당하여 정수형 배열 a를 선언하였다.

- 7번째 줄은 입력의 첫째 줄로 주어지는 데이터의 개수를 n에 입력받는다.

- 8, 9번째 줄은 for문이 0부터 n - 1까지 회전하면서 입력으로 주어지는 n개의 정수를 배열의 첫 번째 요소부터 마지막 요소까지 차례로 입력받는다.

- 11, 12번째 줄은 for문이 0부터 n - 1까지 회전하면서 배열 a의 첫 번째 요소부터 마지막 요소의 값을 각각 한 개의 공백으로 분리하여 출력의 첫째 줄에 출력한다.

 Output

만일 입력으로 주어지는 데이터가 각 줄에 주어지지 않고 다음과 같이 한 개의 공백으로 분리되어 한 줄로 주어진다면 어떻게 해야 하는가?

입력	출력
5 10 20 30 40 50	10 20 30 40 50

scanf()문의 서식 문자에서 정수형 데이터를 입력받는 "%d"와 실수형 데이터를 입력받는 "%lf"는 공백(space), 탭(tab), 엔터(enter)는 입력받지 않고 건너뛰는 속성을 가지고 있다. ("%c"는 예외) 따라서 지금 위의 프로그램을 실행시킨 후 주어지는 N개의 데이터를 한 개의 공백으로 분리하여 입력받은 후 출력해보아도 정상적으로 배열에 입력되었음을 확인할 수 있다.

 Output

 Caution

입력 데이터가 "10 20 30 40 50"과 같이 한 개의 공백으로 분리되어 주어지는 경우 초보자들의 경우 가끔 "scanf("%d ", &a[i])"와 같이 서식 문자 뒤에 한 칸의 공백을 주는 경우가 종종 있다. %d는 공백을 건너뛰는 속성이 있기 때문에 "%d"와 같이 공백이 없거나 " %d"와 같이 앞에 공백이 들어가는 것은 상관이 없으나 "%d "와 같이 뒤에 공백이 있으면 마지막 데이터를 입력받고 나서 CPU는 뭔가 입력받을 데이터가 더 있다고 생각하기 때문에 다음 과정을 진행하지 않고 계속 입력 대기 상태에 놓이게 된다. 따라서 데이터를 입력받을 때, scanf()문의 서식 문자 다음에 공백이 들어가지 않도록 주의해야 한다.

 Tip

문제에서는 데이터의 개수가 대문자 N으로 주어졌지만 프로그램 작성 시 변수명은 소문자로 작성하는 것이 관례이기 때문에 변수명은 소문자로 작성하는 습관을 가지는 것이 바람직하다.

29.5 연습문제 Exercise

① 10개의 데이터 4, 7, 6, 8, 11, -3, 8, 11, 5, 13을 일차원 배열에 초기화시킨 후 일차원 배열의 합을 구하는 프로그램을 작성하여라.

Input Form   입력형식 없음.

Output Form 일차원 배열의 모든 요소의 합을 첫째 줄에 출력하여라.

Example

출력
70

② 10개의 데이터 5, 7, 13, 11, 6, 10, 45, 11, 4, 9를 일차원 배열에 초기화시킨 후 짝수의 합을 구하는 프로그램을 작성하여라.

Input Form   입력형식 없음.

Output Form 일차원 배열에서 짝수인 요소의 합을 첫째 줄에 출력하여라.

Example

출력
20

1019
홀수와 짝수의 개수

실행 제한시간 1초
메모리 사용 제한 32MB

1 이상 1,000 이하를 갖는 N(1≤N≤100)개의 양의 정수가 주어지면 홀수와 짝수의 개수를 출력하는 프로그램을 작성하여라.

Input Form 첫째 줄은 양의 정수 N이 주어지고 둘째 줄에는 1 이상 1,000 이하를 갖는 N개의 양의 정수들이 한 개의 공백으로 분리되어 주어진다.

Output Form 첫째 줄은 짝수의 개수를 출력하고 둘째 줄은 홀수의 개수를 출력하여라.

Example

입력	출력
10 7 15 33 999 455 464 899 566 10 5	3 7

1020
짝수와 홀수

실행 제한시간 1초
메모리 사용 제한 32MB

오일러는 N(1≤N≤10,000)개의 음이 아닌 정수들을 나열해 놓고 나열된 정수들의 짝수의 합과 홀수의 합 중에서 어느 숫자가 더 큰 수인지 궁금해하고 있다.

N개의 음이 아닌 정수들을 읽어 들여 짝수의 합과 홀수의 합을 구하는 프로그램을 작성하여라. 짝수의 합과 홀수의 합은 2^{31}보다 작다는 것을 보장한다.

Input Form 첫째 줄에는 한 개의 정수 N이 주어진다. 둘째 줄부터는 각 줄에 한 개의 정수가 총 N개의 줄에 걸쳐서 주어진다.

Output Form 짝수의 합과 홀수의 합을 한 개의 공백으로 분리하여 첫째 줄에 출력하여라.

Example

입력	출력
4 5 3 6 10	16 8

Note

짝수의 합 : 10 + 6 = 16

홀수의 합 : 5 + 3 = 8

1030

Graphing

실행 제한시간 **1초**
메모리 사용 제한 **32MB**

왕국의 드래곤들은 매일 최소 1파운드에서 최대 70파운드 범위의 불을 생산하는데 오일러는 드래곤들에 대한 불의 생산량을 N(1≤N≤20)일 동안 매일 기록하려고 한다.

그래서 오일러는 아래와 같이 불의 생산량을 나타내는 그래프를 작성하기로 하였고 그래프는 두 자리의 정수와 한 개의 공백 그리고 생산량을 정수 길이를 가지는 '*'로 표현하기로 결정하였다.

```
 5 *****
15 ***************
40 ****************************************
25 *************************
```

N일 동안 오일러가 위와 같은 그래프를 만들 수 있는 프로그램을 작성하여라.

Input Form 첫째 줄에는 한 개의 정수 N이 주어진다. 둘째 줄부터는 각각의 날에 대한 드래곤들의 불의 생산량이 정수 단위로 N개의 줄에 걸쳐서 주어진다.

Output Form 오일러가 만들고자 하는 그래프를 출력하여라.

Example

입력	출력
4 5 15 40 25	5 ***** 15 *************** 40 ** 25 *************************

1026

Black

실행 제한시간	1초
메모리 사용 제한	32MB

오일러는 다락방에서 오래된 체스판과 말들을 발견하였다. 그런데, 불행하게도 몇 개의 말들은 개수가 맞지 않았다. 체스판에 있어야 하는 말들의 개수는 다음과 같다. :

- One king(한 개의 킹)
- One queen(한 개의 퀸)
- Two rooks(두 개의 룩)
- Two bishops(두 개의 비숍)
- Two knights(두 개의 나이트)
- Eight pawns(여덟 개의 폰)

오일러는 체스판의 말들의 개수를 맞추기 위해서, 어떤 말들을 추가하거나 또는 제거할지를 알아내야만 한다.

Input Form 첫째 줄에 0 이상 10 이하의 정수 6개가 주어진다. 각각의 수는 순서대로 오일러가 다락방에서 발견한 킹(kings), 퀸(queens), 룩(rooks), 비숍(bishops), 나이트(knights), 폰(pawns)의 개수를 나타낸다.

Output Form 첫째 줄은 각각의 말에 대해서 입력의 순서대로 추가하거나 또는 제거해야 하는 말의 개수를 6개의 정수로 출력하여라. 만일 말이 모자라서 더 추가해야 한다면 추가해야 하는 말의 개수를 양의 정수로 출력하고, 더 많아서 몇 개의 말을 제거해야 한다면 제거해야 하는 말의 개수를 음의 정수로 출력하여라.

Example

입력	출력
0 1 2 2 2 7	1 0 0 0 0 1

입력	출력
2 1 2 1 2 1	-1 0 0 1 0 7

1094 파티

실행 제한시간 **1초**
메모리 사용 제한 **32MB**

커다란 파티가 있었던 날에 얼마나 많은 사람들이 파티에 있었는지 알기를 원하고 있다. 왜냐하면 파티의 규모가 워낙 커서 그 파티에 정확히 몇 명의 사람들이 있었는지 알고 있는 사람은 어느 누구도 없었다. 여러분의 친구 오일러는 지난 토요일에 파티에 있었고, 1m²의 면적당 몇 명의 사람들이 있었는지는 알고 있다.

파티에 관한 내용이 5개의 신문에 실렸다. 각각의 신문에는 파티에 참석한 인원수가 나와 있다. 여러분들은 오일러의 정보를 믿고 각각의 기사들이 얼마나 정확한지 알아내어야 한다.

Input Form 첫째 줄에는 1m²당 몇 명의 사람이 있는지를 나타내는 양의 정수 L(1≤L≤10)과 파티 장소의 면적을 나타내는 양의 정수 P(1≤P≤1,000)가 주어진다. 둘째 줄에는 각각의 신문에 실린 파티 참석 인원을 나타내는 10^6보다 작은 5개의 양의 정수가 차례로 주어진다.

Output Form 오일러가 알려준 방법으로 계산할 때, 파티를 참석한 사람 수와 각각의 신문에 실린 파티 참석 인원 수의 차이가 얼마나 되는지 입력의 순서대로 첫째 줄에 출력하여라.

Example

입력	출력
1 10 10 10 10 10 10	0 0 0 0 0

입력	출력
5 20 99 101 1000 0 97	-1 1 900 -100 -3

1139

숫자 슬라이스

실행 제한시간 **1초**
메모리 사용 제한 **32MB**

세 자리 양의 정수 A, B, C가 주어지면 A × B × C의 계산 결과에서 0부터 9까지의 숫자가 각각 몇 번씩 쓰였는지 구하여라.

예를 들어 A = 123 이고 B = 234 그리고 C = 345이면 A × B × C의 계산 결과는 9,929,790이다. 여기에는 1, 3, 4, 5, 6, 8은 0번, 0, 2, 7은 1번, 9는 4번이 쓰이고 있다.

Input Form 세 자리 양의 정수 A, B, C가 한 개의 공백으로 분리되어 첫째 줄에 주어진다.

Output Form A × B × C의 계산 결과에서 0이 쓰인 횟수부터 9가 쓰인 횟수까지 차례대로 각 줄에 출력하여라.

Example

입력	출력
123 234 345	1 0 1 0 0 0 0 1 0 4

코딩마법서

1권 STONE VERSION
코딩테스트와 알고리즘을 위한 C/C++

제30장

일차원 배열의 시프트 Shift

30.1 배열의 1번 인덱스부터 사용하기
30.2 왼쪽 시프트 Left Shift
30.3 오른쪽 시프트 Right Shift
30.4 배열에 담기
30.5 연습문제

오일러BOOKS

30.1 배열의 1번 인덱스부터 사용하기

5개의 데이터를 배열에 저장하기 위해서 아래와 같이 배열을 선언한다면 배열의 요소로 a[0], a[1], a[2], a[3], a[4]까지 5개의 저장 공간을 사용할 수 있다.

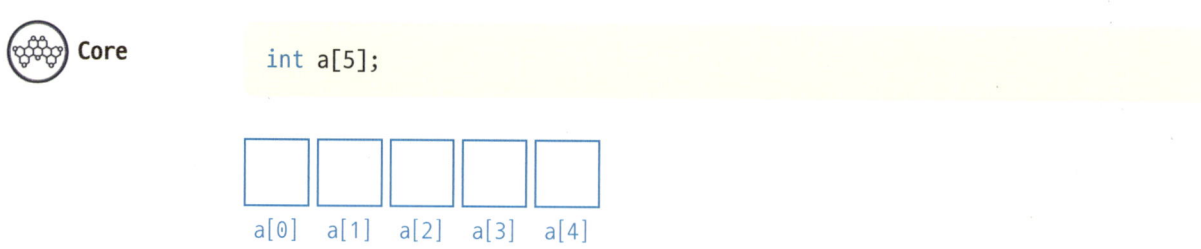

개발을 한다거나 또는 과거와 같이 메모리의 절약을 위해서는 배열을 0번 인덱스부터 사용하는 것이 일반화되어 있다. 하지만 코딩 테스트를 위해서 수학적인 계산을 한다거나 또는 알고리즘(Algorithm)을 활용하여 문제를 해결하기 위해서는 오래된 경험을 놓고 봤을 때 0번 인덱스를 비워두고 1번 인덱스부터 사용하는 것이 문제를 계산하기에 조금 더 편리할 때가 많이 있다.

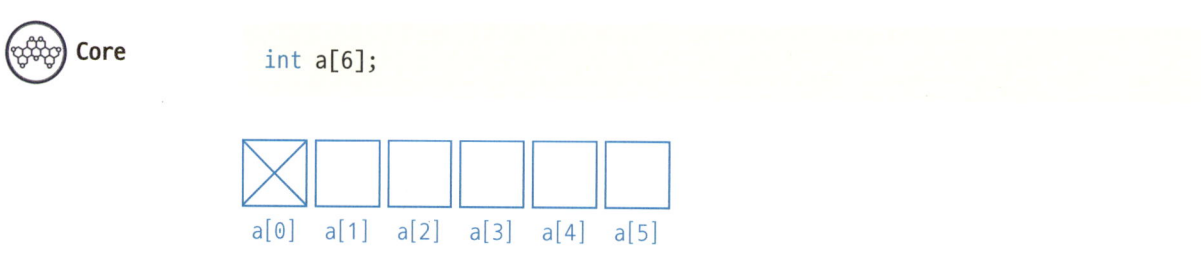

배열을 0번 인덱스부터 사용하는 개발자거나 또는 오래된 프로그램의 경험자들은 배열을 1번 인덱스부터 사용하는 것이 처음에는 다소 불편할 수도 있다. 하지만 코딩 테스트에서는 이렇게 1번 인덱스부터 사용하여 작성하는 것이 초보자들은 실수를 줄일 수 있고 숙련자들은 조금 더 효율적으로 프로그래밍을 작성하여 문제를 해결하는데 유리할 수 있기 때문에 코딩 마법서에서는 앞으로 0번 인덱스는 비워두고 1번 인덱스부터 사용하는 방법으로 코딩을 해나갈 것이다. 0번 인덱스부터 사용하는 숙련자들도 1번 인덱스부터 사용하는 것을 경험해본다면 나쁘지 않다는 것을 나중에 알게 될 것이다.

> 배열을 1번 인덱스부터 사용하고자 할 때, 배열의 0번 인덱스의 공간을 만들지 않고 바로 1번 인덱스의 공간부터 만들어 사용할 수는 없다. 따라서 배열을 선언할 때 입력으로 들어오는 데이터의 최대 개수보다 배열의 길이는 항상 1개가 더 많도록 선언되어야 함을 언제나 기억하고 있어야 한다.

30.2 왼쪽 시프트 Left Shift

일차원 배열의 첫 번째 요소의 값을 마지막 요소의 값으로 보내고 나머지 요소들은 자기 자신의 왼쪽 인덱스의 값으로 하나씩 이동하는 작업을 일차원 배열의 **왼쪽 시프트(Left Shift)**라고 한다.

배열 a를 왼쪽 그림과 같이 초기화한 후, 왼쪽으로 한 칸씩 시프트(Shift)하기 위해서 아래 다음과 같이 프로그램을 작성하게 되면 어떻게 될까?

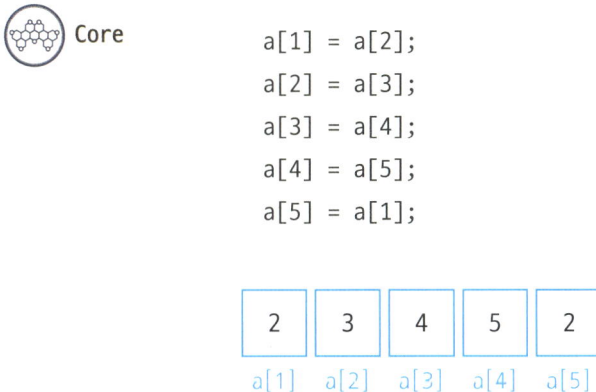

첫째 줄에서 a[1]의 값은 a[2]의 값 2가 대입되었기 때문에 마지막 줄에서 a[5]의 값으로 a[1]의 값을 대입하게 되면 a[1]의 값 2가 대입된다. 그럼 아래 다음과 같이 작성하게 되면 어떻게 될까?

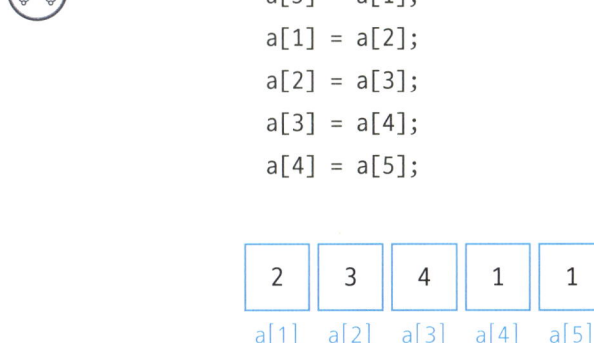

첫째 줄에서 a[5]의 값은 a[1]의 값 1이 대입되었기 때문에 마지막 줄에서 a[4]의 값으로 a[5]의 값 1이 대입되어 원하는 결과를 얻을 수 없다. 따라서 배열을 왼쪽으로 한 칸씩 시프트(Shift)하기 위해서는 배열의 첫 번째 요소의 값을 잠시 저장해서 보관하기 위한 임시 변수가 하나 더 필요하다.

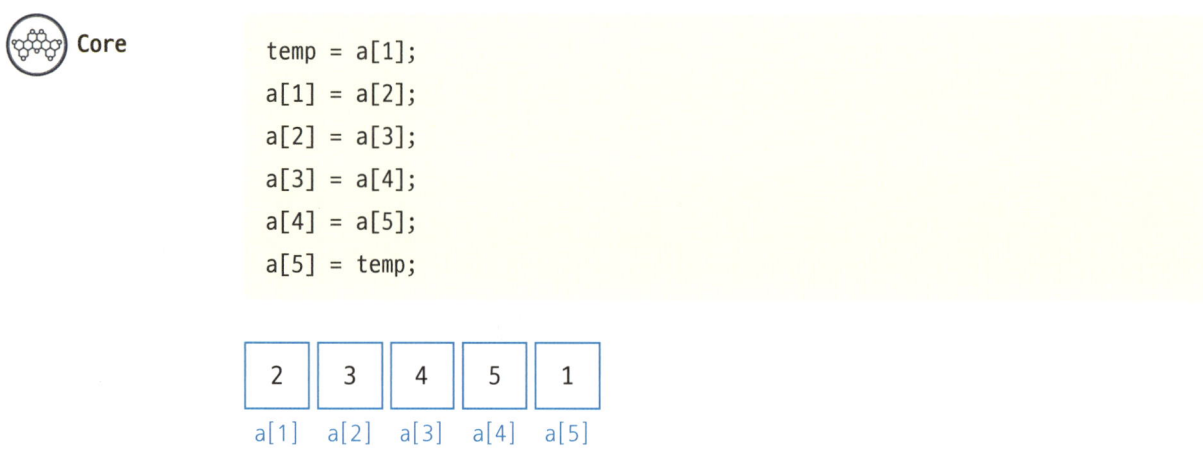

먼저 임시 변수 temp에 a[1]의 값 1을 저장한다. 둘째 줄부터 배열의 요소의 값들을 왼쪽으로 한 칸씩 이동시킨 후 마지막 줄에서 a[5]의 값으로 temp에 저장되어 있던 값 1을 a[5]에 대입하면 왼쪽으로 한 칸씩 이동된 결과를 얻을 수 있다.

```
a[1] = a[2];
a[2] = a[3];
a[3] = a[4];
a[4] = a[5];
```

같은 결과

```
for (i = 1; i <= 4; i++)
{
    a[i] = a[i + 1];
}
```

왼쪽의 구문에서 l-value에 있는 배열의 인덱스는 1부터 4까지 4줄이고 r-value에 있는 배열의 인덱스는 l-value에 있는 배열의 인덱스보다 모두 1이 크다. 따라서 오른쪽과 같이 for문을 이용하여 작성한다면 좀 더 효율적으로 많은 양의 데이터도 쉽게 시프트(Shift) 시킬 수 있다.

 **Tip** 임시 저장형 변수명 temp의 뜻은 temparary의 약자로 '임시의', '일시적인'과 같은 뜻을 가진다. 많은 프로그래머들이 임시 저장형 변수의 이름을 temp 또는 tmp로 명명하는 경우가 많이 있다.

Coding

```c
#include <cstdio>

int main(void)
{
    int i, temp, a[6] = { 0, 1, 2, 3, 4, 5 };

    temp = a[1];
    a[1] = a[2];
    a[2] = a[3];
    a[3] = a[4];
    a[4] = a[5];
    a[5] = temp;

    for (i = 1; i <= 5; i++)
        printf("%d ", a[i]);
    return 0;
}
```

Interpret

- 5번째 줄은 임시 변수 temp와 배열 a를 선언과 동시에 초기화하였다. 배열에 사용될 데이터는 1, 2, 3, 4, 5로 모두 5개지만 배열의 1번 인덱스부터 사용하기 위해서 배열의 길이를 6으로 선언하였다. 배열의 초기화 과정에서 0번 인덱스에 초기화될 데이터를 지정해 놓아야지만 다음에 주어지는 수들이 1번 인덱스부터 차례로 초기화되기 때문에 0번 인덱스의 값을 임의의 값 0으로 초기화하였다.

- 7번째 줄은 a[1]의 값 1을 temp에 임시로 저장해 놓았다. 8번째 줄은 a[2]의 값 2를 a[1]에 대입한다. 9번째 줄은 a[3]의 값 3을 a[2]에 대입한다. 10번째 줄은 a[4]의 값 4를 a[3]에 대입한다. 11번째 줄은 a[5]의 값 5를 a[4]에 대입한다.

- 12번째 줄은 임시 변수 temp에 저장되어 있던 a[1]의 값 1을 a[5]에 대입한다.

- 14, 15번째 줄은 배열 a의 값을 출력의 첫째 줄에 한 개의 공백으로 분리하여 출력한다.

Output

```
2 3 4 5 1
```

30.3 오른쪽 시프트 Right Shift

일차원 배열의 마지막 요소의 값을 첫 번째 요소의 값으로 보내고 나머지 요소들은 자기 자신의 오른쪽 인덱스의 값으로 하나씩 이동하는 작업을 일차원 배열의 **오른쪽 시프트(Right Shift)**라고 한다.

배열 a를 왼쪽 그림과 같이 초기화한 후, 오른쪽으로 한 칸씩 시프트(Shift)하기 위해서 아래 다음과 같이 프로그램을 작성하게 되면 어떻게 될까?

Core

```
temp = a[5];
a[2] = a[1];
a[3] = a[2];
a[4] = a[3];
a[5] = a[4];
a[1] = temp;
```

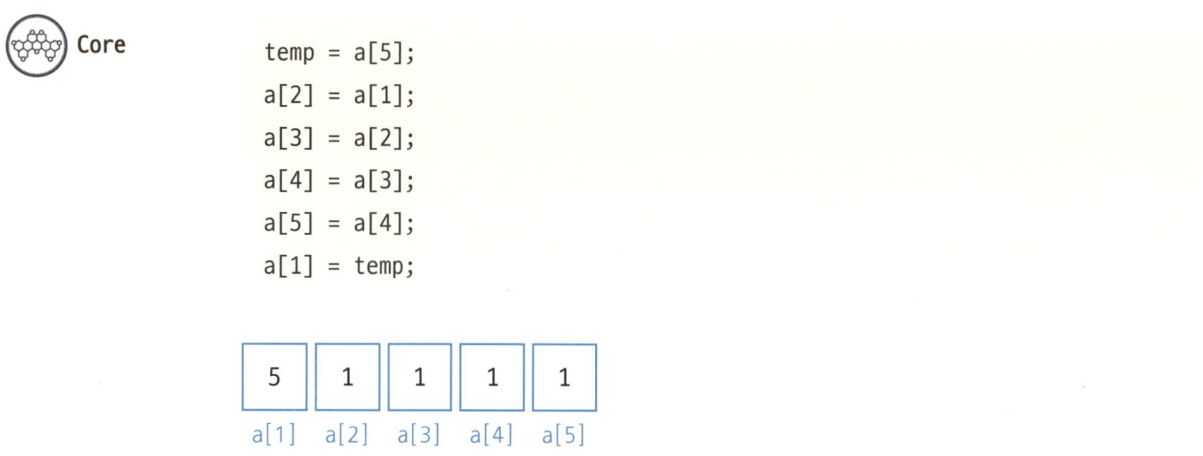

첫째 줄에서 임시 변수 temp에 a[5]의 값 5를 저장한다. 둘째 줄에서 a[2]에 a[1]의 값 1을 대입한다. 다음 줄에서 a[3]에 a[2]의 값을 대입하는데 둘째 줄에서 a[2]의 값이 1로 변환되었기 때문에 a[3]의 값에는 a[2]의 값 1이 저장된다. 마찬가지로 a[4]에도 a[3]의 값 1이 저장되고, a[5]에도 a[4]의 값 1이 저장된다. 마지막으로 a[1]에 temp에 저장되어 있던 5를 대입하므로 a[1]에는 5가 저장된다. 따라서 배열을 오른쪽으로 한 칸씩 시프트(Shift)를 하기 위해서는 연산 순서를 뒤에서부터 앞으로 처리해야 한다.

Core

```
temp = a[5];
a[5] = a[4];
a[4] = a[3];
a[3] = a[2];
a[2] = a[1];
a[1] = temp;
```

5	1	2	3	4
a[1]	a[2]	a[3]	a[4]	a[5]

먼저 임시 변수 temp에 a[5]의 값 5를 저장한다. 둘째 줄부터 차례로 배열의 요소의 값들을 뒤에서부터 오른쪽으로 한 칸씩 이동시킨 후 마지막 줄에서 a[1]의 값으로 임시로 저장해 두었던 temp의 값 5를 대입하면 오른쪽으로 한 칸씩 이동된 결과를 얻을 수 있다.

Core

```
a[5] = a[4];
a[4] = a[3];
a[3] = a[2];
a[2] = a[1];
```

같은 결과

```
for (i = 5; i >= 2; i--)
{
    a[i] = a[i - 1];
}
```

왼쪽의 구문에서 l-value에 있는 배열의 인덱스는 5부터 2까지 4줄이고 r-value에 있는 배열의 인덱스는 l-value에 있는 인덱스보다 모두 1이 작다. 따라서 오른쪽과 같이 for문을 이용하여 작성한다면 좀 더 효율적으로 많은 양의 데이터도 쉽게 시프트(Shift) 시킬 수 있다.

 Coding

```c
#include <cstdio>

int main(void)
{
    int i, temp, a[6] = { 0, 1, 2, 3, 4, 5 };

    temp = a[5];
    a[5] = a[4];
    a[4] = a[3];
    a[3] = a[2];
    a[2] = a[1];
    a[1] = temp;

    for (i = 1; i <= 5; i++)
        printf("%d ", a[i]);
    return 0;
}
```

 Interpret

- 5번째 줄은 임시 변수 temp와 배열 a를 선언과 동시에 초기화하였다. 배열에 사용될 데이터는 1, 2, 3, 4, 5로 모두 5개지만 배열의 1번 인덱스부터 사용하기 위해서 배열의 길이를 6으로 선언하였다. 배열의 초기화 과정에서 0번 인덱스에 초기화될 데이터를 지정해 놓아야지만 다음에 주어지는 수들이 1번 인덱스부터 차례로 초기화되기 때문에 0번 인덱스의 값을 임의의 값 0으로 초기화하였다.

- 7번째 줄은 a[5]의 값 5를 temp 변수에 임시로 저장해 놓았다. 8번째 줄은 a[4]의 값 4를 a[5]에 대입한다. 9번째 줄은 a[3]의 값 3을 a[4]에 대입한다. 10번째 줄은 a[2]의 값 2를 a[3]에 대입한다. 11번째 줄은 a[1]의 값 1을 a[2]에 대입한다.

- 12번째 줄은 임시 변수 temp에 저장되어 있던 a[5]의 값 5를 a[1]에 대입한다.

- 14, 15번째 줄은 배열 a의 값을 출력의 첫째 줄에 한 개의 공백으로 분리하여 출력한다.

 Output

```
5 1 2 3 4
```

30.4 배열에 담기

10의 약수들을 배열에 담아서 출력해보자. 순환문이 회전하기 전에 cnt는 0으로 초기화되어 있다.

Core

```
for (i = 1 ; i <= 10 ; i++)
    if (10 % i == 0)
    {
        cnt++;
        a[cnt] = i;
    }
```

같은 결과

```
for (i = 1 ; i <= 10 ; i++)
    if (10 % i == 0)
        a[++cnt] = i;
```

1	2	5	10	
a[1]	a[2]	a[3]	a[4]	a[5]

i의 값이 1일 때 조건문을 만족하므로 cnt의 값이 1 증가되어 배열 a의 첫 번째 요소 a[1]에 1이 대입된다. i의 값이 2일 때 조건문을 만족하므로 cnt의 값은 2가 되고 배열 a의 두 번째 요소 a[2]에 2가 대입된다. i의 값이 5일 때 조건문을 만족하므로 cnt의 값은 3이 되고 배열 a의 세 번째 요소 a[3]에 5가 대입된다. i의 값이 10일 때 조건문을 만족하므로 cnt의 값은 4가 되고 배열 a의 네 번째 요소 a[4]에 10이 대입된다. 즉, 모든 순환문을 회전한 후 cnt의 값 4는 10의 약수의 개수가 되고 배열의 첫 번째 요소 a[1]부터 네 번째 요소 a[4]까지 10의 약수가 차례로 들어있다. 우측에 있는 문장은 **선증가 후대입** 연산으로 먼저 cnt의 값을 증가시킨 후 a[cnt] 위치에 값을 대입하기 때문에 좌측의 실행 결과와 우측의 실행 결과는 같다.

Coding

```c
#include <cstdio>

int main(void)
{
    int a[10], cnt = 0;
    int i;

    for (i = 1 ; i <= 10 ; i++)
        if (10 % i == 0)
            a[++cnt] = i;

    for (i = 1; i <= cnt; i++)
        printf("%d\n", a[i]);
    return 0;
}
```

**Interpret**

- 5번째 줄은 배열 a를 선언하고 cnt를 선언과 동시에 0으로 초기화하였다. cnt는 배열 a에 저장될 데이터의 개수를 카운팅하기 위한 변수이다.

- 8번째 줄부터 10번째 줄은 10의 약수를 배열 a에 한 개씩 차례로 담고 있다. 순환문이 종료되면 cnt는 10의 약수의 개수인 4가 된다.

- 12, 13번째 줄은 배열 a에 담긴 10의 약수를 각 줄에 출력한다.

**Output**

```
1
2
5
10
```

30.5 연습문제 Exercise

① 10개의 데이터 1, 2, 3, 4, 5, 6, 7, 8, 9, 10을 일차원 배열에 초기화시킨 후 왼쪽으로 한 칸씩 시프트(Shift)를 시키는 프로그램을 **for문을 이용하여** 작성하여라.

Input Form 입력형식 없음.

Output Form 왼쪽으로 한 칸씩 시프트(Shift)된 결과를 한 개의 공백으로 분리하여 첫째 줄에 출력하여라.

Example

출력
2 3 4 5 6 7 8 9 10 1

② 10개의 데이터 1, 2, 3, 4, 5, 6, 7, 8, 9, 10을 일차원 배열에 초기화시킨 후 오른쪽으로 한 칸씩 시프트(Shift)를 시키는 프로그램을 **for문을 이용하여** 작성하여라.

Input Form 입력형식 없음.

Output Form 오른쪽으로 한 칸씩 시프트(Shift)된 결과를 한 개의 공백으로 분리하여 첫째 줄에 출력하여라.

Example

출력
10 1 2 3 4 5 6 7 8 9

③ 50 이하의 소수를 **배열에 담아서** 출력하는 프로그램을 작성하여라.

Input Form 입력형식 없음.

Output Form 배열에 담긴 50 이하의 소수를 작은 수부터 큰 수 순으로 각 줄에 한 개씩 차례로 출력하여라.

Example

출력
2
3
5
7
11
13
17
19
23
29
31
37
41
43
47

1115
다음 라운드

실행 제한시간 **1초**
메모리 사용 제한 **32MB**

이번 라운드의 콘테스트 규칙은 0점이 아니면서 K번째 참가자의 점수보다 크거나 같으면 다음 라운드에 진출할 수 있다.

N명의 참가자에 대한 점수가 주어지고, 이미 여러분들은 그들의 점수를 알고 있다. (N≥K) 다음 라운드에 진출할 수 있는 참가자의 수는 얼마나 되는지 구하여라.

Input Form 첫째 줄에는 두 개의 정수 N과 K(1≤K≤N≤50)가 한 개의 공백으로 분리되어 주어진다. 둘째 줄에는 i번째 참가자가 획득한 점수 A_1, A_2, ⋯ , A_N(0≤A_i≤100)을 나타내는 N개의 정수 A_i가 한 개의 공백으로 분리되어 주어진다. 입력으로 주어지는 수열은 감소수열이다. (따라서 1부터 N - 1번째까지의 모든 i번째 수열에 대해서 A_i≥A_{i+1}이 성립한다.)

Output Form 다음 라운드에 진출하는 참가자의 수를 첫째 줄에 출력하여라.

 **Example**

입력	출력
8 5 10 9 8 7 7 5 5 5	6

입력	출력
4 2 0 0 0 0	0

Note 첫 번째 테스트 케이스에서 5번째 참가자가 획득한 점수는 7점이다. 따라서 6번째 참가자의 점수까지가 7점이기 때문에 6명의 참가자가 다음 라운드에 진출한다.

두 번째 테스트 케이스에서 어느 누구도 점수를 획득하지 못하였기 때문에 다음 라운드에 진출할 수 있는 참가자는 없다.

1117
데이터 박스

실행 제한시간 **1초**
메모리 사용 제한 **64MB**

오일러는 olleh kt로부터 매달 X MB의 데이터를 공급받는다. 만일 그달에 사용하고 남은 데이터가 있다면 다음 달로 이월하여 사용할 수 있다. 물론 오일러가 가지고 있는 데이터의 용량을 넘어서는 사용할 수 없다.

오일러가 N개월 동안 사용한 데이터의 용량이 여러분들에게 주어지면 오일러가 N + 1번째 되는 달에 사용할 수 있는 데이터의 용량은 얼마나 되는지 구하여라.

Input Form 첫째 줄에 한 개의 정수 X(1≤X≤100)가 주어진다. 둘째 줄에는 한 개의 정수 N(1≤N≤100)이 주어진다. 셋째 줄부터 오일러가 각 달에 사용한 데이터의 용량 P_i를 나타내는 정수가 순서대로 N개의 줄에 걸쳐서 주어진다. 오일러가 가지고 있는 데이터의 용량보다 더 많은 데이터를 사용할 수 없기 때문에 P_i는 오일러가 가진 데이터의 용량을 넘어가지는 않는다.

Output Form 문제에서 요구하는 정답을 첫째 줄에 출력하여라.

Example

입력	출력
10 3 4 6 2	28

Note 첫 번째 달에 10MB를 제공받고 4MB를 사용하고 6MB를 다음 달로 이월시킨다. 두 번째 달에 다시 10MB를 제공받아 16(= 10 + 6)MB의 데이터에서 6MB를 사용하고 남은 10MB의 데이터를 다음 달로 이월시킨다. 세 번째 달에 다시 10MB를 제공받아 20(= 10 + 10)MB의 데이터가 되고 이 중에서 2MB를 사용하고 나머지 18MB를 다음 달로 이월시킨다. 네 번째 달에는 제공받은 10MB와 이월된 18MB를 합쳐서 오일러는 모두 28MB의 데이터를 사용할 수 있다.

2010
블록 쌓기

실행 제한시간	1초
메모리 사용 제한	8MB

오일러는 블록 쌓는 것을 좋아한다. 그는 크기가 같은 여러 개의 블록들을 서로 다른 블록 위에 쌓아서 다른 높이를 가지는 여러 개의 블록 더미를 만들었다. "자!, 멋지게 쌓여진 블록 더미들을 봐라!" 오일러는 그의 누나에게 자랑하였다. 하지만 그의 누나는 "모든 블록 더미들의 높이가 같아야만 제대로 쌓았다고 할 수 있지"라고 말하였다. 오일러는 곰곰이 생각하더니, 그녀의 말이 맞는 것 같아서 놓여있는 블록들을 다시 하나하나 재배열하여 모든 블록 더미들의 높이가 같도록 하고자 하였다. 하지만 그는 게을러서 최소한의 블록들을 움직여서 같은 높이가 되도록 하기를 원한다. 그를 도와줄 수 있겠는가?

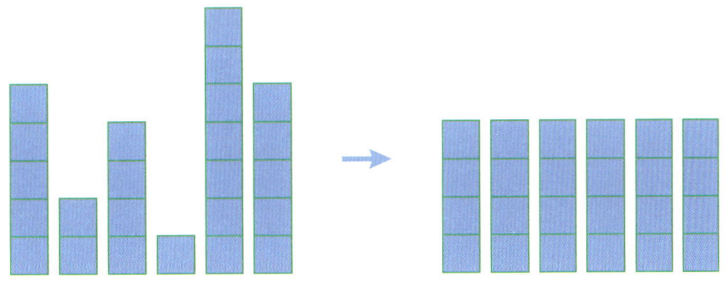

Input Form 첫째 줄에 블록 더미의 수 N이 주어진다. 둘째 줄에는 각각의 블록 더미에 대한 높이 H_i가 한 개의 공백으로 분리되어 N개가 주어진다. ($1 \le N \le 50$, $1 \le H_i \le 100$)

블록의 총 개수는 반드시 블록 더미의 개수로 나누어진다. 따라서, 블록을 재배열하여 모든 블록 더미의 높이를 같게 만드는 것은 언제나 가능하다.

Output Form 모든 블록 더미의 높이를 같게 만들기 위해서 움직여야 하는 최소 블록의 개수 K를 첫째 줄에 출력하여라.

Example

입력	출력
6 5 2 4 1 7 5	5

2137
평균 수열

실행 제한시간	1초
메모리 사용 제한	32MB

오일러는 수학 수업 시간에 배운 새로운 산술 연산에 대해서 흥미로워하고 있다. 먼저 정수로 구성된 수열 A를 만든다. 첫 번째 수열 A를 통해서 수열 A의 평균값으로 구성된 또 다른 수열 B를 만든다.

예를 들어서, 정수로 구성된 수열 A가 다음과 같다면,

$$1, 5, 3, 7, 9$$

정수로 구성된 다른 수열 B는 다음과 같다.

$$\frac{1}{1}, \frac{1+5}{2}, \frac{1+5+3}{3}, \frac{1+5+3+7}{4}, \frac{1+5+3+7+9}{5}$$

이것을 계산하면 다음과 같다.

$$1, 3, 3, 4, 5$$

여러분들에게는 수열 B가 주어질 것이다. 첫 번째 수열 A를 구하여라.

Input Form 첫째 줄에는 수열 B의 길이를 나타내는 한 개의 정수 N(1≤N≤100)이 주어진다. 둘째 줄에는 수열 B에 해당하는 정수 B_i(1≤B_i≤10^9)가 한 개의 공백으로 분리되어 차례대로 N개가 주어진다.

Output Form 수열 A에 해당하는 정수 A_i를 한 개의 공백으로 분리하여 차례대로 첫째 줄에 출력하여라. (1≤A_i≤10^9)

Example

입력	출력
5 1 3 3 4 5	1 5 3 7 9

1121 참치

실행 제한시간 **1초**
메모리 사용 제한 **64MB**

오일러는 지난밤에 N마리의 참치를 잡았다. 오일러는 특별한 앱의 도움을 받아 일본의 유명한 참치 회사에 지난 밤에 잡은 참치를 모두 팔려고 한다. 이 앱은 특별한 방식으로 참치의 값어치 또는 가격을 측정한다. 참치의 사진을 앱에 올리면 두 개의 값 P_1과 P_2를 측정한다. 만일 두 값의 차이가 X보다 작거나 같다면 두 개의 값 중 큰 값이 참치의 값어치가 된다. 만일 두 값의 차이가 X보다 크다면 앱에서 측정한 새로운 값 P_3가 참치의 값어치가 된다. N마리의 참치에 대한 측정값(경우에 따라서 어떤 참치는 두 개, 어떤 참치는 세 개)이 주어지면 모든 참치의 값어치는 얼마가 되는지 구하는 프로그램을 작성하여라.

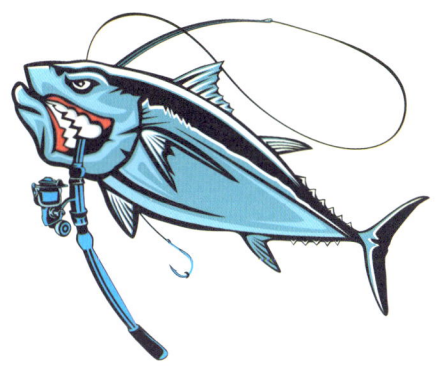

Input Form 첫째 줄에 참치의 마리 수를 나타내는 한 개의 정수 N(1≤N≤20)이 주어진다. 둘째 줄에는 한 개의 정수 X(1≤X≤10)가 주어진다. 셋째 줄부터는 N마리의 참치에 대한 측정값이 경우에 따라서 아래 두 개의 경우로 나누어서 주어진다.

- 두 개의 정수 P_1, P_2가 주어진다. (1≤P_1, P_2≤100)
- 두 개의 정수 P_1, P_2가 주어진 후 바로 아래 줄에 P_3(1≤P_3≤100)가 주어진다. (1≤P_1, P_2≤100)

Output Form 오일러가 잡은 모든 참치의 값어치를 첫째 줄에 출력하여라.

Example

입력	출력
4	22
2	
3 5	
2 8	
4	
6 5	
6 3	
7	

Note

오일러는 모두 4마리의 참치를 잡았다. 첫 번째 참치를 앱으로 측정했을 때 측정값으로 3과 5가 나온다. 측정값의 차이는 2보다 작거나 같으므로 첫 번째 참치의 값어치는 5가 된다. 두 번째 참치를 측정했을 때 측정값으로 2와 8이 나오는데 이 값의 차이는 2보다 크다. 따라서 앱에서 측정해 준 값 4가 참치의 값어치가 된다. 세 번째 참치의 값어치는 6(6 - 5 ≤ 2)이고 네 번째 참치의 측정값 6과 3의 차이는 2보다 크기 때문에 참치의 값어치는 앱에서 측정해 준 값 7이 된다.

1084
Doubles

실행 제한시간 1초
메모리 사용 제한 32MB

여러분들의 산술적 능력을 테스트하기 위해서 2개 이상 15개 이하의 중복되지 않는 양의 정수 리스트가 주어질 것이다. 주어지는 정수들의 리스트 안에서 각 정수의 2의 배수가 리스트 안에 몇 개나 있는지 구해야 한다. 예를 들어 아래의 리스트에서

1 4 3 2 9 7 18 22

1의 2의 배수는 2이고, 2의 2의 배수는 4이고, 9의 2의 배수는 18이므로 정답은 3이 된다.

Input Form

첫째 줄에 2개 이상 15개 이하의 중복되지 않는 리스트가 주어진다. 주어지는 리스트의 요소는 99보다 크지 않는 양의 정수이다. 그리고 마지막으로 입력의 마지막을 의미하는 정수 0이 주어진다. 마지막으로 주어지는 0은 리스트에 포함되지 않는다.

Output Form

주어지는 정수들의 리스트 안에서 각 정수의 2의 배수가 리스트 안에 몇 개나 있는지 첫째 줄에 출력하여라.

Example

입력	출력
1 4 3 2 9 7 18 22 0	3

1104
토끼 사냥

실행 제한시간 1초
메모리 사용 제한 32MB

왕국의 토끼들은 상당히 영리하기 때문에 특별한 장소에만 서식한다. 오일러에게 그들이 서식하는 장소를 공급하였다. 토끼들이 서식하는 장소는 다음과 같다. 두 개의 양의 정수 $P(1 \leq P \leq 6,000)$와 $Q(1 \leq Q \leq 6,000)$가 주어진다면, 그들은 평면상에 P의 약수를 가지는 x좌표와 Q의 약수를 가지는 y좌표에 서식한다. 토끼가 서식하는 좌표(x, y)를 모두 구하여라.

예를 들어서 P = 24와 Q = 2가 주어진다면,

P = 24의 약수는 1, 2, 3, 4, 6, 8, 12, 24이고
Q = 2의 약수는 1, 2이다.

따라서 토끼가 서식하는 장소의 좌표는 (1, 1), (1, 2), (2, 1), (2, 2), (3, 1), … 이 될 수 있다.

Input Form   첫째 줄에는 두 개의 정수 P와 Q가 주어진다.

Output Form   토끼가 서식하는 x좌표와 y좌표를 오름차순으로 정렬하여 각 줄에 출력하여라. x좌표가 작은 좌표를 우선순위를 두고, 만일 x좌표가 같다면 y좌표가 작은 좌표를 우선순위를 둔다.

 **Example**

입력	출력
24 2	1 1
	1 2
	2 1
	2 2
	3 1
	3 2
	4 1
	4 2
	6 1
	6 2
	8 1
	8 2
	12 1
	12 2
	24 1
	24 2

2022 왕국 곱셈

실행 제한시간 **1초**
메모리 사용 제한 **64MB**

오일러는 일반적인 곱셈 방식에 싫증을 느껴 오일러만의 독특한 곱셈 방식을 만들었다. 독특한 곱셈 방식은 두 수 A * B는 A의 각 자릿수의 숫자와 B의 각 자릿수의 숫자들의 쌍을 만들어 서로 곱한 후 모두 합한 값이다. 예를 들어 123 * 45는 (1 * 4) + (1 * 5) + (2 * 4) + (2 * 5) + (3 * 4) + (3 * 5) = 54이다. 두 수 A와 B(1≤A,B≤1,000,000,000)가 주어지면 오일러만의 방식으로 두 수 A와 B의 곱을 구하여라.

Input Form 첫째 줄에는 두 개의 정수 A와 B가 주어진다.

Output Form 오일러만의 방식으로 두 수 A와 B의 곱을 계산하여 첫째 줄에 출력하여라.

Example

입력	출력
123 45	54

코딩마법서

1권 STONE VERSION
코딩테스트와 알고리즘을 위한 C/C++

제31장

**최대, 최소, 최빈
Max, Min, Mode**

31.1 최댓값, 최솟값 Max, Min
31.2 최빈값 Mode
31.3 연습문제

오일러BOOKS

31.1 최댓값, 최솟값 Max, Min

5개의 데이터 33, 67, 23, 87, 95가 일차원 배열에 다음과 같이 초기화되어 있다.

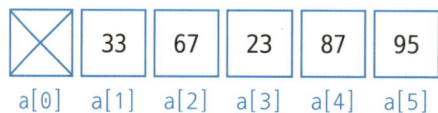

주어진 배열에서 최댓값과 최솟값을 찾는 문제이다. 배열의 첫 번째 요소 a[1]의 값을 최댓값이라 가정하고 maxv에 대입하자. 마찬가지로 배열의 첫 번째 요소 a[1]의 값을 최솟값이라 가정하고 minv에 대입하자. 그리고 배열의 두 번째 요소부터 검색해서 maxv보다 큰 값을 갖는 요소 a[i]가 있다면 maxv의 값을 a[i]로 변경해준다. 마찬가지로 minv보다 작은 값을 갖는 요소 a[i]가 있다면 minv의 값을 a[i]로 변경해준다. 만일 배열을 검색해서 maxv보다 큰 값이 없다면 처음에 가정으로 세운 maxv의 값이 최댓값이 되고 minv보다 작은 값이 없다면 처음에 가정으로 세운 minv의 값이 최솟값이 된다.

 Coding

```c
#include <cstdio>

int main(void)
{
    int a[6] = { 0, 33, 67, 23, 87, 95 };
    int i, maxv, minv;

    maxv = minv = a[1];
    for (i = 2; i <= 5; i++)
    {
        if (maxv < a[i])
            maxv = a[i];
        if (minv > a[i])
            minv = a[i];
    }
    printf("%d\n", maxv);
    printf("%d\n", minv);
    return 0;
}
```

 **Interpret**
- 5번째 줄은 배열 a를 선언과 동시에 초기화하였다. 6번째 줄은 최댓값, 최솟값을 구하기 위한 정수형 변수 maxv와 minv을 선언하였다.
- 8번째 줄은 maxv와 minv의 초깃값을 a[1]의 값 33으로 초기화하였다.
- 9번째 줄부터 15번째 줄은 배열 a의 2번 인덱스부터 5번 인덱스까지 검색하여 maxv보다 큰 a[i]의 값을 찾아서 maxv의 값을 변경한다. 마찬가지로 minv보다 작은 a[i]의 값을 찾아서 minv의 값을 변경한다.
- 16번째 줄은 배열 a에서의 최댓값을 출력의 첫째 줄에 출력한다.
- 17번째 줄은 배열 a에서의 최솟값을 출력의 둘째 줄에 출력한다.

 **Output**

31.2
최빈값 Mode

5개의 데이터 1, 2, 2, 2, 10이 일차원 배열에 다음과 같이 초기화되어 있다.

주어진 배열에서 빈도수가 가장 높은 최빈값 2를 찾는 문제이다. 최빈값을 찾기 위해서는 한 개의 배열이 더 필요하다. 배열 b는 모두 0으로 초기화되어 있다.

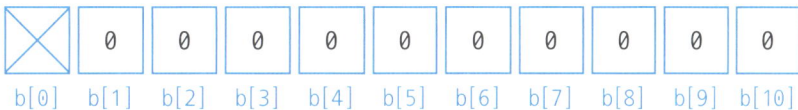

 **Core**

```
for (i = 1; i <= 5; i++)
    b[a[i]]++;
```

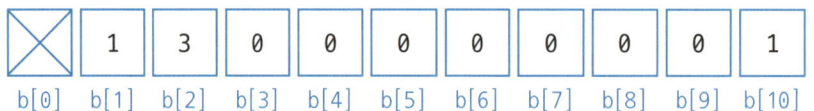

i의 값이 1일 때 a[i]의 값은 1이므로 b[1]의 값이 1 증가되어 1이 된다. i의 값이 2일 때 a[i]의 값은 2이므로 b[2]의 값이 1 증가되어 1이 된다. i의 값이 3일 때 a[i]의 값은 2이므로 b[2]의 값이 1 증가되어 2가 된다. i의 값이 4일 때 a[i]의 값은 2이므로 b[2]의 값이 1 증가되어 3이 된다. i의 값이 5일 때 a[i]의 값은 10이므로 b[10]의 값이 1 증가되어 1이 된다. 최빈값을 찾는 문제를 최댓값을 찾는 문제로 변경하였다. 즉, 배열 b에서 최댓값을 찾으면 3이 되고 그때의 인덱스(index)의 값은 2가 된다. 2가 모두 3번 발생되었기 때문에 b[2]의 값이 3이 된 것이다.

 **Coding**

```
1   #include <cstdio>
2
3   int main(void)
4   {
5       int a[6] = { 0, 1, 2, 2, 2, 10 }, b[11] = { 0 };
6       int i, maxv = 0, idx;
7
8       for (i = 1; i <= 5; i++)
9           b[a[i]]++;
10      for (i = 1 ; i <= 10 ; i++)
11          if (maxv < b[i])
12          {
13              maxv = b[i];
14              idx = i;
15          }
16      printf("%d", idx);
17      return 0;
18  }
```

 **Interpret**

- 5번째 줄은 길이가 6인 일차원 배열 a를 선언하였고 배열의 요소 a[1]의 값으로 1을, a[2]의 값으로 2를, … , 마지막으로 a[5]의 값으로 10을 초기화하였다. 그리고 길이가 11인 배열 b를 선언과 동시에 모두 0으로 초기화하였다. 배열 b는 배열 a의 빈도수를 나타내기 위한 배열이다.

- 8, 9번째 줄은 배열 a의 값에 따라서 배열 b의 값을 증가한다. 즉, 배열 a에서 2가 3번 발생했기 때문에 배열 b의 요소 b[2]의 값은 3이 된다.
- 10번째 줄부터 15번째 줄은 배열 b에서 최댓값과 그때의 위치를 찾는 구문이다. maxv의 값은 처음에 0으로 초기화되어 있다. i의 값이 1일 때 b[1]의 값은 1이므로 maxv의 값은 1로, idx의 값은 그때의 인덱스 1로 변경된다. 다시 i의 값이 2일 때 b[2]의 값은 3이므로 maxv의 값은 3으로 idx의 값은 그때의 인덱스 2로 변경된다. i의 값이 3부터 10까지는 maxv보다 큰 b[i]의 값은 없으므로 maxv 값의 변경은 발생되지 않는다.
- for문의 회전이 끝나고 16번째 줄에서 최빈값 idx를 출력의 첫째 줄에 출력한다.

```
2
```

최댓값과 최댓값의 위치를 구하기 위해서는 조건문에서 maxv의 값이 변경된다면, 그때의 위치도 반드시 같이 변경되어야 하는 것을 기억하자. 당연한 얘기 같지만 실제로 그렇게 하지 못하는 경우가 너무나도 많다.

31.3 연습문제 Exercise

1 10개의 데이터 7, -5, 4, -99, 45, 11, 0, 8, 50, 77을 일차원 배열에 초기화시킨 후 최댓값과 최솟값 그리고 총합을 구하는 프로그램을 작성하여라.

Input Form 입력형식 없음.

Output Form 첫째 줄은 최댓값을 출력하고, 둘째 줄은 최솟값을 출력하고, 셋째 줄은 총합을 출력하여라.

Example

출력
77
-99
98

1023
최댓값과 최솟값

실행 제한시간 **1초**
메모리 사용 제한 **32MB**

N개의 정수가 주어진다. 최댓값과 최솟값을 찾는 프로그램을 작성하여라. 입력으로 주어지는 N의 개수는 최대 100개이고 주어지는 값들은 -10,000부터 10,000 이하의 정수이다.

Input Form 첫째 줄은 데이터의 개수 N(1≤N≤100)이 주어진다. 둘째 줄에는 -10,000 이상 10,000 이하의 N개의 정수가 한 개의 공백으로 분리되어 주어진다.

Output Form 첫째 줄은 최댓값을 출력하고 둘째 줄은 최솟값을 출력하여라.

Example

입력
12 567 455 333 678 245 333 15 444 333 678 879 321

출력
879 15

1137
가장 큰 수

실행 제한시간 1초
메모리 사용 제한 32MB

서로 다른 9개의 양의 정수가 오일러에게 주어졌다. 주어진 양의 정수 중에서 가장 큰 수가 어떤 수이고 그 수는 몇 번째 위치에 놓여있는지 찾아야 한다.

예를 들어서 서로 다른 9개의 양의 정수 10, 20, 30, 40, 50, 60, 70, 80, 90이 주어지면 이 중에서 가장 큰 수는 9번째 위치한 90이다.

Input Form 첫째 줄부터 아홉 번째 줄까지 한 줄에 한 개씩 하나의 양의 정수가 주어진다. 주어지는 양의 정수 100보다 작다.

Output Form 첫째 줄은 가장 큰 수를 출력하고 둘째 줄은 가장 큰 수가 몇 번째에 위치하는지 위치를 출력하여라.

Example

입력	출력
10 20 30 40 50 60 70 80 90	90 9

1068
최고의 저녁 식사

실행 제한시간 1초
메모리 사용 제한 32MB

왕국에는 최고의 다섯 명의 요리사가 나와서 요리의 실력을 겨루는 "최고의 저녁 식사"라는 유명한 요리 프로그램이 있다. 요리 대회에 참가한 다섯 명은 그들이 만든 요리에 대해서 1점부터 5점까지의 점수를 네 명의 심사위원으로부터 받을 수 있다. 그리고 네 명의 심사위원으로부터 받은 점수의 합이 가장 많은 요리사가 대회의 우승자가 된다. 여러분들은 가장 많은 점수를 받은 요리사는 누구이며 우승자의 점수는 얼마인지 구하여라.

Input Form 입력은 모두 다섯 줄로 이루어져 있다. 입력의 각 줄은 각각의 요리사들이 네 명의 심사위원으로부터 받은 1 이상 5 이하의 네 개의 정수가 주어진다. 모든 입력에 대한 정답은 언제나 유일하다.

Output Form 가장 높은 점수를 받은 요리사는 몇 번째 요리사이고 점수가 얼마인지 첫째 줄에 출력하여라.

Example

입력	출력
5 4 4 5 5 4 4 4 5 5 4 4 5 5 5 4 4 4 4 5	4 19

입력	출력
4 4 3 3 5 4 3 5 5 5 2 4 5 5 5 1 4 4 4 4	2 17

1086
iRobot

실행 제한시간	1초
메모리 사용 제한	32MB

오일러는 아이로봇(iRobot)이라는 로봇들을 개발하고 있다. 이 로봇은 어떤 수들의 집합이 주어질 때, 특정 구역의 최솟값, 최댓값, 총합을 구하는데 쓰려고 한다.

명령의 수가 적을 때는 간단하게 구할 수 있지만, 명령의 수가 많고 집합의 크기도 커진다면 느려질게 뻔하다. 요즘 오일러는 이 로봇의 속도 개선을 위해서 열심히 노력하고 있지만, 아직 성공하지 못했다. 이런 오일러를 도와서 아이로봇을 만들자.

Input Form 첫째 줄에는 집합의 크기 N이 주어진다. 둘째 줄에는 집합의 원소 A_i ($-2,000 \le A_i \le 2,000$)가 주어진다. 셋째 줄에는 명령의 개수 M이 주어진다. 넷째 줄부터는 M개의 명령이 주어진다. ($1 \le N, M \le 300$) 명령의 종류는 3가지이다. (a≤b)

1 a b : a번째부터 b번째 원소까지 중에서 최솟값 구하기 (a, b 포함)

2 a b : a번째부터 b번째 원소까지 중에서 최댓값 구하기 (a, b 포함)

3 a b : a번째부터 b번째 원소까지의 합 구하기 (a, b 포함)

Output Form 각 명령에 대한 답을 입력순으로 각 줄에 출력하여라.

Example

입력	출력
5 1 2 3 4 5 3 2 2 4 1 3 5 3 1 4	4 3 10

1045

유행

실행 제한시간 1초
메모리 사용 제한 32MB

오일러는 유행에 상당히 민감하다.

오일러는 왕국의 N(1≤N≤20,000)명의 시민들에게 그들이 가장 좋아하는 숫자(1≤숫자≤10,000)를 조사하여 오름차순으로 정렬하여 표를 만들었다. 왕국에서 가장 유행하는 숫자는 시민들이 가장 좋아하는 숫자의 빈도수가 가장 높은 숫자를 말한다. 따라서 오일러는 왕국에서 가장 유행하는 숫자가 어떤 숫자인지 알기를 원하고 있다. 또한 정답이 될 수 있는 숫자는 오직 하나밖에 없다는 것을 보장한다.

Input Form 첫째 줄에는 한 개의 정수 N이 주어진다. 둘째 줄부터는 N줄에 걸쳐서 시민들이 좋아하는 숫자가 오름차순으로 주어진다.

Output Form 왕국에서 가장 유행하는 숫자를 첫째 줄에 출력하여라.

Example

입력	출력
5 512 532 532 585 599	532

Note 입력에서 532는 빈도수가 2이고 나머지 숫자들은 모두 빈도수가 1이다.

1061 슈퍼마리오

실행 제한시간 **1초**
메모리 사용 제한 **32MB**

슈퍼마리오 앞에 10개의 버섯이 일렬로 나열되어 있다. 슈퍼마리오는 버섯을 주울 때마다 각각의 버섯에 해당하는 점수를 획득할 수 있다. 슈퍼마리오는 첫 번째 버섯부터 차례대로 버섯을 주워야 하지만, 모든 버섯을 반드시 전부 주어야 하는 것은 아니다.

- 최대한 100점에 가깝게 버섯을 줍는 것이 슈퍼마리오의 최종 목표이다.

100점에 가까운 최종 점수가 두 가지 경우가 있다면(예를 들어 98과 102), 점수가 더 높은 쪽을 선택하도록 한다. (예를 들어 102)

슈퍼마리오가 획득할 수 있는 점수는 최대 얼마인가?

Input Form 슈퍼마리오 앞에 놓여진 버섯의 점수가 순서대로 10개의 줄에 걸쳐서 각 줄에 주어진다. 버섯의 점수는 100 이하의 양의 정수를 갖는다.

Output Form 슈퍼마리오가 획득할 수 있는 가장 좋은 점수를 첫째 줄에 출력하여라.

Example

입력	출력
10 20 30 40 50 60 70 80 90 100	100

입력	출력
1	87
2	
3	
5	
8	
13	
21	
34	
55	
89	

 Note

첫 번째 테스트 케이스에서 10 + 20 + 30 + 40

두 번째 테스트 케이스에서 1 + 2 + 3 + 5 + 8 + 13 + 21 + 34

1082
The King

실행 제한시간 **1초**
메모리 사용 제한 **32MB**

아주 먼 오랜 옛날 왕국은 오일러 왕이 다스리고 있었다. 그는 매우 현명했지만 한 가지 약점을 가지고 있었다. 그는 숫자를 오직 3까지만 셀 수 있었다. (-3, -2, -1, 0, 1, 2, 3)

그럼에도 불구하고, 그는 커다랗게 불편함을 느끼지 못했다. 왜냐하면 그는 100까지 셀 수 있는 무수히 많은 코딩 마법사들을 데리고 있었기 때문이다. (혹자는 심지어 그 마법사들은 1,000까지도 셀 수 있다고 말하는 사람들도 있다.) 그러던 어느 날 모든 국경지대로부터 무수히 많은 야만인들의 침략으로 인하여 슬픔이 밀려왔다. 그리고 어느 날 왕은 그의 인생에 있어서 중대한 결정을 내려야만 했다. 그는 군대를 이끌고 국경지대로 보내기 위해 그의 아들 중 몇 명을 장군으로 선발해야만 했다.

하지만, 오일러 왕은 그의 아들 중 몇 명은 영리했지만, 또한 몇 명은 그렇지 않을 뿐만 아니라 어리석은 아들들의 잘못된 결정으로 인하여 군대의 사기를 떨어뜨릴 수 있다는 것을 알고 있었다. 좀 더 정확히 말하자면, 오일러 왕은 그의 아들들의 지능 지수를 알고 있었다. (-3 에서 3을 포함한 정수범위, 왜냐하면 오일러 왕은 오직 3까지밖에 셀 수 없으므로) 또한 왕은 야만인들을 물리치기 위해서는 장군으로 있는 그의 아들들의 지능 지수의 거듭제곱의 합에 달려 있다는 것을 알고 있었다. (거듭제곱의 지수는 양의 정수이고, 결코 3을 초과하지는 않는다) 어떻든 간에 왕은 가능한 한 장군으로 있는 그의 아들들의 지능 지수의 합이 최대한 최대가 되도록 적절하게 아들들을 선발해야만 한다.

왕은 모든 계산을 스스로 할 수 없기 때문에 (예를 들면, 어떤 수의 제곱은 이미 3을 넘어가기 때문에) 당신과 현명한 코딩 마법사들에게 도움을 요청하고 있다.

Input Form 첫째 줄에 주어지는 정수는 왕의 자식의 수이고 최대 100을 넘어가지 않는다. 둘째 줄에는 양의 정수로 이루어진 3을 넘어가지 않는 지수가 주어진다. 이 지수는 야만인들을 물리치기 위한 그의 아들들의 지능 지수에 거듭제곱을 하기 위한 지수이다. 셋째 줄에는 왕의 아들들의 지능 지수가 주어진다. 아들들의 지능 지수의 절댓값은 3보다 크지 않다.

Output Form 야만인들을 물리치기 위해서 장군으로 선발된 그의 아들들의 지능 지수의 최대 합을 첫째 줄에 출력하여라.

Example

입력	출력
3 3 2 -1 1	9

Note 위의 예제에서 왕은 첫 번째 아들과 세 번째 아들을 장군으로 임명한다. 이 아들들의 지능 지수의 합은 $2^3 + 1^3 = 9$가 된다.

1123
블랙잭

실행 제한시간 **1초**
메모리 사용 제한 **64MB**

오일러는 카드게임을 좋아한다. 언제나 그는 호그와트에 올 때마다 그의 친구들과 유명한 카드게임의 하나인 블랙잭을 한다.

이 게임은 플레이어의 손에 든 카드의 총합이 21 이하 이거나 또는 플레이어가 "STOP"이라고 외칠 때까지 플레이어에게 카드를 나누어준다. 52장의 각각의 카드들은 한 개의 모양과 한 개의 숫자를 가지고 있는데 모양은 스페이드, 다이아몬드, 하트, 클로버 모양 중에서 한 개의 모양을 갖고 숫자는 Ace, 2, 3, 4, 5, 6, 7, 8, 9, 10, Jack, Queen, King 중에서 한 개의 숫자를 갖는다.

카드는 값어치는 2, 3, ⋯, 9, 10, Jack, Queen, King, Ace의 순서로 올라간다. 카드의 값어치는 다음과 같다 : 숫자(2, 3, ⋯, 9, 10)가 적혀있는 카드는 적혀있는 숫자만큼의 점수를 얻는다. (예를 들어 9가 적혀있는 카드는 9점을 얻는다) 그림이 그려 있는 카드는 Ace를 제외하고 모두 10점의 점수를 얻는다. (Jack, Queen, King) 마지막으로 Ace는 11점의 점수를 얻는다.

오일러는 지금 결정을 어떻게 해야 하는지 어려움에 놓여있다. 게임을 하는 동안 오일러는 모든 카드의 총합이 21 이하인 N장의 카드를 받았고 다음 마지막 한 장의 카드를 받아야 할지 말아야 할지를 고민하고 있다. 그래서 21과 받은 카드의 총합의 차이 X를 구하였다. 그리고 남아있는 카드 중에서 값어치가 X보다 큰 카드의 개수가 그렇지 않은 카드보다 더 많다면 오일러가 더 이상 카드를 받지 않도록 알려주어야 한다.

오일러는 다음 마지막 카드를 받아야 하는지에 대해서 어려움에 놓여있기 때문에 여러분들에게 도움을 요구하고 있다.

Input Form 첫째 줄에는 오일러에게 나누어준 카드의 수를 나타내는 양의 정수 N(1≤N≤52)이 주어진다. 둘째 줄부터는 오일러에게 나누어준 i번째 카드의 값어치를 나타내는 양의 정수가 N개의 줄에 걸쳐서 주어진다.

Output Form 오일러가 다음의 카드를 받아야 한다면 첫째 줄에 "DRAW"를 출력하고, 반면에 더 이상 받을 필요가 없다면 "STOP"을 출력하여라.

Example

입력	출력
6 2 3 2 3 2 3	STOP

Note 오일러에게 나누어준 카드의 총합은 15이고 21과 총합의 차이 X는 6이다. 남은 카드 중에서 6보다 큰 값어치를 갖는 카드의 수는 32개(Ace 4개, King 4개, Queen 4개, Jack 4개, 10 카드 4개, 9 카드 4개, 8 카드 4개, 7 카드 4개)이고, 반면에 6보다 작거나 같은 카드의 수는 14개(2 카드 1개, 3 카드 1개, 4 카드 4개, 5 카드 4개, 6 카드 4개)이다.

2093
주차하기 가장 좋은 곳

실행 제한시간 **1초**
메모리 사용 제한 **64MB**

일직선으로 길게 뻗어있는 쇼핑 거리가 있다. 오일러는 쇼핑을 하기 위해서 어떤 정수 위치에 그의 자동차를 주차하고자 한다. 그리고 그가 쇼핑할 N(1≤N≤20)개의 가게들을 걸어서 방문한다. 그는 쇼핑하고자 하는 모든 가게들을 방문하고 다시 자동차로 돌아오기까지 가장 최단 거리로 쇼핑을 하기 위해서 가장 최적의 장소에 자동차를 주차하기를 원하고 있다. 쇼핑 거리는 일직선이고, 모든 쇼핑몰은 정수 좌표 i(0≤i≤99)에 위치하고 있다. 일직선으로 된 거리에는 정수 좌표에 자동 주차요금 기계가 놓여있다. 따라서 오일러는 주차요금을 아끼기 위해서 오직 한 장소에 주차한 후, 모든 쇼핑은 걸어서 해야만 한다. 오일러는 모든 쇼핑 가방을 들고 돌아다닐 수 있을 만큼 힘이 세기 때문에 여러분들은 오일러가 힘이 드는 거에 대해서는 걱정을 하지 않아도 된다. 여러분들이 가장 좋은 장소에 주차할 수 있도록 도와주어라.

Input Form 첫째 줄에는 한 개의 정수 N이 주어진다. 둘째 줄에는 N개의 쇼핑몰의 위치 i가 한 개의 공백을 사이에 두고 주어진다.

Output Form 최적의 장소에 주차한 후 쇼핑을 마치고 주차되어 있는 자동차로 돌아올 때까지 오일러가 걸어야만 하는 최단 거리를 첫째 줄에 출력하여라.

Example

입력	출력
4 24 13 89 37	152

오일러가 만일 좌표 50에 주차한다면 세 번째 상점(37)까지 걸어가는데 이동한 거리는 50 - 37 = 13이고, 다시 세 번째 상점(37)에서 두 번째 상점(24)까지 걸어가는데 이동한 거리는 37 - 24 = 13, 그리고 두 번째 상점(24)에서 첫 번째 상점(13)까지 걸어가는데 이동한 거리는 24 - 13 = 11이다. 그리고 다시 첫 번째 상점(13)에서 자동차까지 오는데 이동한 거리는 50 - 13 = 37이다. 다시 자동차(50)에서 네 번째 상점(89)까지 걸어가는데 이동한 거리는 89 - 50 = 39이다. 네 번째 상점(89)에서 자동차(50)까지 오는데 이동한 거리는 89 - 50 = 39이므로 오일러가 총 이동한 거리는 13 + 13 + 11 + 37 + 39 + 39 = 152가 된다.

13　　　　24　　　　37　　　　50　　　　89

2089
주사위 게임

실행 제한시간 **1초**
메모리 사용 제한 **64MB**

오일러는 보드게임을 좋아한다. 그래서 오일러는 게임을 하기 위해 상점에 가서 세 개의 주사위를 구입하였다. 세 개의 주사위는 각각 S_1, S_2, S_3의 면을 가지고 있다. ($2 \leq S_1 \leq 20$, $2 \leq S_2 \leq 20$, $2 \leq S_3 \leq 40$) S_i의 면을 가진 주사위는 1부터 S_i 이하의 서로 다른 주사위 눈을 가지고 있다.

오일러는 세 개의 주사위에서 나올 수 있는 세 개의 주사위의 눈의 합의 모든 경우를 구하고자 한다.

세 개의 주사위의 면의 수가 주어지면, 가장 많이 발생되는 세 개의 주사위의 눈의 합은 얼마인지 구하여라. 만일 발생되는 빈도수가 같다면 세 개의 주사위 눈의 합이 최소인 것을 선택하도록 하여라.

Input Form 첫째 줄에는 세 개의 정수 S_1, S_2, S_3가 주어진다.

Output Form 가장 많이 발생되는 세 개의 주사위의 눈의 합을 첫째 줄에 출력하여라. 만일 발생되는 빈도수가 같다면 세 개의 주사위 눈의 합이 최소인 것을 선택하도록 하여라.

Example

입력	출력
3 2 3	5

Note

(1 1 1) -> 3, (1 2 1) -> 4, (2 1 1) -> 4, (2 2 1) -> 5, (3 1 1) -> 5,
(3 2 1) -> 6, (1 1 2) -> 4, (1 2 2) -> 5, (2 1 2) -> 5, (2 2 2) -> 6,
(3 1 2) -> 6, (3 2 2) -> 7, (1 1 3) -> 5, (1 2 3) -> 6, (2 1 3) -> 6,
(2 2 3) -> 7, (3 1 3) -> 7, (3 2 3) -> 8

5와 6이 각각 5번씩 발생되었다. 따라서 5가 정답이다.

코딩마법서

1권 STONE VERSION
코딩테스트와 알고리즘을 위한 C/C++

제32장

선택 정렬
Selection Sort

32.1 데이터의 교환 Swap
32.2 오름차순 정렬 Ascending Sort
32.3 내림차순 정렬 Descending Sort
32.4 선택 정렬 Selection Sort
32.5 연습문제

오일러 BOOKS

32.1 데이터의 교환 Swap

두 변수의 값을 서로 교환하는 작업을 **스왑(Swap)**이라고 한다. 예를 들어서 변수 a에 10이 저장되어 있고 변수 b에 20이 저장되어 있다고 하자. 두 변수에 저장되어 있는 데이터를 서로 교환(Swap)하는 작업을 하기 위해서는 아래와 같이 3번의 연산이 필요하다.

먼저 변수 a의 값 10을 임시 변수 temp에 저장한다. 변수 b에 저장되어 있던 값 20을 변수 a에 저장한다. 마지막으로 temp에 저장되어 있던 값 10을 변수 b에 저장한다. 그러면 a는 b가 가지고 있던 값 20이 되고, b는 a가 가지고 있던 값 10이 된다. 왼쪽과 같이 각 줄에 처리하는 연산을 오른쪽과 같이 콤마 연산자(Comma Operator)를 사용하여 한 줄에 처리할 수도 있다.

32.2 오름차순 정렬 Ascending Sort

순서 없이 나열된 자료를 작은 순에서 큰 순으로 다시 재배열하는 작업을 **오름차순 정렬(Ascending Sort)**이라고 한다. 예를 들어서 왼쪽 그림과 같이 배열 a의 1번 인덱스부터 5번 인덱스까지 값 7, 6, 9, 5, 8이 초기화되어 있고 배열 a를 오름차순으로 정렬하면 배열 a의 1번 인덱스부터 5번 인덱스까지의 값은 작은 순에서 큰 순으로 5, 6, 7, 8, 9와 같이 재배치 된다.

32.3 내림차순 정렬 Descending Sort

순서 없이 나열된 자료를 큰 순에서 작은 순으로 다시 재배열하는 작업을 **내림차순 정렬**(Descending Sort)이라고 한다. 예를 들어서 왼쪽 그림과 같이 배열 a의 1번 인덱스부터 5번 인덱스까지 값 7, 6, 9, 5, 8이 초기화되어 있고 배열 a를 내림차순으로 정렬하면 배열 a의 1번 인덱스부터 5번 인덱스까지의 값은 큰 순에서 작은 순으로 9, 8, 7, 6, 5와 같이 재배치 된다.

32.4 선택 정렬 Selection Sort

배열에서 가장 작은 값을 찾아서 배열의 첫 번째에 배치시키고, 다음으로 작은 값을 찾아서 두 번째에 배치시키고, 마찬가지로 다음으로 작은 값을 찾아서 세 번째에 배치하며 정렬해나가는 방식을 **선택 정렬**(Selection Sort)이라고 한다.

일차원 배열 a에 아래 다음과 같이 5개의 데이터가 초기화되어 있다.

❶ 1회전

처음 1회전 할 때, 배열의 첫 번째 요소를 두 번째 요소부터 마지막 요소까지 비교하여 가장 작은 값을 찾아서 배열의 첫 번째 요소에 놓는다.

첫 번째 요소 7이 두 번째 요소 6보다 크기 때문에 두 개의 요소를 서로 교환(Swap)한다.

첫 번째 요소 6이 세 번째 요소 9보다 작기 때문에 교환(Swap)이 발생되지 않는다.

첫 번째 요소 6이 네 번째 요소 5보다 크기 때문에 두 개의 요소를 서로 교환(Swap)한다.

마지막으로 첫 번째 요소 5와 마지막 요소 8을 비교하여 5가 작기 때문에 교환(Swap)이 발생되지 않는다. 결국 배열 a에 저장되어 있던 값 중에서 가장 작은 값 5가 배열의 첫 번째 요소가 되었다.

❷ 2회전

다음 2회전 할 때, 배열의 두 번째 요소를 세 번째 요소부터 마지막 요소까지 비교하여 가장 작은 값을 찾아서 배열의 두 번째 요소에 놓는다.

두 번째 요소 7이 세 번째 요소 9보다 작기 때문에 교환(Swap)이 발생되지 않는다.

두 번째 요소 7이 네 번째 요소 6보다 크기 때문에 두 개의 요소를 서로 교환(Swap)한다.

마지막으로 두 번째 요소 6과 마지막 요소 8을 비교하여 6이 작기 때문에 교환(Swap)이 발생되지 않는다. 결국 배열 a에 저장되어 있던 값 중에서 두 번째로 작은 값 6이 배열의 두 번째 요소가 되었다.

❸ 3회전

다음 3회전 할 때, 배열의 세 번째 요소를 네 번째 요소부터 마지막 요소까지 비교하여 가장 작은 값을 찾아서 배열의 세 번째 요소에 놓는다.

세 번째 요소 9가 네 번째 요소 7보다 크기 때문에 두 개의 요소를 서로 교환(Swap)한다.

마지막으로 세 번째 요소 7과 마지막 요소 8을 비교하여 7이 작기 때문에 교환(Swap)이 발생되지 않는다. 결국 배열 a에 저장되어 있던 값 중에서 세 번째로 작은 값 7이 배열의 세 번째 요소가 되었다.

④ 4회전

다음 4회전 할 때, 배열의 네 번째 요소를 마지막 요소와 비교하여 작은 값을 찾아서 배열의 네 번째 요소에 놓는다.

네 번째 요소 9가 배열의 다섯 번째 요소 8보다 크기 때문에 두 개의 요소를 서로 교환(Swap)한다. 결국 배열 a에 저장되어 있던 값 중에서 네 번째로 작은 값 8이 배열의 네 번째 요소가 되었다.

위와 같이 배열의 첫 번째 요소부터 마지막 요소까지 가장 작은 값을 찾아서 첫 번째 요소에 놓고 다시 두 번째 요소부터 마지막 요소까지 가장 작은 값을 찾아서 두 번째 요소에 놓고, 다시 세 번째 요소부터 마지막 요소까지 가장 작은 값을 찾아서 세 번째 요소에 놓고, 마지막으로 네 번째 요소와 마지막 요소를 비교하여 작은 값을 네 번째 요소에 놓으며 정렬하는 방식을 선택 정렬(Selection Sort)이라고 한다. 위의 그림에서 (●)를 i라고 생각하고 (▼)를 j라고 생각하며 코드를 구축하면 다음과 같다.

 **Coding**

```c
#include <cstdio>

int main(void)
{
    int a[6] = { 0, 7, 6, 9, 5, 8 };
    int i, j, temp;

    for (i = 1; i <= 4; i++)
        for (j = i + 1; j <= 5; j++)
            if (a[i] > a[j])
                temp = a[i], a[i] = a[j], a[j] = temp;

    for (i = 1; i <= 5; i++)
        printf("%d ", a[i]);
    return 0;
}
```

 **Interpret**   - 5번째 줄에은 배열 a를 선언과 동시에 초기화하였다.

- 6번째 줄은 정수형 임시 변수 temp를 선언하였다.
- 8번째 줄부터 11번째 줄은 배열 a를 선택 정렬(Selection Sort)을 이용하여 오름차순으로 정렬하고 있다. i의 값이 1일 때 j는 2부터 5까지 회전하고, i의 값이 2일 때 j는 3부터 5까지 회전하고, i의 값이 3일 때 j는 4부터 5까지 회전하며, i의 값이 4일 때 j는 5가 된다.
- 13, 14번째 줄은 정렬된 배열 a의 1번 인덱스부터 5번 인덱스까지의 요소를 출력의 첫째 줄에 한 개의 공백으로 분리하여 출력한다.

```
5 6 7 8 9
```

32.5 연습문제 Exercise

① 10개의 데이터 1, 2, 3, 4, 5, 6, 7, 8, 9, 10을 일차원 배열에 초기화시킨 후 <u>선택 정렬(Selection Sort)을 이용하여</u> 내림차순으로 정렬하는 프로그램을 작성하여라.

Input Form 입력형식 없음.

Output Form 내림차순으로 정렬된 일차원 배열의 각 요소들을 한 개의 공백으로 분리하여 첫째 줄에 출력하여라.

Example

출력
10 9 8 7 6 5 4 3 2 1

1022

정렬(Sorting)

실행 제한시간 **1초**
메모리 사용 제한 **32MB**

오름차순으로 정렬을 하는 프로그램을 작성하시오. 오름차순 정렬(Ascending Sort)이라는 것은 작은 것에서 큰 순서대로 나열하는 것이고 내림차순 정렬(Descending sort)이라는 것은 큰 것에서 작은 순서대로 나열하는 것이다.

예를 들어 3, 5, 1, 4, 2를 오름차순으로 정렬하면 1, 2, 3, 4, 5가 된다.

Input Form   첫째 줄은 데이터의 개수 N(1≤N≤100)이 주어지고 둘째 줄은 -100 이상 100 이하의 N개의 정수가 한 개의 공백으로 분리되어 주어진다.

Output Form   첫째 줄은 정렬하기 전의 데이터를 출력하고 둘째 줄은 정렬한 후의 데이터를 한 개의 공백으로 분리하여 출력하여라.

Example

입력	출력
10 9 6 5 4 3 0 2 1 1 7	9 6 5 4 3 0 2 1 1 7 0 1 1 2 3 4 5 6 7 9

1025
세 번째로 가장 큰 값

실행 제한시간 **1초**
메모리 사용 제한 **32MB**

여러분들에게 서로 다른 10개의 양의 정수가 주어지면 주어진 정수 중에서 세 번째로 큰 값을 찾아 출력하여라.

Input Form 1 이상 1,000 이하의 범위를 갖는 10개의 양의 정수가 한 개의 공백으로 분리되어 첫째 줄에 주어진다.

Output Form 입력된 10개의 정수 중에서 세 번째로 큰 값을 찾아서 첫째 줄에 출력하여라.

Example

입력	출력
1 2 3 4 5 6 7 8 9 1000	8

1127
마법 지팡이

실행 제한시간 **1초**
메모리 사용 제한 **64MB**

해리포터는 볼드모트 경과 싸우다 마법 지팡이가 손상되었다. 그래서 해리포터는 오일러와 함께 올리밴더 지팡이 샵에서 새로운 지팡이를 구입하기로 하였다. 올리밴더 지팡이 샵은 N개의 마법 지팡이와 N개의 지팡이 상자를 가지고 있다. 지팡이의 길이는 각각 $X_1, X_2, \cdots, X_n$ 의 길이를 갖고 상자는 $Y_1, Y_2, \cdots, Y_n$ 의 크기를 갖는다. 길이가 X인 마법 지팡이는 상자의 크기가 X≤Y인 상자의 크기 Y에 담을 수 있다. 한 개의 상자에는 오직 한 개의 지팡이만 담을 수 있기 때문에 해리는 각각의 상자에 모든 지팡이를 담을 수 있는지 알기를 원하고 있다. 이 어려운 문제를 해결할 수 있도록 해리를 도와주어라.

Input Form
첫째 줄에는 지팡이와 상자의 개수를 나타내는 한 개의 양의 정수 N(1≤N≤100)이 주어진다. 둘째 줄에는 지팡이의 길이를 나타내는 양의 정수 $X_i (1 \leq X_i \leq 10^9)$가 N개 주어진다. 셋째 줄에는 상자의 크기를 나타내는 양의 정수 $Y_i (1 \leq Y_i \leq 10^9)$가 N개 주어진다.

Output Form
해리가 만일 모든 지팡이를 상자에 담을 수 있다면 첫째 줄에 "YES"를 출력하고, 담을 수 없다면 첫째 줄에 "NO"를 출력하여라.

Example

입력	출력
3 7 9 5 6 13 10	YES

입력	출력
4 5 3 3 5 10 2 10 10	NO

Note
첫 번째 테스트 케이스에서 해리는 각각의 상자에 모든 지팡이를 담을 수 있다. 예를 들어서 크기가 6인 상자에 길이 5인 지팡이를 담고, 크기가 13인 상자에 길이가 7인 지팡이를 담고, 크기가 10인 상자에 길이가 9인 지팡이를 담는다.

두 번째 테스트 케이스에서 해리는 각각의 상자에 모든 지팡이를 담을 수 없다. 크기가 2인 상자에는 어떠한 지팡이도 들어갈 수 없다.

2017
캥거루

실행 제한시간 **1초**
메모리 사용 제한 **32MB**

세 마리의 캥거루가 초원에서 놀고 있다. 그들은 일직선의 서로 다른 정수 좌표 A(0<A<100)와 그리고 B(0<B<100), C(0<C<100)에 놓여 있다. 한 번에 바깥에 서 있는 오직 한 마리의 캥거루만이 두 마리의 캥거루 사이로 점프해서 들어올 수 있다. 두 마리의 캥거루가 동시에 같은 좌표에 놓일 수는 없다. 그들이 될 수 있으면 아주 오랜 시간을 놀 수 있도록 도와주어라.

Input Form 첫째 줄에는 세 마리의 캥거루가 놓여있는 정수 좌표 A, B, C가 주어진다.

Output Form 캥거루가 점프할 수 있는 최대 횟수를 첫째 줄에 출력하여라.

Example

입력	출력
2 3 5	1

입력	출력
3 5 9	3

2123
네 개의 정수

실행 제한시간 **1초**
메모리 사용 제한 **32MB**

오일러는 왕국의 미래를 위해서 학술적 연구를 진행하는 중에 중요한 네 개의 정수를 발견하였다. 더욱 놀라운 것은 네 개의 정수를 정렬했을 때, 서로 이웃한 정수들의 차가 모두 같다는 것이다. 어느 날 오일러는 네 개의 정수 중 한 개의 정수를 잃어버렸고, 또한 남아있는 세 정수들조차 정렬되어 있지 않았다.

나머지 세 개의 정수가 주어질 때, 오일러가 잃어버린 한 개의 정수를 찾아라.

Input Form 첫째 줄에는 -100 이상이고 100 이하인 세 개의 정수가 한 개의 공백으로 분리되어 주어진다.

Output Form 오일러가 잃어버린 한 개의 정수를 첫째 줄에 출력하여라. 만일 가능한 정답이 여러 개가 존재한다면, 가장 최댓값을 선택해서 출력하도록 한다.

Example

입력	출력
4 6 8	10

입력	출력
10 1 4	7

2113
상점

실행 제한시간 **1초**
메모리 사용 제한 **64MB**

오일러는 금액 C를 가지고 있고, 왕국의 상점으로부터 두 개의 물품을 구입하려고 한다. 그래서 우리는 왕국에 있는 모든 상점의 가격을 조사하였다. 조사한 상점의 목록을 가지고 두 개의 물품의 가격이 정확히 C인 두 개의 상점은 어떤 상점인지를 찾아야 한다. (정답은 언제나 유일하며 상점의 번호가 작은 것을 우선으로 한다.)

Input Form 첫째 줄에는 오일러가 가지고 있는 금액인 한 개의 양의 정수 C(5≤C≤1,000)가 주어진다. 둘째 줄에는 상점의 개수를 나타내는 한 개의 양의 정수 N(3≤N≤2,000)이 주어진다. 셋째 줄에는 각각의 상점에서 판매하는 물품의 가격이 상점의 번호순으로 주어진다.

Output Form 물품의 가격이 정확히 C인 두 개의 상점의 번호를 한 개의 공백으로 분리하여 상점의 번호가 작은 것을 우선시하여 첫째 줄에 출력하여라.

Example

입력	출력
100 3 5 75 25	2 3

입력	출력
200 7 150 24 79 50 88 345 35	1 4

코딩마법서

1권 STONE VERSION
코딩테스트와 알고리즘을 위한 C/C++

제33장

버블 정렬
Bubble Sort

33.1 　버블 정렬 　Bubble Sort
33.2 　연습문제

오일러BOOKS

33.1
버블 정렬 Bubble Sort

배열에서 가장 큰 값을 찾아서 마지막에 배치시키고, 다음으로 큰 값을 찾아서 끝에서 두 번째에 배치시키고, 마찬가지로 다음으로 큰 값을 찾아서 끝에서 세 번째에 배치시키면서 정렬해 나가는 방식을 거품 모양과 같아서 **버블 정렬(Bubble Sort)**이라고 한다.

일차원 배열 a에 아래 다음과 같이 5개의 데이터가 초기화되어 있다.

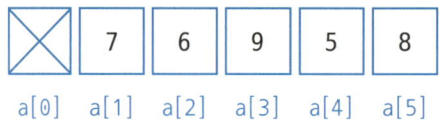

❶ 1회전

처음 1회전 할 때, 첫 번째 요소와 두 번째 요소를, 그리고 두 번째 요소와 세 번째 요소를, 그리고 세 번째 요소와 네 번째 요소를 마지막으로 네 번째 요소와 마지막 요소를 차례대로 비교하여 가장 큰 값을 찾아서 마지막 요소에 놓는다.

첫 번째 요소 7이 두 번째 요소 6보다 크기 때문에 두 개의 요소를 서로 교환(Swap)한다.

두 번째 요소 7이 세 번째 요소 9보다 작기 때문에 교환(Swap)이 발생되지 않는다.

세 번째 요소 9가 네 번째 요소 5보다 크기 때문에 두 개의 요소를 서로 교환(Swap)한다.

마지막으로 네 번째 요소 9와 마지막 요소 8을 비교하여 9가 크기 때문에 두 개의 요소를 서로 교환(Swap)한다. 결국 배열 a에 저장되어 있던 값 중에서 가장 큰 값 9가 배열의 마지막 요소가 되었다.

❷ 2회전

다음 2회전 할 때, 첫 번째 요소와 두 번째 요소를, 그리고 두 번째 요소와 세 번째 요소를 마지막으로 세 번째 요소와 네 번째 요소를 차례대로 비교하여 네 개의 값 중 큰 값을 찾아서 네 번째 요소에 놓는다.

첫 번째 요소 6이 두 번째 요소 7보다 작기 때문에 교환(Swap)이 발생되지 않는다.

두 번째 요소 7이 세 번째 요소 5보다 크기 때문에 두 개의 요소를 서로 교환(Swap)한다.

마지막으로 세 번째 요소 7과 네 번째 요소 8을 비교하여 7이 작기 때문에 교환(Swap)이 발생되지 않는다. 결국 배열 a에 저장되어 있던 값 중에서 두 번째로 큰 값 8이 배열의 네 번째 요소가 되었다.

❸ 3회전

다음 3회전 할 때, 첫 번째 요소와 두 번째 요소를, 그리고 두 번째 요소와 세 번째 요소를 차례대로 비교하여 세 개의 값 중 큰 값을 찾아서 세 번째 요소에 놓는다.

첫 번째 요소 6이 두 번째 요소 5보다 크기 때문에 두 개의 요소를 서로 교환(Swap)한다.

마지막으로 두 번째 요소 6과 세 번째 요소 7을 비교하여 6이 작기 때문에 교환(Swap)이 발생되지 않는다. 결국 배열 a에 저장되어 있던 값 중에서 세 번째로 큰 값 7이 배열의 세 번째 요소가 되었다.

❹ 4회전

다음 4회전 할 때, 첫 번째 요소와 두 번째 요소를 비교하여 두 개의 값 중 큰 값을 찾아서 두 번째 요소에 놓는다.

첫 번째 요소 5와 두 번째 요소 6을 비교하여 5가 작기 때문에 교환(Swap)이 발생되지 않는다. 결국 배열 a에 저장되어 있던 값 중에서 네 번째로 큰 값 6이 배열의 두 번째 요소가 되었다.

위와 같이 배열의 첫 번째 요소부터 마지막 요소까지 가장 큰 값을 찾아서 마지막 요소에 놓고, 다시 첫 번째 요소부터 네 번째 요소까지 가장 큰 값을 찾아서 네 번째 요소에 놓고, 다시 첫 번째 요소부터 세 번째 요소까지 가장 큰 값을 찾아서 세 번째 요소에 놓고, 마지막으로 첫 번째 요소와 두 번째 요소를 비교하여 큰 값을 두 번째 요소에 놓으며 정렬하는 방식을 버블 정렬(Bubble Sort)이라고 한다. 위의 그림에서 (●)를 j라고 생각하고 (▼)를 j + 1라고 생각하며 코드를 구축하면 다음과 같다.

Coding

```c
#include <cstdio>

int main(void)
{
    int a[6] = { 0, 7, 6, 9, 5, 8 };
    int i, j, temp;

    for (i = 1; i <= 4; i++)
        for (j = 1; j <= 5 - i; j++)
            if (a[j] > a[j + 1])
                temp = a[j], a[j] = a[j + 1], a[j + 1] = temp;

    for (i = 1; i <= 5; i++)
        printf("%d ", a[i]);
    return 0;
}
```

Interpret

- 5번째 줄은 배열 a를 선언과 동시에 초기화하였다.
- 6번째 줄은 정수형 임시 변수 temp를 선언하였다.
- 8번째 줄부터 11번째 줄은 배열 a를 버블 정렬(Bubble Sort)을 이용하여 오름차순으로 정렬하고 있다. i의 값이 1일 때는 1회전일 때를 나타내고, i의 값이 2일 때는 2회전일 때를, i의 값이 3일 때는 3회전일 때를, i의 값이 4일 때는 4회전일 때를 나타낸다.
- 13, 14번째 줄은 정렬된 배열 a의 1번 인덱스부터 5번 인덱스까지의 요소를 출력의 첫째 줄에 한 개의 공백으로 분리하여 출력한다.

Output

```
5 6 7 8 9
```

33.2 연습문제 Exercise

1) 10개의 데이터 1, 2, 3, 4, 5, 6, 7, 8, 9, 10을 일차원 배열에 초기화시킨 후 <u>버블 정렬(Bubble Sort)을 이용하여</u> 내림차순으로 정렬하는 프로그램을 작성하여라.

Input Form 입력형식 없음.

Output Form 내림차순으로 정렬된 일차원 배열의 각 요소들을 한 개의 공백으로 분리하여 첫째 줄에 출력하여라.

Example

출력
10 9 8 7 6 5 4 3 2 1

코딩마법서

1권 STONE VERSION
코딩테스트와 알고리즘을 위한 C/C++

제34장

삽입 정렬
Insertion Sort

34.1 삽입 정렬 Insertion Sort
34.2 연습문제

오일러BOOKS

34.1
삽입 정렬 Insertion Sort

배열에서 특정 key 값이 정해지고 그 key 값 앞에 있는 배열의 요소들이 오름차순으로 정렬되어 있을 때, key 값이 삽입될 위치를 찾아서 그 위치에 key 값을 삽입하면서 정렬해 나가는 방식을 **삽입 정렬 (Insertion Sort)**이라고 한다.

일차원 배열 a에 아래 다음과 같이 5개의 데이터가 초기화되어 있다.

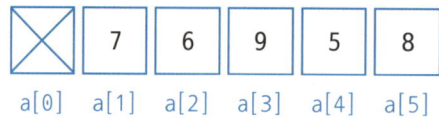

❶ 1회전

두 번째 요소 6을 key 값이라고 하고, 첫 번째 요소와 key 값을 비교하여 삽입될 위치를 찾아서 key 값을 삽입한다.

첫 번째 요소 7이 key 값 6보다 크기 때문에 첫 번째 요소 7을 우측으로 한 칸 시프트(Shift) 시킨다.

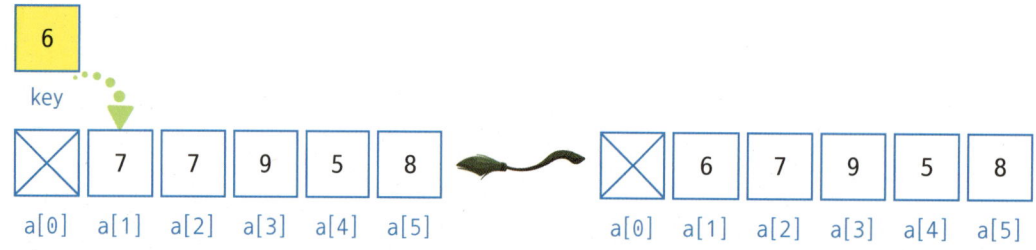

key 값 6은 더 이상 비교할 값이 없으므로 첫 번째 요소의 값으로 key 값 6을 삽입한다. 첫 번째 요소부터 두 번째 요소까지 오름차순으로 정렬되었다.

❷ 2회전

세 번째 요소 9를 key 값이라고 하고, 두 번째 요소부터 첫 번째 요소까지 key 값과 비교하여 삽입될 위치를 찾아서 key 값을 삽입한다.

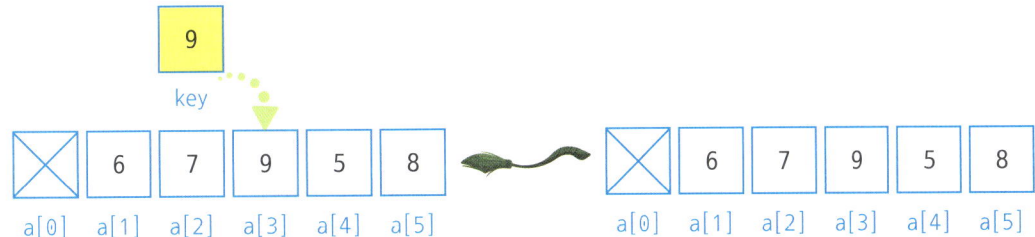

두 번째 요소 7이 key 값 9보다 작기 때문에 어떠한 시프트(Shift)도 발생되지 않고 세 번째 요소의 값으로 key 값 9를 삽입한다. 첫 번째 요소부터 세 번째 요소까지 오름차순으로 정렬되었다.

❸ 3회전

네 번째 요소 5를 key 값이라고 하고, 세 번째 요소부터 첫 번째 요소까지 key 값과 비교하여 삽입될 위치를 찾아서 key 값을 삽입한다.

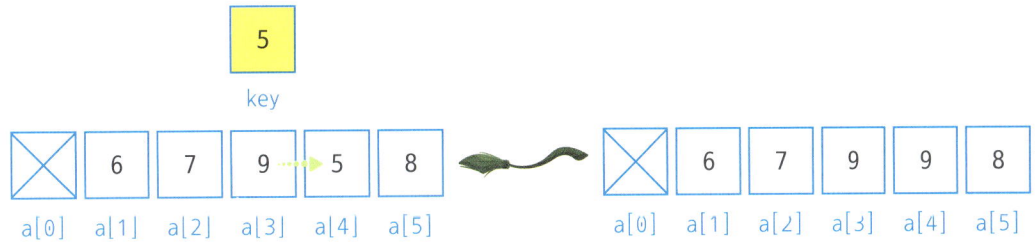

세 번째 요소 9가 key 값 5보다 크기 때문에 세 번째 요소 9를 우측으로 한 칸 시프트(Shift) 시킨다.

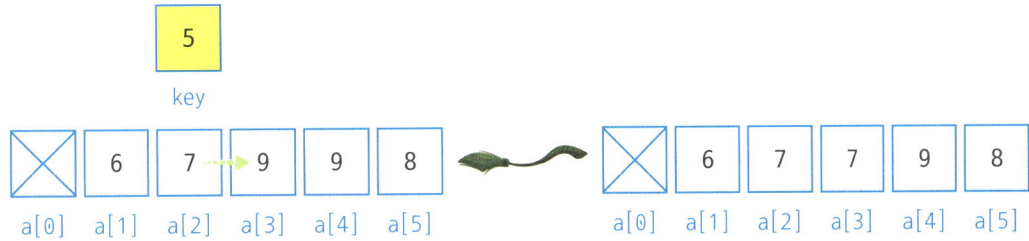

두 번째 요소 7이 key 값 5보다 크기 때문에 두 번째 요소 7을 우측으로 한 칸 시프트(Shift) 시킨다.

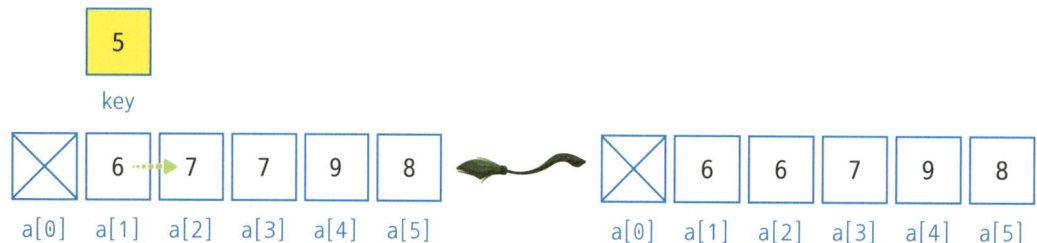

첫 번째 요소 6이 key 값 5보다 크기 때문에 첫 번째 요소 6을 우측으로 한 칸 시프트(Shift) 시킨다.

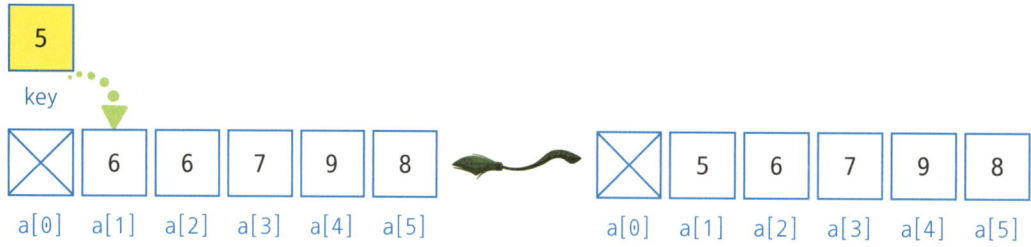

key 값 5는 더 이상 비교할 값이 없으므로 첫 번째 요소의 값으로 key 값 5를 삽입한다. 첫 번째 요소부터 네 번째 요소까지 오름차순으로 정렬되었다.

❹ 4회전

마지막 요소 8을 key 값이라고 하고, 네 번째 요소부터 첫 번째 요소까지 key 값과 비교하여 삽입될 위치를 찾아서 key 값을 삽입한다.

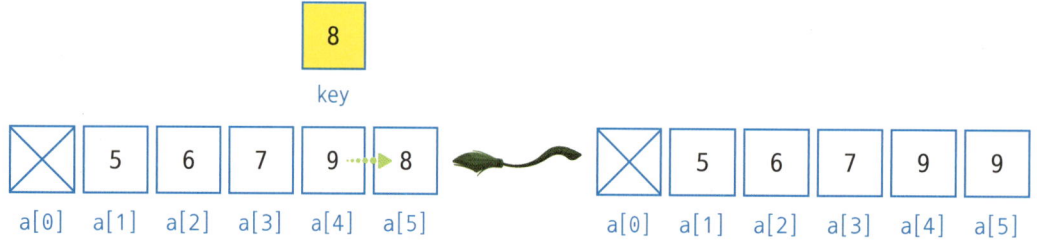

네 번째 요소 9가 key 값 8보다 크기 때문에 네 번째 요소 9를 우측으로 한 칸 시프트(Shift) 시킨다.

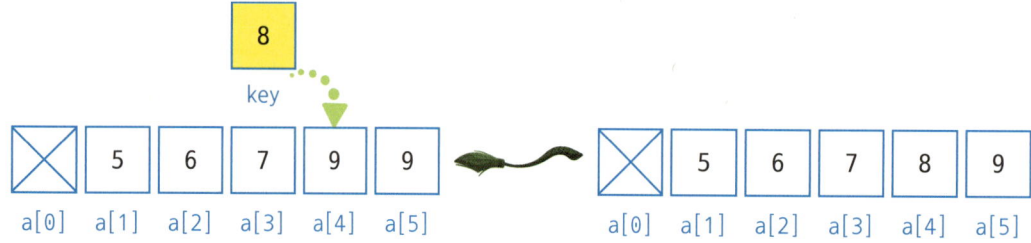

세 번째 요소 7이 key 값 8보다 작기 때문에 어떠한 시프트(Shift)도 발생되지 않고 네 번째 요소의 값으로 key 값 8를 삽입한다. 첫 번째 요소부터 마지막 요소까지 오름차순으로 정렬되었다.

위와 같이 두 번째 요소를 key값으로 정해서 두 번째 요소가 삽입될 위치를 찾아서 첫 번째 요소부터 두 번째 요소까지 정렬시키고, 다시 세 번째 요소를 key값으로 정해서 세 번째 요소가 삽입될 위치를 찾아서 첫 번째 요소부터 세 번째 요소까지 정렬시키고, 다시 네 번째 요소를 key값으로 정해서 네 번째 요소가 삽입될 위치를 찾아서 첫 번째 요소부터 네 번째 요소까지 정렬시키고, 마지막으로 다섯 번째 요소를 key값으로 정해서 다섯 번째 요소가 삽입될 위치를 찾아서 첫 번째 요소부터 다섯 번째 요소까지 정렬하는 방식을 삽입 정렬(Insertion Sort)이라고 한다. 코드를 구축하면 다음과 같다.

 Coding

```
#include <cstdio>

int main(void)
{
    int a[6] = { 0, 7, 6, 9, 5, 8 };
    int i, j, key;

    for (i = 2; i <= 5; i++)
    {
        key = a[i];
        for (j = i - 1; j >= 1 && a[j] > key; j--)
            a[j + 1] = a[j];
        a[j + 1] = key;
    }

    for (i = 1; i <= 5; i++)
        printf("%d ", a[i]);
    return 0;
}
```

 Interpret

- 5번째 줄은 배열 a를 선언과 동시에 초기화하였다. 6번째 줄은 정수형 변수 key, i, j를 선언하였다.

- 8번째 줄부터 14번째 줄은 배열 a를 삽입 정렬(Insertion Sort)을 이용하여 오름차순으로 정렬하고 있다. i의 값이 2일 때는 1회전일 때를 나타내고, i의 값이 3일 때는 2회전일 때를, i의 값이 4일 때는 3회전일 때를, i의 값이 5일 때는 4회전일 때를 나타낸다.

- 16, 17번째 줄은 배열 a의 1번 인덱스부터 5번 인덱스까지의 요소를 출력의 첫째 줄에 한 개의 공백
으로 분리하여 출력한다.

```
5 6 7 8 9
```

34.2 연습문제 Exercise

1 10개의 데이터 1, 2, 3, 4, 5, 6, 7, 8, 9, 10을 일차원 배열에 초기화시킨 후 <u>삽입 정렬(Insertion Sort)을 이용하여</u> 내림차순으로 정렬하는 프로그램을 작성하여라.

Input Form 입력형식 없음.

Output Form 내림차순으로 정렬된 일차원 배열의 각 요소들을 한 개의 공백으로 분리하여 첫째 줄에 출력하여라.

Example

출력
10 9 8 7 6 5 4 3 2 1

코딩마법서

1권 STONE VERSION
코딩테스트와 알고리즘을 위한 C/C++

제35장

피보나치 수열
Fibonacci Sequence

35.1   레오나르도 피보나치 Leonardo Fibonacci
35.2   자연속의 피보나치 수열 Fibonacci Sequence
35.3   피보나치 수열과 황금비 Golden Ratio
35.4   연습문제

오일러BOOKS

35.1
레오나르도 피보나치 Leonardo Fibonacci

레오나르도 피보나치
(1170 - 1250)

레오나르도 피보나치(1170 - 1250, Leonardo Fibonacci)는 1170년 상업 도시인 이탈리아의 피사에서 태어났다. 그의 아버지는 피사에서 탁월한 상인으로 지중해에서 강력한 권력을 가진 사람의 한 명이었다. 아버지가 북부 아프리카의 통상 무역 대표로 임명받자 북부 아프리카로 아들을 데려가 최신 이슬람 수학을 배울 수 있도록 하였다. 피보나치는 이집트, 시리아, 그리스, 시칠리아와 프로방스에서 다양한 공부를 하였고, 그곳에서 인도의 기수법과 아라비아 숫자를 사용하여 10진법으로 계산하는 것을 알게 되었다. 피보나치는 이런 다양한 경험을 살려서 피사에 돌아와 그의 위대한 저서『산반서』를 1202년에 완성하였다. 당시의 사람들은 주판을 사용하여 계산하고 로마 숫자로 기록하는 주산파와 새로운 숫자를 사용하는 알고리즈미(Algorismi) 기수법 파로 나뉘어 있었다. 그래서 대중들은 친숙하지 않은 숫자에 반대하였고 공무원들의 저항도 있었다. 그로 인해서 알고리즈미 기수법은 14세기가 되어서야 널리 쓰이게 되었다. 피보나치는 그리스 수학자인 디오판토스, 유클리드와 같은 고대 수학자들의 업적을 향상시켰고 정수론, 상업 수학의 실용문제, 대수학에서의 응용문제 등을 저술하였다.

사실 피보나치 수가 처음 언급된 문헌은 기원전 5세기 인도의 수학자 핑갈라(Pingala)가 쓴 책이다. 유럽에서 피보나치 수가 처음 등장한 것은 12세기 말『산반서』의 3부에서 우리가 알고 있는 유명한 피보나치 문제가 실려있다.

- 1월 1일에 태어난 암수 한 쌍의 토끼가 있다.
- 모든 달의 길이는 동일하다고 가정한다.
- 한 쌍의 토끼는 태어난 지 두 달이 지나면 매달 두 마리의 새끼(암수 한 쌍)를 낳는다. 즉, 첫 번째 쌍은 3월 1일에 처음으로 두 마리의 새끼를 낳는다.
- 그들에게서 태어난 새끼들도 두 달이 지나면서 짝을 이루어 매달 두 마리(암수 한 쌍)의 새끼를 낳는다.
- 어떠한 토끼도 중간에 죽지 않는다.
- 일 년 후에 전체 토끼는 모두 몇 쌍일까?

1월	2월	3월	4월	5월	6월	7월	8월	9월	10월	11월	12월
1	1	2	3	5	8	13	21	34	55	89	144

1월에 1쌍의 토끼가 있고, 2월에도 새로 태어나는 토끼가 없으므로 1쌍의 토끼가 있다. 3월에는 1월에 의해서 새로 태어나는 토끼 1쌍과 기존에 있던 토끼 1쌍을 더해서 모두 2쌍의 토끼가 있고, 4월에는 2월에 있던 토끼들이 새끼를 낳기 때문에 새로 태어나는 토끼 1쌍과 기존에 있던 토끼 2쌍을 더해서 모두 3쌍의 토끼가 된다. 5월은 3월에 있던 토끼가 2쌍을 낳고 기존에 있던 토끼 3쌍을 합쳐서 모두 5쌍의 토끼가 된다. 이와 같이 열의 앞의 두 수를 합한 것이 현재 열의 수가 되는 규칙이 있는데 이와 같은 수열을 루카스라는 수학자가 **피보나치 수열**(Fibonacci Sequence)이라고 이름을 붙였다.

```c
#include <cstdio>

int main(void)
{
    int i, a[13] = { 0, 1 };

    for (i = 2; i <= 12; i++)
        a[i] = a[i - 1] + a[i - 2];

    for (i = 1; i <= 12; i++)
        printf("%d ", a[i]);
    return 0;
}
```

- 5번째 줄에서 a[0]은 0으로 그리고 a[1]의 값은 1로 배열 a를 선언과 동시에 초기화하였다. 여기서 a[1]의 값은 첫 번째 피보나치 수이다.

- 7, 8번째 줄은 배열 a의 2번 인덱스부터 12번 인덱스까지 i번째 피보나치 수를 구하고 있다.

- 10, 11번째 줄은 첫 번째 피보나치 수부터 열두 번째 피보나치 수를 출력의 첫째 줄에 한 개의 공백으로 분리하여 출력한다.

```
1 1 2 3 5 8 13 21 34 55 89 144
```

35.2
자연속의 피보나치 수열 Fibonacci Sequence

자연속에는 많은 수학적인 사실들이 있는데 그 중에서도 가장 대표적인 것이 피보나치 수열이다. 몇몇 꽃잎을 제외하고 대부분의 꽃잎의 수는 피보나치 수로 이루어져 있다. 분꽃과 백합은 3장이고, 채송화와 벚꽃은 5장, 코스모스와 모란은 8장, 금잔화는 13장, 치커리는 21장, 데이지는 34장, 들국화는 55장 또는 89장의 꽃잎이 달려 있다. 식물들이 이렇게 피보나치 수열을 이루고 있는 까닭은 햇빛을 받을 때 유리하고, 이렇게 피보나치 수열을 이룰 때 꽃잎이 활짝 피기 전까지 암술과 수술을 잘 보호할 수 있다고 한다. 또한 번식을 위해서 벌들이나 나비들을 유인할 때도 피보나치 수로 이루어져 있어야 더 잘 유인할 수 있다는 사실이 밝혀졌다.

해바라기 씨에도 피보나치 수열이 숨어져 있는데 해바라기 씨가 오른쪽과 왼쪽으로 도는 두 가지 나선이 있는데, 이때 좌우 나선의 수를 살펴보면 하나가 21개이면 다른 하나는 34개이다. 또는 만일 다른 하나가 34개라면 다른 하나는 55개라는 식으로 피보나치 수로 구성되어 있다는 것을 볼 수 있다.

35.3 피보나치 수열과 황금비 Golden Ratio

우리를 둘러싸고 있는 자연이나 우리가 생활하는 일상에서 사용하는 물건에는 일정한 비율이 존재한다. 황금비율이란 인간의 눈에 가장 안정적으로 보이는 비율을 말한다. 황금비는 그리스의 수학자 유클리드(Euclid)가 구체화 시키면서 널리 알려지게 되었다. 유클리드(Euclid)의 황금비는 **"한 선분을 전체 직선과 긴 선분의 비가 긴 선분과 짧은 선분의 비와 같도록 나누는 것"**이라 정의하였다.

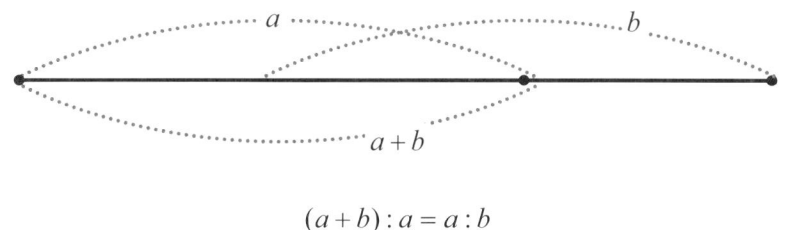

$$(a+b) : a = a : b$$

이 정해진 비율을 소수점으로 나타내면 1.61803398… 과 같고 소수점 셋째 자리까지 나타내면 1.618인데 이 1.618을 황금비라고 말한다. 황금비는 고대 건축물 파르테논 신전에서도 찾아볼 수 있다. 신전의 높이와 폭의 비가 약 1 : 1.618이고 기둥과 지붕의 비 역시 약 1 : 1.618의 황금비로 이루어져 있다. 피보나치 수열은 황금비율과도 관계가 있다. 피보나치 수열의 앞의 수로 바로 이웃한 수를 나누어 보면 1 ÷ 1 = 1, 2 ÷ 1 = 2, 3 ÷ 2 = 1.5, 5 ÷ 3 = 1.666, 8 ÷ 5 = 1.6, 13 ÷ 8 = 1.625가 된다. 이 값은 점점 황금비율의 1.61803398…에 근접하게 된다.

34.2 연습문제 Exercise

① 1월 1일에 태어난 암수 한 쌍의 토끼가 있다. 모든 달의 길이는 동일하다고 가정한다. 한 쌍의 토끼는 태어난 지 두 달이 지나면 매달 두 마리의 새끼(암수 한 쌍)를 낳는다. 즉, 첫 번째 쌍은 3월 1일에 처음으로 두 마리의 새끼를 낳는다. 그들에게서 태어난 새끼들도 두 달이 지나면서 짝을 이루어 매달 두 마리(암수 한 쌍)의 새끼를 낳는다. 어떠한 토끼도 중간에 죽지 않는다. N(1≤N≤20)번째 달이 되었을 때 전체 토끼는 모두 몇 쌍인지를 구하는 프로그램을 작성하여라.

Input Form 첫째 줄에 한 개의 양의 정수 N이 주어진다. N의 값은 1 이상 20 이하의 양의 정수이다.

Output Form N번째 달이 되었을 때 전체 토끼는 모두 몇 쌍인지를 구하여 첫째 줄에 출력하여라.

Example

입력	출력
20	6765

1017
금화

실행 제한시간 1초
메모리 사용 제한 32MB

마법학교에 새로운 신기한 마법상자가 들어왔다. 마법상자 안에는 언제나 금화가 들어있는데 상자 안의 금화는 항상 일정한게 아니라 다음과 같은 규칙에 따라서 매일 매일 금화의 양이 변한다.

① 첫날에는 금화 1개가 들어있다.
② 둘째 날에도 금화 1개가 들어있다.
③ (2 × i)번째 날의 금화는 (i)번째 날의 금화 개수와 같다.
④ (2 × i + 1)번째 날의 금화는 (i)번째 날의 금화 개수와 (i + 1)번째 날의 금화 개수의 합과 같다.

오일러는 첫째 날부터 N번째 날 중에서 단 한 번만 마법상자를 열 수 있다. 그리고 그때 오일러는 상자 안에 들어있는 모든 금화를 가질 수 있다. 오일러가 가질 수 있는 금화의 최대 개수는 몇 개인지 구하는 프로그램을 작성하여라.

Input Form 첫째 줄에는 한 개의 정수 N(1≤N≤99,999)이 주어진다.

Output Form 오일러가 가질 수 있는 금화의 최대 개수를 첫째 줄에 출력하여라.

Example

입력	출력
5	3

입력	출력
10	4

1072
Speed Limit

실행 제한시간 **1초**
메모리 사용 제한 **32MB**

오일러와 위즐리는 여행을 하고 있다. 하지만 그들의 자동차 속도 측정기는 고장이 났고, 그들은 얼마나 멀리 왔는지 알지 못한다. 다행히도 오일러는 스톱워치를 가지고 있었고, 자동차의 속도를 시간별로 모두 N(1≤N≤10)번을 측정하여 기록할 수 있었다. 불행하게도 그들의 측정 시간은 일정하지는 않았다. 그래서 그들은 얼마나 멀리 왔는지 여러분들이 계산해 주기를 원하고 있다. 예를 들어서 그들의 시간별 속도 측정은 다음과 같다.

속력 (km/hours)	총 경과 시간
20	2
30	6
10	7

그들은 시간당 20km의 속도로 총 2시간 동안 운전했고, 그 후 6 - 2 = 4시간 동안 시간당 30km의 속도로 운전했으며, 다시 7 - 6 = 1시간 동안 시간당 10km의 속도로 운전했다. 따라서 그들이 이동한 총 거리는 2 * 20 + 4 * 30 + 1 * 10 = 40 + 120 + 10 = 170km이다. 총 경과 시간은 그들이 여행한 시간순서 순으로 기록되었기 때문에 이전에 기록된 시간이 나중에 주어지는 경우는 없다.

Input Form 첫째 줄에는 한 개의 양의 정수 N이 주어진다. 둘째 줄부터는 시간당 속력을 나타내는 정수 S(1≤S≤90)와 총 경과 시간을 나타내는 정수 T(1≤T≤12)가 N개의 줄에 걸쳐서 주어진다. 총 경과 시간을 나타내는 T는 언제나 오름차순으로 주어진다.

Output Form 오일러와 위즐리가 이동한 총 거리를 첫째 줄에 출력하여라. (단위 Km)

Example

입력	출력
3 20 2 30 6 10 7	170

입력	출력
2 60 1 30 5	180

코딩마법서

1권 STONE VERSION
코딩테스트와 알고리즘을 위한 C/C++

제36장

에라토스테네스의 체
Sieve Of Erathosthenes

01.1   에라토스테네스의 체 Sieve Of Erathosthenes
01.2   이미 구해진 소수를 이용하여 소수 구하기
01.3   연습문제

오일러BOOKS

36.1
에라토스테네스의 체 Sieve Of Erathosthenes

에라토스테네스
(BC273 - BC192)

지구의 둘레를 처음으로 계산한 고대 그리스 수학자 **에라토스테네스(BC273 - BC192, Eratosthenes)**가 기원전 200년에 고안한 방법으로 아래 다음과 같은 방법을 이용하여 소수를 구한다.

~~1~~ ② ③ ~~4~~ ⑤ ~~6~~ ⑦ ~~8~~ ~~9~~ ~~10~~
⑪ ~~12~~ ⑬ ~~14~~ ~~15~~ ~~16~~ ⑰ ~~18~~ ⑲ ~~20~~

1은 소수가 아니라고 했으므로 우선 지워버린다. 다음으로 맨 처음에 나오는 수(= 2)는 무조건 소수이다. 왜냐하면 약수가 1과 자기 자신밖에 없으므로 동그라미를 한다. 그리고 2의 배수는 소수가 아니므로 모두 지워버린다. 다음으로 지워지지 않은 수들 중에서 가장 작은 수(= 3)를 찾는다. 이렇게 지워지지 않고 남아 있는 수는 소수이다. 왜냐하면 1이 아니면서 3보다 작은 약수가 있었다면 이미 지워졌기 때문이다. 3에 동그라미를 하고 나머지 3의 배수는 3 × 3부터 모두 지워버린다. 3의 배수 6(= 3 × 2)은 이미 2의 배수일 때 지워졌기 때문에 3 × 3부터 3의 배수를 제거하면 된다. 다음으로 4는 이미 제거되었기 때문에 통과된다. 그리고 4의 배수는 2의 배수일 때 제거되었기 때문에 4의 배수를 제거하는 작업은 할 필요가 없다. 다음으로 지워지지 않은 수들 중에서 가장 작은 수(= 5)를 찾는다. 조금 전과 같은 이유로 5도 소수이다. 5에 동그라미를 한다. 그리고 5의 배수들을 5 × 5부터 모두 지워버린다. 왜냐하면 10(= 5 × 2)은 2의 배수일 때 제거되었고, 15(= 5 × 3)는 3의 배수일 때 제거되었고, 20(= 5 × 4 = 10 × 2)은 2의 배수일 때 제거되었기 때문이다. 이런 과정을 구하고자 하는 범위까지 반복한다면 지워지지 않고 동그라미가 쳐진 채 남아 있는 수들은 소수이다.

마치 체로 불순물을 걸러내는 거와 같다고 해서 **'에라토스테네스의 체(Sieve Of Erathosthenes)'**라고 부른다. 지금은 컴퓨터를 이용해서 빠르게 소수를 구할 수 있다. 하지만 숫자가 커진다면 소수를 구하는데 컴퓨터도 아주 오랜 시간이 걸린다. 지금까지 소수를 구하는 많은 방법이 나왔지만 비교적 작은 소수(약 100만 이하)를 찾는 데는 에라토스테네스의 체보다 빠른 방법은 없다고 한다.

 Coding

```
1  #include <cstdio>
2
3  int main(void)
```

```c
 4    {
 5        int i, j, check[101] = { 0 };
 6
 7        for (i = 2; i <= 100; i++)
 8        {
 9            if (check[i] == 0)
10            {
11                printf("%d ", i);
12                for (j = i * i; j <= 100; j += i)
13                    check[j] = 1;
14            }
15        }
16        return 0;
17    }
```

 **Interpret**

- 5번째 줄은 정수형 배열 check를 선언과 동시에 모든 값을 0으로 초기화하였다.

- 7번째 줄부터 15번째 줄은 에라토스테네스의 체를 이용하여 소수를 구한다. check[i]의 값에 0이 들어있으면 위의 설명에서와 같이 인덱스 i는 소수가 확정되었으므로 동그라미가 쳐진 것이고, check[i]의 값에 1이 들어있으면 인덱스 i는 소수가 아니므로 제거되었음을 나타낸다.

- 먼저 i가 2일 때는 check[2]의 값은 0이므로 2는 소수가 확정되었다. 그리고 2의 배수들은 소수가 아니므로 12, 13번째 줄에서 for문을 이용하여 check[4], check[6], … , check[100]의 값을 1로 만든다.

- 그리고 다시 i가 3일 때는 check[3]의 값은 0이므로 3은 소수가 확정되었다. 그리고 3의 배수들은 소수가 아니므로 12, 13번째 줄에서 for문을 이용하여 check[9], check[12], check[15], … , check[99]의 값을 1로 만든다. 12번째 줄에서 j의 값이 i * 2가 아니라 i * i부터 출발하는 이유는 3 * 2의 값은 i의 값이 2일 때 이미 2의 배수에서 제거되었기 때문에 i * i부터 제거해 나간 것이다.

- 이후 i의 값이 4일 때는 이미 소수가 아니므로 건너뛰고 4의 배수들은 이미 2의 배수에서 제거되었기 때문에 4의 배수는 제거할 필요가 없다. 이와 같은 방법으로 모든 소수가 구해질 때까지 처리하게 된다면 check 배열의 2번 인덱스의 값부터 100번 인덱스의 값까지 확인했을 때 배열의 값이 0인 인덱스는 모두 소수가 된다.

 **Output**

```
2 3 5 7 11 13 17 19 23 29 31 37 41 43 47 53 59 61 67 71 73 79 83 89 97
```

36.2
이미 구해진 소수를 이용하여 소수 구하기

앞장에서 어떤 수 n이 소수인지 판별하고자 할 때, 2부터 sqrt(n) 이하의 정수들로 n을 나누었을 때, 나눌 수 있는 수가 없다면 n을 소수라고 판별할 수 있다고 배웠다. 예를 들어서 100이 소수인지 판별하고자 할 때 2부터 sqrt(100) 이하의 정수 2, 3, 4, 5, 6, 7, 8, 9, 10으로 나누어봐서 만일 100을 어떠한 수로도 나눌 수 없다면 100을 소수라고 판별할 수 있다는 말이다. 그런데 여기서 한 단계 더 생각해보면 4(= 2 × 2)로 나누어떨어지는 수는 2로도 나누어떨어질 것이고, 6(= 2 × 3)으로 나누어떨어지는 수는 2 또는 3으로도 나누어떨어질 것이고, 8(= 2 × 2 × 2)로 나누어떨어지는 수는 2로도 나누어떨어질 것이며 9(= 3 × 3)로 나누어떨어지는 수는 3으로도 나누어떨어질 것이고, 10(= 2 × 5)으로 나누어떨어지는 수는 2 또는 5로도 나누어떨어지게 된다. 다시 말하면 어차피 합성수(Composite Number)들은 소수들의 곱으로 이루어져 있으므로 합성수를 제외한 소수들만으로 나누어봐서 나누어떨어지지 않는다면 소수라고 할 수 있다는 말이다. 즉, 어떤 수 n이 소수인지 판별하고자 할 때, 2부터 sqrt(n) 이하의 소수들로 나누어떨어지지 않는다면 n을 소수라고 판별할 수 있다는 말이다.

 Coding

```
1   #include <cstdio>
2   #include <cmath>
3   
4   int main(void)
5   {
6       int cnt = 0, a[1000];
7       int i, j, k, isPrime;
8   
9       for (i = 2; i <= 1000; i++)
10      {
11          isPrime = 1;
12          k = sqrt(i);
13          for (j = 1; j <= cnt && a[j] <= k && isPrime; j++)
14              if (i % a[j] == 0)
15                  isPrime = 0;
16  
17          if (isPrime == 1)
18              a[++cnt] = i;
19      }
```

```
20
21          for (i = 1; i <= cnt; i++)
22              printf("%d ", a[i]);
23          return 0;
24      }
```

- 2번째 줄은 제곱근 함수 sqrt()를 사용하기 위해서 cmath를 include 한다.

- 6번째 줄은 앞으로 구해질 소수를 담기 위한 배열 a와 개수를 저장하기 위한 변수 cnt를 선언하였다.

- 9번째 줄부터 19번째 줄은 2부터 1,000까지 소수를 판별하기 위한 순환문이다.

- 11번째 줄은 각각의 i마다 isPrime이란 변수를 1로 초기화하였는데 만일 13번째 줄부터 15번째 줄에 있는 순환문을 순환하면서 소수가 아니라 확정되면 isPrime 변수에 0을 대입하여 순환문을 멈추게 한다.

    j <= cnt && a[j] <= k && isPrime

- 배열 a에는 cnt개의 소수가 담겨있다. 따라서 j는 1부터 cnt까지 회전하면서 배열 a에 담긴 소수와 k를 비교하는 것이다. 즉 j가 1일 때 a[j]의 값은 첫 번째 소수 2이고, j가 2일 때에는 a[j]의 값은 두 번째 소수 3이 된다. 그런데 a[j]의 값이 i의 제곱근 k보다 작거나 같으면 되기 때문에 또한 a[j] <= k의 조건을 만족해야 한다. 그리고 isPrime이 1일 경우는 참이 되기 때문에 for문을 순환할 수 있지만 만일 소수가 아니라 결정되어 15번째 줄에 의해서 isPrime이 0이 된다면 isPrime 자체가 거짓이므로 더 이상 for문은 순환할 수 없게 된다. 예를 들어서 i의 값이 15일 경우에는 sqrt(15)의 값은 3.87…이므로 k의 값은 3이 된다. 15는 a[1]의 값이 2로 나누어떨어지지 않지만 a[2]의 값인 3으로는 나누어떨어지기 때문에 isPrime의 값은 0이 되므로 소수가 아님이 확정된다. 만일 i가 17일 경우에는 sqrt(17)은 4.123…이므로 k의 값은 4일 것이고 17을 a[1]의 값 2, a[2]의 값 3으로도 나누어떨어지지 않으므로 isPrime은 계속 1이 유지되고 17, 18번째 줄에 의해서 17이 배열 a에 담기게 된다.

- 21, 22번째 줄은 1 이상 1,000 이하의 168개의 소수를 출력의 첫째 줄에 출력한다.

Output

```
2 3 5 7 11 13 17 19 23 29 31 37 41 43 47 53 59 61 67 71 73 79 83 89 97 101 103
107 109 113 127 131 137 139 149 151 157 163 167 173 179 181 191 193 197 199 211
223 227 229 233 239 241 251 257 263 269 271 277 281 283 293 307 311 313 317 331
337 347 349 353 359 367 373 379 383 389 397 401 409 419 421 431 433 439 443 449
457 461 463 467 479 487 491 499 503 509 521 523 541 547 557 563 569 571 577 587
593 599 601 607 613 617 619 631 641 643 647 653 659 661 673 677 683 691 701 709
719 727 733 739 743 751 757 761 769 773 787 797 809 811 821 823 827 829 839 853
857 859 863 877 881 883 887 907 911 919 929 937 941 947 953 967 971 977 983 991
997
```

36.3 연습문제 Exercise

① 1 이상 100 이하의 소수를 에라토스테네스의 체(Sieve Of Erathosthenes)를 이용하여 구하여라.

Input Form 입력형식 없음.

Output Form 1 이상 100 이하의 소수를 작은 수에서 큰 수 순으로 한 개의 공백으로 분리하여 한 줄에 5개씩 출력하여라.

Example

출력
2 3 5 7 11
13 17 19 23 29
31 37 41 43 47
53 59 61 67 71
73 79 83 89 97

② 소수들 중에서 3과 5, 11과 13, 17과 19처럼 두 수의 차가 2인 수들이 있다. 이렇게 두 수의 차가 2인 수들을 쌍둥이 소수(Twin Primes)라고 한다. 1 이상 100 이하의 쌍둥이 소수(Twin Primes)를 <u>에라토스테네스의 체(Sieve Of Erathosthenes)를 이용하여</u> 구하여라.

Input Form   입력형식 없음.

Output Form   1 이상 100 이하의 쌍둥이 소수(Twin Primes)의 쌍을 각 줄에 출력한다. 한 쌍의 쌍둥이 소수에서 작은 수를 왼쪽에 출력하고 한 개의 공백으로 분리한 후 큰 수를 오른쪽에 출력한다. 모든 쌍둥이 소수들은 큰 수에서 작은 수 순서로 각 줄에 출력하여라.

Example

출력
3 5
5 7
11 13
17 19
29 31
41 43
59 61
71 73

1066
숙제를 안 해온 사람은 누구

실행 제한시간 **1초**
메모리 사용 제한 **32MB**

호그와트 마법학교의 덤블도어 교수님은 컴퓨터 프로그래밍 과정을 지도하고 있다. 1부터 30까지 차례로 번호가 부여된 30명의 학생들에게 숙제를 냈는데, 28명의 학생은 숙제를 했지만 나머지 두 명의 학생은 아직 숙제를 하지 못했다. 숙제를 모두 끝낸 학생들의 번호가 주어지면 숙제를 아직 끝마치지 못한 학생의 번호는 몇 번인지 찾아서 학생의 번호를 각 줄에 출력하여라.

Input Form

입력은 모두 28개의 줄로 구성되어 있다. 각 줄에는 숙제를 끝마친 1 이상 30 이하의 양의 정수를 갖는 학생의 번호가 각 줄에 주어진다. 입력으로 주어지는 학생의 번호는 작은 번호에서 큰 번호의 순서대로 주어지지는 않는다.

Output Form

출력은 모두 두 개의 줄로 구성된다. 첫째 줄과 둘째 줄은 숙제를 끝마치지 못한 각각의 학생의 번호를 출력한다. 첫째 줄에 출력하는 학생의 번호는 둘째 줄에 출력하는 학생의 번호보다 반드시 작아야 한다.

 **Example**

입력	출력
3	2
1	8
4	
5	
7	
9	
6	
10	
11	
12	
13	
14	
15	
16	
17	
18	
19	
20	
21	
22	
23	
24	
25	
26	
27	
28	
29	
30	

1038 나머지

실행 제한시간 1초
메모리 사용 제한 32MB

두 개의 정수 A와 B가 주어졌을 때, A Modulo B는 A를 B로 나누었을 때의 나머지를 의미한다. 예를 들어서 7, 14, 27, 38을 3으로 나누었을 때의 나머지는 1, 2, 0, 2가 된다. 10개의 정수가 주어지면 42로 나누었을 때, 서로 다른 나머지를 갖는 수는 몇 개나 되는지 구하여라.

Input Form   1,000보다 작은 음이 아닌 정수가 10개의 줄에 걸쳐서 각 줄에 주어진다.

Output Form   입력으로 주어진 정수들을 42로 나누었을 때, 서로 다른 나머지를 갖는 정수는 몇 개나 되는지 첫째 줄에 출력하여라.

Example

입력	출력
1 2 3 4 5 6 7 8 9 10	10

입력	출력
42 84 252 420 840 126 42 84 420 126	1

1044 꽃 축제

실행 제한시간 1초
메모리 사용 제한 32MB

오일러는 왕국의 꽃 축제를 하기 위해서 온실에서 아름다운 꽃을 재배하고 있다. 시민들은 아름답고 화려한 꽃이 전시될 것에 벌써부터 마음이 설레고 있다.

"나는 일렬로 길게 울타리를 따라서 S(7≤S≤10,000)개의 빈 슬롯(slot)에 꽃을 심을 생각이다." 그리고 그는 "연속적으로 3칸의 간격으로 장미를 심고, 다시 7칸의 간격으로 베고니아를 심고, 또한 4칸의 간격으로 데이지를 심을 것이다."라고 생각하였다. 즉, 각각의 꽃마다 처음 시작하는 슬롯에서부터 꽃을 심기 시작해서 일정한 간격으로 빈 슬롯이 존재한다면 그 슬롯에 꽃을 심어나간다. 그리고 오일러는 모든 꽃을 다 심은 후에 빈 슬롯이 얼마나 많이 남을지 궁금하였다.

오일러가 꽃을 다 심은 후 빈 슬롯이 얼마나 남는지 알 수 있도록 도와주어라. 오일러는 N(1≤N≤100)개의 꽃을 심을 계획이고 각각의 꽃들은 A(1≤A≤S)의 슬롯부터 꽃을 심기 시작해서 B(1≤B≤S)의 간격으로 꽃을 심어 나갈 것이다. 모든 꽃을 다 심은 후에 빈 슬롯이 얼마나 남는지 알아내어야 한다.

만일 오일러가 다음과 같은 방법으로 꽃을 심는다면

30 3   [총 30개의 슬롯이 있고 3가지 종류의 꽃이 있다.]

1 3   [장미는 1번 슬롯부터 심기 시작해서 3칸의 간격으로 꽃을 심는다.]

3 7   [베고니아는 3번 슬롯부터 심기 시작해서 7칸의 간격으로 꽃을 심는다.]

1 4   [데이지는 1번 슬롯부터 심기 시작해서 4칸의 간격으로 꽃을 심는다.]

따라서 화원의 형태는 다음과 같이 된다. 화원의 초기 상태

. . . .

다음으로 장미를 심고 난 후의 상태

R . . R . . R . . R . . R . . R . . R . . R . . R . . R . .

다음으로 베고니아를 심고 난 후의 상태

R . B R . . R . B R . . R . B R . . R . B R . . R . B R . .

다음으로 데이지를 심고 난 후의 상태

R . B R D . R . D R . . R . B R . . R . D R . B R . . R D .

꽃을 전부 심고 난 후에는 13개의 빈 슬롯이 존재한다.

Input Form

첫째 줄에는 두 개의 정수 S와 N이 주어진다. 둘째 줄부터는 각각의 i번째 꽃들에 대한 정보가 N줄에 걸쳐서 주어진다. 따라서 i번째 꽃들에 대한 정보는 i + 1번째 줄에 주어진다. 각각의 꽃들에 대한 정보는 두 개의 정수 A_i와 B_i로 주어진다.

Output Form

모든 꽃들을 다 심은 후 남게 되는 빈 슬롯의 개수를 첫째 줄에 출력하여라.

Example

입력	출력
30 3 1 3 3 7 1 4	13

2031 크리스마스 전등 축제 I

실행 제한시간 **1초**
메모리 사용 제한 **64MB**

1부터 N까지 번호가 붙은 N(2≤N≤500)개의 크리스마스 전등이 왕국의 도시를 밝힐 예정이다.

초저녁에 모든 전등은 꺼져 있다. 오일러는 전등을 토글(껐다, 켰다) 할 수 있는 N개의 푸시 버튼으로 모든 크리스마스 전등을 조정한다. : 버튼 i를 누르게 되면 전등 i가 꺼져 있다면 켜지게 되고 반대로 켜져 있다면 꺼지게 된다.

오일러는 M(1≤M≤2,000)번의 조작 명령을 가지고 조작하게 된다. 한 번의 명령은 세 개의 정수로 이루어져 있는데 첫 번째 정수 Op는 버튼의 조작 상태를 나타내는 정수이다. (0≤Op≤1)

만일 첫 번째 정수 Op의 값으로 0이 주어지고 두 개의 정수 S_i와 E_i가 주어진다면 S_i는 시작 버튼을 의미하고 E_i는 마지막 버튼을 의미한다. 오일러는 S_i부터 E_i까지의 모든 버튼들을 정확하게 한 번씩 누른다. (1≤S_i≤E_i≤N)

만일 첫 번째 정수 Op의 값으로 1이 주어지고 두 개의 정수 S_i와 E_i가 주어진다면 S_i는 시작 전등을 의미하고 E_i는 마지막 전등을 의미한다. 오일러는 S_i부터 E_i까지의 전등 중에서 켜져 있는 전등의 개수를 파악해야 한다. (1≤S_i≤E_i≤N)

오일러가 모든 작업들을 정확하게 처리할 수 있도록 여러분들이 도와주어라.

Input Form 첫째 줄에는 두 개의 정수 N과 M이 주어진다. 둘째 줄부터는 세 개의 정수 Op, S_i, E_i가 각각 한 개의 공백으로 분리되어 M줄이 주어진다.

Output Form 각 질문에 해당되는 켜져 있는 전등의 개수를 입력 순서대로 각 줄에 출력하여라.

Example

입력	출력
4 5	1
0 1 2	2
0 2 4	
1 2 3	
0 2 4	
1 1 4	

Note 모두 네 개의 전등과 다섯 개의 명령이 있고 처리 과정은 다음과 같다. (0 = off, * = on)

```
            전  등
            1 2 3 4
start ->    0 0 0 0
0 1 2 ->    * * 0 0
0 2 4 ->    * 0 * *
1 2 3 ->    1
0 2 4 ->    * * 0 0
1 1 4 ->    2
```

1126 가로등

실행 제한시간 **1초**
메모리 사용 제한 **64MB**

크리스마스 시즌이다. N미터의 긴 거리에 M개의 가로등이 놓여있다. (거리는 1미터 간격으로 1부터 N까지 지점의 번호를 부여하였다.) 각각의 가로등은 도로의 특정 지점에 위치하며 가로등이 위치한 곳에서 왼쪽으로 K미터 그리고 오른쪽으로 K미터까지 환하게 만들 수 있다. 다시 말해서 만일 어떤 가로등이 도로의 X지점에 놓여있다면 그 도로의 X - K지점부터 X + K지점까지 환하게 비출 수 있다는 말이다. 물론 도로의 어느 한 지점을 밝히기 위해서 여러 개의 가로등이 필요하지 않다. 또한 같은 위치에 놓이는 가로등은 없다.

분제는 모든 소녕이 도로의 1부터 N까지의 모든 지점을 비추지 않을 가능성이 있다. 여러분이 할 일은 도로(1부터 N까지 지점)의 모든 지점을 환하게 비추기 위해서 더 추가해야 하는 최소 가로등의 수를 구하는 것이다.

Input Form 첫째 줄에는 한 개의 정수 N(1≤N≤1,000)이 주어진다. 둘째 줄에는 한 개의 정수 M(1≤M≤N)이 주어진다. 셋째 줄에는 한 개의 정수 K(0≤K≤N)가 주어진다. 넷째 줄부터 M개의 줄에 걸쳐서 정수가 주어진다. 각각의 정수는 오름차순으로 정렬되어 차례로 주어지며 M개의 가로등의 위치를 나타낸다. 가로등의 위치가 같은 경우는 주어지지 않고 다음 가로등과의 거리는 1 이상 N 이하의 간격을 두고 주어진다.

Output Form 문제에서 요구하는 정답을 첫째 줄에 출력하여라.

 **Example**

입력	출력
5 2 2 1 5	0

입력	출력
13 2 10 1 2	1

 **Note**

첫 번째 테스트 케이스에서 주어진 가로등으로 모든 도로를 환하게 비출 수 있으므로 더 이상 가로등의 추가는 필요하지 않다.

두 번째 테스트 케이스에서 위치 13에 한 개의 가로등을 추가하면 모든 도로를 환하게 비출 수 있다.

2079
Trees

실행 제한시간 **1초**
메모리 사용 제한 **64MB**

왕국의 동쪽문에서 시작하는 도로는 많은 나무들이 심어있다. 하지만, 지하철을 건설하면서 많은 나무들이 잘려나가거나 옮겨졌다. 지금은 얼마나 많은 나무가 남아 있는지 구할 수 있도록 오일러를 도와주어라.

오직 도로의 한쪽 변만 생각하기로 하자. 나무는 도로의 시작부터 1M 간격으로 심어져 있다. 지하철역, 육교, 빌딩들이 건설되면서 이 구간에 있는 나무들은 잘려나가거나 또는 옮겨질 것이다. 우리들이 할 일은 모든 나무들이 잘려나가고 남아 있는 나무들은 모두 몇 그루가 되는지 구하는 것이다.

예를 들어 도로의 길이는 300M이고 0M부터 시작하여 1M 간격으로 나무가 심어져 있다면 도로에는 총 301그루의 나무가 심어있다고 말할 수 있다. 그리고 100M 구간부터 200M 구간 사이에 지하철역을 건설하기로 하였다면, 101그루의 나무가 잘려나가고 도로에는 오직 200그루의 나무만 남아 있을 것이다.

Input Form 첫째 줄에는 도로의 길이를 나타내는 L(1≤L≤2,000,000,000)과 건설하기 위해서 할당된 구간의 개수 M(1≤M≤5,000)이 주어진다. 둘째 줄부터는 M줄에 걸쳐서 각 줄에 구간이 주어진다. 구간은 시작 지점과 끝 지점을 나타내는 두 개의 음이 아닌 정수 Start와 End가 주어진다. (0≤Start≤End≤L) 입력으로 주어지는 구간이 겹치는 경우는 주어지지 않는다.

Output Form 도로에 남아 있는 나무의 개수를 첫째 줄에 출력하여라.

Example

입력	출력
300 1 100 200	200

2126
주차요금

실행 제한시간 **1초**
메모리 사용 제한 **32MB**

오일러는 세 대의 자동차를 가지고 있다. 오늘 저녁에 오일러는 세 대의 자동차를 주차해야만 한다. 자동차를 주차하기 위해서는 주차요금을 지불해야 한다. 주차요금은 다음과 같다.

한 대의 자동차만을 주차할 경우는 주차요금으로 1시간에 A원을 지불해야 한다. 두 대의 자동차를 동시에 주차할 경우는 각각의 자동차마다 1시간에 B원을 지불해야 한다. 세 대의 자동차를 동시에 주차할 경우는 각각의 자동차는 1시간에 C원을 지불해야 한다.

세 개의 양의 정수 A, B, C가 주어지면 오일러가 세 대의 자동차를 주차하기 위해서 지불해야 하는 총 주차비용을 구하여라.

Input Form 첫째 줄에는 주차하기 위해서 지불해야 하는 금액을 나타내는 세 개의 양의 정수 A, B, C가 주어진다. (1≤C≤B≤A≤100) 둘째 줄부터 넷째 줄까지는 각각의 자동차가 주차장에 들어온 시간과 주차장에서 나간 시간을 나타내는 두 개의 정수가 각 줄에 주어진다. 주차장에 들어오고 주차장에서 나간 시간은 정각에 이루어졌으며 각각의 정수는 1 이상 100 이하의 양의 정수로 주어진다.

Output Form 세 대의 자동차를 주차하기 위한 총 주차비용을 구하여 첫째 줄에 출력하여라.

 **Example**

입력
5 3 1
1 6
3 5
2 8

출력
33

입력
10 8 6
15 30
25 50
70 80

출력
480

4124
골드바흐의 추측

실행 제한시간 **1초**
메모리 사용 제한 **64MB**

크리스찬 골드바흐
(1690 - 1764)

현재의 수학계에는 아직도 해결되지 않은 여러 가지의 난제들이 남아있다. 이 중의 하나가 골드바흐의 추측(Goldbach's Conjecture)이라는 것이다. 수학자 오일러에게 보낸 편지에 써 있었다는 골드바흐의 추측이란 이런 것이다. "2보다 큰 모든 짝수는 두 소수의 합으로 나타낼 수 있다."

이것을 증명하는 것은 여태까지 수많은 수학자들이 해내지 못했듯이 상당히 어려운 일이다. 하지만 이를 증명하지는 못하더라도, 경이로운 계산 속도를 제공하는 컴퓨터를 이용하는 우리들은 주어진 예에 대해서는 직접 답을 찾아냄으로써 판명해 보일 수 있다. 즉, 14라는 짝수를 두 소수의 합으로 나타낼 수 있냐고 누군가가 물어봐 온다면, 우리는 곧바로 3 + 11이라는 답을 제시해 버리면 그만이라는 뜻이다. 2보다 큰 짝수가 주어질 때, 이 수를 이룰 수 있는 두 소수를 출력하는 프로그램을 작성해보자.

Input Form 첫째 줄에는 우리가 판명할 한 개의 정수 N(2<N≤30,000, 단, N은 짝수)이 주어진다.

Output Form 합이 N이 되는 두 개의 소수 a, b를 차례로 출력한다. a는 항상 b보다 작거나 같은 수이며 여러 가지 답이 존재하면 이를 모두 출력한다. a가 작은 경우를 먼저 출력하며 한 줄에 하나씩 출력한다. 마지막 줄에는 개수를 출력한다.

Example

입력	출력
14	3 11 7 7 2

코딩마법서

1권 STONE VERSION
코딩테스트와 알고리즘을 위한 C/C++

제37장

형상수
Figulate Number

37.1 삼각수 Triangular Number
37.2 사각수 Square Number
37.3 오각수 Pentagonal Number
37.4 연습문제

오일러BOOKS

고대 그리스 시대의 피타고라스학파는 우주의 만물이 수로 이루어져 있다고 믿었다. 그래서 도형을 이용하여 숫자를 표현하였고, 수와 도형의 관계를 연구하였다. 이렇게 도형으로 묘사된 자연수를 **형상수(Figulate Number)**라고 한다.

37.1
삼각수 Triangular Number

삼각형 모양으로 어떤 점을 놓았을 때,
삼각형을 이루기 위해 사용된 점의 개수를 **삼각수(Triangular Number)**라고 한다.

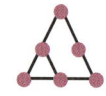
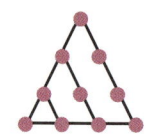
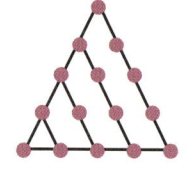

1   1 + 2 = 3   1 + 2 + 3 = 6   1 + 2 + 3 + 4 = 10   1 + 2 + 3 + 4 + 5 = 15

 **Coding**

```c
#include <cstdio>

int main(void)
{
    int a[6], i;

    for (i = 1; i <= 5; i++)
        a[i] = (1 + i) * i / 2;

    for (i = 1; i <= 5; i++)
        printf("%d\n", a[i]);
    return 0;
}
```

**Interpret**

- 5번째 줄은 다섯 개의 삼각수를 구하기 위한 정수형 배열을 선언하였다.
- 7, 8번째 줄은 첫 번째부터 다섯 번째 삼각수를 구하기 위한 순환문이다.
- i의 값이 1일 때, 첫 번째 삼각수 a[1]은 1부터 1까지의 합 1이 된다.
- i의 값이 2일 때, 두 번째 삼각수 a[2]는 1부터 2까지의 합 3이 된다.
- i의 값이 3일 때, 세 번째 삼각수 a[3]은 1부터 3까지의 합 6이 된다.
- i의 값이 4일 때, 네 번째 삼각수 a[4]는 1부터 4까지의 합 10이 된다.
- i의 값이 5일 때, 다섯 번째 삼각수 a[5]는 1부터 5까지의 합 15가 된다.
- 10, 11번째 줄은 첫 번째부터 다섯 번째 삼각수를 각 줄에 출력한다.

**Output**

```
1
3
6
10
15
```

37.2
사각수 Square Number

사각형 모양으로 어떤 점을 놓았을 때,
사각형을 이루기 위해 사용된 점의 개수를 **사각수(Square Number)**라고 한다.

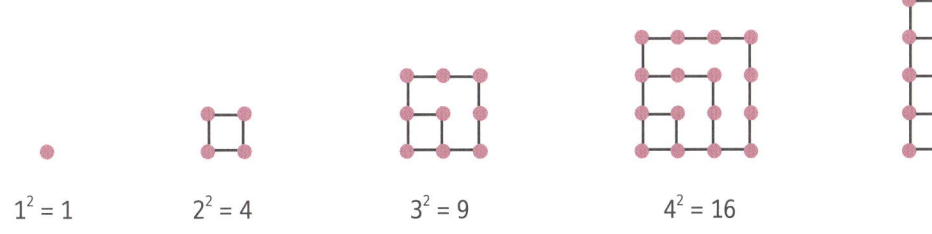

$1^2 = 1$ $2^2 = 4$ $3^2 = 9$ $4^2 = 16$ $5^2 = 25$

 **Coding**

```c
#include <cstdio>

int main(void)
{
    int a[6], i;
    
    for (i = 1; i <= 5; i++)
        a[i] = i * i;
    
    for (i = 1; i <= 5; i++)
        printf("%d\n", a[i]);
    return 0;
}
```

 **Interpret**

- 5번째 줄은 다섯 개의 사각수를 구하기 위한 정수형 배열을 선언하였다.

- 7, 8번째 줄은 첫 번째부터 다섯 번째 사각수를 구하기 위한 순환문이다.

- i의 값이 1일 때, 첫 번째 사각수 a[1]은 1(= 1 × 1)이 된다.

- i의 값이 2일 때, 두 번째 사각수 a[2]는 4(= 2 × 2)가 된다.

- i의 값이 3일 때, 세 번째 사각수 a[3]은 9(= 3 × 3)가 된다.

- i의 값이 4일 때, 네 번째 사각수 a[4]는 16(= 4 × 4)이 된다.

- i의 값이 5일 때, 다섯 번째 사각수 a[5]는 25(= 5 × 5)가 된다.

- 10, 11번째 줄은 첫 번째부터 다섯 번째 사각수를 각 줄에 출력한다.

Output

```
1
4
9
16
25
```

37.3 오각수 Pentagonal Number

오각형 모양으로 어떤 점을 놓았을 때,
오각형을 이루기 위해 사용된 점의 개수를 **오각수**(Pentagonal Number)라고 한다.

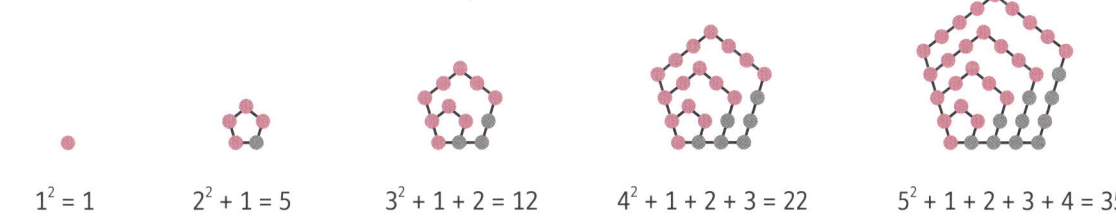

$1^2 = 1$ $2^2 + 1 = 5$ $3^2 + 1 + 2 = 12$ $4^2 + 1 + 2 + 3 = 22$ $5^2 + 1 + 2 + 3 + 4 = 35$

 Coding

```
1   #include <cstdio>
2
3   int main(void)
4   {
5       int a[6], i;
6
7       for (i = 1; i <= 5; i++)
8           a[i] = (i * i) + (i - 1) * i / 2;
9
10      for (i = 1; i <= 5; i++)
11          printf("%d\n", a[i]);
12      return 0;
13  }
```

 Interpret

- 5번째 줄은 다섯 개의 오각수를 구하기 위한 정수형 배열을 선언하였다.

- 7, 8번째 줄은 첫 번째부터 다섯 번째 오각수를 구하기 위한 순환문이다.

- i번째의 오각수는 i * i의 제곱수에다가 0부터 i – 1까지의 합을 더해서 구하면 된다. 여기서 0부터 i – 1까지의 합은 가우스 계산을 이용하여 구하였다. 가우스 계산에서 첫 번째 항은 0이고 마지막 항은 i – 1이므로 첫 번째 항과 마지막 항을 더한 후(= 0 + i – 1 = i – 1), 항수의 개수는 i개이므로 항수를 곱해서 2로 나누면 0부터 i – 1까지의 총합이 구해진다. 따라서 i의 값이 1일 때, 첫 번째 오각수 a[1]은 1(= 1 × 1)과 0(= 0)의 합 1이 된다.

- i의 값이 2일 때, 두 번째 오각수 a[2]는 4(= 2 × 2)와 1(= 0 + 1)의 합 5가 된다.

- i의 값이 3일 때, 세 번째 오각수 a[3]은 9(= 3 × 3)와 3(= 0 + 1 + 2)의 합 12가 된다.
- i의 값이 4일 때, 네 번째 오각수 a[4]는 16(= 4 × 4)과 6(= 0 + 1 + 2 + 3)의 합 22가 된다.
- i의 값이 5일 때, 다섯 번째 오각수 a[5]는 25(= 5 × 5)와 10(= 0 + 1 + 2 + 3 + 4)의 합 35가 된다.
- 10, 11번째 줄은 첫 번째부터 다섯 번째 오각수를 각 줄에 출력한다.

Output

```
1
5
12
22
35
```

37.4 연습문제 Exercise

1 삼각형을 이루기 위해 사용된 점의 개수를 삼각수(Triangular Number), 사각형을 이루기 위해 사용된 점의 개수를 사각수(Square Number), 오각형을 이루기 위해 사용된 점의 개수를 오각수(Pentagonal Number)라고 한다. 그러면 N번째의 삼각수, 사각수, 오각수는 도형을 이루기 위해서 모두 몇 개의 점이 사용되었는지 점의 개수의 합을 구하는 프로그램을 작성하여라.

Input Form 첫째 줄에 한 개의 양의 정수 N(1≤N≤100)이 주어진다.

Output Form N번째 삼각수, 사각수, 오각수를 만들기 위해서 사용된 모든 점의 개수의 합을 첫째 줄에 출력하여라.

Example

입력	출력
10	300

Note 삼각수 55개, 사각수 100개, 오각수 145개

1147 육각수

실행 제한시간 **1초**
메모리 사용 제한 **32MB**

고대 그리스 시대의 피타고라스학파는 우주의 만물이 수로 이루어져 있다고 믿었다. 그래서 도형을 이용하여 숫자를 표현하였고, 수와 도형의 관계를 연구하였다. 이렇게 도형으로 묘사된 자연수를 형상수(Figulate Number)라고 한다.

이러한 형상수(Figulate Number) 중에서 육각형 모양으로 어떤 점을 놓았을 때, 육각형을 이루기 위해 사용된 점의 개수를 육각수(Hexagonal Number)라고 한다.

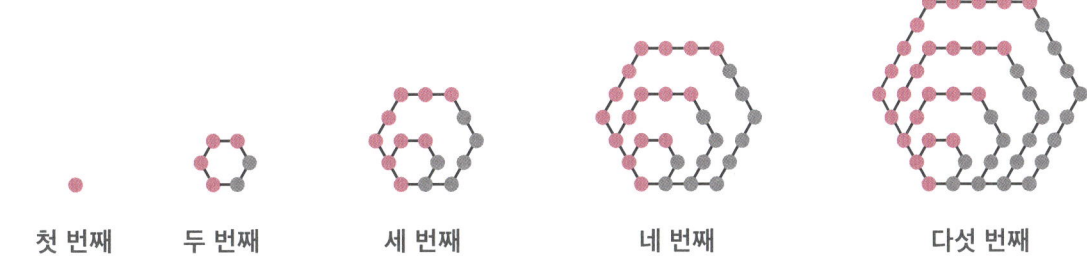

첫 번째   두 번째   세 번째   네 번째   다섯 번째

N번째 육각수를 만들기 위해서 사용된 점의 개수를 구하여라.

Input Form 첫째 줄에는 한 개의 양의 정수 N이 주어진다. (1≤N≤10,000)

Output Form N번째 육각수를 만들기 위해서 사용된 점의 개수를 첫째 줄에 출력하여라.

Example

입력
1

출력
1

입력
5

출력
45

1073 오각수

실행 제한시간 **1초**
메모리 사용 제한 **32MB**

고대 그리스 시대의 피타고라스학파는 우주의 만물이 수로 이루어져 있다고 믿었다. 그래서 도형을 이용하여 숫자를 표현하였고, 수와 도형의 관계를 연구하였다. 이렇게 도형으로 묘사된 자연수를 형상수(Figulate Number)라고 한다.

이러한 형상수(Figulate Number) 중에서 오각형 모양으로 어떤 점을 놓았을 때, 오각형을 이루기 위해 사용된 점의 개수를 오각수(Pentagonal Number)라고 한다.

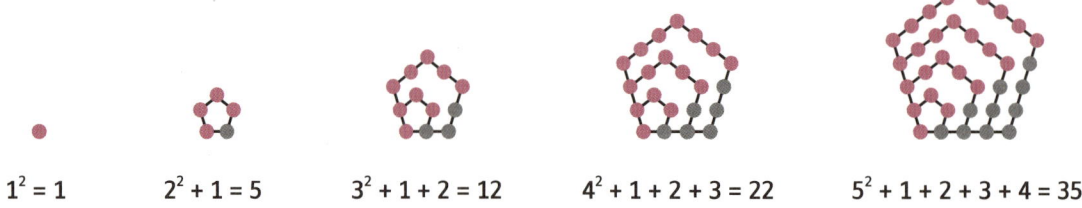

$1^2 = 1$ $2^2 + 1 = 5$ $3^2 + 1 + 2 = 12$ $4^2 + 1 + 2 + 3 = 22$ $5^2 + 1 + 2 + 3 + 4 = 35$

여러분들에게 여러 개의 숫자가 주어지면 주어진 숫자가 오각수인지 아닌지를 판별하는 프로그램을 작성하여라.

Input Form 첫째 줄에 숫자 N은 입력할 자연수의 개수를 나타낸다. (1<N≤50) 둘째 줄부터 마지막 줄까지는 오각수인지 아닌지를 판별할 숫자들이다. 검사할 숫자는 10,000을 넘지 않는다. (오각수를 살펴보면 1, 5, 12, 22, 35, … 와 같은 수들이 오각수이다.)

Output Form 입력으로 주어진 값을 순서대로 출력하고 한 칸 공백으로 분리하여 주어진 수가 오각수인지 아닌지를 'Y', 'N'으로 출력하여라. (단, 영문자는 대문자로 출력하여라.)

Example

입력	출력
5 5 8 22 174 590	5 Y 8 N 22 Y 174 N 590 Y

1077
곱셈 테이블

실행 제한시간 **1초**
메모리 사용 제한 **32MB**

오일러는 곱셈 테이블을 만들고 싶어 한다. 곱셈 테이블은 정확하게 아래와 같은 형식으로만 만들어야 한다. 예를 들어서 N = 11이라면 다음과 같다.

*	1	2	3	4	5	6	7	8	9	10	11
1	1	2	3	4	5	6	7	8	9	10	11
2	2	4	6	8	10	12	14	16	18	20	22
3	3	6	9	12	15	18	21	24	27	30	33
4	4	8	12	16	20	24	28	32	36	40	44
5	5	10	15	20	25	30	35	40	45	50	55
6	6	12	18	24	30	36	42	48	54	60	66
7	7	14	21	28	35	42	49	56	63	70	77
8	8	16	24	32	40	48	56	64	72	80	88
9	9	18	27	36	45	54	63	72	81	90	99
10	10	20	30	40	50	60	70	80	90	100	110
11	11	22	33	44	55	66	77	88	99	110	121

* 첫 번째 열은 자릿수의 너비가 두 자리를 차지한다.
* 첫 번째 열을 제외한 나머지 열은 자릿수의 너비가 네 자리를 차지한다.
* 첫 번째 행과 첫 번째 열은 제목 표시줄이다.
* 곱셈 테이블의 '*'은 곱셈 기호를 의미한다.

주어지는 N(4≤N≤40)에 대한 곱셈 테이블을 만드는 프로그램을 작성하여라.

Input Form 첫째 줄에는 한 개의 정수 N이 주어진다.

Output Form 위의 문제에서 주어진 방식에 의한 곱셈 테이블을 출력하여라.

Example

입력
4

출력				
*	1	2	3	4
1	1	2	3	4
2	2	4	6	8
3	3	6	9	12
4	4	8	12	16

1111 조약돌

실행 제한시간 **1초**
메모리 사용 제한 **32MB**

오일러는 수집한 N개의 조약돌을 가지고 있다. 그는 N개의 조약돌을 세로의 크기가 R이고 가로의 크기가 C인 형태로 나열하려고 한다. 예를 들어서 조약돌 5개가 있다면

① 가로의 크기가 5인 경우

② 가로의 크기가 4인 경우

③ 가로의 크기가 3인 경우

④ 가로의 크기가 2인 경우

⑤ 가로의 크기가 1인 경우

오일러는 가능하면 세로의 크기 R과 가로의 크기 C의 합이 최소가 되게 하려고 한다. 오일러가 원하는 수를 찾을 수 있도록 오일러를 도와주도록 하여라.

Input Form   오일러가 나열하고자 하는 조약돌의 개수를 나타내는 한 개의 자연수 N(1≤N≤100)이 첫째 줄에 주어진다.

Output Form   세로의 크기 R과 가로의 크기의 C의 합이 최소가 되는 R과 C의 값을 한 개의 공백으로 분리하여 첫째 줄에 출력하여라. 정답이 언제나 유일한 것은 아니다. 따라서 여러 가지 경우가 가능하다면 될 수 있으면 세로의 크기가 최소인 것을 선택하도록 한다.

Example

입력	출력
2	1 2

입력	출력
5	2 3

입력	출력
14	3 5

Note   언제나 모든 R개의 행에 C개의 조약돌이 가득 채워지는 것은 아니다. 어떤 행에서 C개의 조약돌이 없을 수도 있다.

코딩마법서

1권 STONE VERSION
코딩테스트와 알고리즘을 위한 C/C++

제38장

**누적합
Prefix Sum,
Cumulative Sum**

38.1 누적합 Prefix Sum, Cumulative Sum
38.2 연습문제

오일러BOOKS

38.1 누적합 Prefix Sum, Cumulative Sum

일차원 배열 a가 아래 다음과 같이 초기화되어 있다.

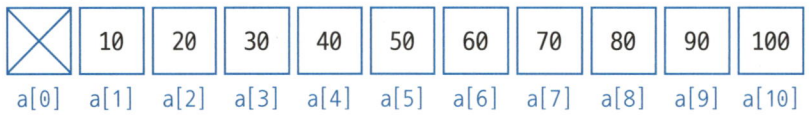

배열 a에서 연속된 구간 start부터 end까지의 합을 a[start] + a[start + 1] + … + a[end – 1] + a[end]로 정의한다면(start≤end), 구간 5부터 9까지의 합은 a[5] + a[6] + a[7] + a[8] + a[9] = 50 + 60 + 70 + 80 + 90 = 350이 된다.

Core
```
for (i = start; i <= end; i++)
    sum += a[i];
```

연속된 구간의 합을 단 한 번만 구하고자 한다면 위와 같이 for문을 이용하여 코드를 작성하여도 전혀 무리는 없을 것이다. 하지만 필요에 따라서 연속된 구간의 합을 여러 번 구해야 할 때가 있는데, 그럴 때마다 매번 for문의 순환이 발생하게 된다면 시간적인 효율성이 상당히 떨어지는 코드가 될 것이다. 이런 경우에 누적합(Prefix Sum, Cumulative Sum)을 이용한다면 연속된 구간의 합을 빠르고 쉽게 구할 수 있다

☒	10	30	60	100	150	210	280	360	450	550
s[0]	s[1]	s[2]	s[3]	s[4]	s[5]	s[6]	s[7]	s[8]	s[9]	s[10]

우선 또 다른 배열 s를 선언하고 s[1]에는 a[1]을, s[2]에는 a[1] + a[2]를, s[3]에는 a[1] + a[2] + a[3]을, … , 마지막으로 s[10]에는 a[1] + a[2] + … + a[10]을 구한다. 즉, s[n]번째는 a[1] + a[2] + a[3] + … + a[n]을 구한다.

Core
```
for (i = 1; i <= 10; i++)
    s[i] = s[i - 1] + a[i];
```

s[0]의 값이 0으로 초기화되어 있고 s[1]은 s[0]과 a[1]를 더해서 s[0] + a[1] = 0 + 10 = 10이 된다. s[2]는 s[1]과 a[2]를 더해서 s[1] + a[2] = 10 + 20 = 30이 된다. s[3]은 s[2]와 a[3]를 더해서 s[2] +

a[3] = 30 + 30 = 60이 된다. 이것을 정리해서 다시 설명하자면 처음부터 구간 i까지의 합 s[i]를 구하기 위해서는 처음부터 구간 i - 1까지의 합 s[i - 1]에다 a[i]를 더하면 구할 수 있다는 말이다. 이와 같은 방법으로 처음부터 구간 n까지의 합 s[n]을 한 번의 순환으로 모두 구할 수 있다.

Core   `printf("%d\n", s[end] - s[start - 1]);`

연속된 구간 start부터 end까지의 합을 구하기 위해서는 처음부터 구간 end까지의 합에서 처음부터 구간 start - 1까지의 합을 빼면 구할 수 있다.

$$a[1] + a[2] + a[3] + \ldots + a[start - 1] + a[start] + \ldots + a[end - 1] + a[end]$$
$$- a[1] + a[2] + a[3] + \ldots + a[start - 2] + a[start - 1]$$
$$\overline{}$$
$$= a[start] + a[start + 1] + \ldots + a[end - 1] + a[end]$$

예를 들어서 구간 5부터 9까지의 합을 구하고자 한다면 처음부터 구간 9까지의 합 s[9](= 450)에서 처음부터 구간 4까지의 합 s[4](= 100)를 빼면 a[5] + a[6] + a[7] + a[8] + a[9] = 450 - 100 = 350을 한 번의 연산으로 구할 수 있다.

 **Coding**

```c
#include <cstdio>

int main(void)
{
    int a[11] = { 0, 10, 20, 30, 40, 50, 60, 70, 80, 90, 100 }, s[11];
    int i, start, end;

    s[0] = 0;
    for (i = 1; i <= 10; i++)
        s[i] = s[i - 1] + a[i];

    start = 5, end = 9;
    printf("%d\n", s[end] - s[start - 1]);
    return 0;
}
```

 **Interpret**

- 5번째 줄은 배열 a를 선언과 동시에 초기화하였고 누적합(Prefix Sum, Cumulative Sum)을 구하기 위한 배열 s를 선언하였다.

- 8번째 줄은 s[0]에 0을 대입하였다.

- 9, 10번째 줄은 처음부터 구간 i까지의 누적합(Prefix Sum, Cumulative Sum)을 구하기 위한 순환문이다.

- 13번째 줄은 구간 5부터 9까지의 합 a[5] + a[6] + a[7] + a[8] + a[9]를 출력의 첫째 줄에 출력한다.

 **Output**

```
350
```

38.2 연습문제 Exercise

① 10개의 데이터 10, 20, 30, 40, 50, 60, 70, 80, 90, 100을 일차원 배열 a에 초기화시킨 후 시작 구간 A와 마지막 구간 B가 주어지면 배열 a에서의 구간의 합 $\sum_{k=A}^{B} a[k]$ 를 구하여라. (A≤B)

$$\sum_{k=A}^{B} a[k] = a[A] + a[A+1] + \cdots + a[B-1] + a[B] \quad (A \leq B)$$

여러분들에게 모두 T개의 질문을 할 것이다. T개의 질문에 대해서 각각의 정답을 알려주는 프로그램을 작성하여라.

Input Form 첫째 줄에는 테스트 케이스의 개수를 나타내는 한 개의 양의 정수 T(1≤T≤5)가 주어진다. 둘째 줄부터 구하고자 하는 구간의 범위 A_i와 B_i가 T개의 줄에 걸쳐서 주어진다. (1≤A_i≤B_i≤10)

Output Form 각각의 질문에 대한 정답을 모두 T개의 줄에 걸쳐서 입력의 순서대로 각 줄에 출력하여라.

Example

입력	출력
3	350
5 9	550
1 10	330
3 8	

2025
식량 공급

실행 제한시간 **0.1초**
메모리 사용 제한 **32MB**

왕국의 시민들에게 오일러는 매일 아주 맛있는 식량을 아낌없이 공급한다. 그리고 그는 지출 경비를 매일 노트북에 기록하였다.

세금을 걷어야 하는 시간이 다가왔다. 오일러는 특정 기간에 시민들이 먹은 식량의 합을 계산하기 위해서 다음과 같은 퍼즐을 만들었다.

오일러는 시민들에게 모두 N(4≤N≤50,000)일 동안 매일 식량 H_i(1≤H_i≤1,000)를 제공하였다. 그리고 오일러는 Q(1≤Q≤50,000)개의 퍼즐을 만들었다. 각각의 퍼즐은 S_j와 E_j(1≤S_j≤E_j≤N)의 쌍으로 구성되어 있다. S_j는 식량을 처음으로 공급한 날짜이고 E_j는 식량을 마지막으로 공급한 날짜이다. 여러분들이 할 일은 S_j부터 E_j까지의 모든 식량의 합을 구해서 각각의 질문에 대한 답변을 해야 한다.

Input Form   첫째 줄에는 두 개의 정수 N과 Q가 주어진다. 둘째 줄부터는 식량 H_i가 날짜의 순서대로 차례로 N줄에 걸쳐서 주어진다. N + 2줄부터는 질문 S_j와 E_j가 쌍을 이루어 Q개의 줄에 걸쳐서 주어진다.

Output Form   각각의 질문에 대한 S_j부터 E_j까지의 식량의 합을 입력의 순서대로 Q개의 줄에 걸쳐서 각 줄에 출력하여라.

Example

입력	출력
4 2 5 8 12 6 1 3 2 4	25 26

Note   질문 1 : 5 + 8 + 12 = 25

질문 2 : 8 + 12 + 6 = 26

2109
The Largest Sum

실행 제한시간 **1초**
메모리 사용 제한 **64MB**

여러분들에게 N(1≤N≤100,000)개의 수열 $a_1, a_2, \cdots, a_N$이 주어지고, 양의 정수 K(1≤K≤N)가 주어진다. 주어지는 수열에서 연속된 K개의 정수들의 합 중에서 최댓값 S_i를 구하여라. $S_i = a_i + a_{i+1} + \cdots + a_{i+k-1}$ (1≤i≤N-K+1)

예를 들어서 아래 다음과 같은 수열이 주어졌을 때, K의 값이 3일 경우에는

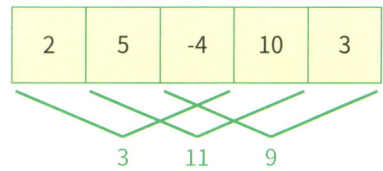

연속된 K개의 합 중에서 최댓값 S_i는 11이 된다.

Input Form 첫째 줄에는 두 개의 정수 N과 K가 주어진다. 그리고 둘째 줄부터는 N개의 수열 a_i(-10,000≤ a_i≤10,000)가 각 줄에 차례로 주어진다.

Output Form S_i의 최댓값을 첫째 줄에 출력하여라.

Example

입력	출력
5 3 2 5 -4 10 3	11

코딩마법서

1권 STONE VERSION
코딩테스트와 알고리즘을 위한 C/C++

제39장

입력과 버퍼 메모리
Buffer Memory

39.1 정수 데이터 입력과 버퍼 메모리
39.2 문자 데이터 입력과 버퍼 메모리
39.3 연습문제

오일러BOOKS

39.1
정수 데이터 입력과 버퍼 메모리

사용자로부터 어떠한 값을 입력받을 때, 한 글자가 입력될 때마다 CPU가 반응하여 한 글자씩 처리를 해야 한다면 CPU의 효율성은 상당히 떨어질 것이다. 예를 들어서 침대, 냉장고, TV를 가지고 이사를 가야 한다고 가정해보자. 처음에 침대 하나만 이삿짐 차에 싣고서 이사 갈 집에 옮겨놓은 후, 다시 돌아와 이번에는 냉장고 하나만 이삿짐 차에 싣고서 이사 갈 집에 옮겨놓고, 다시 돌아와 이번에는 TV 하나만 이삿짐 차에 싣고서 이사 갈 집에 옮기며 이사를 가야 한다면 굉장히 비효율적인 이사라고 할 수 있다는 말이다.

따라서 사용자로부터 어떠한 값을 키보드로 입력받으면 CPU에 한 글자씩 바로바로 전달하는게 아니라 일단은 **버퍼 메모리(Buffer Memory)**라는 임시 기억 장소에 모아놓았다가 사용자가 엔터키를 입력하면 그제서야 버퍼 메모리에 모아놓았던 데이터를 한꺼번에 CPU에 전달하는 것이다.

Core
```
scanf("%d %d", &a, &b);
scanf("%d %d", &c, &d);
```

Example

입력
10 20
30 40

사용자가 입력의 첫째 줄에서 10과 한 칸의 공백을 띄운 후 20을 입력하고 다시 입력의 둘째 줄에서 30과 한 칸의 공백을 띄운 후 40을 입력했다고 가정해보자. 그러면 첫째 줄의 입력을 완료한 후 엔터(Enter)를 누르면 아래 다음과 같은 값들이 버퍼 메모리에 들어있고 버퍼 메모리에 있는 값들이 차례로 CPU에 전달된다.

입력의 첫째 줄에서 첫 번째 서식 문자 %d는 버퍼 메모리로부터 첫 번째 정수 10을 변수 a에 가지고 온다.

그리고 입력의 첫째 줄에서 %d와 %d 사이의 공백(Space) 문자는 버퍼 메모리로부터 공백(Space), 탭(Tab), 엔터(Enter)들을 정수형 데이터나 실수형 데이터를 만날 때까지 비우는 역할을 한다. 따라서 공백(Space) 문자가 버퍼 메모리로부터 비워진다. 우리는 이러한 작업을 버퍼 메모리 비우기라고 하자.

입력의 첫째 줄에서 두 번째 서식 문자 %d는 버퍼 메모리로부터 정수 20을 변수 b에 가지고 온다.

첫째 줄의 입력이 끝났다고 해서 버퍼 메모리가 모두 비워지는 것은 아니다. 엔터(Enter) 문자는 아직도 버퍼 메모리에 남아있고 입력의 둘째 줄에서 30과 한 칸의 공백 그리고 40을 입력한 후 엔터(Enter)를 누르게 되면 버퍼 메모리는 아래 다음과 같다.

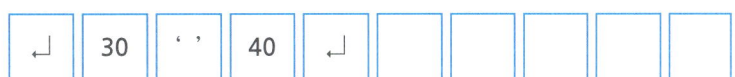

입력의 둘째 줄에서 첫 번째 서식 문자 %d는 공백(Space), 엔터(Enter), 탭(Tab) 문자를 만나게 되면 정수 데이터를 만날 때까지 버퍼 메모리를 비우다가 첫 번째 만나는 정수 데이터를 입력받는다. 따라서 버퍼 메모리의 첫 번째에 놓여진 엔터(Enter) 문자는 버퍼 메모리로부터 비우기를 한 후 첫 번째 서식 문자 %d는 정수 30을 변수 c에 가지고 온다.

입력이 둘째 줄에서 %d와 %d 사이의 공백(Space) 문자는 버퍼 메모리로부터 다음 데이터 40을 가져오기 전까지 공백(Space), 탭(Tab), 엔터(Enter)들을 비우는 역할을 한다. 따라서 공백(Space) 문자를 버퍼 메모리로부터 비우기를 한다.

입력의 둘째 줄에서 두 번째 서식 문자 %d는 버퍼 메모리로부터 정수 40을 변수 d에 가지고 온다.

둘째 줄의 입력이 끝났다고 해서 버퍼 메모리가 모두 비워지는 것은 아니고 엔터(Enter) 문자는 아직도 버퍼 메모리에 남아있게 된다.

39.2 문자 데이터 입력과 버퍼 메모리

단일 문자 데이터를 입력받기 위한 서식 문자 %c는 %d, %lf와는 전혀 다른 속성을 가지고 있다. %c는 키보드로부터 입력되는 값은 모두 하나의 단일 문자로 취급하기 때문에 공백(Space), 엔터(Enter), 탭(Tab)이 버퍼 메모리에 들어있으면 비워지는 것이 아니라 하나의 입력으로 처리하게 된다. 따라서 %c로 단일 문자를 입력받을 때는 조금 더 주의를 기울여야 하겠다.

Core
```
scanf("%c", &a);
scanf("%c", &b);
```

Example

입력
A
B

사용자가 입력의 첫째 줄에서 대문자 A를 입력하고 다시 입력의 둘째 줄에서 대문자 B를 입력했다고 가정해보자. 그러면 첫째 줄의 입력을 완료한 후 엔터(Enter)를 누르면 아래 다음과 같은 값들이 버퍼 메모리에 들어있고 버퍼 메모리에 있던 값들이 차례로 CPU에 전달된다.

입력의 첫째 줄에서 첫 번째 서식 문자 **%c**는 버퍼 메모리로부터 첫 번째 단일 문자 A를 변수 a에 가지고 온다. (정확하게는 대문자 A에 해당하는 아스키코드 값 65를 가지고 온다.)

입력의 둘째 줄에서 첫 번째 서식 문자 **%c**는 버퍼 메모리로부터 첫 번째 문자 엔터(Enter)를 변수 b에 가지고 온다. (정확하게는 엔터에 해당하는 아스키코드 값 10을 가지고 온다.) 따라서 입력의 둘째 줄의 대문자 B는 입력의 기회조차 갖지 못하며 입력을 마치게 된다. 따라서 우리가 원하는 입력을 하기 위해서는 입력을 아래 다음과 같이 변경해야 한다.

    scanf("%c", &a);
    scanf(" %c", &b);

사용자가 마찬가지로 입력의 첫째 줄에서 대문자 A를 입력하고 입력의 둘째 줄에서 대문자 B를 입력했다고 가정해보자. 그러면 첫째 줄의 입력을 완료한 후 엔터(Enter)를 누르면 버퍼 메모리에는 아래 다음과 같은 값들이 들어있고 버퍼 메모리의 값이 CPU에 전달된다.

입력의 첫째 줄에서 첫 번째 서식 문자 **%c**는 버퍼 메모리로부터 첫 번째 단일 문자 A를 변수 a에 가지고 온다. (정확하게는 대문자 A에 해당하는 아스키코드 값 65를 가지고 온다.)

첫째 줄의 입력이 끝났다고 해서 버퍼 메모리가 모두 비워지는 것은 아니고 엔터(Enter) 문자는 아직도 버퍼 메모리에 남아있다. 그리고 사용자가 입력의 둘째 줄에서 단일 문자 B를 입력하면 다음과 같다.

입력의 둘째 줄에서 **%c** 앞에 놓인 공백(Space) 문자를 이용하여 버퍼 메모리로부터 공백(Space), 탭

(Tab), 엔터(Enter)들을 비우기를 한 후 둘째 줄의 서식 문자 %c는 버퍼 메모리로부터 단일 문자 B를 변수 b에 가지고 온다.

둘째 줄의 입력이 끝났다고 해서 버퍼 메모리가 모두 비워지는 것은 아니고 엔터(Enter) 문자는 아직도 버퍼 메모리에 남아있게 된다.

```
1   #include <cstdio>
2
3   int main(void)
4   {
5       int num1, num2;
6       char sign;
7
8       scanf("%d", &num1);
9       scanf(" %c", &sign);
10      scanf("%d", &num2);
11
12      printf("%d\n", num1);
13      printf("%c\n", sign);
14      printf("%d", num2);
15      return 0;
16  }
```

- 5번째 줄은 정수형 변수 num1, num2를 선언하였고 6번째 줄은 문자형 변수 sign을 선언하였다.

- 8번째 줄은 입력의 첫째 줄에서 변수 num1에 한 개의 정수를 입력받는다.

- 9번째 줄은 서식 문자 %c 앞에 한 개의 공백을 두어 첫 번째 줄에서 입력받은 엔터(Enter)를 버퍼 메모리로부터 비운 후 입력의 둘째 줄에서 입력한 한 개의 단일 문자를 변수 sign에 입력받는다.

- 10번째 줄은 %d는 공백(Space), 엔터(Enter), 탭(Tab) 문자를 버퍼 메모리로부터 비우고 정수 데이터를 입력받기 때문에 입력의 둘째 줄에서 입력한 엔터(Enter)를 버퍼 메모리로부터 비운 후 서식 문자 %d는 입력의 셋째 줄에서 입력한 정수를 변수 num2에 입력받는다.

- 12번째 줄은 입력의 첫째 줄에서 입력받은 정수 num1의 값을 출력의 첫째 출력한다.

- 13번째 줄은 입력의 둘째 줄에서 입력받은 한 개의 단일 문자 sign의 값을 출력의 둘째 줄에 출력한다.

- 14번째 줄은 입력의 셋째 줄에서 입력받은 num2의 값을 출력의 셋째 줄에 출력한다.

```
10
+
20
10
+
20
```

마지막 데이터를 입력받는 경우에 "scanf("%c ", &a)"와 같이 "%c" 뒤에 한 칸의 공백을 주어서는 안된다. "%c" 뒤에 공백이 있으면 마지막 데이터를 입력받고 나서 버퍼를 비운 후 CPU는 뭔가 입력받을 데이터가 더 있다고 생각하기 때문에 다음 과정을 진행하지 않고 계속 입력 대기 상태에 놓이게 된다. 따라서 마지막 데이터를 입력받는 경우에는 scanf()문의 서식문자 %c 다음에 공백이 들어가지 않도록 주의해야 한다.

39.3 연습문제 Exercise

① 단일 문자 5개를 scanf()문 5개를 이용하여 각 줄에서 입력받은 후 입력받은 단일 문자를 다시 각 줄에 출력하는 프로그램을 작성하여라.

Input Form   입력은 모두 5개의 줄에 걸쳐서 주어진다. 영문 대문자로 이루어진 단일 문자가 각 줄에 주어진다.

Output Form   입력에서 주어진 단일 문자를 입력의 순서대로 각 줄에 출력하여라.

Example

입력	출력
A B C D E	A B C D E

1049
사칙연산

실행 제한시간 **1초**
메모리 사용 제한 **32MB**

오일러는 수학을 너무 좋아한다. 오일러는 사칙연산의 계산 결과에 대한 채점을 필요로 한다. 그러나 덤블도어 선생님이 너무나 바쁘다. 오일러에게 주어진 수학 문제에는 세 개의 정수 A, B, C가 주어진다. (A, B, C 범위 : 1 이상 1,000 이하) 그리고 덧셈, 뺄셈, 곱셈, 나눗셈을 수행한다. 연산자 우선순위에 상관없이 차례대로 첫 번째 연산을 수행한 후 다음으로 두 번째 연산을 수행한다. (예 : 4 + 5 × 9 = 9 × 9 = 81) 또한 나눗셈 연산은 나머지 없이 몫만 계산한다. (예 : 7 ÷ 3 = 2)

Input Form 첫째, 셋째, 다섯째 줄에는 정수 A, B, C가 차례로 주어지고 둘째 줄과 넷째 줄에는 연산기호 '+', '-', '*', '/' 중 하나가 주어진다.

Output Form 세 개의 정수에 대한 사칙연산 결과를 첫째 줄에 출력하여라.

Example

입력	출력
4 + 5 * 9	81

2035
장거리 달리기

실행 제한시간 **1초**
메모리 사용 제한 **64MB**

오일러는 왕국의 달리기 경주를 위해서 열심히 훈련 중이다. 오일러는 되도록 아주 멀리 갔다 오기를 원한다. 하지만 오일러는 반드시 M(1≤M≤10,000,000)초 이내에 다시 출발 지점으로 돌아와야만 한다.

달리기를 하는 코스는 언덕길, 평지길, 내리막길로 구분된 총 T(1≤T≤100,000)개 지형으로 나누어져 있고 각각의 지형 i의 거리는 서로 같다. 입력에서 지형 i를 나타내는 S_i에서 언덕길은 u, 평지길은 f, 내리막길은 d로 표현하기로 한다.

오일러가 언덕길을 달릴 때는 U(1≤U≤100)초가 소요되고, 평지길을 달릴 때는 F(1≤F≤100)초가 소요되고, 그리고 내리막길을 달릴 때는 D(1≤D≤100)초가 소요된다. 오일러는 반드시 출발점으로 되돌아와야 하고 출발점으로 되돌아올 때는 언덕길은 내리막길이 되고, 내리막길은 다시 언덕길이 된다는 것에 주의하여라.

Input Form 첫째 줄에는 다섯 개의 정수 M, T, U, F, D가 주어진다. 둘째 줄부터는 각각의 i번째 지형을 나타내는 S_i가 T줄에 걸쳐서 주어진다.

Output Form 오일러가 주어진 시간 안에 갔다 올 수 있는 가장 먼 거리(지형의 개수)를 첫째 줄에 출력하여라.

Example

입력	출력
13 5 3 2 1 u f u d f	3

Note 오일러가 주어진 시간 안에 되돌아오기 위해서는 3 + 2 + 3 + 1 + 2 + 1 = 12와 같은 코스를 선택해야만 할 것이다. 만일 더 멀리 가려고 시도한다면 주어진 시간 안에 출발점에 돌아올 수 없을 것이다.

코딩마법서

1권 STONE VERSION
코딩테스트와 알고리즘을 위한 C/C++

제40장

스캐닝 메소드
Scanning Method

40.1　3중 for문을 이용하여 구하기
40.2　2중 for문을 이용하여 구하기
　　　- 누적합 Prefix Sum, Cumulative Sum
40.3　1중 for문을 이용하여 구하기
　　　- 스캐닝 메소드 Scanning Method
40.4　연습문제

오일러BOOKS

일렬로 나열된 데이터가 주어질 때, 문제에서 요구하는 어떤 특정 구간과 그 구간의 길이를 구하고자 할 때가 있다. 아래와 같이 배열 a에 0 또는 1의 데이터가 주어질 때, 연속적으로 1이 발생되는 최대 구간의 길이와 그때의 위치를 구하는 것이 이번에 주어진 문제이다.

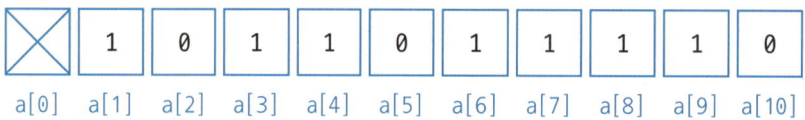

구간 [1, 1]에는 연속된 1이 한 개 발생되었고, 구간 [3, 4]에는 연속된 1이 2개 발생되었고, 구간 [6, 9]에는 연속된 1이 4개 발생되었다. 여기서 연속적으로 1이 발생되는 최대 구간은 [6, 9]이고 구간의 길이는 4가 된다.

40.1
3중 for문을 이용하여 구하기

최대 구간의 길이를 구하기 위해서는 다소 무식한 방법이기는 하지만 3중 for문을 이용하여 모든 구간을 일일이 검사하는 방법이 있다. 즉, 구간 [1, 1], [1, 2], [1, 3], … , [1, 10], [2, 2], [2, 3], … , [2, 10], [3, 3], … , [9, 10], [10, 10]과 같이 두 개의 구간을 결정한 다음에 다시 결정된 구간을 순환하면서 1의 개수를 파악하는 방법이 있다.

Core
```
for (i = 1; i <= 10; i++)
    for (j = i; j <= 10; j++)
```

시작 구간을 나타내는 for문 i는 1부터 10까지 회전하고 도착 구간을 나타내는 for문 j는 시작 구간 이전에는 올 수 없으므로 i부터 10까지 회전한다.

Core
```
for (k = i; k <= j; k++)
    if (a[k] == 1)
        cnt++;
```

구간의 범위 i와 j가 결정되면 구간 사이에 연속된 1이 존재하는지 확인을 하기 위한 순환문 k가 필요하다. 따라서 구간 [i, j]를 검사하기 위해서 k는 i부터 j까지 회전하면서 1의 개수를 카운팅한다.

Core

```
if (j - i + 1 == cnt && maxv < cnt)
{
    maxv = cnt;
    lef = i;
    rig = j;
}
```

1의 개수 카운팅이 완료된 다음에는 카운팅된 1의 개수와 구간의 길이가 같다면 구간 i부터 j까지는 모두 1로 채워졌다고 할 수 있다. 예를 들어서 구간 [3, 5]는 3, 4, 5로 구간의 길이는 5 - 3 + 1 = 3이 되고 카운팅된 1의 개수는 2개이기 때문에 구간 [3, 5]는 모두 1로 채워졌다고 할 수 없다. 하지만 구간 [6, 9]는 6, 7, 8, 9로 구간의 길이는 9 - 6 + 1 = 4가 되고 카운팅이 된 1의 개수는 4개이기 때문에 구간 [6, 9]는 모두 1로 채워졌다고 할 수 있다. 다시 정리하면 구간 [i, j]의 길이는 j - i + 1이 되고 구간의 범위에서 카운팅한 1의 개수와 구간의 길이가 같다면 구간 [i, j]는 0이 없이 모두 1로 채워져 있다고 판단할 수 있다는 말이다. 그리고 cnt 값이 구간의 최대 길이 maxv 값을 갱신할 수 있으면 maxv 값과 구간의 시작 위치 i와 마지막 위치 j를 변경해준다. 모든 순환이 완료되면 maxv 값은 연속적으로 1이 발생된 구간의 최대 길이가 되고 lef는 시작 위치, rig는 마지막 위치가 된다.

Coding

```
#include <cstdio>

int main(void)
{
    int a[11] = { -1, 1, 0, 1, 1, 0, 1, 1, 1, 1, 0 };
    int i, j, k, cnt, maxv = 0, lef, rig;

    for (i = 1; i <= 10; i++)
        for (j = i; j <= 10; j++)
        {
            cnt = 0;
            for (k = i; k <= j; k++)
                if (a[k] == 1)
                    cnt++;

```

```
16                if (j - i + 1 == cnt && maxv < cnt)
17                {
18                    maxv = cnt;
19                    lef = i;
20                    rig = j;
21                }
22            }
23
24    printf("%d %d\n", lef, rig);
25    printf("%d", maxv);
26    return 0;
27 }
```

Interpret

- 5번째 줄에서 정수형 배열 a를 선언과 동시에 초기화하였다. 배열의 a[0]의 요소는 사용하지 않기 때문에 의미 없는 임의의 값 -1로 초기화하였고, 나머지 배열의 요소는 1번 인덱스부터 10번 인덱스까지 차례로 1, 0, 1, 1, 0, 1, 1, 1, 1, 0의 값으로 초기화하였다.

- 6번째 줄에서 cnt는 구간이 정해지면 정해진 구간의 1의 개수를 카운팅하기 위한 변수이다. 정수형 변수 maxv는 최대 구간의 길이를 저장하기 위한 변수이므로 선언과 동시에 0으로 초기화하였다. lef와 rig는 최대 구간의 시작 위치와 마지막 위치를 저장하기 위한 변수이다.

- 8, 9번째 줄은 구간을 결정하기 위한 순환문 i와 j이고 i는 시작 구간을 j는 도착 구간을 나타낸다. j는 시작 구간 i 이전에는 올 수 없으므로 i부터 순환한다.

- 11번째 줄은 구간 [i, j]의 1의 개수를 카운팅하기 위해서 k가 i부터 j까지 순환하기 전에 cnt 변수를 0으로 초기화하였다.

- 12번째 줄은 구간 [i, j]에 대한 1의 개수를 카운팅하기 위한 순환문이다.

- 16번째 줄에서 구간 [i, j]의 길이는 j - i + 1이므로 만일 j - i + 1과 카운팅된 1의 개수가 같다면 구간 [i, j]는 모두 1로 채워졌다고 할 수 있기 때문에 가장 긴 구간의 길이 maxv보다 카운팅된 cnt 값이 더 크면 18번째 줄에서 maxv 값을 갱신하고 구간의 시작 위치 i 값을 lef에, 마지막 위치 j 값을 rig에 저장한다.

- 모든 순환이 완료된 후 24번째 줄에서 가장 긴 구간의 시작 위치와 마지막 위치를 첫째 줄에 출력하고 25번째 줄에서 연속된 최대 구간의 길이를 둘째 줄에 출력한다.

Output

```
6 9
4
```

40.2
2중 for문을 이용하여 구하기 누적합(Prefix Sum)

구간 [i, j]에 몇 개의 1이 들어있는지 확인하기 위해서 또 다른 순환 k를 회전시켜 1의 개수를 매번 카운팅하게 된다면 모두 3중으로 된 for문의 회전이 발생하게 된다. 물론 이렇게 3중 for문을 이용하여 문제에서 요구하는 값을 구하는 것도 괜찮으나 데이터의 개수가 많아지게 된다면 상당히 많은 연산과 시간을 필요하게 된다. 그런데 앞장에서 배운 누적합(Prefix Sum, Cumulative Sum)을 이용한다면 또 다른 순환 k를 회전시킬 필요 없이 구간 [i, j]에 들어있는 1의 개수를 카운팅할 수 있다.

Core

```
for (i = 1; i <= 10; i++)
    s[i] = s[i - 1] + a[i];
```

s[1]에는 구간 [1, 1]의 1의 개수를, s[2]에는 구간 [1, 2]의 1의 개수를, s[3]에는 구간 [1, 3]의 1의 개수를, …, s[i]에는 구간 1부터 i까지의 1의 개수를 s[1]부터 s[10]까지 미리 구해 놓는다.

Core

```
cnt = s[j] - s[i - 1];
```

구간 [i, j]에 있는 1의 개수를 카운팅하기 위해서 또 다른 순환이 발생하는 것이 아니라 s[j] - s[i - 1] 값을 확인한다면 구간 i부터 j까지에 있는 1의 개수를 순환문의 발생 없이 한 번의 연산으로 카운팅 할 수 있다.

 Coding

```c
#include <cstdio>

int main(void)
{
    int a[11] = { -1, 1, 0, 1, 1, 0, 1, 1, 1, 1, 0 }, s[11] = { 0 };
    int i, j, cnt, maxv = 0, lef, rig;

    for (i = 1; i <= 10; i++)
        s[i] = s[i - 1] + a[i];

    for (i = 1; i <= 10; i++)
        for (j = i; j <= 10; j++)
        {
            cnt = s[j] - s[i - 1];
            if (j - i + 1 == cnt && maxv < cnt)
            {
                maxv = cnt;
                lef = i;
                rig = j;
            }
        }

    printf("%d %d\n", lef, rig);
    printf("%d", max);
    return 0;
}
```

 Interpret

- 8, 9번째 줄은 구간 1부터 i까지의 누적합(Prefix Sum, Cumulative Sum)을 구하기 위한 순환문이다.

- 14번째 줄은 구간 [i, j]의 1의 개수를 카운팅하기 위해서 누적합(Prefix Sum, Cumulative Sum)을 이용하고 있다. 즉, 구간 1부터 j까지의 1의 개수 s[j]에서 구간 1부터 i - 1까지의 1의 개수 s[i - 1]를 빼면 구간 [i, j]의 1의 개수를 한 번의 연산으로 카운팅할 수 있다.

 Output

```
6 9
4
```

40.3 1중 for문을 이용하여 구하기 스캐닝 메소드(Scanning Method)

지금 소개할 스캐닝 메소드(Scannig Method)를 이용한다면 한 번의 순환으로 위에서 제시한 문제를 해결할 수 있다. 마치 스캐너가 시작점에서 도착점으로 전체 내용을 스캔하듯이 한 번의 순환으로 구하고자 하는 문제를 해결할 수 있다고 해서 **스캐닝 메소드**(Scanning Method)라고 부른다.

처음에 구간의 시작 위치를 결정해야 하는데, 구간의 시작 위치는 깃발을 꽂아서 표시하도록 하자. 구간의 처음 시작 위치는 1이 된다.

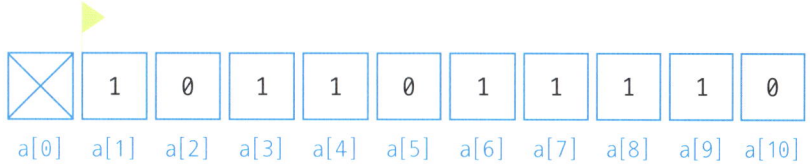

❶ i 값이 1일 때 : a[1] 값이 1이므로 cnt 값을 1 증가시킨다. cnt 값은 1이 되었다. 그리고 cnt 값이 maxv 값을 갱신할 수 있는지 확인한다. cnt 값이 maxv보다 크므로 maxv 값은 1이 되고 구간의 시작 위치는 깃발의 위치가 되고 마지막 위치는 현재의 위치 i가 된다. (maxv = 1, lef = 1, rig = 1)

❷ i 값이 2일 때 : a[2] 값이 0이므로 지금까지 계산되었던 좌측 구간 [1, 1]은 의미가 없어지게 된다. 새롭게 출발하기 위해서 cnt 값을 0으로 초기화한 후, 다음을 위해서 깃발의 위치를 3으로 옮겨놓는다.

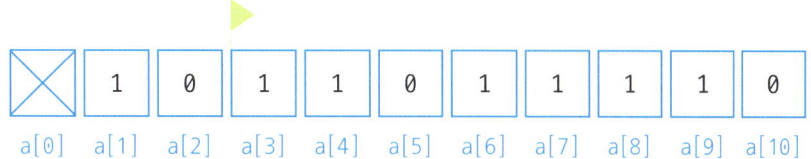

❸ i 값이 3일 때 : a[3] 값이 1이므로 cnt 값을 1 증가시킨다. cnt 값은 1이 되었다. 그리고 cnt 값이 maxv 값을 갱신할 수 있는지 확인한다. cnt 값이 maxv 값을 갱신할 수 없으므로 maxv 값은 그대로 유지된다. (maxv = 1, lef = 1, rig = 1)

❹ i 값이 4일 때 : a[4] 값이 1이므로 cnt 값을 1 증가시킨다. cnt 값은 2가 되었다. 그리고 cnt 값이 maxv 값을 갱신할 수 있는지 확인한다. cnt 값이 maxv보다 크므로 maxv 값은 2가

되고 구간의 시작 위치는 깃발의 위치가 되고 마지막 위치는 현재의 위치 i가 된다. (maxv = 2, lef = 3, rig = 4)

❺ i 값이 5일 때 : a[5] 값이 0이므로 지금까지 계산되었던 좌측 구간은 의미가 없어지게 된다. 새롭게 출발하기 위해서 cnt 값을 0으로 초기화한 후, 다음을 위해서 깃발의 위치를 6으로 옮겨놓는다.

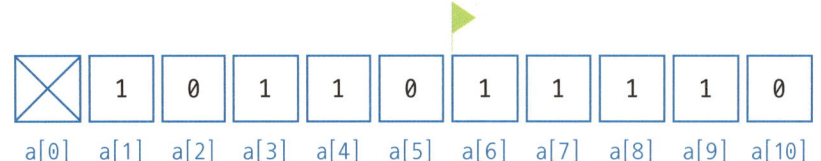

❻ i 값이 6일 때 : a[6] 값이 1이므로 cnt 값을 1 증가시킨다. cnt 값은 1이 되었다. 그리고 cnt 값이 maxv 값을 갱신할 수 있는지 확인한다. cnt 값이 maxv 값을 갱신할 수 없으므로 maxv 값은 그대로 유지된다. (maxv = 2, lef = 3, rig = 4)

❼ i 값이 7일 때 : a[7] 값이 1이므로 cnt 값을 1 증가시킨다. cnt 값은 2가 되었다. 그리고 cnt 값이 maxv 값을 갱신할 수 있는지 확인한다. cnt 값이 maxv 값을 갱신할 수 없으므로 maxv 값은 그대로 유지된다. (maxv = 2, lef = 3, rig = 4)

❽ i 값이 8일 때 : a[8] 값이 1이므로 cnt 값을 1 증가시킨다. cnt 값은 3이 되었다. 그리고 cnt 값이 maxv 값을 갱신할 수 있는지 확인한다. cnt 값이 maxv보다 크므로 maxv 값은 3이 되고 구간의 시작 위치는 깃발의 위치가 되고 마지막 위치는 현재의 위치 i가 된다. (maxv = 3, lef = 6, rig = 8)

❾ i 값이 9일 때 : a[9] 값이 1이므로 cnt 값을 1 증가시킨다. cnt 값은 4가 되었다. 그리고 cnt 값이 maxv 값을 갱신할 수 있는지 확인한다. cnt 값이 maxv보다 크므로 maxv 값은 4가 되고 구간의 시작 위치는 깃발의 위치가 되고 마지막 위치는 현재의 위치 i가 된다. (maxv = 4, lef = 6, rig = 9)

❿ i 값이 10일 때 : a[10] 값이 0이므로 지금까지 계산되었던 좌측 구간은 의미가 없어지게 된다. 새롭게 출발하기 위해서 cnt 값을 0으로 초기화한 후, 깃발의 위치를 11로 옮겨놓는다.

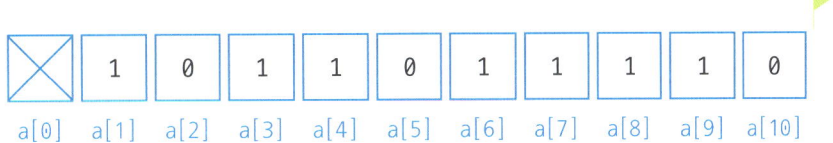

이와 같은 방법으로 i 값이 1부터 10까지 한 번의 순환만으로 연속된 1의 최대 구간의 길이와 구간의 위치를 구할 수 있다.

 Coding

```c
#include <cstdio>

int main(void)
{
    int a[11] = { -1, 1, 0, 1, 1, 0, 1, 1, 1, 1, 0 };
    int i, cnt = 0, flag = 1, maxv = 0, lef, rig;

    for (i = 1; i <= 10; i++)
    {
        if (a[i] == 1)
            cnt++;
        else
        {
            cnt = 0;
            flag = i + 1;
        }
        if (maxv < cnt)
        {
            maxv = cnt;
            lef = flag;
            rig = i;
        }
    }

    printf("%d %d\n", lef, rig);
    printf("%d", maxv);
    return 0;
}
```

 Interpret
- 6번째 줄에서 정수형 변수 flag는 구간의 시작 위치를 나타내므로 선언과 동시에 1로 초기화하였다.
- 8번째 줄부터 23번째 줄은 스캐닝 메소드(Scanning Method)를 이용해서 연속된 최대 구간의 길이와 위치를 구하기 위한 순환문이다.
- 만일 a[i] 값이 1이면 11번째 줄에서 cnt 값을 증가시키다.
- 17번째 줄에서 가장 긴 구간의 길이 maxv보다 카운팅된 cnt 값이 더 크면 19번째 줄에서 maxv 값을 갱신하고 구간의 시작 위치 lef에는 flag 값을, 마지막 위치 rig에는 i 값을 저장한다.
- 12번째 줄에서 만일 a[i] 값이 0이면 새 출발을 하기 위해서 cnt 값은 0으로 flag 값은 다음을 위해서 i + 1번째로 초기화한다.

 Output

```
6 9
4
```

물론 여기서 설명을 하기 위해서 cnt 변수를 두었지만 cnt 변수를 따로 두지 않고 i - flag + 1로써 구간의 길이를 한 번에 계산할 수도 있다.

 Coding

```c
1   #include <cstdio>
2
3   int main(void)
4   {
5       int a[11] = { -1, 1, 0, 1, 1, 0, 1, 1, 1, 1, 0 };
6       int i, flag = 1, maxv = 0, lef, rig;
7
8       for (i = 1; i <= 10; i++)
9       {
10          if (a[i] == 1)
11          {
12              if (maxv < i - flag + 1)
13              {
14                  maxv = i - flag + 1;
15                  lef = flag;
16                  rig = i;
17              }
18          }
19          else
20              flag = i + 1;
```

```
21              }
22
23              printf("%d %d\n", lef, rig);
24              printf("%d", maxv);
25              return 0;
26          }
```

 **Interpret**
- 10번째 줄에서 a[i] 값이 1이고 12번째 줄에서 가장 긴 구간의 길이 maxv보다 구간의 길이 i - flag + 1이 더 크면 14번째 줄은 maxv 값을 갱신하고 구간의 시작 위치 lef에는 flag 값을, 마지막 위치 rig에는 i 값을 저장한다.

- 여기서 조심해야 할 것이 있는데 만일 10번째 줄부터 20번째 줄의 문장을 아래와 같이 AND 연산으로 작성하게 되면 어떻게 될까?

 **Core**

```
if (a[i] == 1 && maxv < i - flag + 1)
{
    maxv = i - flag + 1;
    lef = flag;
    rig = i;
}
else
    flag = i + 1;
```

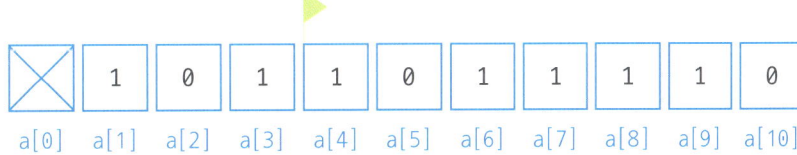

- i 값이 3일 경우에 a[i] == 1의 조건은 만족시키나 maxv 값을 갱신하지 못하므로 else문으로 이동된다. 즉, flag의 이동은 a[i]의 값이 0일 경우에만 이동되어야 하는데 a[i]의 값이 1인 경우에도 flag의 이동이 발생하게 되어 원하는 결과를 얻을 수 없다. 따라서 중첩된 if문을 AND 연산으로 묶기 전에는 항상 논리적으로 타당한지를 신중하게 한 번 더 생각해 볼 필요가 있다.

 **Output**

```
6 9
4
```

40.4 연습문제 Exercise

1 10개의 정수가 주어지면 같은 숫자가 연속적으로 가장 길게 나온 정수는 어떤 수이고 그리고 그때의 최장 길이는 얼마인지 구하여라. 예를 들어서 아래와 같은 정수가 주어지면

| 1 | 3 | 3 | 1 | 1 | 1 | 7 | 7 | 7 | 7 |

구간 [1, 1]에서 1이 연속해서 1번 나왔고, 구간 [2, 3]에서 3이 연속해서 2번 나왔고, 구간 [4, 6]에서 1이 연속해서 3번 나왔고, 구간 [7, 10]에서 7이 연속해서 4번 나왔다.

Input Form 첫째 줄에는 10개의 정수가 각각 한 개의 공백으로 분리되어 주어진다. 주어지는 정수는 1 이상 100 이하의 정수이다.

Output Form 같은 숫자가 연속적으로 가장 길게 나온 정수를 첫째 줄에 출력하고 그때의 길이를 둘째 줄에 출력하여라. 만일 최장 길이가 같은 정수가 둘 이상 주어진다면 먼저 주어진 정수를 선택하도록 한다.

Example

입력	출력
1 3 3 1 1 1 7 7 7 7	7 4

Note a[i - 1] 값과 a[i] 값이 같으면 카운팅하고 a[i - 1] 값과 a[i] 값이 같지 않으면 이전까지의 구간은 의미가 없으므로 cnt를 0으로 초기화한다.

1078
서로 다른 구슬

실행 제한시간 **1초**
메모리 사용 제한 **32MB**

그동안 모은 파란색 구슬과 오렌지색 구슬(그들은 1과 0으로 표현된다.) N(1≤N≤80)개가 마루바닥 위에 일렬로 길게 놓여있다. 오일러는 길게 놓인 이 구슬들을 정돈해야 한다. 오일러는 길게 놓인 구슬의 앞부분부터 차례로 정돈해야 하는데 서로 다른 색의 구슬은 한 번에 같이 주울 수 없기 때문에 파란색 구슬만을 주웠으면 다음에는 오렌지색 구슬만을 줍고, 마찬가지고 오렌지색 구슬만을 주웠으면 다음에는 파란색 구슬만을 주워야 한다. 오일러는 다른 색의 구슬을 줍기 위해서 중간에 휴식을 갖는다. 우리는 오일러가 가질 수 있는 휴식의 수를 구하면 된다.

Input Form 첫째 줄에는 구슬의 개수 N이 주어진다. 둘째 줄에는 구슬의 색을 나타내는 0 또는 1이 앞부분부터 차례로 N개가 주어진다.

Output Form 마루 위에 놓인 모든 구슬을 줍기까지 오일러가 몇 번의 휴식을 가질 수 있는지를 첫째 줄에 출력하여라.

Example

입력	출력
6 1 0 0 1 1 1	2

1076

음표

실행 제한시간 **1초**
메모리 사용 제한 **32MB**

C장조는 8개의 음으로 구성되어 있다. : c d e f g a h C

이 문제를 위해서 우리는 8개의 음을 1부터 8까지 고유의 숫자로 사용하도록 하자. 음의 구성은 1부터 8까지 차례로 음이 올라가는 오름차순(ascending)이거나 8부터 1까지 차례로 음이 내려가는 내림차순(descending) 또는 서로 혼합(mixed)되어 구성되어 있다. 8개의 음표가 주어지면 주어지는 음표들이 오름차순인지 또는 내림차순인지 아니면 혼합인지를 결정하여라.

Input Form 1부터 8까지의 범위를 갖는 8개의 정수가 각각 한 개의 공백으로 분리되어 첫째 줄에 주어진다. 각각의 정수는 오직 한 번만 입력으로 주어진다.

Output Form 주어진 음표들이 오름차순이면 'ascending'을, 내림차순이면 'descending'을, 오름차순도 아니고 내림차순도 아니면 'mixed'를 첫째 줄에 출력하여라.

Example

입력	출력
1 2 3 4 5 6 7 8	ascending

입력	출력
8 7 6 5 4 3 2 1	descending

입력	출력
8 1 7 2 6 3 5 4	mixed

1125 선물

실행 제한시간 1초
메모리 사용 제한 32MB

이번 휴일에 오일러는 그의 가족들을 위한 선물을 구입하려고 한다. 그래서 그는 시간을 내어 호그와트에 있는 유명한 선물 가게를 방문하였다. 오일러는 적당한 선물을 고른 뒤 계산을 하기 위해서 계산대로 갔고 그곳에 이미 N명의 사람들이 줄을 서 있는 것을 발견하였다. 운 좋게도 오일러는 줄을 서 있는 사람들은 여러 명이 단체로 온 그룹도 있고 또는 개별로 혼자 서 있는 사람도 있음을 알아차렸다. 그룹의 구성원들은 물건을 구입하기 원하는 사람의 친구들이며 그 친구가 물건을 구입할 때까지 같이 기다린다. 그리고 친구가 물건을 구입하자마자 그룹에 속한 그들은 그 줄에서 모두 나오게 된다. 같은 그룹의 구성원들 사이에 다른 그룹의 구성원이 서 있는 경우는 없고 같은 그룹은 모두 같은 색의 셔츠를 입고 있다. 그리고 인접한 두 개의 그룹이 또는 인접한 그룹과 개인이 또는 인접한 개인과 개인이 같은 색의 셔츠를 입고 있는 경우는 없다.

일렬로 서있는 구성원들의 데이터가 주어지면 오일러는 몇 번째에 계산하게 되는지를 구하는 프로그램을 작성하여라.

Input Form 첫째 줄에는 한 줄로 서 있는 구성원의 수를 나타내는 한 개의 정수 N(1≤N≤25)이 주어진다. 둘째 줄부터는 N개의 줄에 걸쳐서 i번째 사람이 입고 있는 셔츠의 색깔을 나타내는 한 개의 영문 알파벳 대문자가 각 줄에 주어진다.

Output Form 문제에서 요구하는 정답을 첫째 줄에 출력하여라.

Example

입력	출력
6 C C P C Z Z	5

Note

첫 번째 계산은 같은 색의 셔츠를 입고 있는 두 명으로 이루어진 그룹이다. 두 번째 계산은 개인 혼자이며, 세 번째 계산도 개인 혼자이고, 네 번째 계산은 같은 색의 셔츠를 입고 있는 두 명으로 이루어진 그룹이고 마지막으로 다섯 번째에 오일러가 계산하게 된다.

2069
아침운동

실행 제한시간 **1초**
메모리 사용 제한 **64MB**

매일 아침 오일러는 왕국 시민들의 건강을 위해서 시민들을 이끌고 운동장에 집합한다. 그리고 시민들에게 2줄로 줄을 서 줄 것을 요구하였다. 오일러는 이 운동을 지휘하기 위해서 이미 운동장을 2 × N(1≤N≤100)의 격자 모양으로 정리를 하였다. 즉, 운동을 하기 위한 장소는 2N의 격자 형태로 되어 있다고 생각하여라. 오일러가 운동을 하기 위한 모든 준비를 끝마쳤을 때, 몇몇 위치에는 나무가 자라고 있다는 것을 깨달았고 당연히 시민들은 나무의 꼭대기 위에서는 운동을 할 수 없다는 것을 알았다.

이 운동은 그룹으로 여러 사람이 함께 모여서 운동을 해야 하기 때문에 어쩔 수 없이 오일러는 운동장의 일부분만을 사용할 수 밖에 없을 것이다. 따라서 오일러는 한 번에 운동장에 2줄로 최대한 많은 시민들이 설 수 있는 장소를 찾기를 원하고 있다. 여러분은 운동장에서 한 번에 2줄로 설 수 있는 최대 인원은 몇 명인지 구하여라. 운동을 해야 하는 인원은 반드시 2 × K(K≤N) 명이어야만 한다는 것을 명심하여라. (각각의 열에는 반드시 2명의 사람이 배치될 수 있어야 한다.)

Input Form 첫째 줄에는 운동장의 길이를 나타내는 한 개의 정수 N이 주어진다. 둘째 줄부터는 운동장의 상태를 나타내는 두 개의 정수가 N줄에 걸쳐서 주어지는데 1은 격자의 위치에 나무가 있음을 나타내고 0은 평지를 나타낸다.

Output Form 한 번에 운동을 할 수 있는 최대 인원수를 첫째 줄에 출력하여라.

Example

입력	출력
7 0 0 1 0 1 1 0 0 0 0 0 0 0 1	6

코딩 마법서

1권 STONE VERSION

**코딩테스트와
알고리즘을 위한
C/C++**

코딩 마법서

▶ YouTube

유튜브 채널 '오일러TV'에서
본 교재의 동영상 강의를 볼 수 있습니다.

1권 STONE VERSION

코딩테스트와
알고리즘을 위한
C/C++

해법서

오일러BOOKS

저자 김선욱(오일러), 김건, 김성은

목차

제3장 콘솔 출력 Console Output
    연습문제 ①번 문제풀이 ·· 012
    연습문제 ②번 문제풀이 ·· 013
    연습문제 ③번 문제풀이 ·· 014

제4장 정수형 데이터 출력 Integer Type
    연습문제 ①번 문제풀이 ·· 014
    연습문제 ②번 문제풀이 ·· 015
    연습문제 ③번 문제풀이 ·· 016

제5장 실수형 데이터 출력 Floating Point Type
    연습문제 ①번 문제풀이 ·· 017
    연습문제 ②번 문제풀이 ·· 018

제6장 변수 선언 Variable Declaration
    연습문제 ①번 문제풀이 ·· 019
    연습문제 ②번 문제풀이 ·· 020

제7장 데이터 입력 Data Input
    연습문제 ①번 문제풀이 ·· 021
    연습문제 ②번 문제풀이 ·· 022

제8장 오일러 온라인 저지(오일러OJ)

오일러OJ 1000   A+B Problem 023
오일러OJ 1002   구구단 023

제9장 여러 개의 데이터 입력

연습문제 ①번 문제풀이 024
연습문제 ②번 문제풀이 025

제10장 연산자 Operator

연습문제 ①번 문제풀이 026
연습문제 ②번 문제풀이 028
오일러OJ 1012   R2 029
오일러OJ 1131   디지털 시계 029
오일러OJ 1110   체스판 자르기 030

제11장 증감 연산자 Increase or Decrease Operator

연습문제 ①번 문제풀이 032
연습문제 ②번 문제풀이 033
연습문제 ③번 문제풀이 034
연습문제 ④번 문제풀이 035

제12장 조건문 if

  연습문제 ①번 문제풀이 ··· 036
  연습문제 ②번 문제풀이 ··· 037
 오일러J 1001 작거나 크거나 ··· 038

제13장 조건문 if else

  연습문제 ①번 문제풀이 ··· 039
  연습문제 ②번 문제풀이 ··· 040
 오일러J 1132 햄버거 ··· 041
 오일러J 1037 점수 ··· 042

제14장 논리 연산자 Logical Operator

  연습문제 ①번 문제풀이 ··· 043
  연습문제 ②번 문제풀이 ··· 044
 오일러J 1112 수박 ··· 045
 오일러J 1016 코딩마법서 ··· 046

제15장 복합 if문

  연습문제 ①번 문제풀이 ··· 047
  연습문제 ②번 문제풀이 ··· 048
 오일러J 1010 세 수 ··· 049
 오일러J 1133 마법 상자 ··· 050
 오일러J 2004 스테이크 ··· 052

제16장 순환문 for

  연습문제 ①번 문제풀이 ··· 053
  연습문제 ②번 문제풀이 ··· 054
  연습문제 ③번 문제풀이 ··· 055
  연습문제 ④번 문제풀이 ··· 056
  연습문제 ⑤번 문제풀이 ··· 057
  연습문제 ⑥번 문제풀이 ··· 057

오일러	1005	숫자 계산 Ⅰ	058
오일러	1006	숫자 계산 Ⅱ	060
오일러	1007	숫자 계산 Ⅲ	062

제17장 가우스 계산법 Gauss

		연습문제 ①번 문제풀이	063
		연습문제 ②번 문제풀이	064
오일러	1145	철사	066
오일러	1146	정육각형	067

제18장 배수와 약수 Multiple and Divisor

		연습문제 ①번 문제풀이	068
		연습문제 ②번 문제풀이	069
		연습문제 ③번 문제풀이	070
오일러	1003	홀수와 짝수의 합	070
오일러	1013	오일러 프로젝트	071
오일러	1011	잠자기 전에 독서 Ⅰ	072
오일러	1134	두 개의 짝수	073

제19장 완전수 Perfect Number

| | | 연습문제 ①번 문제풀이 | 075 |
| 오일러 | 1098 | 약수 | 076 |

제20장 팩토리얼 Factorial

		연습문제 ①번 문제풀이	077
오일러	1014	수학 숙제	078
오일러	1008	팩토리얼(Factorial)	079

제21장 중첩 순환문 for

| | | 연습문제 ①번 문제풀이 | 080 |
| | | 연습문제 ②번 문제풀이 | 081 |

연습문제 ③번 문제풀이 ··· 082
연습문제 ④번 문제풀이 ··· 084
연습문제 ⑤번 문제풀이 ··· 085
연습문제 ⑥번 문제풀이 ··· 086
오일러OJ 2013 도미노 게임 ··· 087

제22장 기초테스트 I

연습문제 ①번 문제풀이 ··· 088
연습문제 ②번 문제풀이 ··· 089
연습문제 ③번 문제풀이 ··· 090
연습문제 ④번 문제풀이 ··· 092
연습문제 ⑤번 문제풀이 ··· 093
연습문제 ⑥번 문제풀이 ··· 094
연습문제 ⑦번 문제풀이 ··· 095
연습문제 ⑧번 문제풀이 ··· 096
연습문제 ⑨번 문제풀이 ··· 097
연습문제 ⑩번 문제풀이 ··· 100
연습문제 ⑪번 문제풀이 ··· 101
연습문제 ⑫번 문제풀이 ··· 102
오일러OJ 2000 세 수의 합 ·· 103
오일러OJ 2001 추의 합 ··· 104
오일러OJ 2007 나비 ·· 105

제23장 순환문 while

연습문제 ①번 문제풀이 ··· 109
연습문제 ②번 문제풀이 ··· 110
연습문제 ③번 문제풀이 ··· 110
오일러OJ 1018 골동품 ··· 111
오일러OJ 2016 콜라 ·· 113
오일러OJ 2085 Gold Coins ··· 115

제24장 완전제곱수 Perfect Square Number

연습문제 ①번 문제풀이 ··· 117

오일러J	1009	홀수의 합	118
오일러J	1004	홀수 제곱과 짝수 제곱	119
오일러J	1135	홀수 모으기	120
오일러J	1144	타일의 개수	122
오일러J	1138	정사각수	123
오일러J	2015	술취한 교도관	127
오일러J	1143	타일 붙이기	129
오일러J	2071	완전제곱수	131

제25장 팔린드롬 Palindrome

		연습문제 ①번 문제풀이	133
		연습문제 ②번 문제풀이	134
		연습문제 ③번 문제풀이	134
오일러J	1043	숫자 뒤집기	135
오일러J	1048	수의 덧셈	136
오일러J	1136	팔린드롬 수(Palindrome Number)	137

제26장 소수 Prime Number

		연습문제 ①번 문제풀이	138
오일러J	1140	소수 찾기	140
오일러J	1141	쌍둥이 소수(Twin Primes)	143
오일러J	1142	메르센 소수(Mersenne Primes)	145

제27장 보조제어문 break & continue

		연습문제 ①번 문제풀이	148
		연습문제 ②번 문제풀이	149
		연습문제 ③번 문제풀이	150
오일러J	1046	행복한 오일러	151

제28장 콜라츠 추측 Collatz Conjecture

| | | 연습문제 ①번 문제풀이 | 152 |
| 오일러J | 1027 | 우박수 | 153 |

제29장 일차원 배열 Array

연습문제 ①번 문제풀이 ··· 154
연습문제 ②번 문제풀이 ··· 155
오일러OJ 1019　홀수와 짝수의 개수 ··· 156
오일러OJ 1020　짝수와 홀수 ·· 158
오일러OJ 1030　Graphing ··· 159
오일러OJ 1026　Black ··· 161
오일러OJ 1094　파티 ··· 162
오일러OJ 1139　숫자 슬라이스 ·· 163

제30장 일차원 배열의 시프트 Shift

연습문제 ①번 문제풀이 ··· 164
연습문제 ②번 문제풀이 ··· 166
연습문제 ③번 문제풀이 ··· 167
오일러OJ 1115　다음 라운드 ·· 169
오일러OJ 1117　데이터 박스 ·· 170
오일러OJ 2010　블록 쌓기 ·· 171
오일러OJ 2137　평균 수열 ·· 172
오일러OJ 1121　참치 ··· 173
오일러OJ 1084　Doubles ·· 174
오일러OJ 1104　토끼 사냥 ·· 175
오일러OJ 2022　왕국 곱셈 ·· 176

제31장 최대, 최소, 최빈 Max, Min, Mode

연습문제 ①번 문제풀이 ··· 178
오일러OJ 1023　최댓값과 최솟값 ··· 179
오일러OJ 1137　가장 큰 수 ··· 180
오일러OJ 1068　최고의 저녁 식사 ·· 181
오일러OJ 1086　iRobot ·· 182
오일러OJ 1045　유행 ··· 185
오일러OJ 1061　슈퍼마리오 ·· 186
오일러OJ 1082　The King ·· 188
오일러OJ 1123　블랙잭 ·· 189

| 오일러OJ | 2093 | 주차하기 가장 좋은 곳 | 190 |
| 오일러OJ | 2089 | 주사위 게임 | 191 |

제32장. 선택 정렬 Selection Sort

	연습문제	①번 문제풀이	193
오일러OJ	1022	정렬 Sorting	193
오일러OJ	1025	세 번째로 가장 큰 값	195
오일러OJ	1127	마법 지팡이	195
오일러OJ	2017	캥거루	197
오일러OJ	2123	네 개의 정수	198
오일러OJ	2113	상점	200

제33장. 버블 정렬 Bubble Sort

연습문제 ①번 문제풀이 201

제34장. 삽입 정렬 Insertion Sort

연습문제 ①번 문제풀이 202

제35장. 피보나치 수열 Fibonacci Sequence

	연습문제	①번 문제풀이	203
오일러OJ	1017	금화	204
오일러OJ	1072	Speed Limit	205

제36장 에라토스테네스의 체 Sieve Of Erathosthenes

	연습문제	①번 문제풀이	206
	연습문제	②번 문제풀이	207
오일러OJ	1066	숙제를 안 해온 사람은 누구?	208
오일러OJ	1038	나머지	209
오일러OJ	1044	꽃 축제	210
오일러OJ	2031	크리스마스 전등 축제 I	211
오일러OJ	1126	가로등	213

오일러OJ	2079	Trees	214
오일러OJ	2126	주차요금	215
오일러OJ	4124	골드바흐의 추측	217

제37장 형상수 Figulate Number

	연습문제	①번 문제풀이	218
오일러OJ	1147	육각수	220
오일러OJ	1073	오각수	220
오일러OJ	1077	곱셈 테이블	221
오일러OJ	1111	조약돌	223

제38장 누적합 Prefix Sum, Cumulative Sum

	연습문제	①번 문제풀이	224
오일러OJ	2025	식량 공급	225
오일러OJ	2109	The Largest Sum	225

제39장 입력과 버퍼 메모리 Buffer Memory

	연습문제	①번 문제풀이	227
오일러OJ	1049	사칙연산	227
오일러OJ	2035	장거리 달리기	229

제40장 스캐닝 메소드 Scanning Method

	연습문제	①번 문제풀이	230
오일러OJ	1078	서로 다른 구슬	231
오일러OJ	1076	음표	232
오일러OJ	1125	선물	234
오일러OJ	2069	아침 운동	235

코딩마법서

1권 STONE VERSION
코딩테스트와 알고리즘을 위한 C/C++

Soltution

φ 오일러BOOKS

제3장 콘솔 출력 Console Output

연습문제 ❶번 문제풀이

```
1    #include <cstdio>
2
3    int main(void)
4    {
5        printf("#\n");
6        printf("##\n");
7        printf("###\n");
8        printf("####\n");
9        printf("#####\n");
10       return 0;
11   }
```

 Interpret - 각 줄에 printf()문을 한 개씩 두어 5개의 줄에 걸쳐서 출력한다.

가끔가다가 아래와 같이 printf()문 한 개를 사용하여 전체 내용을 출력하는 사람도 있다. 물론 아래와 같이 작성했다고 해서 프로그램이 틀렸다는 것은 아니다. 하지만 만일 소스 코드가 조금만 복잡해지면 아래와 같이 작성한 코드는 가독성이 떨어져 프로그램을 실행해보기 전까지 어떠한 내용인지 알아보기 어려울 수 있다. 필자는 소스 코드의 가독성을 위해서 아래와 같이 작성하기보다는 위와 같이 작성하는 것을 적극적으로 권장한다.

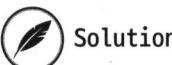

```
1    #include <cstdio>
2
3    int main(void)
4    {
5        printf("#\n##\n###\n####\n#####\n");
6        return 0;
7    }
```

제3장 콘솔 출력 Console Output

연습문제　❷번 문제풀이

 Core　　　printf("   #   \n");　　같은 결과　printf("   #\n");

'#'문자 다음에 공백을 넣은 후 줄 내림을 하거나, 공백을 넣지 않고 줄 내림을 하거나 출력되는 결과는 같다.

 Solution

```
1    #include <cstdio>
2
3    int main(void)
4    {
5        printf("    #\n");
6        printf("   ###\n");
7        printf("  #####\n");
8        printf(" #######\n");
9        printf("#########\n");
10       printf(" #######\n");
11       printf("  #####\n");
12       printf("   ###\n");
13       printf("    #");
14       return 0;
15   }
```

 - 각 줄에 printf()문을 한 개씩 두어 9개의 줄에 걸쳐서 출력한다.

제3장 콘솔 출력 Console Output

연습문제 ❸번 문제풀이

 Solution

```
1    #include <cstdio>
2
3    int main(void)
4    {
5        printf("EEEEEEE  U     U  L           EEEEEEE  RRRRRR\n");
6        printf("E        U     U  L           E        R     R\n");
7        printf("EEEEEE   U     U  L           EEEEEE   RRRRRRR\n");
8        printf("E        U     U  L           E        R     R\n");
9        printf("EEEEEEE  UUUUUUU  LLLLLLL     EEEEEEE  R     R\n");
10       return 0;
11   }
```

 Interpret - 각 줄에 printf()문을 한 개씩 두어 5개의 줄에 걸쳐서 출력한다.

제4장 정수형 데이터 출력 Integer Type

연습문제 ❶번 문제풀이

"%"를 서식 문자로 인식하지 않고 콘솔 화면에 출력하기 위해서는 다음과 같이 출력해야 한다.

 Core

```
printf("%%");
```

 Solution

```
1    #include <cstdio>
2
3    int main(void)
4    {
5        printf("%d %% %d = %d\n", 10, 8, 10 % 8);
6        return 0;
7    }
```

 Interpret - 5번째 줄에서 첫 번째 %d 자리에는 10을 출력하고 콘솔 화면에 %를 출력하기 위해서 %를 두 번 작성하였다. 두 번째 %d에는 8을 출력하고 세 번째 %d에는 10을 8로 나눈 나머지 2를 출력한다.

제4장 정수형 데이터 출력 Integer Type

연습문제 ❷번 문제풀이

정수형 포맷팅 "%10d"를 사용하면 자릿수 10자리를 차지하며 오른쪽 정렬하여 출력할 수 있다.

 Core

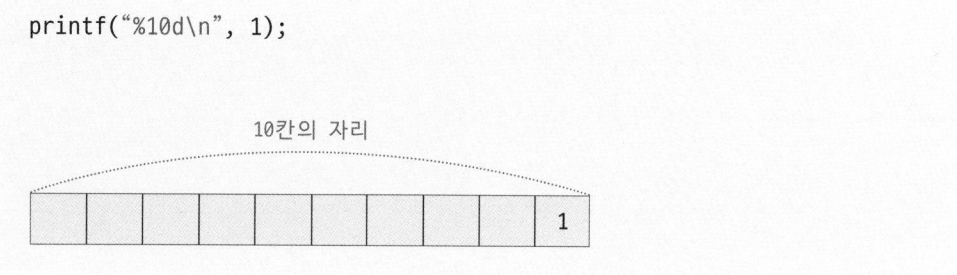

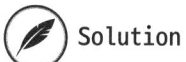 Solution

```
1    #include <cstdio>
2
3    int main(void)
4    {
5        printf("%10d\n", 1);
6        printf("%10d\n", 11);
7        printf("%10d\n", 111);
8        printf("%10d\n", 1111);
9        printf("%10d\n", 11111);
10       printf("----------\n");
11       printf("%10d\n", 1 + 11 + 111 + 1111 + 11111);
12       return 0;
13   }
```

 Interpret - 5번째 줄은 10자리를 차지하며 1을 오른쪽 정렬하여 첫째 줄에 출력한다.
- 6번째 줄은 10자리를 차지하며 11을 오른쪽 정렬하여 둘째 줄에 출력한다.
- 7번째 줄은 10자리를 차지하며 111을 오른쪽 정렬하여 셋째 줄에 출력한다.

- 8번째 줄은 10자리를 차지하며 1111을 오른쪽 정렬하여 넷째 줄에 출력한다.
- 9번째 줄은 10자리를 차지하며 11111을 오른쪽 정렬하여 다섯째 줄에 출력한다.
- 10번째 줄은 "-" 모양 10개를 여섯째 줄에 출력한다.
- 11번째 줄은 10자리를 차지하며 1 + 11 + 111 + 1111 + 11111의 결괏값인 12345를 오른쪽 정렬하여 일곱째 줄에 출력한다.

제4장 정수형 데이터 출력 Integer Type

연습문제 ❸번 문제풀이

 Solution

```c
#include <cstdio>

int main(void)
{
    printf("%5d\n", 22222);
    printf("%5d\n", 2222);
    printf("%5d\n", 222);
    printf("%5d\n", 22);
    printf("%5d\n", 2);
    printf("-----\n");
    printf("%5d\n", 22222 - 2222 - 222 - 22 - 2);
    return 0;
}
```

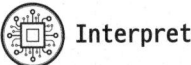 Interpret

- 5번째 줄은 5자리를 차지하며 22222를 오른쪽 정렬하여 첫째 줄에 출력한다.
- 6번째 줄은 5자리를 차지하며 2222를 오른쪽 정렬하여 둘째 줄에 출력한다.
- 7번째 줄은 5자리를 차지하며 222를 오른쪽 정렬하여 셋째 줄에 출력한다.
- 8번째 줄은 5자리를 차지하며 22를 오른쪽 정렬하여 넷째 줄에 출력한다.
- 9번째 줄은 5자리를 차지하며 2를 오른쪽 정렬하여 다섯째 줄에 출력한다.
- 10번째 줄은 "-" 모양 5개를 여섯째 줄에 출력한다.
- 11번째 줄은 5자리를 차지하며 22222 - 2222 - 222 - 22 - 2의 결괏값인 19754를 오른쪽 정렬하여 일곱째 줄에 출력한다.

제5장 실수형 데이터 출력 Floating Point Type

연습문제 ❶번 문제풀이

실수형 포맷팅 "%10.3lf"를 사용하면 자릿수 10자리를 차지하며 소수점 셋째 자리(소수점 넷째 자리에서 반올림)까지 오른쪽 정렬하여 출력할 수 있다.

 Core

```
printf("%10.3lf\n", 12.345);
```

 Solution

```
1   #include <cstdio>
2
3   int main(void)
4   {
5       printf("%10.3lf\n", 12.345);
6       printf("%10.3lf\n", 34.567);
7       printf("%10.3lf\n", 56.789);
8       printf("%10.3lf\n", 456.780);
9       printf("----------\n");
10      printf("%10.3lf\n", 12.345 + 34.567 + 56.789 + 456.780);
11      return 0;
12  }
```

 Interpret

- 5번째 줄은 10자리를 차지하며 12.345를 오른쪽 정렬하여 첫째 줄에 출력한다.

- 6번째 줄은 10자리를 차지하며 34.567을 오른쪽 정렬하여 둘째 줄에 출력한다.

- 7번째 줄은 10자리를 차지하며 56.789를 오른쪽 정렬하여 셋째 줄에 출력한다.

- 8번째 줄은 10자리를 차지하며 456.780을 오른쪽 정렬하여 넷째 줄에 출력한다.

- 9번째 줄은 "-" 모양 10개를 다섯째 줄에 출력한다.

- 10번째 줄은 10자리를 차지하며 12.345 + 34.567 + 56.789 + 456.780의 결괏값인 560.481을 오른쪽 정렬하여 여섯째 줄에 출력한다.

제5장 실수형 데이터 출력 Floating Point Type

연습문제 ❷번 문제풀이

 Solution

```
1   #include <cstdio>
2
3   int main(void)
4   {
5       printf("%10.3lf\n", 12.5672);
6       printf("%10.3lf\n", 456.7769);
7       printf("%10.3lf\n", 123456.78);
8       printf("%10.3lf\n", 4567.5678);
9       printf("%10.3lf\n", 6712.34523);
10      return 0;
11  }
```

 Interpret

- 5번째 줄은 10자리를 차지하며 12.567(12.5672를 소수점 넷째 자리에서 반올림)을 오른쪽 정렬하여 첫째 줄에 출력한다.

- 6번째 줄은 10자리를 차지하며 456.777(456.7769를 소수점 넷째 자리에서 반올림)을 오른쪽 정렬하여 둘째 줄에 출력한다.

- 7번째 줄은 10자리를 차지하며 123456.780(123456.78을 소수점 넷째 자리에서 반올림)을 오른쪽 정렬하여 셋째 줄에 출력한다.

- 8번째 줄은 10자리를 차지하며 4567.568(4567.5678을 소수점 넷째 자리에서 반올림)을 오른쪽 정렬하여 넷째 줄에 출력한다.

- 9번째 줄은 10자리를 차지하며 6712.345(6712.34523을 소수점 넷째 자리에서 반올림)를 오른쪽 정렬하여 다섯째 줄에 출력한다.

제6장 변수 선언 Variable Declaration

연습문제 ❶번 문제풀이

 Solution

```
1   #include <cstdio>
2
3   int main(void)
4   {
5       int a = 54, b = 32;
6
7       printf("%d + %d = %d\n", a, b, a + b);
8       printf("%d - %d = %d\n", a, b, a - b);
9       printf("%d * %d = %d\n", a, b, a * b);
10      printf("%d / %d = %d\n", a, b, a / b);
11      return 0;
12  }
```

 Interpret
- 5번째 줄은 정수형 변수 a를 선언과 동시에 54로, 변수 b를 선언과 동시에 32로 초기화하였다.
- 7번째 줄은 첫 번째 %d 자리에 a이 값 54를 두 번째 %d 자리에 b의 값 32를 세 번째 %d 자리에 a + b의 값 86을 출력한다.
- 8번째 줄은 첫 번째 %d 자리에 a의 값 54를 두 번째 %d 자리에 b의 값 32를 세 번째 %d 자리에 a - b의 값 22를 출력한다.
- 9번쌔 줄은 첫 번쌔 %d 자리에 a의 값 54을 두 번째 %d 자리에 b의 값 32를 세 번째 %d 자리에 a * b의 값 1728을 출력한다.
- 10번째 줄은 첫 번째 %d 자리에 a의 값 54를 두 번째 %d 자리에 b의 값 32를 세 번째 %d 자리에 a를 b로 나눈 몫 1을 출력한다.

제6장 변수 선언 Variable Declaration

연습문제 ❷번 문제풀이

 Solution

```
1   #include <cstdio>
2
3   int main(void)
4   {
5       double a = 12.34, b = 23.12;
6
7       printf("%.2lf + %.2lf = %.2lf\n", a, b, a + b);
8       printf("%.2lf - %.2lf = %.2lf\n", a, b, a - b);
9       printf("%.2lf * %.2lf = %.2lf\n", a, b, a * b);
10      printf("%.2lf / %.2lf = %.2lf\n", a, b, a / b);
11      return 0;
12  }
```

 Interpret

- 5번째 줄은 실수형 변수 a를 선언과 동시에 12.34로, 변수 b를 선언과 동시에 23.12로 초기화하였다.

- 7번째 줄은 첫 번째 %.2lf 자리에 a의 값 12.34를 두 번째 %.2lf 자리에 b의 값 23.12를 세 번째 %.2lf 자리에 a + b의 값 35.46을 출력한다.

- 8번째 줄은 첫 번째 %.2lf 자리에 a의 값 12.34를 두 번째 %.2lf 자리에 b의 값 23.12를 세 번째 %.2lf 자리에 a - b의 값 -10.78을 출력한다.

- 9번째 줄은 첫 번째 %.2lf 자리에 a의 값 12.34를 두 번째 %.2lf 자리에 b의 값 23.12를 세 번째 %.2lf 자리에 a * b의 값 285.30을 출력한다.

- 10번째 줄은 첫 번째 %.2lf 자리에 a의 값 12.34를 두 번째 %.2lf 자리에 b의 값 23.12를 세 번째 %.2lf 자리에 a / b의 값 0.53을 출력한다.

제7장 데이터 입력 Data Input

연습문제 ❶번 문제풀이

 Solution

```
1   #include <cstdio>
2
3   int main(void)
4   {
5       int a, b;
6
7       scanf("%d", &a);
8       scanf("%d", &b);
9
10      printf("%d+%d=%d\n", a, b, a + b);
11      printf("%d-%d=%d\n", a, b, a - b);
12      printf("%d*%d=%d\n", a, b, a * b);
13      printf("%d/%d=%d\n", a, b, a / b);
14      return 0;
15  }
```

 Interpret

- 5번째 줄은 정수형 변수 a와 b를 선언하였다.
- 7번째 줄은 입력의 첫째 줄로 변수 a에 한 개의 정수를 입력받는다.
- 8번째 줄은 입력의 둘째 줄로 변수 b에 한 개의 정수를 입력받는다.
- 10번째 줄은 출력의 첫째 줄로 첫 번째 %d 자리에 a의 값을 두 번째 %d 자리에 b의 값을 세 번째 %d 자리에 a + b의 값을 출력한다.
- 11번째 줄은 출력의 둘째 줄로 첫 번째 %d 자리에 a의 값을 두 번째 %d 자리에 b의 값을 세 번째 %d 자리에 a - b의 값을 출력한다.
- 12번째 줄은 출력의 셋째 줄로 첫 번째 %d 자리에 a의 값을 두 번째 %d 자리에 b의 값을 세 번째 %d 자리에 a * b의 값을 출력한다.
- 13번째 줄은 출력의 넷째 줄로 첫 번째 %d 자리에 a의 값을 두 번째 %d 자리에 b의 값을 세 번째 %d 자리에 a를 b로 나눈 몫을 출력한다.

제7장 데이터 입력 Data Input

연습문제 ❷번 문제풀이

 Solution

```c
#include <cstdio>

int main(void)
{
    double a, b;

    scanf("%lf", &a);
    scanf("%lf", &b);

    printf("%.2lf+%.2lf=%.2lf\n", a, b, a + b);
    printf("%.2lf-%.2lf=%.2lf\n", a, b, a - b);
    printf("%.2lf*%.2lf=%.2lf\n", a, b, a * b);
    printf("%.2lf/%.2lf=%.2lf\n", a, b, a / b);
    return 0;
}
```

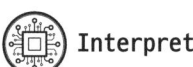 Interpret

- 5번째 줄은 실수형 변수 a와 b를 선언하였다.

- 7번째 줄은 입력의 첫째 줄로 변수 a에 한 개의 실수를 입력받는다.

- 8번째 줄은 입력의 둘째 줄로 변수 b에 한 개의 실수를 입력받는다.

- 10번째 줄은 출력의 첫째 줄로 첫 번째 %.2lf 자리에 a의 값을 두 번째 %.2lf 자리에 b의 값을 세 번째 %.2lf 자리에 a + b의 값을 출력한다.

- 11번째 줄은 출력의 둘째 줄로 첫 번째 %.2lf 자리에 a의 값을 두 번째 %.2lf 자리에 b의 값을 세 번째 %.2lf 자리에 a - b의 값을 출력한다.

- 12번째 줄은 출력의 셋째 줄로 첫 번째 %.2lf 자리에 a의 값을 두 번째 %.2lf 자리에 b의 값을 세 번째 %.2lf 자리에 a * b의 값을 출력한다.

- 13번째 줄은 출력의 넷째 줄로 첫 번째 %.2lf 자리에 a의 값을 두 번째 %.2lf 자리에 b의 값을 세 번째 %.2lf 자리에 a / b의 값을 출력한다.

제8장 오일러 온라인 저지(오일러OJ)

1000 A+B Problem

실행 제한시간 **1초**
메모리 사용 제한 **8MB**

 Solution

```
1   #include <cstdio>
2
3   int main(void)
4   {
5       int a, b;
6
7       scanf("%d", &a);
8       scanf("%d", &b);
9       printf("%d\n", a + b);
10      return 0;
11  }
```

 Interpret

- 5번째 줄은 정수형 변수 a와 b를 선언하였다.
- 7번째 줄은 입력의 첫째 줄로 변수 a에 한 개의 정수를 입력받는다.
- 8번째 줄은 입력이 둘째 줄로 변수 b에 한 개의 정수를 입력받는다.
- 9번째 줄은 a + b의 값을 출력의 첫째 줄에 출력한다.

제8장 오일러 온라인 저지(오일러OJ)

1002 구구단

실행 제한시간 **1초**
메모리 사용 제한 **32MB**

 Solution

```
1   #include <cstdio>
2
3   int main(void)
4   {
5       int a;
6
7       scanf("%d", &a);
8
```

```
9       printf("%d*1=%d\n", a, a * 1);
10      printf("%d*2=%d\n", a, a * 2);
11      printf("%d*3=%d\n", a, a * 3);
12      printf("%d*4=%d\n", a, a * 4);
13      printf("%d*5=%d\n", a, a * 5);
14      printf("%d*6=%d\n", a, a * 6);
15      printf("%d*7=%d\n", a, a * 7);
16      printf("%d*8=%d\n", a, a * 8);
17      printf("%d*9=%d\n", a, a * 9);
18      return 0;
19  }
```

 Interpret
- 5번째 줄은 정수형 변수 a를 선언하였다.
- 7번째 줄은 입력의 첫째 줄로 변수 a에 한 개의 정수를 입력받는다.
- 9번째 줄부터 17번째 줄은 첫 번째 %d 자리에는 a의 값을 출력하고 두 번째 %d 자리에는 구구단의 계산 결과를 9줄에 걸쳐서 각 줄에 출력한다.

Caution

오일러OJ의 "출력의 예"를 살펴보면 각 줄의 출력에는 어떠한 공백도 포함되어 있지 않다. 만일 "2*1=2"와 같이 공백을 포함하지 않고 출력하는 자리에 "2 * 1 = 2"와 같이 공백을 포함하여 출력한다면 채점 결과는 오답 처리가 될 것이다.

제9장 여러 개의 데이터 입력

연습문제   ❶번 문제풀이

 Solution

```
1   #include <cstdio>
2
3   int main(void)
4   {
5       int a, b, c;
6
7       scanf("%d %d %d", &a, &b, &c);
8
9       printf("%d+%d+%d=%d\n", a, b, c, a + b + c);
```

```
10      printf("%d-%d-%d=%d\n", a, b, c, a - b - c);
11      printf("%d*%d*%d=%d\n", a, b, c, a * b * c);
12      printf("%d/%d/%d=%d\n", a, b, c, a / b / c);
13      return 0;
14  }
```

 Interpret
- 5번째 줄은 정수형 변수 a, b, c를 선언하였다.
- 7번째 줄은 입력의 첫째 줄로 세 개의 정수를 변수 a, b, c에 입력받는다.
- 9번째 줄은 출력의 첫째 줄로 첫 번째 %d 자리에 a의 값을 두 번째 %d 자리에 b의 값을 세 번째 %d 자리에 c의 값을 네 번째 %d 자리에 a + b + c의 값을 출력한다.
- 10번째 줄은 출력의 둘째 줄로 첫 번째 %d 자리에 a의 값을 두 번째 %d 자리에 b의 값을 세 번째 %d 자리에 c의 값을 네 번째 %d 자리에 a - b - c의 값을 출력한다.
- 11번째 줄은 출력의 셋째 줄로 첫 번째 %d 자리에 a의 값을 두 번째 %d 자리에 b의 값을 세 번째 %d 자리에 c의 값을 네 번째 %d 자리에 a * b * c의 값을 출력한다.
- 12번째 줄은 출력의 넷째 줄로 첫 번째 %d 자리에 a의 값을 두 번째 %d 자리에 b의 값을 세 번째 %d 자리에 c의 값을 네 번째 %d 자리에 a / b / c의 값을 출력한다.

제9장 여러 개의 데이터 입력

연습문제   ❷번 문제풀이

 Solution

```
1   #include <cstdio>
2
3   int main(void)
4   {
5       char a, b;
6
7       scanf("%c %c", &a, &b);
8
9       printf("%c:%d\n", a, a);
10      printf("%c:%d\n", b, b);
11      return 0;
12  }
```

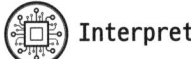 Interpret
- 5번째 줄은 문자형 변수 a, b를 선언하였다.
- 7번째 줄은 입력의 첫째 줄로 두 개의 문자를 변수 a, b에 입력받는다.
- 9번째 줄은 출력의 첫째 줄로 %c 자리에 a의 아스키코드(ASCII Code)값에 해당하는 문자를 출력하고 %d 자리에 a의 아스키코드(ASCII Code)값을 출력한다.
- 10번째 줄은 출력의 둘째 줄로 %c 자리에 b의 아스키코드(ASCII Code)값에 해당하는 문자를 출력하고 %d 자리에 b의 아스키코드(ASCII Code)값을 출력한다.

제10장 연산자 Operator

연습문제　❶번 문제풀이

 Solution

```
1   #include <cstdio>
2
3   int main(void)
4   {
5       int a, sum = 0;
6
7       scanf("%d", &a);
8       sum += a;
9       printf("%d\n", sum);
10
11      scanf("%d", &a);
12      sum += a;
13      printf("%d\n", sum);
14
15      scanf("%d", &a);
16      sum += a;
17      printf("%d\n", sum);
18
19      scanf("%d", &a);
20      sum += a;
21      printf("%d\n", sum);
22
```

```
23      scanf("%d", &a);
24      sum += a;
25      printf("%d\n", sum);
26      return 0;
27  }
```

Interpret

- 5번째 줄은 정수형 변수 a를 선언하고 sum을 선언과 동시에 0으로 초기화하였다.
- 7번째 줄은 입력의 첫째 줄로 한 개의 정수를 a에 입력받는다.
- 8번째 줄은 입력받은 정수 a를 sum에 누적한다.
- 9번째 줄은 출력의 첫째 줄에 sum의 값을 출력한다.
- 11번째 줄은 입력의 둘째 줄로 한 개의 정수를 a에 입력받는다.
- 12번째 줄은 입력받은 정수 a를 sum에 누적한다.
- 13번째 줄은 출력의 둘째 줄에 sum의 값을 출력한다.
- 15번째 줄은 입력의 셋째 줄로 한 개의 정수를 a에 입력받는다.
- 16번째 줄은 입력받은 정수 a를 sum에 누적한다.
- 17번째 줄은 출력의 셋째 줄에 sum의 값을 출력한다.
- 19번째 줄은 입력의 넷째 줄로 한 개의 정수를 a에 입력받는다.
- 20번째 줄은 입력받은 정수 a를 sum에 누적한다.
- 21번째 줄은 출력의 넷째 줄에 sum의 값을 출력한다.
- 23번째 줄은 입력의 다섯째 줄로 한 개의 정수를 a에 입력받는다.
- 24번째 줄은 입력받은 정수 a를 sum에 누적힌다.
- 25번째 줄은 출력의 다섯째 줄에 sum의 값을 출력한다.

Output

```
5   ◀──── 입력의 첫째 줄
5   ◀──── 출력의 첫째 줄
8   ◀──── 입력의 둘째 줄
13  ◀──── 출력의 둘째 줄
7   ◀──── 입력의 셋째 줄
20  ◀──── 출력의 셋째 줄
8   ◀──── 입력의 넷째 줄
28  ◀──── 출력의 넷째 줄
11  ◀──── 입력의 다섯째 줄
39  ◀──── 출력의 다섯째 줄
```

제10장 연산자 Operator

연습문제　❷번 문제풀이

 Solution

```
1    #include <cstdio>
2
3    int main(void)
4    {
5        int a, b, c;
6
7        scanf("%d %d %d", &a, &b, &c);
8
9        printf("%d\n", a + b + c);
10       printf("%.2lf\n", double(a + b + c) / 3);
11       return 0;
12   }
```

 Interpret

- 5번째 줄은 정수형 변수 a, b, c를 선언하였다.
- 7번째 줄은 입력의 첫째 줄로 세 개의 정수를 변수 a, b, c에 입력받는다.
- 9번째 줄은 a + b + c의 값을 출력의 첫째 줄에 출력한다.
- 10번째 줄은 a, b, c는 정수형 변수이므로 먼저 (a + b + c)의 값을 연산한 후 캐스팅 연산(Casting Operator)에 의해서 (a + b + c)의 값을 실수형으로 강제 형 변환을 한 후 3으로 나눈 평균값을 출력의 둘째 줄에 소수점 둘째 자리(셋째 자리에서 반올림)까지 출력한다.

제10장 연산자 Operator

1012   R2

실행 제한시간 **1초**
메모리 사용 제한 **32MB**

s = (r1 + r2) / 2이므로 r2를 r1, s에 관한 식으로 나타내면 r2 = 2 * s - r1이 된다.

 Solution

```
1   #include <cstdio>
2
3   int main(void)
4   {
5       int r1, s;
6
7       scanf("%d %d", &r1, &s);
8       printf("%d\n", 2 * s - r1);
9       return 0;
10  }
```

 Interpret

- 5번째 줄은 정수형 변수 r1과 s를 선언하였다.
- 7번째 줄은 두 개의 정수를 r1과 s에 입력받는다.
- 8번째 줄은 r2의 값을 r1과 s에 관한 식으로 나타내어 출력의 첫째 줄에 출력한다.

제10장 연산자 Operator

1131   디지털 시계

실행 제한시간 **1초**
메모리 사용 제한 **32MB**

현재 시간이 a시 b분이고 소요된 시간을 c분이라고 한다면 (b + c)를 연산한 후 60으로 나누면 정수의 나눗셈은 몫만 계산되기 때문에 전체 시간은 a + (b + c) / 60과 같이 계산할 수 있다. 예를 들어서 a = 15, b = 30, c = 90이라면 a + (b + c) / 60의 값은 17이 된다. 물론 여기까지 작성했다고 해서 정답이 완성되는 것은 아니다. 마지막으로 최종 시간과 분을 나타내기 위해서는 나머지 연산자 %를 이용한다면 쉽게 나타낼 수 있을 것이다.

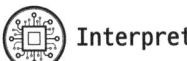 Solution

```
1    #include <cstdio>
2
3    int main(void)
4    {
5        int a, b, c;
6
7        scanf("%d %d", &a, &b);
8        scanf("%d", &c);
9
10       printf("%d %d\n", (a + (b + c) / 60) % 24, (b + c) % 60);
11       return 0;
12   }
```

 Interpret

- 7번째 줄은 현재 시간과 분을 정수형 변수 a와 b에 입력받고
- 8번째 줄은 소요된 시간 분을 정수형 변수 c에 입력받는다.
- 10번째 줄은 최종 시간의 값은 24로 나눈 나머지를 분은 60으로 나눈 나머지를 나머지 연산자 %를 이용하여 출력의 첫째 줄에 출력한다.

제10장 연산자 Operator

1110 체스판 자르기

실행 제한시간 **1초**
메모리 사용 제한 **32MB**

체스판을 아래와 같이 절단한다면 최대한의 조각을 얻을 수 있을 것이다.

Core

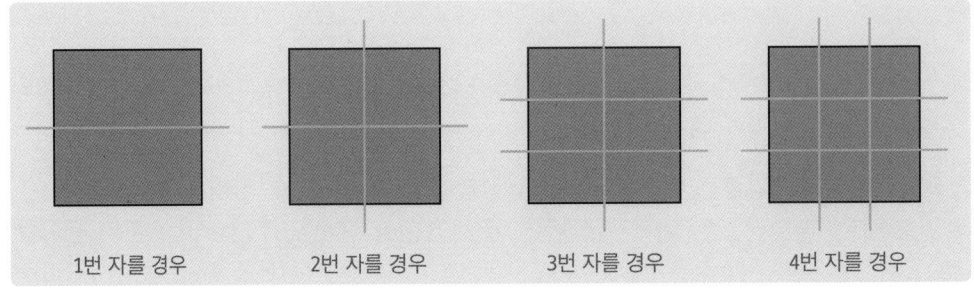

1번 자를 경우   2번 자를 경우   3번 자를 경우   4번 자를 경우

전체 절단 횟수를 n이라 하고 세로 절단 횟수를 c라고 하자. 그리고 세로 절단을 기준으로 살펴보자. n이 1일 경우 세로 절단은 0번, n이 2일 경우 세로 절단은 1번, n이 3일 경우 세로 절단은 1번, n이 4일 경우 세로

절단은 2번이다. 즉 n을 2로 나누면 세로 절단 횟수 c가 나온다. 가로 절단 횟수를 r이라고 한다면 가로 절단 횟수 r은 n - c가 될 것이다. 조각의 수는 절단 횟수보다 1개씩 더 많으므로 전체 조각의 개수는 (c + 1) * (r + 1)이 된다.

 **Solution**

```
1    #include <cstdio>
2
3    int main(void)
4    {
5        int n, r, c;
6
7        scanf("%d", &n);
8
9        c = n / 2;
10       r = n - c;
11       printf("%d\n", (c + 1) * (r + 1));
12       return 0;
13   }
```

 **Interpret**

- 5번째 줄은 정수형 변수 n, r, c를 선언하였다.
- 7번째 줄은 전체 절단 횟수를 정수형 변수 n에 입력받는다.
- 9번째 줄은 세로 절단 횟수를 c에 구하였다.
- 10번째 줄은 가로 절단 횟수를 r에 구하였다.
- 11번째 줄은 전체 조각의 수 (c + 1) * (r + 1)을 출력의 첫째 줄에 출력한다.

제11장 증감 연산자 Increase or Decrease Operator

연습문제   ❶번 문제풀이

 Solution

```c
#include <cstdio>

int main(void)
{
    int b = 12;

    printf("%d\n", b--);
    printf("%d\n", --b);
    printf("%d\n", ++b);
    printf("%d\n", ++b);
    printf("%d\n", b--);
    return 0;
}
```

 Interpret

- 5번째 줄은 정수형 변수 b를 선언과 동시에 12로 초기화하였다.

- 7번째 줄은 출력의 첫째 줄에 b의 값 12를 출력한 후 1 감소시킨다. (출력 12, 값 11),

- 8번째 줄은 출력의 둘째 줄에 b의 값 11을 1 감소시킨 후 출력한다. (출력 10, 값 10),

- 9번째 줄은 출력의 셋째 줄에 b의 값 10을 1 증가시킨 후 출력한다. (출력 11, 값 11),

- 10번째 줄은 출력의 넷째 줄에 b의 값 11을 1 증가시킨 후 출력한다. (출력 12, 값 12),

- 11번째 줄은 출력의 다섯째 줄에 b의 값 12를 출력한 후 1 감소시킨다. (출력 12, 값 11)

 Output

```
12
10
11
12
12
```

제11장 증감 연산자 Increase or Decrease Operator

연습문제 ❷번 문제풀이

 Solution

```c
#include <cstdio>

int main(void)
{
    int c = 7;

    printf("%d\n", ++c);
    printf("%d\n", c++);
    printf("%d\n", c++);
    printf("%d\n", c--);
    printf("%d\n", --c);
    return 0;
}
```

 Interpret

- 5번째 줄은 정수형 변수 c를 선언과 동시에 7로 초기화하였다.
- 7번째 줄은 출력의 첫째 줄에 c의 값 7을 1 증가시킨 후 출력한다. (출력 8, 값 8),
- 8번째 줄은 출력의 둘째 줄에 c의 값 8을 출력한 후 1 증가시킨다. (출력 8, 값 9)
- 9번째 줄은 출력의 셋째 줄에 c의 값 9를 출력한 후 1 증가시킨다. (출력 9, 값 10)
- 10번째 술은 출력의 넷째 술에 c의 값 10을 줄력한 후 1 감소시킨다. (줄력 10, 값 9)
- 11번째 줄은 출력의 다섯째 줄에 c의 값 9를 1 감소시킨 후 출력한다. (출력 8, 값 8)

 Output

제11장 증감 연산자 Increase or Decrease Operator

연습문제 ❸번 문제풀이

 Solution

```
1   #include <cstdio>
2
3   int main(void)
4   {
5       int d = -3;
6
7       printf("%d\n", d--);
8       printf("%d\n", d--);
9       printf("%d\n", ++d);
10      printf("%d\n", ++d);
11      printf("%d\n", d++);
12      return 0;
13  }
```

 Interpret

- 5번째 줄은 정수형 변수 d를 선언과 동시에 -3으로 초기화하였다.
- 7번째 줄은 출력의 첫째 줄에 d의 값 -3을 출력한 후 1 감소시킨다. (출력 -3, 값 -4)
- 8번째 줄은 출력의 둘째 줄에 d의 값 -4를 출력한 후 1 감소시킨다. (출력 -4, 값 -5)
- 9번째 줄은 출력의 셋째 줄에 d의 값 -5를 1 증가시킨 후 출력한다. (출력 -4, 값 -4)
- 10번째 줄은 출력의 넷째 줄에 d의 값 -4를 1 증가시킨 후 출력한다. (출력 -3, 값 -3)
- 11번째 줄은 출력의 다섯째 줄에 d의 값 -3을 출력한 후 1 증가시킨다. (출력 -3, 값 -2)

Output

```
-3
-4
-4
-3
-3
```

제11장 증감 연산자 Increase or Decrease Operator

연습문제 ❹번 문제풀이

 Solution

```
1   #include <cstdio>
2
3   int main(void)
4   {
5       int e = 7;
6
7       printf("%d\n", --e);
8       printf("%d\n", e--);
9       printf("%d\n", e++);
10      printf("%d\n", ++e);
11      e++;
12      printf("%d\n", e);
13      return 0;
14  }
```

 Interpret

- 5번째 줄은 정수형 변수 e를 선언과 동시에 7로 초기화하였다.

- 7번째 줄은 출력의 첫째 줄에 e의 값 7을 1 감소시킨 후 출력한다. (출력 6, 값 6)

- 8번째 줄은 출력의 둘째 줄에 e의 값 6을 출력한 후 1 감소시킨다. (출력 6, 값 5)

- 9번째 줄은 출력의 셋째 줄에 c의 값 5를 출력한 후 1 증가시킨다. (출력 5, 값 6)

- 10번째 줄은 출력의 넷째 줄에 e의 값 6을 1 증가시킨 후 출력한다. (출력 7, 값 7)

- 11번째 줄은 e의 값 7을 1 증가시킨다. (값 8)

- 12번째 줄은 출력의 다섯째 줄에 e의 값을 출력한다. (출력 8)

 Output

```
6
6
5
7
8
```

제12장 조건문 if

연습문제 ❶번 문제풀이

짝수는 2로 나눴을 때 나머지가 0이고, 홀수는 1이므로 % 연산자를 이용하여 짝수와 홀수를 판별한다.

 Solution

```
1    #include <cstdio>
2
3    int main(void)
4    {
5        int a;
6
7        scanf("%d", &a);
8
9        if (a % 2 == 0)
10       {
11           printf("even");
12       }
13       if (a % 2 == 1)
14       {
15           printf("odd");
16       }
17       return 0;
18   }
```

 Interpret

- 5번째 줄은 정수형 변수 a를 선언하였다.
- 7번째 줄은 변수 a에 한 개의 정수를 입력받는다.
- 9번째 줄은 짝수는 2로 나눴을 때 나머지가 0이므로 짝수를 판별하기 위한 조건문이다.
- 13번째 줄은 홀수는 2로 나눴을 때 나머지가 1이므로 홀수를 판별하기 위한 조건문이다.

 Caution

프로그램을 처음 접하는 초보자들이 많이 하는 실수는 비교 연산을 할 때, if문 안에 등호('=')를 한 개만 사용하는 실수가 종종 있다. 두 값이 같은지 비교하는 비교 연산을 하기 위해서는 if문 안의 등호('=')는 반드시 두 개를 작성해야지만 비교 연산이 된다는 것에 주의해야 한다. 만일 등호('=')를 한 개만 사용하게 되면 우측에 있는 값을 좌측의 변수에 대입하는 대입 연산을 하기 때문이다.

제12장 조건문 if

연습문제 ❷번 문제풀이

 Solution

```
1   #include <cstdio>
2
3   int main(void)
4   {
5       int a, b;
6
7       scanf("%d %d", &a, &b);
8
9       if ((a + b) % 2 == 0)
10      {
11          printf("even");
12      }
13      if ((a + b) % 2 == 1)
14      {
15          printf("odd");
16      }
17      return 0;
18  }
```

 Interpret

- 5번째 줄은 정수형 변수 a와 b를 선언하였다.
- 7번째 줄은 두 개의 정수를 변수 a와 b에 차례로 입력받는다.
- 9번째 줄은 (a + b)의 값이 짝수인지 판별하기 위한 조건문이다.
- 13번째 줄은 (a + b)의 값이 홀수인지 판별하기 위한 조건문이다.

 Caution

a와 b를 더한 후 2로 나눈 나머지를 구하기 위해서 a + b % 2와 같이 작성하게 되면 연산자 우선순위에 의해서 a + b의 연산보다 b % 2의 연산이 우선된다. 따라서 덧셈 연산을 먼저 처리하기 위해서는 a + b 의 바깥에 반드시 괄호() 처리를 해야만 한다.

제12장 조건문 if

1001 작거나 크거나

 Solution

```
1  #include <cstdio>
2
3  int main(void)
4  {
5      int a, b;
6
7      scanf("%d %d", &a, &b);
8
9      if (a < b)
10     {
11         printf("<\n");
12     }
13     if (a > b)
14     {
15         printf(">\n");
16     }
17     if (a == b)
18     {
19         printf("=\n");
20     }
21     return 0;
22 }
```

 Interpret

- 5번째 줄은 정수형 변수 a와 b를 선언하였다.
- 7번째 줄은 두 개의 정수를 변수 a와 b에 입력받는다.
- 9번째 줄은 a의 값이 b의 값보다 작은지 비교하는 조건문이다.
- 13번째 줄은 a의 값이 b의 값보다 큰지 비교하는 조건문이다.
- 17번째 줄은 a의 값이 b의 값과 같은지 비교하는 조건문이다.

제13장 조건문 if else

연습문제 ❶번 문제풀이

 Solution

```c
1   #include <cstdio>
2
3   int main(void)
4   {
5       int a, b;
6
7       scanf("%d %d", &a, &b);
8
9       if ((a + b) % 2 == 0)
10      {
11          printf("even\n");
12      }
13      else
14      {
15          printf("odd\n");
16      }
17      return 0;
18  }
```

 Interpret

- 5번째 줄은 정수형 변수 a와 b를 선언하였다.
- 7번째 줄은 두 개의 정수를 변수 a와 b에 차례로 입력받는다.
- 9번째 줄은 (a + b)의 값이 짝수인지 판별하기 위한 조건문이다. 만일 (a + b)의 값이 짝수이면 11번째 줄이 실행되어 출력의 첫째 줄에 "even"을 출력하고
- 그렇지 않다면 15번째 줄이 실행되어 출력의 첫째 줄에 "odd"를 출력한다.

제13장 조건문 if else

연습문제   ❷번 문제풀이

0보다 큰 양의 정수를 자연수(Natural Number)라고 한다. 두 개의 정수를 입력받아 두 정수의 합이 0보다 크면 자연수이다.

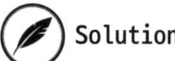 Solution

```
1    #include <cstdio>
2
3    int main(void)
4    {
5        int a, b;
6
7        scanf("%d %d", &a, &b);
8
9        if ((a + b) > 0)
10       {
11           printf("Natural Number\n");
12       }
13       else
14       {
15           printf("0 or Negative Number\n");
16       }
17       return 0;
18   }
```

 Interpret

- 5번째 줄은 정수형 변수 a와 b를 선언하였다.

- 7번째 줄은 두 개의 정수를 변수 a와 b에 차례로 입력받는다.

- 9번째 줄은 (a + b)의 값이 0보다 큰지를 판별하기 위한 조건문이다. 만일 (a + b)의 값이 0보다 크면 11번째 줄이 실행되어 출력의 첫째 줄에 "Natural Number"을 출력하고

- 그렇지 않다면 15번째 줄이 실행되어 출력의 첫째 줄에 "0 or Negative Number"를 출력한다.

제13장 조건문 if else

1132 햄버거

실행 제한시간 **1초**
메모리 사용 제한 **32MB**

햄버거 한 개의 가격을 k, 사려고 하는 햄버거의 개수를 n, 현재 가진 돈의 액수를 m이라고 할 때 햄버거 전체 가격은 k * n이 된다. 따라서 k * n이 현재 가진 돈의 액수 m보다 크면 은행에서 찾아야 할 금액은 k * n - m이 되고 그렇지 않다면 은행에서 찾아야 할 돈의 액수는 0이 된다.

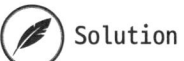 Solution

```
1   #include <cstdio>
2
3   int main()
4   {
5       int k, n, m;
6
7       scanf("%d %d %d", &k, &n, &m);
8
9       if (k * n > m)
10      {
11          printf("%d", k * n - m);
12      }
13      else
14      {
15          printf("%d", 0);
16      }
17      return 0;
18  }
```

 Interpret

- 5번째 줄은 세 개의 정수형 변수 k, n, m을 선언하였다.

- 7번째 줄은 세 개의 정수를 변수 k, n, m에 차례로 입력받는다. k는 햄버거 한 개의 가격이고 n은 사려고 하는 햄버거의 개수이며 m은 오일러가 현재 가진 돈의 액수이다.

- 9번째 줄에서 만일 햄버거 전체 가격 k * n이 m보다 크면 은행에서 찾아야 하는 돈은 k * n - m이므로 11번째 줄에서 출력의 첫째 줄에 출력한다.

- 만일 k * n이 m보다 크지 않다면 은행에서 찾아야 할 돈의 액수는 0이므로 15번째 줄에서 출력의 첫째 줄에 0을 출력한다.

제13장 조건문 if else

1037 점수

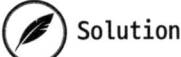

오일러의 점수를 x1, x2, x3, x4에 입력받아 x1 + x2 + x3 + x4의 합을 s에 대입한다. 다시 헤르미온느의 점수를 x1, x2, x3, x4에 입력받아 x1 + x2 + x3 + x4의 합을 t에 대입한다. 여기서 오일러의 총점은 s가 되고 헤르미온느의 총점은 t가 된다.

Solution

```c
#include <cstdio>

int main(void)
{
    int x1, x2, x3, x4, s, t;

    scanf("%d %d %d %d", &x1, &x2, &x3, &x4);
    s = x1 + x2 + x3 + x4;
    scanf("%d %d %d %d", &x1, &x2, &x3, &x4);
    t = x1 + x2 + x3 + x4;

    if (s > t)
    {
        printf("%d\n", s);
    }
    else
    {
        printf("%d\n", t);
    }
    return 0;
}
```

 **Interpret**

- 5번째 줄은 정수형 변수 x1, x2, x3, x4, s, t를 선언하였다. s는 오일러 점수의 총합을 구하기 위한 변수이고 t는 헤르미온느 점수의 총합을 구하기 위한 변수이다.

- 7번째 줄은 오일러의 점수를 변수 x1, x2, x3, x4에 입력받는다.

- 8번째 줄은 오일러 점수의 총합을 s에 대입한다.

- 9번째 줄은 헤르미온느의 점수를 변수 x1, x2, x3, x4에 입력받는다.

- 10번째 줄은 헤르미온느 점수의 총합을 t에 대입한다.

- 12번째 줄은 만일 오일러 점수의 총합이 유클리드 점수의 총합보다 크면 14번째 줄에서 오일러의 점수 s를 출력의 첫째 줄에 출력한다.
- 만일 그렇지 않다면 18번째 줄에서 유클리드의 점수 t를 출력의 첫째 줄에 출력한다.

제14장 논리 연산자 Logical Operator

연습문제 ❶번 문제풀이

 Core

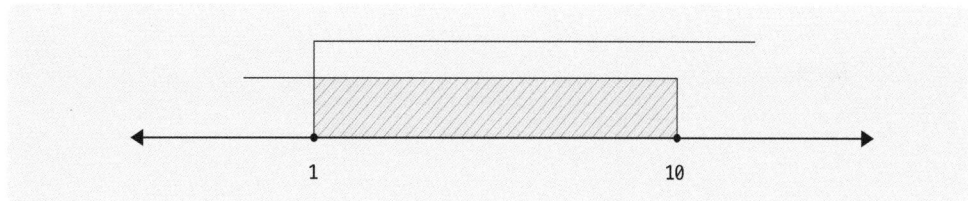

a의 값이 1 이상이고 10 이하가 되려면 두 범위를 모두 만족해야 하므로 AND 연산이 필요하다.

 Solution

```c
1   #include <cstdio>
2
3   int main(void)
4   {
5       int a;
6
7       scanf("%d", &a);
8
9       if (a >= 1 && a <= 10)
10          printf("1 or more and 10 or less\n");
11      else
12          printf("less then 1 or greater then 10\n");
13      return 0;
14  }
```

 Interpret

- 5번째 줄은 정수형 변수 a를 선언하였다.
- 7번째 줄은 한 개의 정수를 변수 a에 입력받는다.
- 9번째 줄은 a의 값이 1 이상이고 10 이하이면 조건문을 만족하여 출력의 첫째 줄에 "1 or more

and 10 or less"를 출력한다.

- 그렇지 않다면 출력의 첫째 줄에 "less then 1 or greater then 10"를 출력한다.

제14장 논리 연산자 Logical Operator

연습문제   ❷번 문제풀이

입력한 두 정수 중에서 단 한 개라도 음수가 있으면 조건을 만족해야 하므로 OR 연산이 필요하다.

 Solution

```
1   #include <cstdio>
2
3   int main(void)
4   {
5       int a, b;
6
7       scanf("%d %d", &a, &b);
8
9       if (a < 0 || b < 0)
10          printf("One of a or b is negative number\n");
11      else
12          printf("both a and b are zero or more\n");
13      return 0;
14  }
```

 Interpret

- 5번째 줄은 정수형 변수 a와 b를 선언하였다.

- 7번째 줄은 두 개의 정수를 변수 a와 b에 차례로 입력받는다.

- 9번째 줄은 a 또는 b 둘 중에 하나라도 음수의 값을 갖으면 조건문을 만족하여 출력의 첫째 줄에 "One of a or b is negative number"를 출력한다.

- 그렇지 않다면 출력의 첫째 줄에 "both a and b are zero or more"를 출력한다.

제14장 논리 연산자 Logical Operator

1112 수박

실행 제한시간 **1초**
메모리 사용 제한 **32MB**

짝수는 2개의 짝수로 나눌 수 있고 홀수는 나눌 수 없다. 모두들 여기까지 생각하고 채점을 많이 시도했을 것이라 생각한다. 그런데 짝수 중에서도 예외의 수가 하나 있는데 그 수는 바로 2이다. 2는 두 개의 짝수인 자연수로 나눌 수가 없다.

```
1   #include <cstdio>
2
3   int main(void)
4   {
5       int n;
6
7       scanf("%d", &n);
8
9       if (n > 2 && n % 2 == 0)
10          printf("YES");
11      else
12          printf("NO");
13      return 0;
14  }
```

- 5번째 줄은 정수형 변수 n을 선언하였다.
- 7번째 줄은 한 개의 정수를 변수 n에 입력받는다.
- 9번째 줄은 입력한 n의 값이 2보다 크고 짝수이면 조건문을 만족하여 출력의 첫째 줄에 "YES"를 출력한다.
- 그렇지 않다면 출력의 첫째 줄에 "NO"를 출력한다.

채점 서버(Judge Server)에서 대문자와 소문자는 전혀 다른 문자로 판단하기 때문에 "YES"를 출력하는 자리에 "Yes" 또는 "yes"를 출력한다면 정답으로 인정받을 수 없다. 따라서 출력하는 문자가 대문자인지 소문자인지를 정확히 비교 확인 후 채점에 제출할 필요가 있다. 실수를 줄이기 위해서는 웹상의 문제에서 출력할 문자를 직접 복사해서 사용하는 것이 좀 더 안전할 수 있다.

제14장 논리 연산자 Logical Operator

1016 코딩마법서

실행 제한시간 **1초**
메모리 사용 제한 **32MB**

0001을 정수형 변수 a에 입력받으면 a는 1이 입력되고 0002를 정수형 변수 b에 입력받으면 b는 2가 입력된다. 볼드모트는 첫날에는 0000, 둘째 날에는 0001, 셋째 날에는 0002와 같이 홀숫날에는 짝수 번호를 짝숫날에는 홀수 번호를 시도하였다. 따라서 첫 번째 자물쇠 a는 홀숫날에 채워지는데 비밀번호가 짝수이면 볼드모트로부터 코딩마법서를 지킬 수 없을 것이고 두 번째 자물쇠 b는 짝숫날에 채워지는데 비밀번호가 홀수이면 이 또한 볼드모트로부터 코딩마법서를 지킬 수 없을 것이다.

 Solution

```
1   #include <cstdio>
2
3   int main(void)
4   {
5       int a, b;
6
7       scanf("%d", &a);
8       scanf("%d", &b);
9
10      if (a % 2 == 0 || b % 2 == 1)
11          printf("1");
12      else
13          printf("0");
14      return 0;
15  }
```

 Interpret

- 5번째 줄은 정수형 변수 a와 b를 선언하였다.

- 7번째 줄은 한 개의 정수를 변수 a에 입력받는다.

- 8번째 줄은 한 개의 정수를 변수 b에 입력받는다.

- 10번째 줄은 a의 값이 짝수이거나 b의 값이 홀수이면 볼드모트로부터 마법책을 지킬 수 없으므로 출력의 첫째 줄에 1을 출력한다.

- 그렇지 않다면 출력의 첫째 줄에 0을 출력한다.

제15장 복합 if문

연습문제 ❶번 문제풀이

점수에 대한 구간을 복합 if문을 사용하여 작성한다.

 Solution

```
1   #include <cstdio>
2
3   int main(void)
4   {
5       int s;
6
7       scanf("%d", &s);
8
9       if (s >= 90 && s <= 100)    // 90점 이상 100점 이하
10          printf("A\n");
11      else if (s >= 80 && s < 90) // 80점 이상 90점 미만
12          printf("B\n");
13      else if (s >= 70 && s < 80) // 70점 이상 80점 미만
14          printf("C\n");
15      else if (s >= 60 && s < 70) // 60점 이상 70점 미만
16          printf("D\n");
17      else                         // 60점 미만
18          printf("F\n");
19      return 0;
20  }
```

 Interpret

- 5번째 줄은 정수형 변수 s를 선언하였다.
- 7번째 줄은 한 개의 정수를 변수 s에 입력받는다.
- 9번째 줄은 s의 값이 90 이상이고 100 이하이면 출력의 첫째 줄에 "A"를 출력한다.
- 11번째 줄은 s의 값이 80 이상이고 90 미만이면 출력의 첫째 줄에 "B"를 출력한다.
- 13번째 줄은 s의 값이 70 이상이고 80 미만이면 출력의 첫째 줄에 "C"를 출력한다.
- 15번째 줄은 s의 값이 60 이상이고 70 미만이면 출력의 첫째 줄에 "D"를 출력한다.
- 17번째 줄은 s의 값이 60 미만이면 출력의 첫째 줄에 "F"를 출력한다.

제15장 복합 if문

연습문제 ❷번 문제풀이

둘 다 또치족은 AND 연산을 사용하여 처리한다. 둘 중에 한 명이 또치족은 OR 연산을 사용하여 처리한다. 둘 다 또치족이 아닌 것은 else문으로 처리한다.

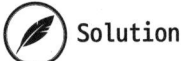 Solution

```
1   #include <cstdio>
2
3   int main(void)
4   {
5       int a, b;
6
7       scanf("%d %d", &a, &b);
8
9       if (a == 1 && b == 1)        // 둘 다 또치족
10          printf("1\n");
11      else if (a == 1 || b == 1)   // 둘 중에 하나는 또치족
12          printf("2\n");
13      else                         // 둘 다 또치족이 아니다 (a != 1 && b !=1)
14          printf("3\n");
15      return 0;
16  }
```

 Interpret

- 5번째 줄은 정수형 변수 a와 b를 선언하였다.
- 7번째 줄은 두 개의 정수를 변수 a와 b에 차례로 입력받는다.
- 9번째 줄은 둘 다 또치족이면 출력의 첫째 줄에 "1"을 출력한다.
- 11번째 줄은 둘 중에 한 명이 또치족이면 출력의 첫째 줄에 "2"를 출력한다. (여기서 a와 b가 동시에 1일 경우에는 이미 9번째 줄의 조건문을 만족하여 첫 번째 조건문을 처리한 후 나머지 조건문을 건너뛴 후 15번째 줄로 이동하며 프로그램을 종료하기 때문에 11번째 줄의 조건문까지 내려오지 않는다. 따라서 11번째 줄의 조건문을 만족한다는 것은 반드시 a와 b가 동시에 1은 아니라는 것은 확실하다.)
- 13번째 줄에서 이제 마지막으로 남은 것은 둘 다 또치족이 아닌 것만 남았기 때문에 출력의 첫째 줄에 "3"을 출력한다. 물론 둘 다 또치족이 아니면 else if문을 사용하여 else if (a != 1 && b != 1)와 같이 처리할 수도 있다.

제15장 복합 if문

1010   세 수

실행 제한시간 **1초**
메모리 사용 제한 **32MB**

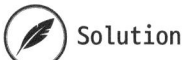

첫 번째 ? 자리에 등호(=)가 오면 두 번째 ? 자리에 +, -, *, /의 네 가지 경우가 올 수 있다. 두 번째 ? 자리에 등호(=)가 오면 첫 번째 ? 자리에 +, -, *, /의 네 가지 경우가 올 수 있다.

Solution

```c
#include <cstdio>

int main(void)
{
    int a, b, c;

    scanf("%d %d %d", &a, &b, &c);

    if (a == b + c)
        printf("%d=%d+%d\n", a, b, c);
    else if (a == b - c)
        printf("%d=%d-%d\n", a, b, c);
    else if (a == b * c)
        printf("%d=%d*%d\n", a, b, c);
    else if (a == b / c)
        printf("%d=%d/%d\n", a, b, c);
    else if (a + b == c)
        printf("%d+%d=%d\n", a, b, c);
    else if (a - b == c)
        printf("%d-%d=%d\n", a, b, c);
    else if (a * b == c)
        printf("%d*%d=%d\n", a, b, c);
    else if (a / b == c)
        printf("%d/%d=%d\n", a, b, c);
    return 0;
}
```

 **Interpret**
- 5번째 줄은 정수형 변수 a, b, c를 선언하였다.
- 7번째 줄은 세 개의 정수를 변수 a와 b 그리고 c에 차례로 입력받는다.
- 9번째 줄부터 24번째 줄은 8가지 경우를 복합 if문으로 처리하고 있다.

제15장 복합 if문

1133　　마법 상자

실행 제한시간 **1초**
메모리 사용 제한 **32MB**

세 개의 정수를 변수 a, b, c에 입력받았다고 가정하면

❶ 세 개의 정수 a, b, c가 모두 같은 경우 (a와 b가 같고 b와 c가 같으면 a, b, c는 셋 다 모두 같은 값이다.)

❷ a와 b가 같은 경우 (a와 b가 같다면 c는 다른 경우이다. 만일 a, b, c가 모두 같다면 이미 ❶에서 처리가 되었기 때문이다.)

❸ b와 c가 같은 경우 (b와 c가 같다면 a는 다른 경우이다. 만일 a, b, c가 모두 같다면 이미 ❶에서 처리가 되었기 때문이다.)

❹ a와 c가 같은 경우 (a와 c가 같다면 b는 다른 경우이다. 만일 a, b, c가 모두 같다면 이미 ❶에서 처리가 되었기 때문이다.)

❺ 이제 남은 것은 a, b, c가 모두 다른 경우이다. 다시 조건문을 만들어 가장 큰 값을 찾는다.
　　(ⅰ) a가 가장 큰 경우 (a의 값이 b보다도 크고 c보다도 큰 경우)
　　(ⅱ) b가 가장 큰 경우 (b의 값이 a보다도 크고 c보다도 큰 경우)
　　(ⅲ) 이제 남은 것은 c가 가장 큰 경우만 남았다.

 **Solution**

```c
1   #include <cstdio>
2
3   int main(void)
4   {
5       int a, b, c;
6
7       scanf("%d %d %d", &a, &b, &c);
8
```

```
9        if (a == b && b == c)
10           printf("%d\n", 10000 + a * 1000);
11       else if (a == b || a == c)
12           printf("%d\n", 1000 + a * 100);
13       else if (b == c)
14           printf("%d\n", 1000 + b * 100);
15       else
16       {
17           if (a > b && a > c)
18               printf("%d\n", a * 100);
19           else if (b > a && b > c)
20               printf("%d\n", b * 100);
21           else
22               printf("%d\n", c * 100);
23       }
24       return 0;
25   }
```

- 9번째 줄은 설명 ①에 해당하는 조건문이다.

- 11번째 줄은 설명 ②와 설명 ④에 해당하는 조건문이다.

- 13번째 줄은 설명 ③에 해당하는 조건문이다.

- 17번째 줄은 설명 ⑤의 (ⅰ)에 해당하는 조건문이다.

- 19번째 줄은 설명 ⑤의 (ⅱ)에 해당하는 조건문이다.

- 21번째 줄은 설명 ⑤의 (ⅲ)에 해당하는 조건문이다.

세 개의 값 a, b, c가 같은지 비교하기 위해서 초보자들이 흔히 하는 실수는 a == b == c와 같이 조건문을 작성하는 경우가 종종 있다. 컴퓨터는 세 개의 값을 동시에 비교하지 못하기 때문에 세 개의 값이 같은지 비교하기 위해서는 두 개의 값을 AND 연산과 결합하여 a == b && b == c와 같이 처리해야 한다.

제15장 복합 if문

2004 스테이크

실행 제한시간 **1초**
메모리 사용 제한 **8MB**

일단 왜? 테스트 케이스의 정답이 3분인지 살펴보자. 학생수가 3명이므로 스테이크 3개가 필요하다. 스테이크에 번호를 붙여서 1번 스테이크, 2번 스테이크, 3번 스테이크라고 하자.

Core

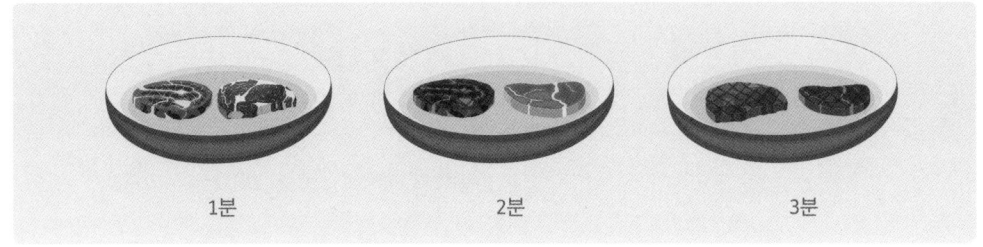

처음 1분 동안 (1번 스테이크 앞, 2번 스테이크 앞)을 굽는다. 다시 다음 1분 동안 (1번 스테이크 뒤, 3번 스테이크 앞)을 굽는다. 다시 다음 1분 동안 (2번 스테이크 뒤, 3번 스테이크 뒤)를 굽는다.

두 개의 정수를 n과 k에 입력받았다고 하자. 여기서 n은 마법 학교의 학생수이고 k는 프라이팬에 동시에 구울 수 있는 스테이크의 개수를 의미한다.

❶ 만일 n보다 k가 크거나 같다면(학생수보다 프라이팬에 동시에 구울 수 있는 개수가 많거나 같다면) : 스테이크를 동시에 n개를 구울 수 있으므로 프라이팬에 n개의 스테이크를 모두 올려놓고 한쪽 면을 굽는데 1분, 그리고 뒤집어서 반대쪽 면을 굽는데 1분, 모두 2분이 소요된다.

❷ 만일 n보다 k가 작다면(학생수보다 프라이팬에 동시에 구울 수 있는 개수보다 작다면) : 스테이크 한 개당 구워야 하는 면은 앞, 뒤 모두 2면이 있으므로 학생수가 n명이라면 구워야 하는 면의 수는 n * 2개가 된다. 그리고 1분에 프라이팬에 동시에 구울 수 있는 면의 수는 k개이므로

 (ⅰ) 만일 n * 2가 k로 나누어떨어진다면 소요되는 시간은 (n * 2) / k분이 된다.

 (ⅱ) 그런데 만일 n * 2가 k로 나누어떨어지지 않는다면 (n * 2) / k분을 굽고 나서 나누어떨어지지 않는 면을 추가로 굽기 위해서 1분이 더 필요하다.

```
1   #include <cstdio>
2
3   int main()
4   {
5       int n, k;
6
7       scanf("%d %d", &n, &k);
8
9       if (n <= k)
10          printf("2\n");
11      else if ((n * 2) % k == 0)
12          printf("%d\n", (n * 2) / k);
13      else
14          printf("%d\n", (n * 2) / k + 1);
15      return 0;
16  }
```

Interpret

- 9번째 줄은 설명 ①에 해당하는 조건문이다.
- 11번째 줄은 설명 ②의 (i)에 해당하는 조건문이다.
- 13번째 줄은 설명 ②의 (ii)에 해당된다.

제16장 순환문 for

연습문제 ❶번 문제풀이

```
1   #include <cstdio>
2
3   int main(void)
4   {
5       int n, i;
6
7       scanf("%d", &n);
8
9       for (i = 1; i <= n; i++)
```

```
10        printf("%d ", i);
11        return 0;
12   }
```

 Interpret
- 5번째 줄은 정수형 변수 n과 i를 선언하였다.
- 7번째 줄은 한 개의 정수를 변수 n에 입력받는다.
- 9번째 줄부터 10번째 줄은 1부터 n까지 출력하는 순환문이다.

제16장 순환문 for

연습문제   ❷번 문제풀이

 Solution

```
1    #include <cstdio>
2
3    int main(void)
4    {
5        int n, i;
6
7        scanf("%d", &n);
8
9        for (i = n; i >= 1; i--)
10           printf("%d ", i);
11       return 0;
12   }
```

 Interpret
- 5번째 줄은 정수형 변수 n과 i를 선언하였다.
- 7번째 줄은 한 개의 정수를 변수 n에 입력받는다.
- 9번째 줄부터 10번째 줄은 n부터 1까지 출력하는 순환문이다.

제16장 순환문 for

연습문제 ❸번 문제풀이

for문을 이용해서 a부터 b까지 증가하며 출력하고자 한다면 어떻게 해야 하는가?

Core

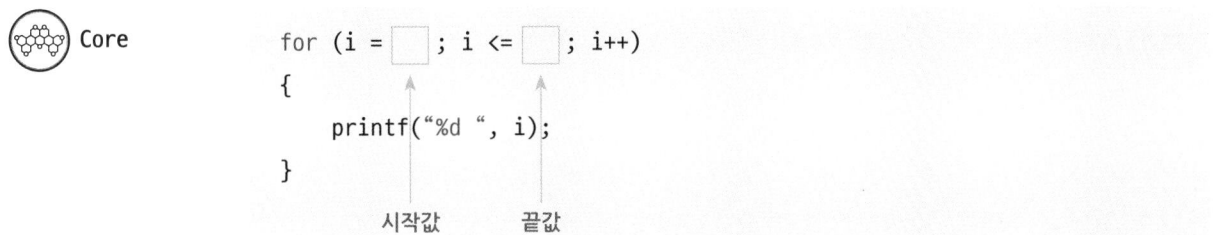

for문을 만나면 초기부가 실행된다. 이때 정수형 변수 i의 시작값을 처음에 출력하고자 하는 값 a로 초기화한다. 그리고 조건부를 확인하는데 조건부의 끝값을 마지막에 출력하고자 하는 값 b로 한다. 그러면 정수형 변수 i는 시작값 a부터 끝값인 b 이하가 될 때까지 i를 계속 1씩 증가하며 i의 값을 화면에 출력한다.

Solution

```
1   #include <cstdio>
2
3   int main(void)
4   {
5       int a, b, i;
6
7       scanf("%d %d", &a, &b);
8
9       for (i = a; i <= b; i++)
10          printf("%d ", i);
11      return 0;
12  }
```

Interpret

- 5번째 줄은 정수형 변수 a, b, i를 선언하였다.
- 7번째 줄은 두 개의 정수를 변수 a와 b에 입력받는다.
- 9번째 줄부터 10번째 줄은 a부터 b까지 출력하는 순환문이다.

제16장 순환문 for

연습문제 ❹번 문제풀이

for문을 이용해서 b부터 a까지 감소하며 출력하고자 한다면 어떻게 해야 하는가?

 Core

```
for (i = ☐ ; i >= ☐ ; i--)
{
    printf("%d ", i);
}
```
시작값   끝값

for문을 만나면 초기부가 실행된다. 이때 정수형 변수 i의 시작값을 처음에 출력하고자 하는 값 b로 초기화한다. 그리고 조건부를 확인하는데 조건부의 끝값을 마지막에 출력하고자 하는 값 a로 한다. 그러면 정수형 변수 i는 시작값 b부터 끝값인 a 이상이 될 때까지 i를 계속 1씩 감소하며 i의 값을 화면에 출력한다.

 Solution

```
1    #include <cstdio>
2
3    int main(void)
4    {
5        int a, b, i;
6
7        scanf("%d %d", &b, &a);
8
9        for (i = b; i >= a; i--)
10           printf("%d ", i);
11       return 0;
12   }
```

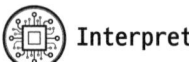 Interpret

- 5번째 줄은 정수형 변수 a, b, i를 선언하였다.
- 7번째 줄은 두 개의 정수를 변수 b와 a에 입력받는다.
- 9번째 줄부터 10번째 줄은 b부터 a까지 출력하는 순환문이다.

제16장 순환문 for

연습문제　❺번 문제풀이

Solution

```
1   #include <cstdio>
2
3   int main(void)
4   {
5       int n, i, sum = 0;
6
7       scanf("%d", &n);
8
9       for (i = 1; i <= n; i++)
10          sum += i;
11      printf("%d\n", sum);
12      return 0;
13  }
```

Interpret

- 5번째 줄은 정수형 변수 n과 i를 선언하였고 sum을 선언과 동시에 0으로 초기화하였다.
- 7번째 줄은 한 개의 정수를 변수 n에 입력받는다.
- 9번째 줄부터 10번째 줄은 1부터 n까지의 총합을 구하는 순환문이다.
- 11번째 줄은 1부터 n까지의 총합을 출력의 첫째 줄에 출력한다.

제16장 순환문 for

연습문제　❻번 문제풀이

Solution

```
1   #include <cstdio>
2
3   int main(void)
4   {
5       int a, b, i, sum = 0;
6
```

```
 7      scanf("%d %d", &a, &b);
 8
 9      for (i = a; i <= b; i++)
10          sum += i;
11      printf("%d\n", sum);
12      return 0;
13  }
```

- 5번째 줄은 정수형 변수 a, b, i를 선언하였고 sum을 선언과 동시에 0으로 초기화하였다.
- 7번째 줄은 두 개의 정수를 변수 a와 b에 입력받는다.
- 9번째 줄부터 10번째 줄은 a부터 b까지의 총합을 구하는 순환문이다.
- 11번째 줄은 a부터 b까지의 총합을 출력의 첫째 줄에 출력한다.

제16장 순환문 for

1005 숫자 계산 I

실행 제한시간 **1초**
메모리 사용 제한 **32MB**

$$(N \times 1) + (N \times 2) + (N \times 3) + \cdots + (N \times 99) + (N \times 100)$$

$i = 1$, $i = 2$, $i = 3$, $i = 99$, $i = 100$

i의 값이 1일 때 (n * 1)을 sum에 누적하고 i의 값이 2일 때 (n * 2)의 값을 sum에 누적하고, ⋯ , 이와 같은 방법으로 i가 100일 때까지 진행한다.

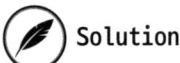

```
1   #include <cstdio>
2
3   int main(void)
4   {
5       int n, i, sum = 0;
6
7       scanf("%d", &n);
8
9       for (i = 1; i <= 100; i++)
```

```
10        sum += (n * i);
11     printf("%d\n", sum);
12     return 0;
13 }
```

 **Interpret**
- 5번째 줄은 정수형 변수 n과 i를 선언하였고 sum을 선언과 동시에 0으로 초기화하였다.
- 7번째 줄은 한 개의 정수를 변수 n에 입력받는다.
- 9번째 줄부터 10번째 줄은 각각의 i에 대해서 sum에 (n * i)의 값을 누적한다.
- 11번째 줄은 누적된 총합을 출력의 첫째 줄에 출력한다.

또한 분배법칙을 이용하여 n의 값을 바깥쪽으로 꺼낸 후 n * (1 + 2 + 3 + … + 99 + 100)을 계산해도 상관없다.

 **Solution**

```
1  #include <cstdio>
2
3  int main(void)
4  {
5      int n, i, sum = 0;
6
7      scanf("%d", &n);
8
9      for (i = 1; i <= 100; i++)
10         sum += i;
11     printf("%d\n", n * sum);
12     return 0;
13 }
```

 **Interpret**
- 5번째 줄은 정수형 변수 n과 i를 선언하였고 sum을 선언과 동시에 0으로 초기화하였다.
- 7번째 줄은 한 개의 정수를 변수 n에 입력받는다.
- 9번째 줄부터 10번째 줄은 1부터 n까지 총합을 구하는 순환문이다.
- 11번째 줄은 n * sum의 값을 출력의 첫째 줄에 출력한다.

1 + 2 + 3 + … + 100 = 100 * (100 + 1) / 2 = 5050, 즉 1부터 100까지의 총합은 5050이다. 따라서 아래와 같이 수열의 합 $\sum_{k=1}^{n} k = \frac{n(n+1)}{2}$ 을 이용하여 for문의 순환없이도 총합을 구할 수 있다.

Solution

```
1   #include <cstdio>
2
3   int main(void)
4   {
5       int n;
6
7       scanf("%d", &n);
8
9       printf("%d\n", n * 5050);    // n * (1 + 100) * 100 / 2
10      return 0;
11  }
```

Interpret

- 5번째 줄은 정수형 변수 n을 선언하였다.
- 7번째 줄은 한 개의 정수를 변수 n에 입력받는다.
- 9번째 줄은 n * (1 + 2 + … + 100)의 값을 출력의 첫째 줄에 출력한다.

제16장 순환문 for

1006 숫자 계산 II

실행 제한시간 **1초**
메모리 사용 제한 **32MB**

Core

$(1 \times 1) + (2 \times 2) + (3 \times 3) + \cdots + ((N-1) \times (N-1)) + (N \times N)$

$i = 1 \quad i = 2 \quad i = 3 \quad\quad i = n - 1 \quad i = n$

i의 값이 1일 때 (1 * 1)을 sum에 누적하고 i의 값이 2일 때 (2 * 2)의 값을 sum에 누적하고, … , 이와 같은 방법으로 i가 n일 때까지 진행한다.

Solution

```
1   #include <cstdio>
2
3   int main(void)
4   {
5       int n, i, sum = 0;
6
```

```
7       scanf("%d", &n);
8
9       for (i = 1; i <= n; i++)
10          sum += (i * i);
11      printf("%d\n", sum);
12      return 0;
13  }
```

 **Interpret**
- 5번째 줄은 정수형 변수 n과 i를 선언하였고 sum을 선언과 동시에 0으로 초기화하였다.
- 7번째 줄은 한 개의 정수를 변수 n에 입력받는다.
- 9번째 줄부터 10번째 줄은 $1^2 + 2^2 + \cdots + n^2$을 구하는 순환문이다.
- 11번째 줄은 sum의 값을 출력의 첫째 줄에 출력한다.

아래와 같이 수열의 합 $\sum_{k=1}^{n} k^2 = \dfrac{n(n+1)(2n+1)}{6}$ 을 이용하여 for문의 순환없이도 총합을 구할 수 있다.

 **Solution**

```
1   #include <cstdio>
2
3   int main(void)
4   {
5       int n, i;
6
7       scanf("%d", &n);
8
9       printf("%d\n", n * (n + 1) * (2 * n + 1) / 6);
10      return 0;
11  }
```

 **Interpret**
- 5번째 줄은 정수형 변수 n과 i를 선언하였다.
- 7번째 줄은 한 개의 정수를 변수 n에 입력받는다.
- 9번째 줄은 $1^2 + 2^2 + \cdots + n^2$의 값을 출력의 첫째 줄에 출력한다.

제16장 순환문 for

1007 숫자 계산 Ⅲ

실행 제한시간 **1초**
메모리 사용 제한 **32MB**

 Core

$(1 \times n) + (2 \times (n - 1)) + (3 \times (n - 2)) + \cdots + ((N - 1) \times 2) + (N \times 1)$

i = 1   i = 2   i = 3   i = n - 1   i = n

i의 값이 1일 때 (1 * n)을 sum에 누적하고 i의 값이 2일 때 (2 * (n - 1))의 값을 sum에 누적하고, ⋯ , 이와 같은 방법으로 i가 n일 때까지 진행한다.

 Core

```
for (i = 1; i <= n; i++)
    sum += (i * (n - i + 1));
```

i의 값이 1일 때는 n에서 0을 빼고 i의 값이 2일 때는 n에서 1을 빼고 i의 값이 3일 때는 n에서 2를 빼야한다. 따라서 식은 n - (i - 1)이 되고 괄호를 열어 정리하면 n - i + 1이 된다. 이것을 다시 대입해보면 i의 값이 1일 때 (n - i + 1)의 값은 n이 되고 i의 값이 2일 때 (n - i + 1)은 n - 1이 되고, ⋯ , i의 값이 n일 때 (n - i + 1)의 값은 1이 됨을 알 수 있다.

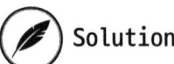 Solution

```c
1   #include <cstdio>
2
3   int main(void)
4   {
5       int n, i, sum = 0;
6
7       scanf("%d", &n);
8
9       for (i = 1; i <= n; i++)
10          sum += (i * (n - i + 1));
11      printf("%d\n", sum);
12      return 0;
13  }
```

 Interpret

- 5번째 줄은 정수형 변수 n과 i를 선언하였고 sum을 선언과 동시에 0으로 초기화하였다.
- 7번째 줄은 한 개의 정수를 변수 n에 입력받는다.

- 9번째 줄부터 10번째 줄은 총합을 구하는 순환문이다.
- 11번째 줄은 sum의 값을 출력의 첫째 줄에 출력한다.

제17장 가우스 계산법 Gauss

연습문제　❶번 문제풀이

1부터 n까지의 총합을 가우스 계산을 이용하면 아래 다음과 같다.

 Core

sum = (1 + n) * n / 2;

 Solution

```
1   #include <cstdio>
2
3   int main(void)
4   {
5       int n;
6
7       scanf("%d", &n);
8
9       printf("%d\n", (1 + n) * n / 2);
10      return 0;
11  }
```

 Interpret

- 5번째 줄은 정수형 변수 n을 선언하였다.
- 7번째 줄은 한 개의 정수를 변수 n에 입력받는다.
- 9번째 줄은 1부터 n까지의 총합을 출력의 첫째 줄에 출력한다.

제17장 가우스 계산법 Gauss

연습문제　❷번 문제풀이

처음 값 a부터 마지막 값 b까지의 항의 수는 (b - a + 1)이다. 가우스 계산을 이용하면 아래 다음과 같다.

 Core

```
sum = (a + b) * (b - a + 1) / 2;
```

 Solution

```
1   #include <cstdio>
2
3   int main(void)
4   {
5       int a, b;
6
7       scanf("%d %d", &a, &b);
8
9       printf("%d\n", (a + b) * (b - a + 1) / 2);
10      return 0;
11  }
```

 Interpret
- 5번째 줄은 정수형 변수 a와 b를 선언하였다.
- 7번째 줄은 두 개의 정수를 변수 a와 b에 입력받는다.
- 9번째 줄은 a부터 b까지의 총합을 출력의 첫째 줄에 출력한다. (a ≤ b)

물론 a부터 b까지의 총합을 구하기 위해서 1부터 b까지의 총합을 구한 후 1부터 a - 1의 총합을 빼서 구할 수도 있다.

 Core

$$\begin{aligned}
&\cancel{1 + 2 + 3 + \cdots + (a - 2) + (a - 1)} + a + \cdots + (b - 1) + b \\
&- \cancel{1 + 2 + 3 + \cdots + (a - 2) + (a - 1)} \\
\hline
&= a + (a + 1) + \cdots + (b - 1) + b
\end{aligned}$$

1부터 b까지의 총합

 Core

```
sum1 = (1 + b) * b / 2;
```

1부터 a - 1까지의 총합

 Core sum2 = (1 + (a - 1)) * (a - 1) / 2;

 Solution
```
1   #include <cstdio>
2
3   int main(void)
4   {
5       int a, b, sum1, sum2;
6
7       scanf("%d %d", &a, &b);
8
9       sum1 = (1 + b) * b / 2;
10      sum2 = a * (a - 1) / 2;    // (1 + a - 1) * (a - 1) / 2
11      printf("%d\n", sum1 - sum2);
12      return 0;
13  }
```

 Interpret
- 5번째 줄은 정수형 변수 a와 b를 선언하였다.
- 7번째 줄은 두 개의 정수를 변수 a와 b에 입력받는다.
- 9번째 줄은 1부터 b까지의 총합을 구한다.
- 10번째 줄은 1부터 a - 1까지의 총합을 구한다.
- 11번째 줄은 a부터 b까지의 총합을 출력의 첫째 줄에 출력한다. (a ≤ b)

제17장 가우스 계산법 Gauss

1145 철사

실행 제한시간 **1초**
메모리 사용 제한 **32MB**

Core

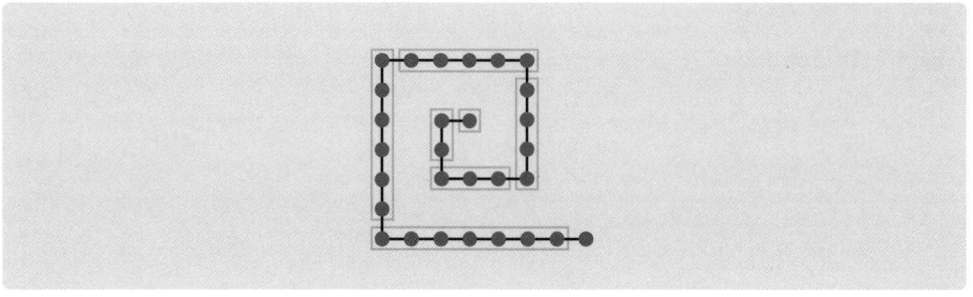

n이 6일 경우 사용된 점의 개수는 (1 + 2 + 3 + 4 + 5 + 6 + 7) + 1 = 29개이고 철사를 모두 n번 구부리면 사용된 점의 개수는 (1 + 2 + 3 + ⋯ + n + (n + 1)) + 1개가 된다.

1부터 n + 1까지의 합

Core

sum = (1 + (n + 1)) * (n + 1) / 2;

Solution

```
1    #include <cstdio>
2
3    int main(void)
4    {
5        int n;
6
7        scanf("%d", &n);
8
9        // 1부터 n + 1까지의 합에다 1을 더한다.
10       printf("%d", (n + 2) * (n + 1) / 2 + 1);
11       return 0;
12   }
```

Interpret

- 5번째 줄은 정수형 변수 n을 선언하였다.
- 7번째 줄은 한 개의 정수를 변수 n에 입력받는다.
- 10번째 줄은 1부터 (n + 1)까지의 총합에 1을 더해서 출력의 첫째 줄에 출력한다.

제17장 가우스 계산법 Gauss

1146 정육각형

실행 제한시간 **1초**
메모리 사용 제한 **32MB**

Core

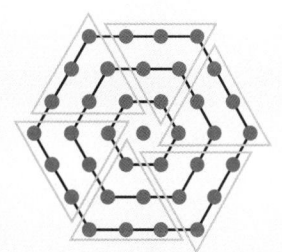

n이 4인 경우이다. (1 + 2 + 3)개의 점이 각 변에 한 개씩 모두 6개가 있고 가운데 한 개의 점이 놓이게 된다. 따라서 정육각형 한 변에 n개의 점이 놓이게 되면 1 + 2 + 3 + … + (n − 1)개의 점이 각 변에 한 개씩 모두 6개가 있고 가운데 한 개의 점이 놓이게 된다.

Solution

```
1   #include <cstdio>
2
3   int main(void)
4   {
5       int n;
6
7       scanf("%d", &n);
8
9       // 1부터 n - 1까지의 합이 6개 + 1
10      printf("%d", n * (n - 1) / 2 * 6 + 1);
11      return 0;
12  }
```

Interpret

- 5번째 줄은 정수형 변수 n을 선언하였다.
- 7번째 줄은 한 개의 정수를 변수 n에 입력받는다.
- 10번째 줄은 1부터 (n − 1)까지의 총합에 6을 곱한 후 마지막에 1을 더해서 출력의 첫째 줄에 출력한다.

제18장 배수와 약수 Multiple and Divisor

연습문제   ❶번 문제풀이

for문 안에 if문을 두어 주어진 조건이 홀수일 경우만 출력한다.

 Solution

```
1   #include <cstdio>
2
3   int main(void)
4   {
5       int n, i;
6
7       scanf("%d", &n);
8
9       for (i = 1; i <= n; i++)
10          if (i % 2 == 1)
11              printf("%d ", i);
12      return 0;
13  }
```

 Interpret

- 5번째 줄은 정수형 변수 n을 선언하였다.
- 7번째 줄은 한 개의 정수를 변수 n에 입력받는다.
- 9번째 줄부터 11번째 줄은 1부터 n까지 홀수를 출력의 첫째 줄에 출력한다.

for문 안에 if문을 두지 않고 한 번에 i를 2씩 증가하며 홀수만을 출력할 수도 있다.

 Solution

```
1   #include <cstdio>
2
3   int main(void)
4   {
5       int n, i;
6
7       scanf("%d", &n);
8
9       for (i = 1; i <= n; i += 2)
10          printf("%d ", i);
11      return 0;
```

```
12    }
```

 Interpret
- 5번째 줄은 정수형 변수 n을 선언하였다.
- 7번째 줄은 한 개의 정수를 변수 n에 입력받는다.
- 9번째 줄부터 10번째 줄은 1부터 n까지의 홀수를 출력의 첫째 줄에 출력한다.

제18장 배수와 약수 Multiple and Divisor

연습문제   ❷번 문제풀이

 Solution

```c
1    #include <cstdio>
2
3    int main(void)
4    {
5        int a, b, i, sum = 0;
6
7        scanf("%d %d", &a, &b);
8
9        for (i = a; i <= b; i++)
10           if (i % 5 == 0)
11               sum += i;
12       printf("%d\n", sum);
13       return 0;
14   }
```

 Interpret
- 5번째 줄은 정수형 변수 a와 b를 선언하였다. 그리고 sum을 선언과 동시에 0으로 초기화하였다.
- 7번째 줄은 두 개의 정수를 변수 a와 b에 입력받는다.
- 9번째 줄부터 11번째 줄은 a부터 b까지 5의 배수의 합을 구하고 있다.
- 12번째 줄은 a부터 b까지의 5의 배수의 합을 출력의 첫째 줄에 출력한다.

제18장 배수와 약수 Multiple and Divisor

연습문제 ❸번 문제풀이

 Solution

```
1   #include <cstdio>
2
3   int main(void)
4   {
5       int n, i, cnt = 0;
6
7       scanf("%d", &n);
8
9       for (i = 1; i <= n; i++)
10          if (n % i == 0)
11              cnt++;
12      printf("%d\n", cnt);
13      return 0;
14  }
```

 Interpret

- 5번째 줄은 정수형 변수 n과 약수의 개수를 카운팅하기 위해서 cnt 변수를 선언과 동시에 0으로 초기화하였다.
- 7번째 줄은 한 개의 정수를 변수 n에 입력받는다.
- 9번째 줄부터 11번째 줄은 n에 대한 약수의 개수를 1씩 카운팅하기 위한 순환문이다.
- 12번째 줄은 n에 대한 약수의 개수를 출력의 첫째 줄에 출력한다.

제18장 배수와 약수 Multiple and Divisor

1003 홀수와 짝수의 합

실행 제한시간 **1초**
메모리 사용 제한 **32MB**

 Solution

```
1   #include <cstdio>
2
3   int main(void)
4   {
```

```
5       int n, i, even = 0, odd = 0;
6
7       scanf("%d", &n);
8
9       for (i = 1; i <= n; i++)
10          if (i % 2 == 0)
11              even += i;
12          else
13              odd += i;
14
15      printf("%d\n", even);
16      printf("%d\n", odd);
17      return 0;
18  }
```

 Interpret
- 5번째 줄은 정수형 변수 n을 선언하였다. 짝수의 합을 구하기 위해서 even을 홀수의 합을 구하기 위해서 odd를 선언과 동시에 0으로 초기화하였다.
- 9번째 줄부터 13번째 줄은 짝수의 합과 홀수의 합을 구하는 순환문이다.
- 15번째 줄은 1부터 n까지 짝수의 합을 출력의 첫째 줄에 출력한다.
- 16번째 줄은 1부터 n까지 홀수의 합을 출력의 둘째 줄에 출력한다.

제18장 배수와 약수 Multiple and Divisor

1013 오일러 프로젝트

실행 제한시간 **1초**
메모리 사용 제한 **32MB**

 Solution
```
1   #include <cstdio>
2
3   int main(void)
4   {
5       int n, i, sum = 0;
6
7       scanf("%d", &n);
8
```

```
 9      for (i = 1; i < n; i++)
10          if (i % 3 == 0 || i % 5 == 0)
11              sum += i;
12
13      printf("%d\n", sum);
14      return 0;
15  }
```

Interpret

- 5번째 줄은 정수형 변수 n을 선언하였다. 총합을 구하기 위해서 sum을 선언과 동시에 0으로 초기화 하였다.
- 9번째 줄부터 11번째 줄은 3의 배수이거나 5의 배수의 총합을 구하는 순환문이다. 범위가 n 미만이기 때문에 n은 포함되지 않는것에 주의해야 한다.
- 13번째 줄은 1 이상 n 미만의 3의 배수이거나 5의 배수의 총합을 출력의 첫째 줄에 출력한다.

제18장 배수와 약수 Multiple and Divisor

1011 잠자기 전에 독서 I

실행 제한시간 **1초**
메모리 사용 제한 **32MB**

Solution

```
 1  #include <cstdio>
 2
 3  int main(void)
 4  {
 5      int n, i, sum = 0;
 6
 7      scanf("%d", &n);
 8
 9      for (i = 1; i <= n; i++)
10          if (n % i == 0)
11              sum += i;
12
13      printf("%d\n", sum);
14      return 0;
15  }
```

Interpret
- 5번째 줄은 정수형 변수 n을 선언하였다. 총합을 구하기 위해서 sum을 선언과 동시에 0으로 초기화하였다.
- 9번째 줄부터 11번째 줄은 n에 대한 약수의 총합을 구하는 순환문이다.
- 13번째 줄은 n에 대한 약수의 총합을 출력의 첫째 줄에 출력한다.

제18장 배수와 약수 Multiple and Divisor

1134 두 개의 짝수

실행 제한시간 **0.1초**
메모리 사용 제한 **32MB**

한 개의 짝수는 2 * a로 표현할 수 있고, 다른 한 개의 짝수는 2 * b와 같이 표현할 수 있다. 두 개의 짝수의 곱은 (2 * a) * (2 * b) = 4 * a * b이고 이것은 4의 배수를 의미한다. 즉, n 미만의 4의 배수의 개수를 구하는 문제이다.

Solution

```
1   #include <cstdio>
2
3   int main(void)
4   {
5       int n, i, cnt = 0;
6
7       scanf("%d", &n);
8
9       for (i = 1; i < n; i++)
10          if (i % 4 == 0)
11              cnt++;
12
13      printf("%d\n", cnt);
14      return 0;
15  }
```

Interpret
- 5번째 줄은 정수형 변수 n을 선언하였다. 4의 배수의 개수를 카운팅하기 위해서 cnt를 선언과 동시에 0으로 초기화하였다.
- 9번째 줄부터 11번째 줄은 4의 배수의 개수를 구하기 위한 순환문이다. 범위가 n 미만이기 때문에 n은 포함되지 않는다는 것에 주의해야 한다.

- 13번째 줄은 1 이상 n 미만의 4의 배수의 개수를 출력의 첫째 줄에 출력한다.

위와 같은 코드로 채점을 하게 된다면 시간 초과(Time Limit Exceed)를 만나게 될 것이다. 왜냐하면 이 문제의 허용 시간은 0.1초이기 때문이다. 여러분의 소스 코드에 이 문제의 최대 정수 2,000,000,000을 넣어서 실행해본다면 정답이 나오기까지 상당한 시간이 걸린다는 것을 알 수 있다. 순환문은 대략적으로 1억(= 1,000,000,000) 바퀴를 회전하는데 1초 정도 소요된다. 따라서 순환문의 회전을 줄일 수 있는 다른 방법을 생각해야 한다. 아래와 같이 for문의 순환이 한 바퀴 회전할 때마다 i의 값을 4씩 증가하면서 작성해보자.

 **Solution**

```
1   #include <cstdio>
2
3   int main(void)
4   {
5       int n, i, cnt = 0;
6
7       scanf("%d", &n);
8
9       for (i = 4; i < n; i += 4)
10          cnt++;
11
12      printf("%d\n", cnt);
13      return 0;
14  }
```

 **Interpret**

- 5번째 줄은 정수형 변수 n을 선언하였다. 4의 배수의 개수를 카운팅하기 위해서 cnt를 선언과 동시에 0으로 초기화하였다.
- 9번째 줄부터 10번째 줄은 n 미만의 4의 배수의 개수를 구하기 위해서 i의 값이 4부터 4씩 증가하면서 cnt 변수를 1씩 카운팅하고 있다.
- 12번째 줄은 1 이상 n 미만의 4의 배수의 개수를 출력의 첫째 줄에 출력한다.

위와 같이 한 번의 순환이 발생할 때마다 i의 값이 4씩 증가한다면 첫 번째 작성한 소스 코드보다는 4배 이상의 속도를 기대할 수 있을 것이다. 또한 이렇게 작성해서 제출한다면 통과라는 짜릿함도 맛볼 수 있을 것이다. 그런데 여기서 한 번 더 생각해보자. 4의 배수의 개수만을 구하면 되기 때문에 n을 4로 나눈 몫이 4의 배수의 개수이므로 for문의 순환 없이 아래와 같이 단 한 번의 연산으로도 구할 수 있다.

```
1    #include <cstdio>
2
3    int main(void)
4    {
5        int n;
6
7        scanf("%d", &n);
8
9        printf("%d\n", (n - 1) / 4);
10       return 0;
11   }
```

Interpret   - n 미만의 4의 배수의 개수이므로 n은 포함 되어서는 안된다. 즉, n의 값이 1, 2, 3, 4인 경우에는 출력으로 0이 나와야 한다. 따라서 (n - 1)을 4로 나눈 몫을 계산한다면 모든 경우에 대해서 만족하게 된다.

제19장 완전수 Perfect Number

연습문제   ❶번 문제풀이

1부터 n 미만까지의 약수의 합을 구한 후 완전수인지, 부족수인지, 과잉수인지를 판단한다.

```
1    #include <cstdio>
2
3    int main(void)
4    {
5        int n, i, sum = 0;
6
7        scanf("%d", &n);
8
9        for (i = 1; i < n; i++)
10           if (n % i == 0)
11               sum += i;
12
```

```
13        if (sum == n)
14            printf("PERFECT\n");
15        else if (sum < n)
16            printf("DEFICIENT\n");
17        else
18            printf("ABUNDANT\n");
19        return 0;
20    }
```

 **Interpret**

- 5번째 줄은 정수형 변수 n을 선언하였다. 총합을 구하기 위해서 sum을 선언과 동시에 0으로 초기화 하였다.

- 9번째 줄부터 11번째 줄은 n 미만의 약수의 총합을 구하는 순환문이다. 범위가 n 미만이기 때문에 n 은 포함되지 않는다는 것에 주의해야 한다.

- 13번째 줄은 완전수인지를 판별하는 조건문이다. 완전수이면 출력의 첫째 줄에 "PERFECT"를 출력 한다.

- 15번째 줄은 부족수인지를 판별하는 조건문이다. 부족수이면 출력의 첫째 줄에 "DEFICIENT"를 출 력한다.

- 만일 과잉수이면 17번째 줄에 의해서 출력의 첫째 줄에 "ABUNDANT"를 출력한다.

제19장 완전수 Perfect Number

1098 약수

실행 제한시간 **1초**
메모리 사용 제한 **32MB**

 **Solution**

```
1    #include <cstdio>
2
3    int main(void)
4    {
5        int n, i, sum = 0;
6
7        scanf("%d", &n);
8
9        for (i = 1; i < n; i++)
10           if (n % i == 0)
```

```
11          sum += i;
12
13      printf("%d\n", sum);
14      return 0;
15  }
```

 Interpret
- 5번째 줄은 정수형 변수 n을 선언하였다. 총합을 구하기 위해서 sum을 선언과 동시에 0으로 초기화 하였다.
- 9번째 줄부터 11번째 줄은 n 미만의 약수의 총합을 구하는 순환문이다. 범위가 n 미만이기 때문에 n은 포함되지 않는다는 것에 주의해야 한다.
- 13번째 줄은 1부터 n 미만의 약수의 총합을 출력의 첫째 줄에 출력한다.

제20장 팩토리얼 Factorial

연습문제 ❶번 문제풀이

먼저 1을 출력한 다음, 2부터 n까지는 연산 기호 "*"와 함께 순환문을 이용하여 출력한다.

 Core

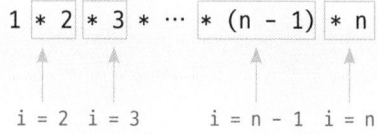

 Solution

```
1   #include <cstdio>
2
3   int main(void)
4   {
5       int n, i;
6
7       scanf("%d", &n);
8
9       printf("1");        // 1을 먼저 출력한다.
10      for (i = 2; i <= n; i++)
11          printf("*%d", i);
```

```
12        return 0;
13    }
```

 Interpret
- 5번째 줄은 정수형 변수 n을 선언하였다.
- 9번째 줄은 출력의 첫째 줄에 1을 출력한다.
- 10번째 줄부터 11번째 줄은 순환문을 이용하여 연산 기호 "*"와 함께 i 값을 출력의 첫째 줄에 출력한다.

제20장 펙토리얼 Factorial

1014 수학 숙제

실행 제한시간 **1초**
메모리 사용 제한 **32MB**

 Solution

```c
1   #include <cstdio>
2
3   int main(void)
4   {
5       int n, i, s = 1;
6
7       scanf("%d", &n);
8
9       for (i = 2; i <= n; i++)
10          s *= i;
11      printf("%d\n", s);
12      return 0;
13  }
```

 Interpret
- 5번째 줄은 정수형 변수 n과 i를 선언하였고 s를 선언과 동시에 1로 초기화하였다. 곱셈의 초깃값은 언제나 1이어야 한다. 초깃값이 0이면 s에 어떤 수를 곱해도 계산 결과는 항상 0이 되기 때문이다.
- 9번째 줄부터 10번째 줄은 정수형 변수 s에 i 값을 곱하여 n!의 값을 구하고 있다.
- 11번째 줄은 n!의 값을 출력의 첫째 줄에 출력한다.

제20장 펙토리얼 Factorial

1008 펙토리얼(Factorial)

실행 제한시간 **1초**
메모리 사용 제한 **32MB**

커다랗게 3개의 부분으로 나눠서 진행한다. 먼저 n의 값과 "!=(1"을 출력한다. 그리고 2부터는 연산 기호 "*"와 함께 순환문을 이용하여 출력한다. 순환을 마친 후 ")="를 출력하고 n!의 값을 출력한다. 예를 들어서 n의 값이 5일 경우에는 아래 다음과 같다.

```
5! = ( 1 * 2 * 3 * 4 * 5 ) = 120
```

↑ for문을 순환하기 전에 출력   ↑ for문을 이용하여 출력   ↑ for문의 순환을 마친 후 출력

```
1   #include <cstdio>
2
3   int main(void)
4   {
5       int n, i, s = 1;
6
7       scanf("%d", &n);
8
9       printf("%d!=(1", n);
10      for (i = 2; i <= n; i++)
11      {
12          s *= i;       // s = s * i
13          printf("*%d", i);
14      }
15      printf(")=%d", s);
16      return 0;
17  }
```

- 5번째 줄은 정수형 변수 n을 선언하였고 s를 선언과 동시에 1로 초기화하였다. 곱셈의 초깃값은 언제나 1이어야 한다. 초깃값이 0이면 s에 어떤 수를 곱해도 계산 결과는 항상 0이 되기 때문이다.

- 9번째 줄은 n의 값과 "!=(1"을 출력의 첫째 줄에 출력한다.

- 10번째 줄부터 14번째 줄은 순환문을 이용하여 연산 기호("*")와 같이 i 값을 출력의 첫째 줄에 출력한다.

- 12번째 줄은 i 값을 변수 s에 계속 곱해나간다.
- 15번째 줄은 ")="을 출력한 후 n!의 값 s를 출력의 첫째 줄에 출력한다.

제21장 중첩 순환문 for

연습문제 ❶번 문제풀이

 Core

```
i = 1 → #           '#'문자 1바퀴
i = 2 → ##          '#'문자 2바퀴
i = 3 → ###         '#'문자 3바퀴
i = 4 → ####        '#'문자 4바퀴
i = 5 → #####       '#'문자 5바퀴
```

 Core

```
for (i = 1; i <= 5; i++)
{
    for (j = 1; j <= ☐ ; j++)
    {
        printf("#");
    }
    printf("\n");
}
```
#의 회전수

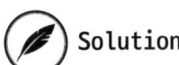 Solution

```
1   #include <cstdio>
2
3   int main(void)
4   {
5       int i, j;
6
7       for (i = 1; i <= 5; i++)
8       {
9           for (j = 1; j <= i; j++)
10              printf("#");
```

```
11            printf("\n");
12        }
13        return 0;
14    }
```

 Interpret
- 출력하는 줄이 5줄이므로 i는 1부터 5까지 5바퀴를 회전한다.
- 9번째 줄부터 10번째 줄은 i의 값에 따라 '#'문자의 회전수 j는 i바퀴를 회전한 후 11번째 줄에 의해서 줄 내림이 발생된다.

제21장 중첩 순환문 for

연습문제 ❷번 문제풀이

 Core

```
i = 1  →  #####        '#'문자 5바퀴
i = 2  →  ####         '#'문자 4바퀴
i = 3  →  ###          '#'문자 3바퀴
i = 4  →  ##           '#'문자 2바퀴
i = 5  →  #            '#'문자 1바퀴
```

 Solution

```
1    #include <cstdio>
2
3    int main(void)
4    {
5        int i, j;
6
7        for (i = 1; i <= 5; i++)
8        {
9            for (j = 1; j <= 6 - i; j++)
10               printf("#");
11           printf("\n");
12       }
13       return 0;
14   }
```

 Interpret
- 출력하는 줄이 5줄이므로 i는 1부터 5까지 5바퀴를 회전한다.
- 9번째 줄부터 10번째 줄은 i의 값에 따라 '#'문자의 회전수 j는 6 - i바퀴를 회전한 후 11번째 줄에 의해서 줄 내림이 발생된다.

제21장 중첩 순환문 for

연습문제 ❸번 문제풀이

 Core

```
i = 1 →       #         ' '문자 4바퀴, '#'문자 1바퀴
i = 2 →      ##         ' '문자 3바퀴, '#'문자 2바퀴
i = 3 →     ###         ' '문자 2바퀴, '#'문자 3바퀴
i = 4 →    ####         ' '문자 1바퀴, '#'문자 4바퀴
i = 5 →   #####         ' '문자 0바퀴, '#'문자 5바퀴
```

 Core

```
for (i = 1; i <= 5; i++)
{
    for (j = 1; j <= □ ; j++)
    {
        printf(" ");
    }                        공백의 회전수
    for (j = 1; j <= □ ; j++)
    {
        printf("#");
    }                        #의 회전수
    printf("\n");
}
```

 Tip

바깥쪽 for문 i에 대해서 안쪽 for문 j는 2개가 있다. 첫 번째 for문 j는 회전하기 전에 초기부에서 j의 값을 1로 초기화한 후 회전한다. 첫 번째 for문 j가 종료된 후, 다시 두 번째 for문 j는 회전하기 전에 초기부에서 j의 값을 1로 초기화한 후 회전하기 때문에 한 개의 변수 j를 이용하여 두 개의 순환을 진행해도 아무 이상 없이 처리된다.

Solution

```c
#include <cstdio>

int main(void)
{
    int i, j;

    for (i = 1; i <= 5; i++)
    {
        for (j = 1; j <= 5 - i; j++)
            printf(" ");
        for (j = 1; j <= i; j++)
            printf("#");
        printf("\n");
    }
    return 0;
}
```

 Interpret

- 출력하는 줄이 5줄이므로 i는 1부터 5까지 5바퀴를 회전한다.
- 9번째 줄부터 10번째 줄은 i의 값에 따라 공백 문자의 회전수 j는 5 - i바퀴를 회전한다.
- 11번째 줄부터 12번째 줄은 i의 값에 따라 '#'문자의 회전수 j는 i바퀴를 회전한 후 13번째 줄에 의해서 줄 내림이 발생된다.

제21장 중첩 순환문 for

연습문제 ❹번 문제풀이

 Core

```
i = 1  →  #####           ' '문자 0바퀴, '#'문자 5바퀴
i = 2  →   ####           ' '문자 1바퀴, '#'문자 4바퀴
i = 3  →    ###           ' '문자 2바퀴, '#'문자 3바퀴
i = 4  →     ##           ' '문자 3바퀴, '#'문자 2바퀴
i = 5  →      #           ' '문자 4바퀴, '#'문자 1바퀴
```

 Solution

```c
1   #include <cstdio>
2
3   int main(void)
4   {
5       int i, j;
6
7       for (i = 1; i <= 5; i++)
8       {
9           for (j = 1; j <= i - 1; j++)
10              printf(" ");
11          for (j = 1; j <= 6 - i; j++)
12              printf("#");
13          printf("\n");
14      }
15      return 0;
16  }
```

 Interpret

- 출력하는 줄이 5줄이므로 i는 1부터 5까지 5바퀴를 회전한다.
- 9번째 줄부터 10번째 줄은 i의 값에 따라 공백 문자의 회전수 j는 i - 1바퀴를 회전한다.
- 11번째 줄부터 12번째 줄은 i의 값에 따라 '#'문자의 회전수 j는 6 - i바퀴를 회전한 후 13번째 줄에 의해서 줄 내림이 발생된다.

제21장 중첩 순환문 for

연습문제 ❺번 문제풀이

 Core

```
i = 1  →       #          ' '문자 4바퀴, '#'문자 1바퀴
i = 2  →      ###         ' '문자 3바퀴, '#'문자 3바퀴
i = 3  →     #####        ' '문자 2바퀴, '#'문자 5바퀴
i = 4  →    #######       ' '문자 1바퀴, '#'문자 7바퀴
i = 5  →   #########      ' '문자 0바퀴, '#'문자 9바퀴
```

i의 값에 따라서 1, 3, 5, 7, 9의 식을 만들려면 1, 3, 5, 7, 9는 2씩 증가함을 알 수 있다. 따라서 i의 값을 2배 한 후 1을 빼면 i의 값에 따른 1, 3, 5, 7, 9를 만들 수 있다.

 Solution

```c
1   #include <cstdio>
2
3   int main(void)
4   {
5       int i, j;
6
7       for (i = 1; i <= 5; i++)
8       {
9           for (j = 1; j <= 5 - i; j++)
10              printf(" ");
11          for (j = 1; j <= i * 2 - 1; j++)
12              printf("#");
13          printf("\n");
14      }
15      return 0;
16  }
```

 Interpret

- 출력하는 줄이 5줄이므로 i는 1부터 5까지 5바퀴를 회전한다.

- 9번째 줄부터 10번째 줄은 i의 값에 따라 공백 문자의 회전수 j는 5 - i바퀴를 회전한다.

- 11번째 줄부터 12번째 줄은 i의 값에 따라 '#'문자의 회전수 j는 i * 2 - 1바퀴를 회전한 후 13번째 줄에 의해서 줄 내림이 발생된다.

제21장 중첩 순환문 for

연습문제 ❻번 문제풀이

 Core

```
i = 1 → #########      ' '문자 0바퀴, '#'문자 9바퀴
i = 2 →  #######       ' '문자 1바퀴, '#'문자 7바퀴
i = 3 →   #####        ' '문자 2바퀴, '#'문자 5바퀴
i = 4 →    ###         ' '문자 3바퀴, '#'문자 3바퀴
i = 5 →     #          ' '문자 4바퀴, '#'문자 1바퀴
```

i의 값에 따라서 9, 7, 5, 3, 1의 식을 만들려면 어떤 수에서 1, 3, 5, 7, 9를 빼면 9, 7, 5, 3, 1이 된다. 여기서 어떤 수는 10이 된다. 즉 10에서 1, 3, 5, 7, 9를 빼면 9, 7, 5, 3, 1을 만들 수 있다. 이것을 일반식으로 만들면 10 - (i * 2 - 1)이 되고 이것을 다시 정리하면 11 - i * 2가 된다.

 Solution

```
1   #include <cstdio>
2
3   int main(void)
4   {
5       int i, j;
6
7       for (i = 1; i <= 5; i++)
8       {
9           for (j = 1; j <= i - 1; j++)
10              printf(" ");
11          for (j = 1; j <= 11 - i * 2; j++)
12              printf("#");
13          printf("\n");
14      }
15      return 0;
16  }
```

 Interpret

- 출력하는 줄이 5줄이므로 i는 1부터 5까지 5바퀴를 회전한다.
- 9번째 줄부터 10번째 줄은 i의 값에 따라 공백 문자의 회전수 j는 i - 1바퀴를 회전한다.
- 11번째 줄부터 12번째 줄은 i의 값에 따라 '#'문자의 회전수 j는 11 - i * 2바퀴를 회전한 후 13번째 줄에 의해서 줄 내림이 발생된다.

제21장 중첩 순환문 for

2013 도미노 게임

실행 제한시간 **1초**
메모리 사용 제한 **32MB**

 Core

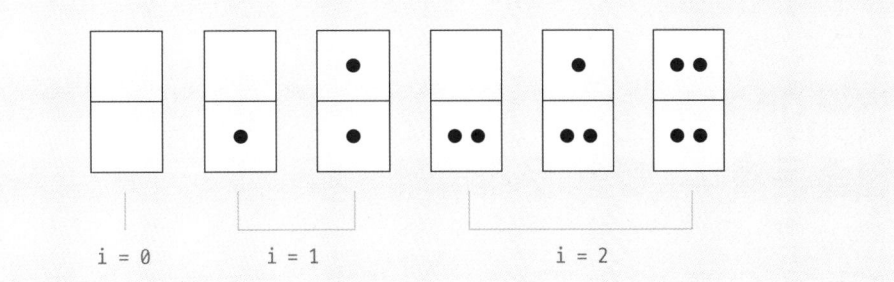

밑에 눈을 기준으로

밑에 눈이 **0개** 일 때, 위의 눈은 **0**

밑에 눈이 **1개** 일 때, 위의 눈은 **0, 1**

밑에 눈이 **2개** 일 때, 위의 눈은 **0, 1, 2**

밑에 눈이 **3개** 일 때, 위의 눈은 **0, 1, 2, 3**

⋮

밑에 눈이 **n개** 일 때, 위의 눈은 **0, 1, 2, 3, ⋯ , n**이 된다.

Solution

```
1   #include <cstdio>
2
3   int main(void)
4   {
5       int n, i, j, sum = 0;
6
7       scanf("%d", &n);
8
9       for (i = 0; i <= n; i++)         // 밑에 눈
10          for (j = 0; j <= i; j++)     // 위의 눈
11              sum += (i + j);
12
13      printf("%d\n", sum);
14      return 0;
15  }
```

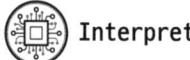 Interpret
- 9번째 줄은 밑에 눈의 수이고 10번째 줄은 위의 눈의 수이다.
- 11번째 줄에서 밑에 눈과 위의 눈의 합을 구한다.

제22장 기초 테스트 I Training

연습문제   ❶번 문제풀이

 Core

```
i = 1 → 1              j는 1부터 1까지
i = 2 → 12             j는 1부터 2까지
i = 3 → 123            j는 1부터 3까지
i = 4 → 1234           j는 1부터 4까지
i = 5 → 12345          j는 1부터 5까지
```

 Core

```
for (i = 1; i <= 5; i++)
{
    for (j = □ ; j <= □ ; j++)
    {
        printf("%d", j);
    }
    printf("\n");
}
          시작값        끝값
```

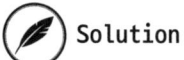 Solution

```
1   #include <cstdio>
2
3   int main(void)
4   {
5       int i, j;
6
7       for (i = 1; i <= 5; i++)
8       {
9           for (j = 1; j <= i; j++)
10              printf("%d", j);
```

```
11              printf("\n");
12          }
13          return 0;
14      }
```

 Interpret
- 출력하는 줄이 5줄이므로 i는 1부터 5까지 5바퀴를 회전한다.
- 9번째 줄부터 10번째 줄은 i의 값에 따라 j는 1부터 i까지 출력한 후 11번째 줄에 의해서 줄 내림이 발생된다.

제22장 기초 테스트 I Training

연습문제   ❷번 문제풀이

 Core

i = 1 → 12345   j는 1부터 5까지
i = 2 → 1234   j는 1부터 4까지
i = 3 → 123   j는 1부터 3까지
i = 4 → 12   j는 1부터 2까지
i = 5 → 1   j는 1부터 1까지

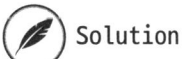 Solution

```
1   #include <cstdio>
2
3   int main(void)
4   {
5       int i, j;
6
7       for (i = 1; i <= 5; i++)
8       {
9           for (j = 1; j <= 6 - i; j++)
10              printf("%d", j);
11          printf("\n");
12      }
13      return 0;
14  }
```

 Interpret
- 출력하는 줄이 5줄이므로 i는 1부터 5까지 5바퀴를 회전한다.
- 9번째 줄부터 10번째 줄은 i의 값에 따라 j는 1부터 6 - i까지 출력한 후 11번째 줄에 의해서 줄 내림이 발생된다.

제22장 기초 테스트 I Training

연습문제   ❸번 문제풀이

 Core

```
i = 1 →      5        ' '문자 4바퀴, j는 5부터 5까지
i = 2 →     45        ' '문자 3바퀴, j는 4부터 5까지
i = 3 →    345        ' '문자 2바퀴, j는 3부터 5까지
i = 4 →   2345        ' '문자 1바퀴, j는 2부터 5까지
i = 5 →  12345        ' '문자 0바퀴, j는 1부터 5까지
```

 Core

```
for (i = 1; i <= 5; i++)
{
    for (j = 1; j <= □ ; j++)
    {
        printf(" ");
    }                    공백의 회전수
    for (j = □ ; j <= □ ; j++)
    {
        printf("%d", j);
    }      시작값      끝값
    printf("\n");
}
```

 Solution

```
1   #include <cstdio>
2
3   int main(void)
4   {
5       int i, j;
```

```
6
7       for (i = 1; i <= 5; i++)
8       {
9           for (j = 1; j <= 5 - i; j++)
10              printf(" ");
11          for (j = 6 - i; j <= 5; j++)
12              printf("%d", j);
13          printf("\n");
14      }
15      return 0;
16  }
```

 **Interpret**
- 출력하는 줄이 5줄이므로 i는 1부터 5까지 5바퀴를 회전한다.
- 9번째 줄부터 10번째 줄은 i의 값에 따라 공백 문자의 회전수 j는 5 - i바퀴를 회전한다.
- 11번째 줄부터 12번째 줄은 i의 값에 따라 j는 6 - i부터 5까지 출력한 후 13번째 줄에 의해서 줄 내림이 발생된다.

제22장 기초 테스트 I Training

연습문제 ❹번 문제풀이

 Core

```
i = 1 →  12345       ' '문자 0바퀴, j는 1부터 5까지
i = 2 →   2345       ' '문자 1바퀴, j는 2부터 5까지
i = 3 →    345       ' '문자 2바퀴, j는 3부터 5까지
i = 4 →     45       ' '문자 3바퀴, j는 4부터 5까지
i = 5 →      5       ' '문자 4바퀴, j는 5부터 5까지
```

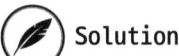 Solution

```c
1   #include <cstdio>
2
3   int main(void)
4   {
5       int i, j;
6
7       for (i = 1; i <= 5; i++)
8       {
9           for (j = 1; j <= i - 1; j++)
10              printf(" ");
11          for (j = i; j <= 5; j++)
12              printf("%d", j);
13          printf("\n");
14      }
15      return 0;
16  }
```

 Interpret

- 출력하는 줄이 5줄이므로 i는 1부터 5까지 5바퀴를 회전한다.
- 9번째 줄부터 10번째 줄은 i의 값에 따라 공백 문자의 회전수 j는 i - 1바퀴를 회전한다.
- 11번째 줄부터 12번째 줄은 i의 값에 따라 j는 i부터 5까지 출력한 후 13번째 줄에 의해서 줄 내림이 발생된다.

제22장 기초 테스트 I Training

연습문제 ❺번 문제풀이

 Core

```
i = 1  →      1            ' '문자 4바퀴, j는 1부터 1까지
i = 2  →     123           ' '문자 3바퀴, j는 1부터 3까지
i = 3  →    12345          ' '문자 2바퀴, j는 1부터 5까지
i = 4  →   1234567         ' '문자 1바퀴, j는 1부터 7까지
i = 5  →  123456789        ' '문자 0바퀴, j는 1부터 9까지
```

 Solution

```c
1   #include <cstdio>
2
3   int main(void)
4   {
5       int i, j;
6
7       for (i = 1; i <= 5; i++)
8       {
9           for (j = 1; j <= 5 - i; j++)
10              printf(" ");
11          for (j = 1; j <= i * 2 - 1; j++)
12              printf("%d", j);
13          printf("\n");
14      }
15      return 0;
16  }
```

 Interpret

- 출력하는 줄이 5줄이므로 i는 1부터 5까지 5바퀴를 회전한다.
- 9번째 줄부터 10번째 줄은 i의 값에 따라 공백 문자의 회전수 j는 5 - i바퀴를 회전한다.
- 11번째 줄부터 12번째 줄은 i의 값에 따라 j는 1부터 i * 2 - 1까지 출력한 후 13번째 줄에 의해서 줄 내림이 발생된다.

제22장 기초 테스트 I Training

연습문제   ❻번 문제풀이

 Core

```
i = 1 →  123456789      ' '문자 0바퀴, j는 1부터 9까지
i = 2 →   1234567       ' '문자 1바퀴, j는 1부터 7까지
i = 3 →    12345        ' '문자 2바퀴, j는 1부터 5까지
i = 4 →     123         ' '문자 3바퀴, j는 1부터 3까지
i = 5 →      1          ' '문자 4바퀴, j는 1부터 1까지
```

 Solution

```c
1   #include <cstdio>
2
3   int main(void)
4   {
5       int i, j;
6
7       for (i = 1; i <= 5; i++)
8       {
9           for (j = 1; j <= i - 1; j++)
10              printf(" ");
11          for (j = 1; j <= 11 - i * 2; j++)
12              printf("%d", j);
13          printf("\n");
14      }
15      return 0;
16  }
```

 Interpret

- 출력하는 줄이 5줄이므로 i는 1부터 5까지 5바퀴를 회전한다.
- 9번째 줄부터 10번째 줄은 i의 값에 따라 공백 문자의 회전수 j는 i - 1바퀴를 회전한다.
- 11번째 줄부터 12번째 줄은 i의 값에 따라 j는 1부터 11 - i * 2까지 출력한 후 13번째 줄에 의해서 줄 내림이 발생된다.

제22장 기초 테스트 I Training

연습문제 ❼번 문제풀이

 Core

```
i = 1  →          9         ' '문자 4바퀴, j는 9부터 9까지
i = 2  →        789         ' '문자 3바퀴, j는 7부터 9까지
i = 3  →      56789         ' '문자 2바퀴, j는 5부터 9까지
i = 4  →    3456789         ' '문자 1바퀴, j는 3부터 9까지
i = 5  →  123456789         ' '문자 0바퀴, j는 1부터 9까지
```

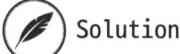 Solution

```
1   #include <cstdio>
2
3   int main(void)
4   {
5       int i, j;
6
7       for (i = 1; i <= 5; i++)
8       {
9           for (j = 1; j <= 5 - i; j++)
10              printf(" ");
11          for (j = 11 - i * 2; j <= 9; j++)
12              printf("%d", j);
13          printf("\n");
14      }
15      return 0;
16  }
```

 Interpret

- 출력하는 줄이 5줄이므로 i는 1부터 5까지 5바퀴를 회전한다.
- 9번째 줄부터 10번째 줄은 i의 값에 따라 공백 문자의 회전수 j는 5 - i바퀴를 회전한다.
- 11번째 줄부터 12번째 줄은 i의 값에 따라 j는 11 - i * 2부터 9까지 출력한 후 13번째 줄에 의해서 줄 내림이 발생된다.

제22장 기초 테스트 I Training

연습문제   ❽번 문제풀이

 Core

```
i = 1  →  123456789      ' '문자 0바퀴, j는 1부터 9까지
i = 2  →    3456789      ' '문자 1바퀴, j는 3부터 9까지
i = 3  →      56789      ' '문자 2바퀴, j는 5부터 9까지
i = 4  →        789      ' '문자 3바퀴, j는 7부터 9까지
i = 5  →          9      ' '문자 4바퀴, j는 9부터 9까지
```

 Solution

```c
1   #include <cstdio>
2
3   int main(void)
4   {
5       int i, j;
6
7       for (i = 1; i <= 5; i++)
8       {
9           for (j = 1; j <= i - 1; j++)
10              printf(" ");
11          for (j = i * 2 - 1; j <= 9; j++)
12              printf("%d", j);
13          printf("\n");
14      }
15      return 0;
16  }
```

 Interpret

- 출력하는 줄이 5줄이므로 i는 1부터 5까지 5바퀴를 회전한다.
- 9번째 줄부터 10번째 줄은 i의 값에 따라 공백 문자의 회전수 j는 i - 1바퀴를 회전한다.
- 11번째 줄부터 12번째 줄은 i의 값에 따라 j는 i * 2 - 1부터 9까지 출력한 후 13번째 줄에 의해서 줄 내림이 발생된다.

제22장 기초 테스트 I Training

연습문제 ❾번 문제풀이

앞장에서 공부했듯이 컴퓨터 세계에서는 문자는 존재하지 않는다. 컴퓨터 세계에서는 오직 숫자만 존재할 뿐이다. 그것도 이진수로 된 숫자만 존재한다. 자! 그럼 어떻게 문자를 표현할 수 있을까? 실질적으로 프로그램에서 65(이진수 65)를 서식 문자 "%c"로 출력하면 'A'의 모양을 화면에 출력할 뿐이고, 66(이진수 66)을 "%c"로 출력하면 'B'의 모양을 화면에 출력할 뿐이다. 이렇게 약속된 숫자와 모양을 7장에서 아스키코드(ASCII Code)라 한다고 공부하였다. 아스키코드를 공부했다고 해서 모든 아스키코드 값을 기억하고 다니는 것은 힘들 것이다. 물론 대문자 A의 아스키코드 값이 65라는 정도는 기억할 수 있을 수 있다고 해도 128개에 해당하는 모든 아스키코드 값을 외워서 다니는 것은 어렵기도 하지만 외우는 자체도 상당히 어리석은 일이다. 그래서 C/C++에서는 65라는 숫자를 두 개, 66이라는 숫자도 두 개, 즉 아스키코드 값에 해당하는 숫자를 두 개씩 만들었다. 그럼 숫자 65라는 숫자가 어떻게 두 개인지 살펴보자. 한 개는 지금 우리가 일반적으로 사용하는 65이고 나머지 한 개는 바로 아래 다음과 같다.

Core printf("%c\n", 'A'); *같은 결과* printf("%c\n", 65);

이렇게 작은따옴표(single quotation marks)로 둘러싸여 있으면 이것은 문자가 아니고 숫자인 것이다. 그래서 지금 위의 문장을 실행해 보면 둘 다 대문자 A가 화면에 출력됨을 확인할 수 있다.

Core k = 10 + 'A'; *같은 결과* k = 10 + 65;

위의 문장을 실행하면 정수형 변수 k에는 75가 대입되는 것을 확인할 수 있다. 그럼 아래와 같이 출력한다면 화면에 무엇이 출력될 것으로 예상되는가?

Core printf("%d\n", 'A'); *같은 결과* printf("%d\n", 65);

위의 문장을 실행하면 65가 출력됨을 확인할 수 있다. 이렇게 키보드로 입력되는 모든 자판들은 약속된 숫자, 즉 아스키코드 값을 가지고 있는데 특정 문자의 아스키코드 값을 확인해보고 싶다면 위와 같이 작은따옴표(single quotation marks)로 둘러쌓은 후 서식 문자 "%d"를 이용하여 정수의 값을 출력하면 해당 문자의 아스키코드 값을 확인할 수 있다. 그렇다면 아래의 코드는 얼마가 출력될 것으로 예상되는가?

 Core

```
int A = 100;
printf("%d", 'A');
```

여기서 조심해야 할 것은 첫 번째 문장은 정수형 변수 A를 선언과 동시에 100으로 초기화한 것이고 두 번째 문장은 첫 번째 문장의 변수 A와는 전혀 상관은 대문자 A의 아스키코드 값을 출력한 것이다. 따라서 첫 번째 문장과 두 번째 문장은 전혀 상관없는 문장이고 두 번째 문장은 단지 숫자 65(왜냐하면 'A'는 65이기 때문에)를 출력하고 있을 뿐이다.

 Core

```
int A = 100;
printf("%d", A);
```

만일 변수 A의 값 100을 출력하고 싶다면 위와 같이 코드를 작성해야 한다.

지금 아래는 자주 사용하는 아스키코드 값만을 정리하였다. 소문자 'a'가 대문자 'A'보다 아스키코드 값 32가 더 크다는 것을 기억해두면 유용하게 쓰일 때가 있으니 잘 기억해 두도록 하자. 또한 문자 '0'의 아스키코드 값은 48이라는 것도 한 번 눈여겨봐도 나쁠 것은 없을 것 같다.

자주 사용하는 아스키코드(ASCII Code)

문자	ASCII	문자	ASCII	문자	ASCII	문자	ASCII
A	65	a	97	0	48	NULL	0
B	66	b	98	1	49	공백(space)	32
C	67	c	99	2	50		
⋮	⋮	⋮	⋮	⋮	⋮		
Z	90	z	122	9	57		

이제 그럼 문제로 들어가보자.

 Core

```
for (i = 1; i <= 5; i++)
    printf("%d\n", i);
```

위의 문장은 for문이 1부터 5까지 회전하면서 출력의 첫째 줄에는 1을, 둘째 줄에는 2를, 셋째 줄에는 3을, 넷째 줄에는 4를, 다섯째 줄에는 5를 출력한다.

 **Core**

```
for (i = 1; i <= 5; i++)
    printf("%d\n", i + 64);
```

위의 문장은 for문이 1부터 5까지 회전하면서 출력의 첫째 줄에는 65을, 둘째 줄에는 66을, 셋째 줄에는 67을, 넷째 줄에는 68을, 다섯째 줄에는 69를 출력한다.

 **Core**

```
for (i = 1; i <= 5; i++)
    printf("%c\n", i + 64);
```

위의 문장은 for문이 1부터 5까지 회전하면서 출력의 첫째 줄에는 A를, 둘째 줄에는 B를, 셋째 줄에는 C를, 넷째 줄에는 D를, 다섯째 줄에는 E를 출력한다.

 Core

i = 1 → 1		(1 + 64)를 %c로 출력
i = 2 → 2		(2 + 64)를 %c로 출력
i = 3 → 3		(3 + 64)를 %c로 출력
i = 4 → 4		(4 + 64)를 %c로 출력
i = 5 → 5		(6 + 64)를 %c로 출력

 **Solution**

```
1   #include <cstdio>
2
3   int main(void)
4   {
5       int i;
6
7       for (i = 1; i <= 5; i++)
8           printf("%c\n", i + 64);
9       return 0;
10  }
```

 **Interpret**

- 출력하는 줄이 5줄이므로 i는 1부터 5까지 5바퀴를 회전한다.
- 8번째 줄은 i + 64의 값을 서식 문자 %c로 각 줄에 출력한다.

제22장 기초 테스트 I Training

연습문제   ❿번 문제풀이

 Core

```
i = 1 →      1            ' '문자 4바퀴, (1 + 64)를 %c로 1번 출력
i = 2 →     222           ' '문자 3바퀴, (2 + 64)를 %c로 3번 출력
i = 3 →    33333          ' '문자 2바퀴, (3 + 64)를 %c로 5번 출력
i = 4 →   4444444         ' '문자 1바퀴, (4 + 64)를 %c로 7번 출력
i = 5 →  999999999        ' '문자 0바퀴, (5 + 64)를 %c로 9번 출력
```

 Solution

```
1   #include <cstdio>
2
3   int main(void)
4   {
5       int i, j;
6
7       for (i = 1; i <= 5; i++)
8       {
9           for (j = 1; j <= 5 - i; j++)
10              printf(" ");
11          for (j = 1; j <= i * 2 - 1; j++)
12              printf("%c", i + 64);
13          printf("\n");
14      }
15      return 0;
16  }
```

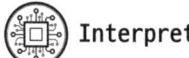 Interpret

- 출력하는 줄이 5줄이므로 i는 1부터 5까지 5바퀴를 회전한다.

- 9번째 줄부터 10번째 줄은 i의 값에 따라 공백 문자의 회전수 j는 5 - i바퀴를 회전한다.

- 11번째 줄부터 12번째 줄은 i의 값에 따라 j는 i * 2 - 1바퀴 회전을 하면서 i + 64의 값을 서식 문자 %c로 i * 2 - 1개 출력한 후 13번째 줄에 의해서 줄 내림이 발생된다.

제22장 기초 테스트 I Training

연습문제   ❶번 문제풀이

 Core

```
i = 1 →  1              j는 1부터 1까지 (j + 64)를 %c로 출력
i = 2 →  12             j는 1부터 2까지 (j + 64)를 %c로 출력
i = 3 →  123            j는 1부터 3까지 (j + 64)를 %c로 출력
i = 4 →  1234           j는 1부터 4까지 (j + 64)를 %c로 출력
i = 5 →  12345          j는 1부터 5까지 (j + 64)를 %c로 출력
```

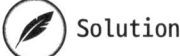 Solution

```
1    #include <cstdio>
2
3    int main(void)
4    {
5        int i, j;
6
7        for (i = 1; i <= 5; i++)
8        {
9            for (j = 1; j <= i; j++)
10               printf("%c", j + 64);
11           printf("\n");
12       }
13       return 0;
14   }
```

 Interpret

- 출력하는 줄이 5줄이므로 i는 1부터 5까지 5바퀴를 회전한다.
- 9번째 줄부터 10번째 줄은 i의 값에 따라 j는 1부터 i까지 회전하면서 j + 64의 값을 서식 문자 %c로 출력한 후 11번째 줄에 의해서 줄 내림이 발생된다.

연습문제 ⑫번 문제풀이

```
i = 1 →        1              ' '문자 4바퀴, j는 1부터 1까지 (j + 64)를 %c로 출력
i = 2 →      234              ' '문자 3바퀴, j는 2부터 4까지 (j + 64)를 %c로 출력
i = 3 →    34567              ' '문자 2바퀴, j는 3부터 7까지 (j + 64)를 %c로 출력
i = 4 →  45678910             ' '문자 1바퀴, j는 4부터 10까지 (j + 64)를 %c로 출력
i = 5 → 5678910111213         ' '문자 0바퀴, j는 5부터 13까지 (j + 64)를 %c로 출력
```

i의 값에 따라서 j의 끝값 1, 4, 7, 10, 13의 식을 만들려면 1, 4, 7, 10, 13은 3씩 증가함을 알 수 있다. 따라서 i의 값을 3배 한 후 2를 빼면 i의 값에 따른 1, 4, 7, 10, 13을 만들 수 있다.

```c
#include <cstdio>

int main(void)
{
    int i, j;

    for (i = 1; i <= 5; i++)
    {
        for (j = 1; j <= 5 - i; j++)
            printf(" ");
        for (j = i; j <= i * 3 - 2; j++)
            printf("%c", j + 64);
        printf("\n");
    }
    return 0;
}
```

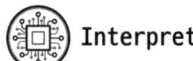

- 출력하는 줄이 5줄이므로 i는 1부터 5까지 5바퀴를 회전한다.
- 9번째 줄부터 10번째 줄은 i의 값에 따라 공백 문자의 회전수 j는 5 - i바퀴를 회전한다.
- 11번째 줄부터 12번째 줄은 i의 값에 따라 j는 i부터 i * 3 - 2까지 회전하면서 j + 64의 값을 서식 문자 %c로 출력한 후 13번째 줄에 의해서 줄 내림이 발생된다.

제22장 기초 테스트 I Training

2000 세 수의 합

실행 제한시간 **1초**
메모리 사용 제한 **64MB**

첫 번째 수보다 두 번째 수는 반드시 커야 하고, 또한 두 번째 수보다 세 번째 수도 반드시 커야 한다. 이것을 아래와 같이 3중 for문을 이용하여 해결할 수 있다.

Core

```
for (i = 1; i <= 10; i++)
    for (j = 1; j <= 10; j++)
        for (k = 1; k <= 10; k++)
            if (i < j && j < k)
```

같은 결과

```
for (i = 1; i <= 10; i++)
    for (j = i + 1; j <= 10; j++)
        for (k = j + 1; k <= 10; k++)
```

j가 i + 1부터 회전하면 j의 값은 반드시 i의 값보다 클 수밖에 없으며, k가 j + 1부터 회전하면 k의 값은 반드시 j의 값보다 클 수밖에 없기 때문에 위의 코드와 아래의 코드는 같은 결과를 보여준다. 마지막으로 이 문제에서 주의해야 하는 부분은 1부터 n까지의 정수가 아니라 <u>1부터 10까지의 정수</u>를 이용하여 i + j + k의 값이 n이 되는 경우를 찾아야 하는 것이다.

Solution

```
1   #include <cstdio>
2
3   int main(void)
4   {
5       int n, i, j, k, cnt = 0;
6
7       scanf("%d", &n);
8
9       for (i = 1; i <= 10; i++)
10          for (j = i + 1; j <= 10; j++)
11              for (k = j + 1; k <= 10; k++)
12                  if (i + j + k == n)
13                  {
```

```
14                    printf("%d %d %d\n", i, j, k);
15                    cnt++;
16                }
17        printf("%d\n", cnt);
18        return 0;
19   }
```

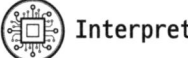 **Interpret**
- 9번째 줄부터 16번째 줄은 i의 값보다 j의 값이 크고 j의 값보다 k의 값이 큰 경우 중에서 i + j + k 의 값이 n인 경우를 각 줄에 출력하고 경우의 수를 카운팅하고 있다.
- 17번째 줄은 경우의 수를 출력의 마지막 줄에 출력한다.

제22장 기초 테스트 I Training

2001 추의 합

실행 제한시간 **1초**
메모리 사용 제한 **64MB**

 **Solution**

```
1    #include <cstdio>
2
3    int main(void)
4    {
5        int g, i, j, k, cnt = 0;
6
7        scanf("%d", &g);
8
9        for (i = 1; i <= 10; i++)
10           for (j = 1; j <= 10; j++)
11               for (k = 1; k <= 10; k++)
12                   if (i * 2 + j * 3 + k * 5 == g)
13                   {
14                       printf("%d %d %d\n", i, j, k);
15                       cnt++;
16                   }
17       printf("%d\n", cnt);
18       return 0;
19   }
```

 Interpret
- 9번째 줄부터 16번째 줄은 추의 무게의 합이 g인 경우를 찾고 있다. 여기서 i는 2g 추의 개수를 나타내고, j는 3g 추의 개수를 나타내며, k는 5g 추의 개수를 나타낸다. 또한 추의 개수가 각각 10개씩 있으므로 i, j, k는 모두 10까지 회전하였다.
- 17번째 줄은 경우의 수를 출력의 마지막 줄에 출력한다.

제22장 기초 테스트 I Training

2007 나비

실행 제한시간 **1초**
메모리 사용 제한 **64MB**

커다랗게 상단 부분, 허리 부분, 하단 부분 이렇게 세 개의 부분으로 나눠서 각각 출력해야 한다. 먼저 상단 부분을 살펴보면,

 Core

```
i = 1 →  1        1      j는 1부터 1까지, ' '문자 7바퀴, j는 1부터 1까지
i = 2 →  12      21      j는 1부터 2까지, ' '문자 5바퀴, j는 2부터 1까지
i = 3 →  123    321      j는 1부터 3까지, ' '문자 3바퀴, j는 3부터 1까지
i = 4 →  1234  4321      j는 1부터 4까지, ' '문자 1바퀴, j는 4부터 1까지
```

 Core

```c
for (i = 1; i <= n - 1; i++)
{
    for (j = 1; j <= i; j++)                           ┤ 좌측 날개
        printf("%d", j);
    for (j = 1; j <= (n - 1) * 2 - (i * 2 - 1); j++)   ┤ 가운데 공백
        printf(" ");
    for (j = i; j >= 1; j--)                           ┤ 우측 날개
        printf("%d", j);
    printf("\n");
}
```

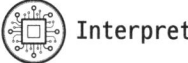 Interpret
- i의 값이 1일 때, 좌측 날개 j는 1부터 1까지 출력, 공백 7개 출력, 우측 날개 j는 1부터 1까지 출력한다.
- i의 값이 2일 때, 좌측 날개 j는 1부터 2까지 출력, 공백 5개 출력, 우측 날개 j는 2부터 1까지 출력한다.

- i의 값이 3일 때, 좌측 날개 j는 1부터 3까지 출력, 공백 3개 출력, 우측 날개 j는 3부터 1까지 출력한다.
- i의 값이 4일 때, 좌측 날개 j는 1부터 4까지 출력, 공백 1개 출력, 우측 날개 j는 4부터 1까지 출력한다.

다음으로 허리 부분이다. 허리 부분은 i의 값이 1부터 n까지 증가하면서 출력하는 증가 부분과 n - 1부터 1까지 감소하면서 출력하는 감소 부분을 따로 나눠서 출력해야 한다. 여기서 주의할 것은 n의 값이 10일 경우는 10 대신에 0을 출력해야 하는데 % 연산자를 사용하면 쉽게 해결할 수 있다.

 **Core**   허리부분 → 123454321   i는 1부터 5까지, i는 4부터 1까지

 **Core**

```c
for (i = 1; i <= n; i++)
    if (i == 10)
        printf("0");
    else
        printf("%d", i);
for (i = n - 1; i >= 1; i--)
    printf("%d", i);
```

같은 결과

```c
for (i = 1; i <= n; i++)         ── 증가 부분
    printf("%d", i % 10);
for (i = n - 1; i >= 1; i--)     ── 감소 부분
    printf("%d", i);
```

다음으로 하단 부분을 살펴보면,

 **Core**

```
i = 4 →  1234  4321      j는 1부터 4까지, ' '문자 1바퀴, j는 4부터 1까지
i = 3 →  123   321       j는 1부터 3까지, ' '문자 3바퀴, j는 3부터 1까지
i = 2 →  12    21        j는 1부터 2까지, ' '문자 5바퀴, j는 2부터 1까지
i = 1 →  1     1         j는 1부터 1까지, ' '문자 7바퀴, j는 1부터 1까지
```

 **Core**

```
for (i = n - 1; i >= 1; i--)
{
    for (j = 1; j <= i; j++)                              ─┤ 좌측 날개
        printf("%d", j);
    for (j = 1; j <= (n - 1) * 2 - (i * 2 - 1); j++)      ─┤ 가운데 공백
        printf(" ");
    for (j = i; j >= 1; j--)                              ─┤ 우측 날개
        printf("%d", j);
    printf("\n");
}
```

Interpret

- i의 값이 4일 때, 좌측 날개 j는 1부터 4까지 출력, 공백 1개 출력, 우측 날개 j는 4부터 1까지 출력한다.

- i의 값이 3일 때, 좌측 날개 j는 1부터 3까지 출력, 공백 3개 출력, 우측 날개 j는 3부터 1까지 출력한다.

- i의 값이 2일 때, 좌측 날개 j는 1부터 2까지 출력, 공백 5개 출력, 우측 날개 j는 2부터 1까지 출력한다.

- i의 값이 1일 때, 좌측 날개 j는 1부터 1까지 출력, 공백 7개 출력, 우측 날개 j는 1부터 1까지 출력한다.

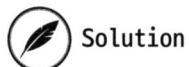 Solution

```c
#include <cstdio>

int main(void)
{
    int n, i, j;

    scanf("%d", &n);

    for (i = 1; i <= n - 1; i++)
    {
        for (j = 1; j <= i; j++)          // 좌측 날개
            printf("%d", j);
        for (j = 1; j <= (n - 1) * 2 - (i * 2 - 1); j++)   // 공백
            printf(" ");
        for (j = i; j >= 1; j--)          // 우측 날개
            printf("%d", j);
        printf("\n");
    }

    for (i = 1; i <= n; i++)              // 허리 부분
        printf("%d", i % 10);
    for (i = n - 1; i >= 1; i--)
        printf("%d", i);
    printf("\n");

    for (i = n - 1; i >= 1; i--)
    {
        for (j = 1; j <= i; j++)          // 좌측 날개
            printf("%d", j);
        for (j = 1; j <= (n - 1) * 2 - (i * 2 - 1); j++)   // 공백
            printf(" ");
        for (j = i; j >= 1; j--)          // 우측 날개
            printf("%d", j);
        printf("\n");
    }
    return 0;
}
```

 Interpret
- 9번째 줄부터 18번째 줄은 상단 부분을 출력한다.
- 20번째 줄부터 24번째 줄은 허리 부분을 출력한다.
- 26번째 줄부터 35번째 줄은 하단 부분을 출력한다.

제23장 순환문 while

연습문제 ❶번 문제풀이

 Solution

```
1   #include <cstdio>
2
3   int main(void)
4   {
5       int a = 0, cnt = 0;
6
7       while (a < 99)
8       {
9           a += 3;
10          printf("%d ", a);
11          cnt++;
12          if (cnt % 10 == 0)
13              printf("\n");
14      }
15      return 0;
16  }
```

 Interpret
- 7번째 줄에서 a의 값이 99 미만인 이유는 만일 a의 값이 99가 되었을 때 while문이 실행된다면 9번째 줄에 의해서 a의 값이 102가 되기 때문에 a의 조건은 99 미만이 되었다.
- 9번째 줄은 while문이 1회전 할 때마다 a의 값을 3씩 증가시킨다.
- 11번째 줄은 while문이 1회전 할 때마다 cnt의 값이 1씩 카운팅된다.
- 12번째 줄은 cnt의 값이 10의 배수일 때마다 13번째 줄에서 한 개의 줄 내림이 발생된다.

제23장 순환문 while

연습문제   ❷번 문제풀이

 Solution

```
1   #include <cstdio>
2
3   int main(void)
4   {
5       int a = 0, cnt = 0;
6
7       do {
8           a += 3;
9           printf("%d ", a);
10          cnt++;
11          if (cnt % 10 == 0)
12              printf("\n");
13      } while (a < 99);
14      return 0;
15  }
```

 Interpret

- 13번째 줄에서 a의 값이 99 미만인 이유는 만일 a의 값이 99가 되었을 때 do while문이 실행된다면 8번째 줄에 의해서 a의 값이 102가 되기 때문에 a의 조건은 99 미만이 되었다.
- 8번째 줄은 do while문이 1회전 할 때마다 a의 값을 3씩 증가시킨다.
- 10번째 줄은 do while문이 1회전 할 때마다 cnt의 값이 1씩 카운팅된다.
- 11번째 줄은 cnt의 값이 10의 배수일 때마다 12번째 줄에서 한 개의 줄 내림이 발생된다.

제23장 순환문 while

연습문제   ❸번 문제풀이

 Solution

```
1   #include <cstdio>
2
3   int main(void)
```

```
4     {
5         int a, card = 10000, cnt = 0;
6
7         scanf("%d", &a);
8
9         while (card >= a)
10        {
11            card -= a;
12            printf("%d\n", card);
13            cnt++;
14        }
15        printf("%d\n", cnt);
16        return 0;
17    }
```

 Interpret
- 9번째 줄부터 14번째 줄은 교통 카드의 잔액 card가 버스 요금 a보다 크거나 같다면 계속 순환한다.
- 11번째 줄은 버스에 요금이 차감되고 12번째 줄에서 차감되고 남은 금액을 출력한다.
- 13번째 줄은 버스에 탑승한 횟수를 카운팅한다.
- 모든 순환을 마친 후 교통 카드를 사용한 횟수를 15번째 줄에서 출력한다.

제23장 순환문 while

1018   골동품

실행 제한시간 **1초**
메모리 사용 제한 **32MB**

내가 제시한 가격을 a, 판매사가 제시한 가격이 c이다. 그런데 내가 제시한 가격이 판매사가 제시한 가격보다 크거나 같다면 더 이상의 입찰할 필요가 없으므로 내가 제시한 가격 a보다 판매사가 제시한 가격 c가 크다면 가격에 대한 조정이 필요하다. 가격에 대한 조정을 한 번이 아니라 판매에 대한 조건이 맞을 때까지 순환문을 이용해서 가격을 조정해야 한다. 그런데 for문 같은 경우는 명확한 회전수가 있을 때 사용하면 유리하지만, 지금과 같은 경우는 명확한 회전수를 계산하기 복잡하므로 while문을 사용하는 것이 조금 더 편리하다. 가격에 대한 조정은 한 번의 회전이 발생할 때마다 내가 제시한 가격은 b씩 증가하고, 판매사가 제시한 가격은 d씩 감소하면 된다.

 Solution

```
1   #include <cstdio>
2
3   int main(void)
4   {
5       int a, b, c, d;
6
7       scanf("%d %d %d %d", &a, &b, &c, &d);
8
9       while (a < c)
10      {
11          a += b;      // 내가 제시한 가격 a : b씩 증가
12          c -= d;      // 판매사가 제시한 가격 c : d씩 감소
13      }
14
15      printf("%d\n", a);
16      return 0;
17  }
```

 Interpret

- 9번째 줄은 내가 제시한 가격이 판매사가 제시한 가격보다 작다면 순환이 발생된다.
- 11번째 줄은 내가 제시한 가격은 b씩 증가한다.
- 12번째 줄은 판매사가 제시한 가격은 d씩 감소한다.
- 15번째 줄은 내가 제시한 가격이 입찰이 되었기 때문에 출력의 첫째 줄에 출력한다.

제23장 순환문 while

2016 콜라

실행 제한시간 **0.2초**
메모리 사용 제한 **64MB**

이 문제는 커다랗게 두 가지 문제점이 나타난다. 정답이 안 나오는 경우와 시간 초과(Time Limit Exceed)가 나는 경우이다. 첫째로 정답이 안 나오는 사람들은 5와 3을 입력해 보기를 바란다. 정답으로 얼마가 나와야 하는가? 정답은 7이다. 아마도 정답이 안 나오는 사람들 대부분은 6으로 정답이 나왔을 것이다. 정답이 6으로 나온 사람들은 5병을 마신 후 3병에 대한 새로운 1병을 받았기 때문에 정답이 6으로 나왔을 것이다. 하지만 좀 더 깊이 생각해보면 5병을 마신 후 빈 병 3병을 새로운 1병과 교환하면 아직 나머지 빈 병이 2병 남아있고, 그리고 새로운 1병을 마신 후 빈 병 1병을 더 추가하면 빈 병이 다시 3병이 되므로 추가로 1병을 더 받을 수 있다는 것을 미처 계산하지 못했을 것이다.

다음으로 자주 발생하는 문제는 시간 초과(Time Limit Exceed)가 나는 문제이다. 일단 문제에서 실행 제한시간은 0.2초이다. 시간 초과가 나오는 경우는 아래와 같이 모든 과정을 일일이 처리하도록 소스 코드를 작성한 경우일 것이다.

Core

```
while (n >= k)
{
    sum += k;
    n -= (k - 1);
}
printf("%d\n", sum + n);
```

가득 찬 콜라 n병이 k보다 크거나 같다면 k병을 마실 수 있는 콜라가 있다는 말이므로 일단 k병을 마신다. 왜냐하면 k병을 마시면 새로운 콜라 1병을 추가로 주기 때문이다. 따라서 기존에 가지고 있던 n병에서 k병을 마시고 새로운 콜라 1병을 더 추가하므로 결국은 k - 1병만 빼면 된다. 물론 이렇게 작성하여 프로그램을 실행하면 정답은 아주 잘 나온다. 하지만 입력으로 1,000,000,000과 2를 넣어서 실행해 본다면 순환문은 적어도 약 10억 바퀴의 회전을 필요로 할 것이다. (대략적으로 1초에 약 1억 바퀴 정도의 회전을 한다. 물론 시스템의 사양에 따라 달라질 수 있다.) 따라서 시간 초과(Time Limit Exceed)를 막기 위해서 뺄셈의 연산 과정을 나눗셈과 나머지의 연산 과정으로 바꾼다면 놀라운 속도 향상을 가져올 수 있을 것이다.

n이 11이고 k가 3인 경우를 보자. 일단 n병의 콜라를 다 마시면(sum = n) 빈 병이 n병이 생긴다. 여기서 새롭게 추가로 마실 수 있는 콜라의 개수는 n / k병이 되고 새롭게 바뀌는 빈 병의 개수는 n / k병을 마시고 남은 빈 병 n / k병과 기존에 남아 있던 빈 병 n % k병이 된다.

 Core

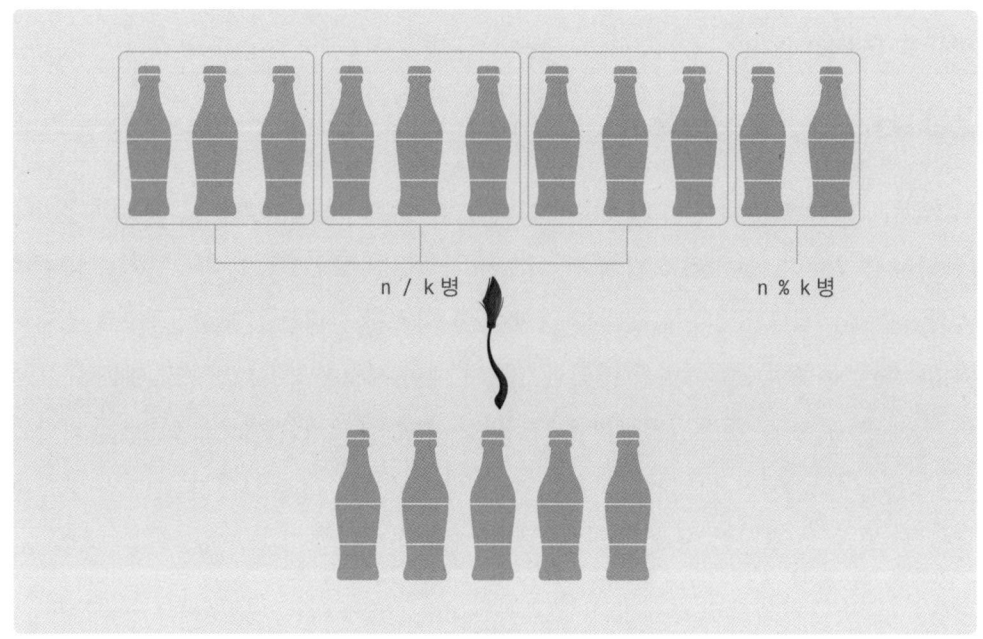

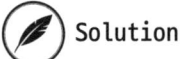 Solution

```
1   #include <cstdio>
2
3   int main(void)
4   {
5       int n, k, sum = 0;
6
7       scanf("%d %d", &n, &k);
8
9       sum = n;        // 일단 n병을 마시고 빈 병의 개수는 n병이 된다.
10      while (n >= k)
11      {
12          sum += n / k;         // 빈 병을 바꿔서 마실 수 있는 콜라
13          n = n / k + n % k;   // 새로운 빈 병
14      }
15
16      printf("%d\n", sum);
17      return 0;
18  }
```

 Interpret

- 9번째 줄은 콜라 n병을 모두 마신 후 빈 병이 n병이 생긴다.
- 12번째 줄은 빈 병을 바꿔서 마실 수 있는 콜라의 수를 정수형 변수 sum에 누적한다.

- 13번째 줄은 빈 병을 바꿔서 마신 새로운 빈 병은 n / k이고 기존에 바꾸지 못한 빈 병은 n % k병이다. 따라서 빈 병의 개수를 n / k + n % k로 새롭게 변경한다.

제23장 순환문 while

2085 Gold Coins

실행 제한시간 **1초**
메모리 사용 제한 **32MB**

예를 들어서 N의 값이 7이라고 가정해 보겠다.

Core

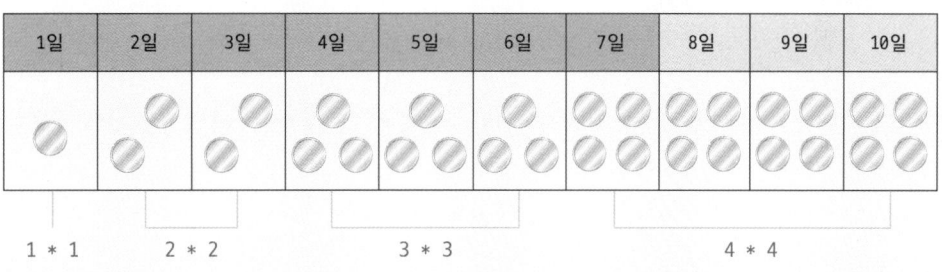

1일 : 금화 1 * 1 = 1개 (전체 금화 sum = 1개)

2일 + 3일 : 금화 2 * 2 = 4개 (전체 금화 sum = 1 + 4 = 5개)

4일 + 5일 + 6일 : 금화 3 * 3 = 9개 (전체 금화 sum = 5 + 9 = 14개)

7일 + 8일 + 9일 + 10일 : 금화 4 * 4 = 16개 (전체 금화 sum = 14 + 16 = 30개)

그런데 구하고자 하는 N = 7이므로 여기서 3일이 더 추가되었다. 마지막으로 추가된 8일, 9일, 10일에 추가된 금화를 제외한다.

8일 + 9일 + 10일 : 금화 3 * 4 = 12개 (전체 금화 sum = 30 - 12 = 18개)

 **Solution**

```
1   #include <cstdio>
2
3   int main(void)
4   {
5       int n, sum = 0, day = 0, gold = 0;
6
7       scanf("%d", &n);
8
9       while (day < n)
10      {
11          gold++;
12          day += gold;    // 1 + 2 + 3 + 4
13          sum += (gold * gold);
14      }
15      sum -= (day - n) * gold;
16
17      printf("%d\n", sum);
18      return 0;
19  }
```

 **Interpret**

- 11번째 줄에서 제공되는 금화는 (1), (2, 3), (4, 5, 6) 단위로 1씩 올라간다.
- 12번째 줄에서 날짜는 while문이 한 바퀴 순환할 때마다 날짜가 1 + 2 + 3 + ⋯ 씩 증가한다.
- 13번째 줄에서 금화의 총액을 계산한다.
- 1일에는 1 * 1개, (2, 3)일 에는 2 * 2개, (4, 5, 6)일은 3 * 3개, ⋯ , 이와 같은 방법으로 내가 구하고자 하는 날짜를 넘어갈 때까지 구한다. 내가 구하고자 하는 날짜를 넘어가면 while문이 종료되고 15번째 줄에서 넘어간 날짜만큼 추가된 금화를 다시 제외하면 n일 동안 지급된 금화의 총액이 계산된다.

제24장 완전제곱수 Perfect Square Number

연습문제 ❶번 문제풀이

N의 값이 4일 때, 한 변의 길이가 3인 크고 작은 정사각형은 아래 그림과 같이 4가지의 경우가 있다.

Core

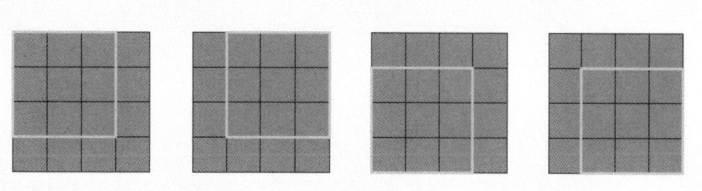

한 변의 길이가 1인 정사각형은 4^2개,
한 변의 길이가 2인 정사각형은 3^2개,
한 변의 길이가 3인 정사각형은 2^2개,
한 변의 길이가 4인 정사각형은 1^2개이므로 모두 $1^2 + 2^2 + 3^2 + 4^2 = 30$이 된다.

Solution

```
1   #include <cstdio>
2
3   int main(void)
4   {
5       int n, i, sum = 0;
6
7       scanf("%d", &n);
8
9       for (i = 1; i <= n; i++)
10          sum += (i * i);
11
12      printf("%d\n", sum);
13      return 0;
14  }
```

Interpret

- 9번째 줄부터 10번째 줄은 i의 값이 1일 때는 한 변의 길이가 n인 정사각형의 개수이고, i의 값이 2일 때는 한 변의 길이가 n - 1인 정사각형의 개수이며, …, i의 값이 n일 때는 한 변의 길이가 1인 정사각형의 개수를 sum에 누적한다.

- 12번째 줄은 크고 작은 정사각형의 개수를 출력의 첫째 줄에 출력한다.

제24장 완전제곱수 Perfect Square Number

1009 홀수의 합

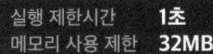

```
1   #include <cstdio>
2
3   int main(void)
4   {
5       int a, b, i, sum = 0;
6
7       scanf("%d", &a);
8       scanf("%d", &b);
9
10      for (i = a; i <= b; i++)
11          if (i % 2 == 1)
12              sum += i;
13
14      printf("%d\n", sum);
15      return 0;
16  }
```

- 10번째 줄부터 12번째 줄은 a 이상 b 이하의 홀수의 합을 구하고 있다.
- 14번째 줄은 a 이상 b 이하의 홀수의 합을 출력의 첫째 줄에 출력한다.

두 번째 풀이 방법은 1부터 연속된 홀수의 합은 제곱수이므로 for문의 회전 없이 수학적인 연산으로 한 번에 계산할 수도 있다.

(1 이상 b 이하의 홀수의 합) - (1 이상 a 미만의 홀수의 합)

만일 b의 값이 9 또는 10이면 1부터 b까지의 홀수의 개수는 (b + 1) / 2개이므로 1 이상 b 이하의 홀수의 합은 ((b + 1) / 2) * ((b + 1) / 2)가 된다. 그리고 마찬가지 방법으로 1 이상 a 미만의 홀수의 개수는 (a / 2)개이므로 1 이상 a 미만의 홀수의 합은 (a / 2) * (a / 2)가 된다. 따라서 ((b + 1) / 2) * ((b + 1) / 2)에서 (a / 2) * (a / 2)를 빼면 for문의 회전 없이 a 이상 b 이하의 홀수의 합을 한 번의 연산으로 구할 수 있다.

Solution

```
1   #include <cstdio>
2
3   int main(void)
4   {
5       int a, b;
6
7       scanf("%d", &a);
8       scanf("%d", &b);
9
10      printf("%d\n", ((b + 1) / 2) * ((b + 1) / 2) - (a / 2) * (a / 2));
11      return 0;
12  }
```

Interpret

- 10번째 줄은 a 이상 b 이하의 홀수의 합을 출력의 첫째 줄에 출력한다.

제24장 완전제곱수 Perfect Square Number

1004 홀수 제곱과 짝수 제곱

실행 제한시간 **1초**
메모리 사용 제한 **32MB**

Solution

```
1   #include <cstdio>
2
3   int main(void)
4   {
5       int n, i, sum = 0;
6
7       scanf("%d", &n);
8
9       for (i = 1; i <= n; i++)
10          if (i % 2 == 1)
11              sum += i * i;
12          else
13              sum -= i * i;
14
15      printf("%d\n", sum);
```

```
16        return 0;
17    }
```

 Interpret
- 9번째 줄부터 13번째 줄은 i의 값이 홀수일 경우 i * i의 값을 sum에 더하고 i의 값이 짝수일 경우 i * i의 값을 sum에서 빼고 있다.
- 15번째 줄은 n에 대한 결괏값을 출력의 첫째 줄에 출력한다.

제24장 완전제곱수 Perfect Square Number

1135 홀수 모으기

실행 제한시간 **0.1초**
메모리 사용 제한 **32MB**

3가지 풀이법을 소개하고자 한다.

첫 번째 풀이는 2중 for문을 이용해서 하나하나 직접 구하는 것이다.

 Solution

```c
1   #include <cstdio>
2
3   int main(void)
4   {
5       int n, i, j, s, sum = 0;
6
7       scanf("%d", &n);
8
9       for (i = 1; i <= n; i++)
10      {
11          s = 0;
12          for (j = 1; j <= i * 2 - 1; j += 2)
13              s += j;
14          sum += s;
15      }
16
17      printf("%d\n", sum);
18      return 0;
19  }
```

 **Interpret**
- 12번째 줄부터 14번째 줄은 i의 값이 1일 때, j는 1부터 1까지 회전하며 j의 값 1을 s에 누적한다.
- i의 값이 2일 때, j는 1부터 3까지 2씩 증가하면서 회전하며 j의 값 1, 3을 s에 누적한다.
- i의 값이 3일 때, j는 1부터 5까지 2씩 증가하면서 회전하며 j의 값 1, 3, 5를 s에 누적한다.
- 이와 같은 방법으로 14번째 줄은 각각의 i에 대한 s의 값을 sum에 누적한다.

두 번째 방법은 각각의 i에 대해서 앞에서 구한 합에 i * 2 - 1을 추가한 후 최종적으로 sum에 누적하면 중복된 연산을 하지 않고 1중 for문을 이용하여 구할 수 있다. 예를 들어서 i가 3일 때 (1 + 3 + 5)를 구해야 하는데 i가 2일 때 (1 + 3)은 이미 계산이 되었기 때문에 i가 3일 때 (1 + 3)을 다시 계산하는 것이 아니라 i가 2일 때 계산했던 계산 결과에 5만 추가하여 i가 3일 때의 값 (1 + 3 + 5)를 구할 수 있다는 말이다.

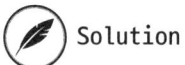 **Solution**

```c
#include <cstdio>

int main(void)
{
    int n, i, s = 0, sum = 0;

    scanf("%d", &n);

    for (i = 1; i <= n; i++)
    {
        s += (i * 2 - 1);
        sum += s;
    }

    printf("%d\n", sum);
    return 0;
}
```

 **Interpret**
- 11번째 줄은 i의 값이 1일 때 s의 값은 1이 되고
- i의 값이 2일 때 s의 값은 (1 + 3)이 되고
- i의 값이 3일 때 s의 값은 (1 + 3 + 5)가 된다.
- 이와 같은 방법으로 12번째 줄은 각각의 i에 대한 s의 값을 sum에 누적한다.

세 번째 방법은 제곱수의 성질을 이용한다. 이번 장에서 배운 1부터 연속된 홀수의 합은 제곱수인 수학적인 성질을 이용한다면 조금 더 편리하게 소스 코드를 완성할 수 있다.

 Core

$$1 + (1 + 3) + (1 + 3 + 5) + \cdots + (1 + 3 + 5 + \cdots + 2 \times N - 1)$$

$1 * 1 \quad 2 * 2 \quad 3 * 3 \quad \cdots \quad N * N$

 Solution

```c
#include <cstdio>

int main(void)
{
    int n, i, sum = 0;

    scanf("%d", &n);

    for (i = 1; i <= n; i++)
        sum += i * i;

    printf("%d\n", sum);
    return 0;
}
```

 Interpret – 9번째 줄부터 10번째 줄은 각각의 i에 대해서 i * i의 값을 sum에 누적한다.

제24장 완전제곱수 Perfect Square Number

1144 타일의 개수

실행 제한시간 **1초**
메모리 사용 제한 **32MB**

n = 4인 경우를 살펴보자.

 Core

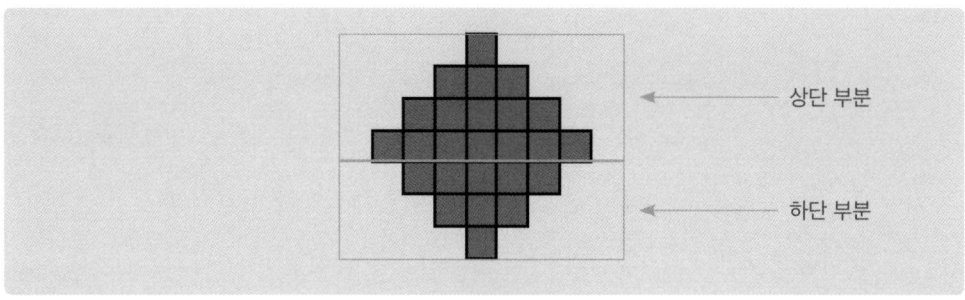

상단 부분의 타일의 개수는 1 + 3 + 5 + 7로 1부터 연속된 4개의 홀수의 합이고 하단 부분의 타일의 개수는 1 + 3 + 5로 1부터 연속된 3개의 홀수의 합이다. 따라서 n일 경우, 상단 부분의 타일의 개수는 1부터 연속된 n개의 홀수의 합이고 하단 부분의 타일의 개수는 1부터 연속된 n - 1개의 홀수의 합이다.

Solution

```
1    #include <cstdio>
2
3    int main(void)
4    {
5        int n, i;
6
7        scanf("%d", &n);
8
9        printf("%d\n", n * n + (n - 1) * (n - 1));
10       return 0;
11   }
```

Interpret

- 9번째 줄은 상단 부분의 타일의 개수 n * n개와 하단 부분의 타일의 개수 (n - 1) * (n - 1)개의 합을 출력의 첫째 줄에 출력한다.

제24장 완전제곱수 Perfect Square Number

1138 정사각수

실행 제한시간 **1초**
메모리 사용 제한 **32MB**

완전제곱수는 약수의 개수가 홀수개이므로 약수의 개수를 이용하여 판별할 수 있다. 하지만 이 문제의 또 다른 문제는 완전제곱수 중에서 가장 최소인 완전제곱수를 찾는 문제이다. 물론 여러 가지 방법이 있겠지만 이것을 해결하기 위해서 또 다른 변수 pcnt를 선언과 동시에 0으로 초기화하였다. 그리고 완전제곱수가 확정될 때마다 pcnt의 값을 1씩 카운팅한다. 그리고 pcnt의 값이 1일 때 그때의 완전제곱수를 또 다른 변수 minv에 저장한다면 그때 minv에 저장된 완전제곱수는 첫 번째로 조건문을 만족한 완전제곱수이므로 값이 최소인 완전제곱수가 된다. 완전제곱수가 없는 경우에는 -1을 출력해야 하는데 순환을 완료한 후 pcnt 값이 계속 0으로 남아있다면 카운팅된 완전제곱수가 없다는 의미이므로 출력의 첫째 줄에 -1을 출력하면 된다.

Core

```
if (cnt % 2 == 1)                    ─┤ 약수의 개수가 홀수개이므로 완전제곱수 확정
{
    sum += i;
    pcnt++;                          ─┤ 완전제곱수가 확정될 때마다 pcnt의 값 1씩 카운팅
    if (pcnt == 1)                   ─┤ pcnt의 값이 1일 때 최소인 완전제곱수 확정
        minv = i;
}
```

Solution

```c
#include <cstdio>

int main(void)
{
    int a, b, i, j, cnt, pcnt = 0;
    int sum = 0, minv;

    scanf("%d %d", &a, &b);

    for (i = a; i <= b; i++)
    {
        cnt = 0;
        for (j = 1; j <= i; j++)
            if (i % j == 0)
                cnt++;

        if (cnt % 2 == 1)
        {
            sum += i;
            pcnt++;
            if (pcnt == 1)
                minv = i;
        }
    }

    if (pcnt == 0)
        printf("-1\n");
    else
    {
```

```
30              printf("%d\n", sum);
31              printf("%d\n", minv);
32          }
33      return 0;
34  }
```

Interpret
- 19번째 줄은 완전제곱수가 확정될 때마다 sum에 완전제곱수 i를 누적한다.
- 20번째 줄은 완전제곱수가 확정될 때마다 pcnt의 값을 1씩 증가한다.
- 21번째 줄은 pcnt의 값이 1일 때 첫 번째 완전제곱수이므로 정수형 변수 minv에 완전제곱수 i의 값을 저장한다.
- 26번째 줄부터 27번째 줄은 a에서 b까지 순환한 후 pcnt의 값이 0으로 남아있다면 완전제곱수가 존재하지 않는다는 말이므로 출력의 첫째 줄에 -1을 출력한다.
- 그렇지 않다면 30번째 줄에서 출력의 첫째 줄에 총합을 출력하고 31번째 줄에서 출력의 둘째 줄에 가장 작은 완전제곱수를 출력한다.

두 번째 풀이는 제곱근을 이용해서 구하는 방법을 이용하려고 한다. 제곱근을 이용한다면 약수의 개수를 구할 필요가 없으므로 2중 for문이 아닌 1중 for문으로 원하는 결과를 가져올 수 있다.

Solution
```
1   #include <cstdio>
2   #include <cmath>
3
4   int main(void)
5   {
6       int a, b, i, k, sum = 0, pcnt = 0, minv;
7
8       scanf("%d %d", &a, &b);
9
10      for (i = a; i <= b; i++)
11      {
12          k = sqrt(i);
13          if (k * k == i)
14          {
15              sum += i;
16              pcnt++;
17              if (pcnt == 1)
18                  minv = i;
```

```
19              }
20          }
21
22      if (pcnt == 0)
23          printf("-1\n");
24      else
25      {
26          printf("%d\n", sum);
27          printf("%d\n", minv);
28      }
29      return 0;
30  }
```

 **Interpret**
- 15번째 줄은 완전제곱수가 확정될 때마다 sum에 완전제곱수 i를 누적한다.
- 16번째 줄은 완전제곱수가 확정될 때마다 pcnt의 값을 1씩 증가한다.
- 17번째 줄은 pcnt의 값이 1일 때 첫 번째 완전제곱수이므로 정수형 변수 minv에 완전제곱수 i의 값을 저장한다.

제24장 완전제곱수 Perfect Square Number

2015 술 취한 교도관

실행 제한시간 **1초**
메모리 사용 제한 **8MB**

처음에 각 방의 문은 모두 잠겨있고, 10라운드까지 진행하면서 살펴보자. 먼저 첫 번째 라운드에서 1의 배수를 처리하게 되면 모든 감옥의 문을 열게 된다. 이후 두 번째 라운드에서 2의 배수, 세 번째 라운드에서 3의 배수, ⋯ , 마지막으로 열 번째 라운드에서 10의 배수를 진행한다면 아래 다음과 같다.

라운드 \ 감옥문	1	2	3	4	5	6	7	8	9	10
1	○	○	○	○	○	○	○	○	○	○
2		×		×		×		×		×
3			×			○			×	
4				○						
5					×					○
6						×				
7							×			
8								×		
9									○	
10										×

가로줄은 감옥문의 번호를, 세로줄은 라운드의 번호를 써놓았다. 그리고 문을 열고 닫는 모습을 ○와 ×로 표시하였다. 교도관이 문을 열면 ○를, 문을 닫으면 ×로 표시하였다. 이렇게 10번의 라운드를 진행하게 되면 위와 같은 표를 얻게 된다. 감옥문 하나를 기준으로 살펴보자. 감옥문 번호를 자연수 N이라고 가정한다면 N번 감옥문을 열고 닫을 수 있는 라운드는 N의 약수인 라운드가 될 것이다. 예를 들어서 10번 감옥문을 열고 닫을 수 있는 라운드는 1, 2, 5, 10 라운드가 될 것이다. 따라서 최종적으로 감옥문이 열려 있으려면 약수의 개수가 홀수개이어야 한다. 즉 약수의 개수가 홀수개인 수는 제곱수인 것이다.

Solution

```
1   #include <cstdio>
2
3   int main(void)
4   {
5       int n, i, j, k, cnt, scnt = 0;
6
```

```
7       scanf("%d", &n);
8
9       for (i = 1; i <= n; i++)
10      {
11          cnt = 0;
12          for (j = 1; j <= i; j++)
13              if (i % j == 0)
14                  cnt++;
15
16          if (cnt % 2 == 1)
17              scnt++;
18      }
19
20      printf("%d\n", scnt);
21      return 0;
22  }
```

Interpret - 16번째 줄은 i에 대한 약수의 개수가 홀수개이면 i는 완전제곱수이므로 완전제곱수의 개수를 구하는 scnt를 1씩 카운팅한다.

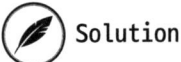

Solution

```
1   #include <cstdio>
2   #include <cmath>
3
4   int main(void)
5   {
6       int n, i, k, scnt = 0;
7
8       scanf("%d", &n);
9
10      for (i = 1; i <= n; i++)
11      {
12          k = sqrt(i);
13          if (k * k == i)
14              scnt++;
15      }
16
17      printf("%d\n", scnt);
```

```
18        return 0;
19    }
```

Interpret
- 12번째 줄은 i의 제곱근을 정수형 변수 k에 정수만 취한 후 13번째 줄에서 k의 제곱이 i와 같다면 i는 완전제곱수이므로
- 14번째 줄에서 완전제곱수의 개수를 구하는 scnt를 1씩 카운팅한다.

제24장 완전제곱수 Perfect Square Number

1143 타일 붙이기

실행 제한시간 **1초**
메모리 사용 제한 **32MB**

제곱수 n이 주어지면, n에 대한 제곱근 k의 값을 구해야 한다. 물론 sqrt()를 이용해서 구할 수도 있지만 제곱근을 모르는 초등학생이나 또는 sqrt()가 기억이 안난다면 다음과 같이 구할 수도 있다.

Core

```
for (k = 1; k * k < n; k++)
    ;
```
같은 결과
```
for (k = 1; k * k < n; k++);
```

k의 값은 1부터 시작을 한다. for문 기능은 단지 순환의 역할을 할 뿐 for문 안의 내용은 없다. for문의 순환은 k * k의 값이 n보다 작다면 계속 k의 값을 1씩 증가하면서 순환한다. for문의 순환은 k * k의 값이 n보다 크거나 같을 때 종료된다. for문이 종료되면 그때의 k의 값은 제곱수 n에 대한 제곱근이 된다. 보통 for문 안의 세미 콜론(;)을 오른쪽과 같이 for문의 뒤에 붙여서 사용한다. 물론 뒤에서 배울 while문을 이용하여 작성할 수도 있다.

n에 대한 제곱근 k를 구한다. 여기서 k는 정사각형 벽면의 가로, 세로의 길이가 된다. k의 값이 짝수일 때와 홀수일 때를 나눠서 살펴보자. 먼저 k(= 4)의 값이 짝수일 때를 살펴보면,

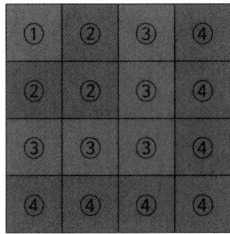

(①, ②), (③, ④), (⑤, ⑥), ⋯ 은 붉은색 타일이 2개씩 더 많다. 따라서 k의 값이 짝수일 때는 붉은색 타일이 k개가 더 많기 때문에 정답은 k가 된다. 그럼 다음 k(= 5)의 값이 홀수일 때를 살펴보자.

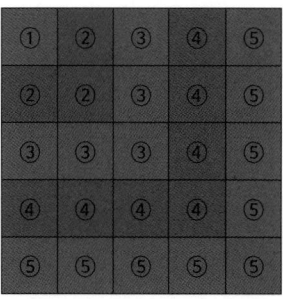

(①, ②), (③, ④) 까지는 붉은색 타일이 4개가 더 많으므로 마지막 ⑤에서 4개의 붉은색 타일의 개수만 큼을 빼주면 파란색 타일의 개수는 5개, 즉 k개가 더 많게 된다. 따라서 k의 값이 짝수, 홀수에 상관없이 정답은 항상 n에 대한 제곱근 k가 된다.

 **Solution**

```
1    #include <cstdio>
2
3    int main(void)
4    {
5        int n, k;
6
7        scanf("%d", &n);
8
9        for (k = 1; k * k < n; k++);
10
11       printf("%d\n", k);
12       return 0;
13   }
```

 **Interpret** — 9번째 줄은 n의 제곱근 k를 구한 후 11번째 줄에서 출력의 첫째 줄에 출력한다.

 **Solution**

```
1    #include <cstdio>
2    #include <cmath>
3
4    int main(void)
5    {
6        int n;
```

```
 7
 8        scanf("%d", &n);
 9
10        printf("%d\n", int(sqrt(n)));
11        return 0;
12    }
```

 Interpret - 10번째 줄은 n의 제곱근을 구한 후 정수형으로 강제 형 변환을 하여 출력의 첫째 줄에 출력한다.

제24장 완전제곱수 Perfect Square Number

2071 완전제곱수

실행 제한시간 **1초**
메모리 사용 제한 **64MB**

$A^2 = B^2 + N$을 만족하는 정수를 찾기 위해서 1부터 500까지의 정수를 차례로 모두 B에 대입해 본다. A^2은 완전제곱수이기 때문에 $B^2 + N$의 값은 반드시 완전제곱수이어야 한다.

 Solution

```
 1    #include <cstdio>
 2
 3    int main(void)
 4    {
 5        int n, i, j, cnt, a, a2, scnt = 0;
 6
 7        scanf("%d", &n);
 8
 9        for (i = 1; i <= 500; i++)
10        {
11            a2 = i * i + n;
12            cnt = 0;
13            for (j = 1; j <= a2; j++)
14                if (a2 % j == 0)
15                    cnt++;
16
17            if (cnt % 2 == 1)
18                scnt++;
```

```
19      }
20
21      printf("%d\n", scnt);
22      return 0;
23  }
```

- 9번째 줄부터 19번째 줄은 i를 1부터 500까지 회전하면서 각각의 i의 값을 b에 대입해본다. 조건 $A^2 = B^2 + N$을 성립하기 위해서는 a2에 저장된 값은 반드시 완전제곱수이어야 한다.
- 17번째 줄에서 a2의 값이 완전제곱수이면 $A^2 = B^2 + N$이 성립하기 때문에 cnt의 값을 1 증가시킨다.

```
1   #include <cstdio>
2   #include <cmath>
3
4   int main(void)
5   {
6       int n, i, a, a2, cnt = 0;
7
8       scanf("%d", &n);
9
10      for (i = 1; i <= 500; i++)
11      {
12          a2 = i * i + n;
13          a = sqrt(a2);
14          if (a * a == a2)
15              cnt++;
16      }
17      printf("%d\n", cnt);
18      return 0;
19  }
```

- 10번째 줄부터 16번째 줄은 i를 1부터 500까지 회전하면서 각각의 i의 값을 b에 대입해본다. 조건 $A^2 = B^2 + N$이 성립하기 위해서는 a2에 저장된 값은 반드시 완전제곱수이어야 한다.
- 14번째 줄에서 a2의 값이 완전제곱수이면 $A^2 = B^2 + N$이 성립하기 때문에 cnt의 값을 1 증가시킨다.

제25장 팔린드롬 Palindrome

연습문제 ❶번 문제풀이

 Solution

```
1   #include <cstdio>
2
3   int main(void)
4   {
5       int n, k, r;
6
7       scanf("%d", &n);
8
9       k = n;
10      r = 0;
11      while (k != 0)
12      {
13          r = r * 10 + k % 10;
14          k /= 10;
15      }
16
17      if (n == r)
18          printf("Palindrome Number\n");
19      else
20          printf("Normal Number\n");
21      return 0;
22  }
```

 Interpret

- 9번째 줄은 입력받은 n의 값을 k에 대입한다.
- 11번째 줄부터 15번째 줄은 k의 값이 0이 아니면 r에 10을 곱해서 자릿수를 한 자리 올린 후 k의 일의 자리를 r에 추가한다. while문을 종료하면 r의 값은 k의 값이 거꾸로 뒤집어진 값이 된다.
- 17번째 줄에서 n의 값과 뒤집어진 r의 값의 동등 관계를 비교한다.

제25장 팔린드롬 Palindrome

연습문제　❷번 문제풀이

 Solution

```
#include <cstdio>

int main(void)
{
    int a, b, s = 0, i;

    scanf("%d %d", &a, &b);

    for (i = a; i <= b; i++)
        if (i % 10 == 7)
            s += i;
    printf("%d\n", s);
    return 0;
}
```

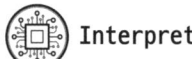 Interpret
- 9번째 줄부터 11번째 줄은 일의 자리의 수가 7인 정수의 합을 구하고 있다.
- 12번째 줄은 일의 자리의 숫자가 7인 정수들의 총합을 첫째 줄에 출력한다.

제25장 팔린드롬 Palindrome

연습문제　❸번 문제풀이

 Solution

```
#include <cstdio>

int main(void)
{
    int a, b, s = 0, i;

    scanf("%d %d", &a, &b);
```

```
 8
 9        for (i = a; i <= b; i++)
10            if ((i / 10) % 10 == 7)
11                s += i;
12        printf("%d\n", s);
13        return 0;
14    }
```

Interpret
- 9번째 줄부터 11번째 줄은 십의 자리의 수가 7인 정수의 합을 구하고 있다.
- 12번째 줄은 십의 자리의 숫자가 7인 정수들의 총합을 첫째 줄에 출력한다.

제25장 팔린드롬 Palindrome

1043 숫자 뒤집기

실행 제한시간 **1초**
메모리 사용 제한 **32MB**

Solution

```
 1    #include <cstdio>
 2
 3    int main(void)
 4    {
 5        int a, b, a2 = 0, b2 = 0;
 6
 7        scanf("%d %d", &a, &b);
 8
 9        while (a != 0)
10        {
11            a2 = a2 * 10 + a % 10;
12            a /= 10;
13        }
14
15        while (b != 0)
16        {
17            b2 = b2 * 10 + b % 10;
18            b /= 10;
19        }
```

```
20
21      if (a2 > b2)
22          printf("%d\n", a2);
23      else
24          printf("%d\n", b2);
25      return 0;
26  }
```

Interpret
- 9번째 줄부터 13번째 줄은 a의 값을 거꾸로 뒤집는다. while문을 종료하면 a2의 값은 a의 값이 거꾸로 뒤집어진 값이 된다.
- 15번째 줄부터 19번째 줄은 b의 값을 거꾸로 뒤집는다. while문을 종료하면 b2의 값은 b의 값이 거꾸로 뒤집어진 값이 된다.
- 21번째 줄은 a2의 값과 b2의 값의 대소 관계를 비교한다.

제25장 팔린드롬 Palindrome

1048 수의 덧셈

실행 제한시간 **1초**
메모리 사용 제한 **32MB**

Solution

```
1   #include <cstdio>
2
3   int main(void)
4   {
5       int n, k, r = 0;
6
7       scanf("%d", &n);
8
9       k = n;
10      while (k != 0)
11      {
12          r = r * 10 + k % 10;
13          k /= 10;
14      }
15
```

```
16        printf("%d\n", n + r);
17        return 0;
18    }
```

- 9번째 줄은 입력받은 n의 값을 k에 대입한다
- 10번째 줄부터 14번째 줄은 k의 값이 0이 아니면 r에 10을 곱해서 자릿수를 한 자리 올린 후 k의 일의 자리를 r에 추가한다. while문을 종료하면 r의 값은 k의 값이 거꾸로 뒤집어진 값이 된다.
- 16번째 줄은 입력받은 n의 값과 거꾸로 뒤집어진 r의 값을 더하여 출력의 첫째 줄에 출력한다.

제25장 팔린드롬 Palindrome

1136 팔린드롬 수(Palindrome Number)

실행 제한시간 **1초**
메모리 사용 제한 **32MB**

```
1     #include <cstdio>
2
3     int main(void)
4     {
5         int a, b, i, k, r, cnt = 0;
6
7         scanf("%d %d", &a, &b);
8
9         for (i = a; i <= b; i++)
10        {
11            k = i;
12            r = 0;
13            while (k != 0)
14            {
15                r = r * 10 + k % 10;
16                k /= 10;
17            }
18            if (i == r)
19                cnt++;
20        }
21
```

```
22        printf("%d\n", cnt);
23        return 0;
24    }
```

 Interpret
- 11번째 줄은 각각의 i의 값을 거꾸로 뒤집어 보기 위해서 i의 값을 k에 대입한다.
- 13번째 줄부터 17번째 줄은 k의 값이 0이 아니면 r에 10을 곱해서 자릿수를 한 자리 올린 후 k의 일의 자리를 r에 추가한다. while문을 종료하면 r의 값은 k의 값이 거꾸로 뒤집어진 값이 된다.
- 18번째 줄은 i의 값과 r의 값을 비교하여 팔린드롬 수(Palindrome Number)인지를 판별하여 팔린드롬 수이면 cnt의 값을 1씩 증가한다.

제26장 소수 Prime Number

연습문제   ❶번 문제풀이

소수는 약수의 개수가 2개이므로 약수의 개수를 이용하여 소수를 판별한다. 한 줄에 5개씩 출력하기 위해서 소수의 개수를 카운팅하기 위한 pcnt라는 변수를 별도로 두었다. 아래의 소스 코드에서 cnt는 i에 대한 약수의 개수를 카운팅하기 위한 변수이고 pcnt는 소수의 개수를 카운팅하기 위한 변수이다.

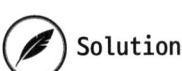 Solution

```
1     #include <cstdio>
2
3     int main(void)
4     {
5         int i, j, cnt, pcnt = 0;
6
7         for (i = 2; i <= 100; i++)
8         {
9             cnt = 0;
10            for (j = 1; j <= i; j++)
11                if (i % j == 0)
12                    cnt++;
13
14            if (cnt == 2)
15            {
```

```
16                printf("%d ", i);
17                pcnt++;
18                if (pcnt % 5 == 0)
19                    printf("\n");
20            }
21        }
22        return 0;
23  }
```

 **Interpret**
- 7번째 줄부터 21번째 줄은 2부터 100까지 소수를 판별하기 위한 순환문이다.
- 10번째 줄부터 12번째 줄은 j가 1부터 i까지 순환하면서 i의 약수를 찾아서 cnt의 값을 1씩 카운팅한다.
- 14번째 줄은 cnt의 값이 2이면 소수가 확정되는 조건문이다.
- 16번째 줄에서 소수인 i를 출력한 후 17번째 줄에서 소수의 개수를 1씩 카운팅한다. 그리고 18번째 줄에서 pcnt의 값이 5의 배수이면 19번째 줄에 의해서 한 줄의 줄 내림이 발생된다.

제곱근을 이용한다면 커다란 수가 주어졌을 때, 훨씬 더 빠른 속도로 소수를 판별할 수 있을 것이다.

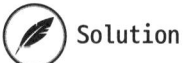 **Solution**
```
1   #include <cstdio>
2   #include <cmath>
3
4   int main(void)
5   {
6       int i, j, k, cnt, pcnt = 0;
7
8       for (i = 2; i <= 100; i++)
9       {
10          cnt = 0;
11          k = sqrt(i);
12          for (j = 2; j <= k; j++)
13              if (i % j == 0)
14                  cnt++;
15
16          if (cnt == 0)
17          {
18              printf("%d ", i);
19              pcnt++;
```

```
20              if (pcnt % 5 == 0)
21                  printf("\n");
22          }
23      }
24      return 0;
25  }
```

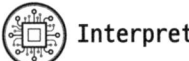

- 2번째 줄은 제곱근 함수 sqrt()를 사용하기 위해서 cmath를 include 하였다.
- 8번째 줄부터 23번째 줄은 2부터 100까지 소수를 판별하기 위한 순환문이다.
- 12번째 줄은 j가 2부터 i의 제곱근 k까지 순환하며 i의 약수를 찾아서 cnt의 값을 1씩 카운팅한다.
- 16번째 줄은 cnt의 값이 0이면 소수가 확정되는 조건문이다.
- 18번째 줄에서 소수인 i를 출력한 후 19번째 줄에서 소수의 개수를 1씩 카운팅한다. 그리고 20번째 줄에서 pcnt의 값이 5의 배수이면 21번째 줄에 의해서 한 줄의 줄 내림이 발생된다.

제26장 소수 Prime Number

1140 소수 찾기

실행 제한시간 **1초**
메모리 사용 제한 **32MB**

소수는 약수의 개수가 2개이므로 약수의 개수를 이용하여 소수를 판별한다. 소수의 개수를 카운팅하기 위해서 pcnt라는 변수를 별도로 두었다. 아래의 소스 코드에서 cnt는 i에 대한 약수의 개수를 카운팅하기 위한 변수이고 pcnt는 소수의 개수를 카운팅하기 위한 변수이다. 소수의 개수 pcnt가 k일 때, 변수 kth에 그 때의 소수를 저장한다.

```
1   #include <cstdio>
2
3   int main(void)
4   {
5       int a, b, k, kth = -1, sum = 0;
6       int i, j, cnt, pcnt = 0;
7
8       scanf("%d %d %d", &a, &b, &k);
9
10      for (i = a; i <= b; i++)
```

```
11      {
12          cnt = 0;
13          for (j = 1; j <= i; j++)
14              if (i % j == 0)
15                  cnt++;
16
17          if (cnt == 2)
18          {
19              sum += i;
20              pcnt++;
21              if (pcnt == k)
22                  kth = i;
23          }
24      }
25
26      printf("%d\n", sum);
27      printf("%d\n", kth);
28      return 0;
29  }
```

 **Interpret**

- 5번째 줄은 k번째 소수를 저장하기 위한 변수 kth를 -1로 초기화하였다. 만일 k번째 소수가 없다면 조건문의 추가 없이 초기화된 -1을 출력하기 위함이다.

- 19번째 줄은 확정된 소수의 값을 sum에 누적한다.

- 20번째 줄은 소수의 개수 pcnt를 1씩 카운팅하고 있다.

- 21번째 줄에서 만일 카운팅된 pcnt의 값이 k라면 k번째 소수이기 때문에 22번째 줄에서 소수의 값 i를 kth에 저장한다.

제곱근을 이용해서 소수를 판별할 때 조심해야 하는 것은 주어지는 첫 번째 정수 a의 값이 1일 수도 있는 것에 주의해야 한다. 왜냐하면 제곱근을 이용해서 소수를 판별할 때 j의 값은 2부터 회전하기 때문에 i의 값이 1이면 cnt의 값은 0이 되기 때문이다. 따라서 i의 값이 1인 경우를 제외하기 위해서 또 다른 조건을 추가해 주어야 한다.

Solution

```
1   #include <cstdio>
2   #include <cmath>
3
4   int main(void)
```

```c
5   {
6       int a, b, k, kth = -1, sum = 0;
7       int i, j, r, cnt, pcnt = 0;
8
9       scanf("%d %d %d", &a, &b, &k);
10
11      for (i = a; i <= b; i++)
12      {
13          cnt = 0;
14          r = sqrt(i);
15          for (j = 2; j <= r; j++)
16              if (i % j == 0)
17                  cnt++;
18
19          if (i != 1 && cnt == 0)
20          {
21              sum += i;
22              pcnt++;
23              if (pcnt == k)
24                  kth = i;
25          }
26      }
27
28      printf("%d\n", sum);
29      printf("%d\n", kth);
30      return 0;
31  }
```

 Interpret

- 6번째 줄은 k번째 소수를 저장하기 위한 변수 kth를 -1로 초기화하였다. 만일 k번째 소수가 없다면 조건문의 추가 없이 초기화된 -1을 출력하기 위함이다.

- 19번째 줄에서 i의 값이 1인 경우를 제외하기 위해서 i != 1의 조건을 AND 연산으로 추가하였다.

- 21번째 줄은 확정된 소수의 값을 sum에 누적한다.

- 22번째 줄은 소수의 개수 pcnt를 1씩 카운팅하고 있다.

- 23번째 줄에서 카운팅된 값이 k라면 k번째 소수이기 때문에 24번째 줄에서 소수의 값 i를 kth에 저장한다.

제26장 소수 Prime Number

1141 쌍둥이 소수(Twin Primes)

실행 제한시간 **1초**
메모리 사용 제한 **32MB**

i의 값을 2부터 n - 2까지 회전한다. i의 값을 n - 2까지 회전하는 이유는 i의 값이 n일 경우 i + 2의 값이 n을 넘어가기 때문이다. i의 값이 소수로 판명되면 i + 2의 값이 소수가 되는지 판별한다. 만일 i + 2의 값도 소수라면 i의 값과 i + 2의 값은 쌍둥이 소수(Twin Primes)의 관계가 된다. 약수의 개수를 이용하여 소수를 판별하였다.

Solution

```c
#include <cstdio>

int main(void)
{
    int n, i, j, cnt, twincnt = 0;

    scanf("%d", &n);

    for (i = 2; i <= n - 2; i++)
    {
        cnt = 0;
        for (j = 1; j <= i; j++)
            if (i % j == 0)
                cnt++;

        if (cnt == 2)
        {
            cnt = 0;
            for (j = 1; j <= i + 2; j++)
                if ((i + 2) % j == 0)
                    cnt++;

            if (cnt == 2)
            {
                printf("%d %d\n", i, i + 2);
                twincnt++;
            }
        }
    }
```

```
29          }
30
31          printf("%d\n", twincnt);
32          return 0;
33      }
```

Interpret
- 16번째 줄에서 cnt의 값이 2이면 i는 소수이므로 i + 2의 값이 소수가 되는지 판별한다.
- 18번째 줄에서 i + 2의 값이 소수가 되는지 판별하기 위해서 cnt의 값을 다시 0으로 초기화하였다.
- 23번째 줄에서 cnt의 값이 2이면 i + 2도 소수이기 때문에 i와 i + 2의 관계는 쌍둥이 소수(Twin Primes)의 관계가 된다.
- 26번째 줄에서 쌍둥이 소수의 개수를 1씩 카운팅한다.

아래는 제곱근을 이용하여 쌍둥이 소수(Twin Primes)를 판별하였다.

Solution
```
1   #include <cstdio>
2   #include <cmath>
3
4   int main(void)
5   {
6       int n, i, j, k, cnt, twincnt = 0;
7
8       scanf("%d", &n);
9
10      for (i = 2; i <= n - 2; i++)
11      {
12          cnt = 0;
13          k = sqrt(i);
14          for (j = 2; j <= k; j++)
15              if (i % j == 0)
16                  cnt++;
17
18          if (cnt == 0)
19          {
20              k = sqrt(i + 2);
21              for (j = 2; j <= k; j++)
22                  if ((i + 2) % j == 0)
23                      cnt++;
```

```
24
25                if (cnt == 0)
26                {
27                    printf("%d %d\n", i, i + 2);
28                    twincnt++;
29                }
30            }
31        }
32
33        printf("%d\n", twincnt);
34        return 0;
35    }
```

Interpret
- 18번째 줄에서 cnt의 값이 0이면 i는 소수이므로 i + 2의 값이 소수가 되는지 판별한다. cnt의 값은 0이기 때문에 i + 2가 소수인지 판별하기 전에 cnt의 값을 다시 0으로 초기화하지 않았다.
- 25번째 줄에서 cnt의 값이 또 다시 0이면 i + 2도 소수이기 때문에 i와 i + 2의 관계는 쌍둥이 소수(Twin Primes)의 관계가 된다.
- 28번째 줄에서 쌍둥이 소수의 개수를 1씩 카운팅한다.

제26장 소수 Prime Number

1142 메르센 소수(Mersenne Prime)

실행 제한시간 **1초**
메모리 사용 제한 **32MB**

메르센 소수(Mersenne Prime)는 2의 거듭제곱의 형태로 되어 있으므로 for문의 순환이 발생할 때마다 i의 값에 2를 곱하여 i의 값을 2의 거듭제곱의 형태로 증가시킨다.

Core

```
for (i = 4; i - 1 <= n; i *= 2)
{
    // 실행부
}
```

i의 값은 처음에 초기부에서 $2^2(=4)$으로 초기화되어 있다. 조건부에서 $2^2 - 1$이 n보다 작거나 같다면 실행부를 실행하여 $2^2 - 1$이 소수가 되는지 확인한다. 다시 처리부에서 i의 값에 2를 곱하여 i의 값은 2^3이 된다. 다시 조건부에서 $2^3 - 1$이 n보다 작거나 같다면 마찬가지 방법으로 $2^3 - 1$이 소수가 되는지 확인한다. 다시 처리부에서 i의 값에 2를 곱한다. 이와 같이 for문의 순환이 발생할 때마다 i의 값을 2의 거듭제곱의 형태로 증가시킨다면 i의 값은 2^2, 2^3, 2^4, ..., $2^{23}(= 8,388,608)$으로 단지 몇 번의 순환만으로 문제에서 주어진 범위를 확인할 수 있다. 물론 지수가 소수가 아닌 2^4, 2^6, 2^8, ...등은 소수인지 확인할 필요가 없지만 10,000,000 이하에서는 $2^n - 1$이 소수이면 반드시 지수 n도 소수가 되기 때문에 지수가 소수인지 확인하는 부분은 생략하였다.

Solution

```c
#include <cstdio>

int main(void)
{
    int n, i, j, cnt;

    scanf("%d", &n);

    for (i = 4; i - 1 <= n; i *= 2)
    {
        cnt = 0;
        for (j = 1; j <= i - 1; j++)
            if ((i - 1) % j == 0)
                cnt++;

        if (cnt == 2)
            printf("%d\n", i - 1);
    }
    return 0;
}
```

Interpret

- 9번째 줄에서 for문의 초기부 i의 값을 $2^2(= 4)$으로 초기화하였다. 그리고 for문의 순환이 한 바퀴 회전할 때마다 i의 값은 2의 거듭제곱으로 증가한다.

- 12번째 줄부터 14번째 줄은 i - 1이 소수가 되는지 약수의 개수를 이용하여 판별한다.

- 16번째 줄은 약수의 개수가 2개이면 소수이기 때문에 17번째 줄에서 메르센 소수(Mersenne Prime)를 각 줄에 출력한다.

아래는 제곱근을 이용하여 메르센 소수(Mersenne Prime)를 판별하였다.

```
1   #include <cstdio>
2   #include <cmath>
3
4   int main(void)
5   {
6       int n, i, j, k, cnt;
7
8       scanf("%d", &n);
9
10      for (i = 4; i - 1 <= n; i *= 2)
11      {
12          k = sqrt(i - 1);
13          cnt = 0;
14          for (j = 2; j <= k; j++)
15              if ((i - 1) % j == 0)
16                  cnt++;
17
18          if (cnt == 0)
19              printf("%d\n", i - 1);
20      }
21      return 0;
22  }
```

- 10번째 줄에서 for문의 초기부 i의 값을 $2^2(=4)$으로 초기화하였다. 그리고 for문의 순환이 한 바퀴 회전할 때마다 i의 값은 2의 거듭제곱으로 증가한다.
- 12번째 줄부터 16번째 줄은 i - 1이 소수가 되는지 제곱근을 이용하여 판별한다.
- 18번째 줄은 약수의 개수가 0개이면 소수이기 때문에 19번째 줄에서 메르센 소수(Mersenne Prime)를 각 줄에 출력한다.

제27장 보조제어문 break & continue

연습문제　❶번 문제풀이

 Core

```
for (i = 1; i <= 100; i++)
{
    if (i % 2 == 0)
    {
        printf("%d ", i);
    }
}
```

1부터 100까지 짝수만 출력하려면 위와 같다. 그런데 문제에서 1부터 100까지 짝수의 출력과 동시에 총합도 구해야 하기 때문에 짝수를 출력 후 바로 정수형 변수 sum에 출력한 짝수를 누적한다. 누적된 결과가 50보다 크다면 for문의 순환을 break문을 써서 강제 종료한다. 프로그램을 종료하기 전에 여태까지 누적된 총합을 출력 후 종료한다.

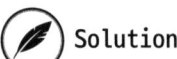 Solution

```
1   #include <cstdio>
2
3   int main(void)
4   {
5       int i, sum = 0;
6
7       for (i = 1; i <= 100; i++)
8       {
9           if (i % 2 == 0)
10          {
11              printf("%d ", i);
12              sum += i;
13          }
14          if (sum > 50)
15              break;
16      }
17
18      printf("\n%d\n", sum);
19      return 0;
```

```
20    }
```

Interpret
- 11번째 줄은 1부터 100까지 순환하면서 짝수를 출력의 첫째 줄에 출력한 후 12번째 줄에서 sum에 출력한 짝수를 누적한다.
- 14번째 줄은 여태까지 누적된 총합이 50보다 크나면 for문의 순환을 break문을 써서 강제 종료한다.
- 18번째 줄은 누적된 총합을 출력의 둘째 줄에 출력한다.

제27장 보조제어문 break & continue

연습문제   ❷번 문제풀이

이 문제에서는 전체 입력 데이터의 개수가 주어지지 않았다. 그 말은 입력을 받자마자 바로 처리해서 문제에서 원하는 정답을 구하라는 말이다. 따라서 전체 데이터의 개수를 모르기 때문에 아래와 같이 일단은 무한루프로 처리한다.

Core

```
while (true)
{
    scanf("%d %d", &a, &b);
    if (a == 0 && b == 0)
        break;
}
```

무한루프 안에서 두 개의 정수를 변수 a와 b에 입력한 후 무한루프를 빠져나가기 위한 조건을 만든다.

Solution

```
1   #include <cstdio>
2
3   int main(void)
4   {
5       int a, b, maxv = 0;
6
7       while (true)
8       {
```

```
9          scanf("%d %d", &a, &b);
10         if (a == 0 && b == 0)
11             break;
12         if (maxv < a + b)
13             maxv = a + b;
14     }
15
16     printf("%d\n", maxv);
17     return 0;
18 }
```

Interpret

- 입력으로 주어지는 값은 0 이상의 정수이기 때문에 어떠한 수가 주어져도 두 수의 합은 0보다 클 수 없다. 따라서 5번째 줄에서 정수형 변수 maxv의 값을 0으로 초기화하였다.
- 10번째 줄은 입력한 두 정수 a와 b의 값이 동시에 0이면 무한루프를 빠져나간다.
- 12번째 줄은 입력한 두 정수 a와 b의 합 a + b의 최댓값을 찾는다.
- 16번째 줄은 a + b의 최댓값을 출력의 첫째 줄에 출력한다.

제27장 보조제어문 break & continue

연습문제   ❸번 문제풀이

Solution

```
1  #include <cstdio>
2
3  int main(void)
4  {
5      int a, b, i, cnt = 0;
6
7      for (i = 1; i <= 100; i++)
8      {
9          if (i % 2 == 0 || i % 3 == 0)
10             continue;
11         printf("%d ", i);
12         cnt++;
```

```
13            if (cnt % 10 == 0)
14                printf("\n");
15        }
16        return 0;
17    }
```

 Interpret
- 9번째 줄은 i의 값이 2의 배수이거나 또는 3의 배수이면 continue문에 의해서 더 이상 조건문 아래의 실행부를 진행하지 못하고 처리부 i++로 이동한다.
- 11번째 줄은 조건문에 걸리지 않은 i의 값을 출력한 후 12번째 줄에서 출력의 개수를 1씩 카운팅한다.
- 13번째 줄은 출력된 정수의 개수가 10의 배수이면 한 줄의 줄 내림을 발생한다.

제27장 보조제어문 break & continue

1046 행복한 오일러

실행 제한시간 **1초**
메모리 사용 제한 **32MB**

 Solution

```
1   #include <cstdio>
2
3   int main(void)
4   {
5       int a, b, day = 0, ans = 0;
6
7       while (true)
8       {
9           scanf("%d %d", &a, &b);
10          if (a == 0 && b == 0)
11              break;
12
13          day++;
14          if (a + b > 8)
15          {
16              ans = day;
17              break;
```

```
18              }
19          }
20
21          printf("%d\n", ans);
22          return 0;
23      }
```

 Interpret
- 10번째 줄은 입력한 두 정수 a와 b의 값이 동시에 0이면 무한루프를 빠져나간다.
- 13번째 줄은 while문이 한 바퀴 회전할 때마다 날짜를 나타내는 변수 day가 1씩 카운팅된다.
- 14번째 줄은 입력한 두 정수의 합 a + b가 8보다 크다면 현재의 날짜를 ans에 저장한 후 무한루프를 break문을 통해서 빠져나간다.

제28장 콜라츠 추측 Collatz Conjecture

연습문제   ❶번 문제풀이

Solution
```
1   #include <cstdio>
2
3   int main(void)
4   {
5       int n, cnt = 0;
6
7       scanf("%d", &n);
8
9       while (n != 1)
10      {
11          cnt++;
12          if (n % 2 == 0)
13              n /= 2;
14          else
15              n = (n + 1) / 2;
16      }
17
18      printf("%d\n", cnt);
```

```
19        return 0;
20    }
```

 Interpret

- 9번째 줄부터 16번째 줄은 n의 값이 1이 아니면 순환하는 순환문이다.
- 11번째 줄은 순환문이 한 바퀴 회전할 때미디 cnt의 값을 1씩 카운팅 한다.
- 12번째 줄은 n의 값이 짝수이면 n의 값을 2로 나누고 홀수이면 n + 1의 값을 2로 나눈다.
- 18번째 줄은 while문의 회전수를 출력의 첫째 줄에 출력한다.

제28장 콜라츠 추측 Collatz Conjecture

1027 우박수

실행 제한시간 **1초**
메모리 사용 제한 **32MB**

 Solution

```
1     #include <cstdio>
2
3     int main(void)
4     {
5         int n, maxv;
6
7         scanf("%d", &n);
8
9         maxv = n;
10        while (n != 1)
11        {
12            if (n % 2 == 0)
13                n /= 2;
14            else
15                n = (3 * n) + 1;
16            if (maxv < n)
17                maxv = n;
18        }
19
20        printf("%d\n", maxv);
21        return 0;
22    }
```

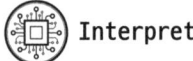 Interpret
- 9번째 줄은 입력으로 주어진 n의 값이 while문이 진행되면 바로 변경되기 때문에 순환문이 순환하기 전에 maxv의 값을 n으로 초기화한다.
- 12번째 줄은 n의 값이 짝수이면 2로 나누고 홀수이면 3배한 후 1을 더한다.
- 16번째 줄은 수열에 포함되었던 최댓값을 찾아 maxv에 저장한다.
- 20번째 줄은 수열에 포함되었던 가장 큰 양의 정수를 출력의 첫째 줄에 출력한다.

제29장 일차원 배열 Array

연습문제 ❶번 문제풀이

 Solution

```
1   #include <cstdio>
2
3   int main(void)
4   {
5       int a[] = { 4, 7, 6, 8, 11, -3, 8, 11, 5, 13 };
6       int i, sum = 0;
7
8       for (i = 0; i < 10; i++)
9           sum += a[i];
10
11      printf("%d\n", sum);
12      return 0;
13  }
```

 Interpret
- 5번째 줄은 정수형 배열 a를 선언하고 초기화하였다. 배열을 초기화할 때 배열의 길이를 지정하지 않으면 초기화 데이터가 10개이므로 배열 a의 길이를 자동으로 10으로 할당하고 배열의 요소를 주어진 데이터로 초기화한다.
- 8번째 줄부터 9번째 줄은 배열의 각 요소의 값을 sum에 누적한다.
- 11번째 줄은 배열의 합을 출력의 첫째 줄에 출력한다.

제29장 일차원 배열 Array

연습문제 ❷번 문제풀이

 Core
```
for (i = 0; i < 10; i++)
    if (    % 2 == 0)
        sum += a[i];
```

□안에 무엇이 들어가야 하는가? □안에 들어가야 할 내용은 i의 값이 0일 때는 배열 a[0]의 값이 짝수인지 확인해야 하고, i의 값이 1일 때는 a[1]의 값이 짝수인지 확인해야 하고, … , i의 값이 9일 때는 a[9]의 값이 짝수인지 확인해야 한다. 따라서 지금과 같은 내용을 만족시키려면 □안에 들어가야 할 값은 바로 a[i]가 된다.

Solution

```
1   #include <cstdio>
2
3   int main(void)
4   {
5       int a[] = { 5, 7, 13, 11, 6, 10, 45, 11, 4, 9 };
6       int i, sum = 0;
7
8       for (i = 0; i < 10; i++)
9           if (a[i] % 2 == 0)
10              sum += a[i];
11
12      printf("%d\n", sum);
13      return 0;
14  }
```

 Interpret
- 5번째 줄은 배열 a의 길이를 자동으로 10으로 할당하고 배열의 요소를 주어진 데이터로 초기화한다.
- 8번째 줄부터 10번째 줄은 배열의 각 요소의 값 중에서 짝수인 값들만 sum에 누적한다.
- 12번째 줄은 배열의 요소중에서 짝수의 합을 출력의 첫째 줄에 출력한다.

제29장 일차원 배열 Array

1019 홀수와 짝수의 개수

실행 제한시간 **1초**
메모리 사용 제한 **32MB**

 Solution

```c
1    #include <cstdio>
2
3    int main(void)
4    {
5        int n, a[100];
6        int i, even = 0, odd = 0;
7
8        scanf("%d", &n);
9        for (i = 0; i < n; i++)
10           scanf("%d", &a[i]);
11
12       for (i = 0; i < n; i++)
13           if (a[i] % 2 == 0)
14               even++;
15           else
16               odd++;
17
18       printf("%d\n", even);
19       printf("%d\n", odd);
20       return 0;
21   }
```

 Interpret

- 5번째 줄은 입력으로 주어지는 N의 최대 범위는 100까지 주어질 수 있으므로 최대 100개의 데이터를 입력받기 위해서 배열의 길이를 100으로 선언하였다.

- 8번째 줄은 데이터의 개수 n의 값을 입력의 첫째 줄에서 입력받는다.

- 9번째 줄부터 10번째 줄은 입력으로 주어지는 정수들을 배열 a의 0번 인덱스부터 n - 1번 인덱스에 차례로 입력받는다.

- 12번째 줄부터 16번째 줄은 배열 a에서의 짝수의 개수와 홀수의 개수를 even과 odd에 카운팅한다.

- 18번째 줄은 짝수의 개수를 출력의 첫째 줄에 출력한다.

- 19번째 줄은 홀수의 개수를 출력의 둘째 줄에 출력한다.

입력으로 주어지는 데이터를 배열에 받지 않고 아래와 같이 입력을 받자마자 바로 처리하여 우리가 원하는 정답을 구할 수도 있다.

 **Solution**

```c
1   #include <cstdio>
2
3   int main(void)
4   {
5       int n, val;
6       int i, even = 0, odd = 0;
7
8       scanf("%d", &n);
9       for (i = 0; i < n; i++)
10      {
11          scanf("%d", &val);
12          if (val % 2 == 0)
13              even++;
14          else
15              odd++;
16      }
17
18      printf("%d\n", even);
19      printf("%d\n", odd);
20      return 0;
21  }
```

 **Interpret**

- 11번째 줄은 입력으로 주어지는 값을 정수형 변수 val에 입력받아 12번째 줄에서 주어진 값이 짝수이면 even의 값을 1 증가시키고 홀수이면 odd의 값을 1 증가시킨다.
- 18번째 줄은 짝수의 개수를 출력의 첫째 줄에 출력한다.
- 19번째 줄은 홀수의 개수를 출력의 둘째 줄에 출력한다.

제29장 일차원 배열 Array

1020 짝수와 홀수

실행 제한시간 **1초**
메모리 사용 제한 **32MB**

 Solution

```c
#include <cstdio>

int main(void)
{
    int n, a[10000];
    int i, even = 0, odd = 0;

    scanf("%d", &n);
    for (i = 0; i < n; i++)
        scanf("%d", &a[i]);

    for (i = 0; i < n; i++)
        if (a[i] % 2 == 0)
            even += a[i];
        else
            odd += a[i];

    printf("%d %d\n", even, odd);
    return 0;
}
```

 Interpret

- 5번째 줄은 입력으로 주어지는 N의 최대 범위는 10,000까지 주어질 수 있으므로 최대 10,000개의 데이터를 입력받기 위해서 배열의 길이를 10,000으로 선언하였다.
- 8번째 줄은 데이터의 개수 n의 값을 입력의 첫째 줄에서 입력받는다.
- 9번째 줄부터 10번째 줄은 입력으로 주어지는 정수들을 배열 a의 0번 인덱스부터 n - 1번 인덱스에 차례로 입력받는다.
- 12번째 줄부터 16번째 줄은 배열 a에서 짝수의 총합과 홀수의 총합을 even과 odd에 누적한다.
- 18번째 줄은 짝수의 총합과 홀수의 총합을 출력의 첫째 줄에 출력한다.

입력으로 주어지는 데이터를 배열에 받지 않고 아래와 같이 입력을 받자마자 바로 처리하여 우리가 원하는 정답을 구할 수도 있다.

 Solution

```
1   #include <cstdio>
2
3   int main(void)
4   {
5       int n, val;
6       int i, even = 0, odd = 0;
7
8       scanf("%d", &n);
9       for (i = 0; i < n; i++)
10      {
11          scanf("%d", &val);
12          if (val % 2 == 0)
13              even += val;
14          else
15              odd += val;
16      }
17
18      printf("%d %d\n", even, odd);
19      return 0;
20  }
```

 Interpret

- 11번째 줄은 입력으로 주어지는 값을 정수형 변수 val에 입력받아 12번째 줄에서 주어진 값이 짝수이면 even에 누적하고 홀수이면 odd에 누적한다.
- 18번째 줄에서 짝수의 총합과 홀수의 총합을 출력이 첫째 줄에 출력한다.

제29장 일차원 배열 Array

1030 Graphing

이 문제에서 주의할 것은 불의 생산량을 출력할 때, 자릿수가 두 자리인 정수로 표현해야 한다는 것이다. 따라서 5와 같은 한 자리 정수를 출력할 때는 앞에 한 칸의 공백이 있는 것에 주의해야 한다. 서식문자 "%2d"를 사용하여 두 자리를 차지하며 우측 정렬하여 출력하도록 하자.

 **Solution**

```
1   #include <cstdio>
2
3   int main(void)
4   {
5       int n, a[20];
6       int i, j;
7
8       scanf("%d", &n);
9       for (i = 0; i < n; i++)
10          scanf("%d", &a[i]);
11
12      for (i = 0; i < n; i++)
13      {
14          printf("%2d ", a[i]);
15          for (j = 1; j <= a[i]; j++)
16              printf("*");
17          printf("\n");
18      }
19      return 0;
20  }
```

Interpret

- 14번째 줄은 서식문자 %2d를 이용하여 a[i]의 값을 두 자리를 차지하고 우측으로 정렬하여 출력한 후 한 개의 공백을 출력한다.
- 15번째 줄은 순환문 j의 값이 1부터 a[i] 바퀴를 회전하면서 "*" 문자를 출력한 후 17번째 줄에 의해서 줄 내림을 발생한다.

입력으로 주어지는 데이터를 배열에 받지 않고 아래와 같이 입력을 받자마자 바로 처리하여 우리가 원하는 정답을 구할 수도 있다.

 **Solution**

```
1   #include <cstdio>
2
3   int main(void)
4   {
5       int n, val, i, j;
6
7       scanf("%d", &n);
8       for (i = 0; i < n; i++)
```

```
 9      {
10          scanf("%d", &val);
11          printf("%2d ", val);
12          for (j = 1; j <= val; j++)
13              printf("*");
14          printf("\n");
15      }
16      return 0;
17  }
```

 **Interpret**
- 10번째 줄은 입력으로 주어지는 값을 변수 val에 입력받아 11번째 줄에서 주어진 값을 두 자리를 차지하고 우측으로 정렬하여 출력한 후 한 개의 공백을 출력한다.
- 12번째 줄은 순환문 j가 val 바퀴를 회전하면서 "*" 문자를 출력한 후 14번째 줄에 의해서 줄 내림을 발생한다.

 **Output**

```
4
5
 5 *****
15
15 ***************
40
40 ****************************************
25
25 *************************
```

제29장 일차원 배열 Array

1026 Black

실행 제한시간 **1초**
메모리 사용 제한 **32MB**

한 개의 킹, 한 개의 퀸, 두 개의 룩, 두 개의 비숍, 두 개의 나이트, 여덟 개의 폰의 개수를 미리 정수형 배열 b에 초기화한다.

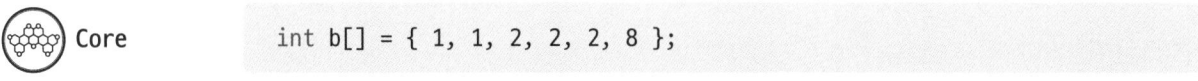 **Core**   `int b[] = { 1, 1, 2, 2, 2, 8 };`

배열 a에 킹, 퀸, 룩, 비숍, 나이트, 폰의 개수를 입력받은 후 배열 b와 비교하여 추가하거나 제거해야 하는

말의 개수를 출력한다.

 Solution

```
1   #include <cstdio>
2
3   int main(void)
4   {
5       int a[6], b[] = { 1, 1, 2, 2, 2, 8 };
6       int i;
7
8       for (i = 0; i < 6; i++)
9           scanf("%d", &a[i]);
10
11      for (i = 0; i < 6; i++)
12          printf("%d ", b[i] - a[i]);
13      return 0;
14  }
```

 Interpret

- 5번째 줄은 정수형 배열 b에 체스판에 있어야 하는 말의 개수를 초기화하였다.
- 11번째 줄부터 12번째 줄은 추가하거나 제거해야 하는 말의 개수 b[i] - a[i]를 출력의 첫째 줄에 출력한다.

제29장 일차원 배열 Array

1094 파티

실행 제한시간 **1초**
메모리 사용 제한 **32MB**

$1m^2$당 인원수를 m에 입력받고 파티 장소의 면적을 p에 입력받으면 파티에 있을 거라 추정되는 인원수는 m * p명이 된다. 5개의 신문에 실린 파티에 참석한 인원수를 배열 a에 입력받는다. 5개의 신문에 실린 파티에 참석한 인원수의 차이는 a[i] - (m * p)로 계산할 수 있다.

 Solution

```
1   #include <cstdio>
2
3   int main(void)
4   {
```

```
5       int m, p, a[5];
6       int i;
7
8       scanf("%d %d", &m, &p);
9       for (i = 0; i < 5; i++)
10          scanf("%d", &a[i]);
11
12      for (i = 0; i < 5; i++)
13          printf("%d ", a[i] - (m * p));
14      return 0;
15  }
```

Interpret - 12번째 줄부터 13번째 줄은 5개의 신문에 대한 파티에 참석한 인원수의 차이 a[i] - (m * p)를 출력의 첫째 줄에 출력한다.

제29장 일차원 배열 Array

1139 숫자 슬라이스

실행 제한시간 **1초**
메모리 사용 제한 **32MB**

한 개의 정수 x가 주어졌을 때, x의 일의 자리 p를 구하기 위해서 나머지 연산자 %를 사용하여 10으로 나눈 나머지를 구한다. 그리고 p의 개수를 카운팅하기 위해서 count[p]를 1 증가시킨다. 그리고 x의 일의 자리를 절삭하기 위해서 x를 10으로 나눠서 x의 값을 변경한다. (피젯수 x도 정수이고 나누는 젯수 10도 정수이므로 정수끼리의 나눗셈에서의 연산 결과는 x를 10으로 나눈 몫이 된다.)

Core
```
p = x % 10;            같은 결과    count[x % 10]++;
count[p]++;                         x /= 10;
x /= 10;
```

만일 x의 값이 123이면 p의 값은 3이 되고 count[p]의 값이 1 증가되므로 count[3]은 1 증가된다. x의 값 123을 10으로 나누면 x의 값은 123을 10으로 나눈 몫인 12로 변경된다. 이와 같은 과정을 x의 값이 0이 될 때까지 반복하여 x의 각 자리의 숫자들을 한 자리씩 슬라이스를 한다.

 **Solution**

```
1    #include <cstdio>
2
3    int main(void)
4    {
5        int a, b, c;
6        int x, i, count[10] = { 0 };
7
8        scanf("%d %d %d", &a, &b, &c);
9
10       x = a * b * c;
11       while (x)
12       {
13           count[x % 10]++;
14           x /= 10;
15       }
16
17       for (i = 0; i < 10; i++)
18           printf("%d\n", count[i]);
19       return 0;
20   }
```

 **Interpret**

- 6번째 줄은 count 배열을 선언과 동시에 모두 0으로 초기화하였다.
- 10번째 줄은 입력받은 세 개의 정수의 곱 a * b * c의 값을 x에 대입하였다.
- 11번째 줄부터 15번째 줄은 x의 값이 0이 아닐 때까지 오른쪽 일의 자리를 슬라이스를 하면서 각 자리의 숫자의 개수를 count 배열에 카운팅한다.

제30장 일차원 배열의 시프트 Array Shift

연습문제   ❶번 문제풀이

배열에 사용될 데이터는 1, 2, 3, 4, 5, 6, 7, 8, 9, 10으로 모두 10개이지만 배열 a의 1번 인덱스부터 사용하기 위해서 배열의 길이를 11로 선언하였다. 또한 초기화 과정에서 배열 a의 0번 인덱스에 초기화될 데이터를 지정해 놓아야지만 다음에 주어지는 수들이 배열 a의 1번 인덱스부터 차례로 초기화되기 때문에 배열 a의 0번 인덱스를 임의의 값 0으로 초기화하였다.

 **Core** `int a[11] = { 0, 1, 2, 3, 4, 5, 6, 7, 8, 9, 10 };`

아직 for문의 사용이 익숙하지 않은 상태에서 for문을 이용하여 작성하려면 상당히 부담스러울 수 있다. 일단 for문을 사용하지 않고 작성한 후 작성된 문장을 for문으로 변경하는 연습을 해보자.

 **Core**

```
temp = a[1];              temp = a[1];
a[1] = a[2];              for (i = 1; i <= 9; i++)
a[2] = a[3];                  a[i] = a[i + 1];
a[3] = a[4];              a[10] = temp;
a[4] = a[5];
a[5] = a[6];
a[6] = a[7];
a[7] = a[8];
a[8] = a[9];
a[9] = a[10];
a[10] = temp;
```

for문으로 변형이 가능한 구간

i의 값은 1부터 9까지

같은 결과

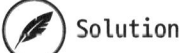 **Solution**

```
1   #include <cstdio>
2
3   int main(void)
4   {
5       int a[11] = { 0, 1, 2, 3, 4, 5, 6, 7, 8, 9, 10 };
6       int i, temp;
7
8       temp = a[1];
9       for (i = 1; i <= 9; i++)
10          a[i] = a[i + 1];
11      a[10] = temp;
12
13      for (i = 1; i <= 10; i++)
14          printf("%d ", a[i]);
15      return 0;
16  }
```

 **Interpret**
- 8번째 줄은 배열 a[1]의 값 1을 temp 변수에 임시로 저장해 놓았다.
- 9번째 줄부터 10번째 줄은 for문을 이용하여 배열의 값을 왼쪽으로 한 칸씩 시프트 한다.

- 11번째 줄은 임시 변수 temp에 저장되어 있던 a[1]의 값 1을 a[10]에 대입한다.
- 13, 14번째 줄에서 배열 a의 값을 출력의 첫째 줄에 한 개의 공백으로 분리하여 출력한다.

제30장 일차원 배열의 시프트 Array Shift

연습문제   ❷번 문제풀이

아직 for문의 사용이 익숙하지 않은 상태에서 for문을 이용하여 작성하려면 상당히 부담스러울 수 있다. 일단 for문을 사용하지 않고 작성한 후 작성된 문장을 for문으로 변경하는 연습을 해보자.

Core

```
temp = a[10];
a[10] = a[9];
a[9] = a[8];
a[8] = a[7];
a[7] = a[6];
a[6] = a[5];
a[5] = a[4];
a[4] = a[3];
a[3] = a[2];
a[2] = a[1];
a[1] = temp;
```

for문으로 변형이 가능한 구간

i의 값은 10부터 2까지

같은 결과

```
temp = a[10];
for (i = 10; i >= 2; i--)
    a[i] = a[i - 1];
a[1] = temp;
```

Solution

```
1   #include <cstdio>
2
3   int main(void)
4   {
5       int a[11] = { 0, 1, 2, 3, 4, 5, 6, 7, 8, 9, 10 };
6       int i, temp;
7
8       temp = a[10];
9       for (i = 10; i >= 2; i--)
10          a[i] = a[i - 1];
11      a[1] = temp;
```

```
12
13      for (i = 1; i <= 10; i++)
14          printf("%d ", a[i]);
15      return 0;
16  }
```

Interpret
- 8번째 줄은 배열 a[10]의 값 10을 temp 변수에 임시로 저장해 놓았다.
- 9번째 줄부터 10번째 줄은 for문을 이용하여 배열의 값을 오른쪽으로 한 칸씩 시프트 한다.
- 11번째 줄은 임시 변수 temp에 저장되어 있던 a[10]의 값 10을 a[1]에 대입한다.
- 13, 14번째 줄에서 배열 a의 값을 출력의 첫째 줄에 한 개의 공백으로 분리하여 출력한다.

제30장 일차원 배열의 시프트 Array Shift

연습문제 ❸번 문제풀이

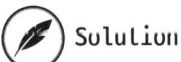

Solution

```
1   #include <cstdio>
2
3   int main(void)
4   {
5       int a[51], n = 0;
6       int i, j, cnt;
7
8       for (i = 1; i <= 50; i++)
9       {
10          cnt = 0;
11          for (j = 1; j <= i; j++)
12              if (i % j == 0)
13                  cnt++;
14
15          if (cnt == 2)
16              a[++n] = i;
17      }
18
```

```
19      for (i = 1; i <= n; i++)
20          printf("%d\n", a[i]);
21      return 0;
22  }
```

 Interpret
- 5번째 줄은 소수를 담기 위한 배열 a와 배열에 담긴 소수의 개수를 카운팅하기 위한 변수 n을 선언하였다.
- 15번째 줄은 i에 대한 약수의 개수가 2이면 소수이기 때문에 배열 a에 소수 i를 담고 있다.
- 19번째 줄부터 20번째 줄은 배열 a에 담긴 n개의 소수를 한 줄에 한 개씩 출력한다.

 Solution

```
1   #include <cstdio>
2   #include <cmath>
3
4   int main(void)
5   {
6       int a[51], n = 0;
7       int i, j, k, cnt;
8
9       for (i = 2; i <= 50; i++)
10      {
11          cnt = 0;
12          k = sqrt(i);
13          for (j = 2; j <= k; j++)
14              if (i % j == 0)
15                  cnt++;
16
17          if (cnt == 0)
18              a[++n] = i;
19      }
20
21      for (i = 1; i <= n; i++)
22          printf("%d\n", a[i]);
23      return 0;
24  }
```

 Interpret
- 6번째 줄은 소수를 담기 위한 배열 a와 배열에 담긴 소수의 개수를 카운팅하기 위한 변수 n을 선언하였다.

- 17번째 줄은 i에 대한 약수의 개수가 0이면 소수이기 때문에 배열 a에 소수 i를 담고 있다.
- 21번째 줄부터 22번째 줄은 배열 a에 담긴 n개의 소수를 한 줄에 한 개씩 출력한다.

제30장 일차원 배열의 시프트 Array Shift

1115 다음 라운드

실행 제한시간 **1초**
메모리 사용 제한 **32MB**

입력으로 주어진 점수를 배열 a에 저장하여 0점이 아니면서 k번째 참가자의 점수 a[k]보다 크거나 같은 점수를 찾아서 카운팅한다.

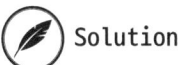 Solution

```
1   #include <cstdio>
2
3   int main(void)
4   {
5       int n, k, a[51];
6       int i, cnt = 0;
7
8       scanf("%d %d", &n, &k);
9       for (i = 1; i <= n; i++)
10          scanf("%d", &a[i]);
11
12      for (i = 1; i <= n; i++)
13          if (a[i] > 0 && a[k] <= a[i])
14              cnt++;
15
16      printf("%d\n", cnt);
17      return 0;
18  }
```

 Interpret

- 13번째 줄은 0점이 아니면서 k번째 참가자의 점수 a[k]보다 크거나 같은 점수를 찾아서 카운팅한다.

제30장 일차원 배열의 시프트 Array Shift

1117 데이터 박스

실행 제한시간 **1초**
메모리 사용 제한 **64MB**

매달 제공되는 x(MB)를 sum에 더해주고 사용한 데이터를 sum에서 빼준다. 마지막 출력하기 전에 n + 1번째 달에서 제공된 x(MB)를 sum에 더해주면 원하는 결과를 얻을 수 있다.

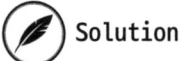 Solution

```c
#include <cstdio>

int main(void)
{
    int x, n, a[101];
    int i, sum = 0;

    scanf("%d", &x);
    scanf("%d", &n);
    for (i = 1; i <= n; i++)
        scanf("%d", &a[i]);

    for (i = 1; i <= n; i++)
    {
        sum += x;
        sum -= a[i];      // sum += (x - a[i])
    }

    printf("%d\n", sum + x);
    return 0;
}
```

 Interpret

- 15번째 줄은 매달 제공되는 x(MB)를 sum에 더해준다.
- 16번째 줄은 매달 사용한 데이터 a[i]를 sum에서 빼준다. 두 줄을 합쳐서 sum += (x - a[i])로 한 번에 연산할 수도 있다.
- 19번째 줄은 n번째 달에서 이월된 데이터와 n + 1번째 달에 새롭게 제공된 데이터 x(MB)를 합쳐서 출력의 첫째 줄에 출력한다.

제30장 일차원 배열의 시프트 Array Shift

2010 블록 쌓기

실행 제한시간 **1초**
메모리 사용 제한 **8MB**

블럭의 총 개수는 반드시 블럭 더미의 개수로 나누어지기 때문에 블럭 높이의 평균을 구한다.

 Core

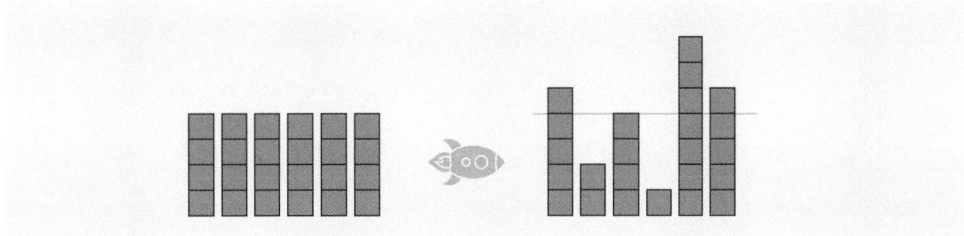

평균을 구한 후 입력으로 주어지는 블럭의 높이를 살펴보면 평균 블럭의 높이보다 높은 블럭들은 평균을 맞추기 위해서 평균 블럭의 높이보다 낮은 블럭으로 옮겨야 한다. 지금 위의 그림에서 보면 평균 높이 4보다 높은 블럭은 5개이고 마찬가지로 평균 높이 4보다 낮은 블럭의 개수도 5개임을 알 수 있다. 따라서 평균 블럭의 높이보다 높은 블럭의 개수를 구하면 높이를 같게 만들기 위해서 움직여야 할 최소 블럭의 개수가 된다.

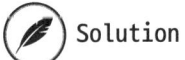 Solution

```
1    #include <cstdio>
2
3    int main(void)
4    {
5        int n, a[51];
6        int i, sum = 0, ave, res = 0;
7
8        scanf("%d", &n);
9        for (i = 1; i <= n; i++)
10       {
11           scanf("%d", &a[i]);
12           sum += a[i];
13       }
14
15       ave = sum / n;
16       for (i = 1; i <= n; i++)
17           if (ave < a[i])
18               res += (a[i] - ave);
```

```
19
20          printf("%d\n", res);
21          return 0;
22      }
```

 **Interpret**
- 15번째 줄은 블럭 높이의 평균을 ave에 구한다.
- 16번째 줄부터 18번째 줄은 평균 높이 ave보다 높은 블럭 수의 총합을 구한다.
- 20번째 줄은 높이를 같게 만들기 위해서 움직여야 할 최소 블럭의 개수를 출력의 첫째 줄에 출력한다.

제30장 일차원 배열의 시프트 Array Shift

2137 평균 수열

실행 제한시간 **1초**
메모리 사용 제한 **32MB**

n번째까지의 평균을 ave라 하고 처음부터 n - 1번째까지의 수열의 총합을 sum이라 하자. n번째 수열을 x라 한다면 n번째의 평균은 ave = (sum + x) / n 이므로 x의 값은 x = ave * n - sum으로 구할 수 있다.

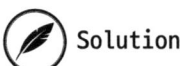 **Solution**

```
1   #include <cstdio>
2
3   int main(void)
4   {
5       int n, b[101];
6       int i, x, sum = 0;
7
8       scanf("%d", &n);
9       for (i = 1; i <= n; i++)
10          scanf("%d", &b[i]);
11
12      for (i = 1; i <= n; i++)
13      {
14          x = b[i] * i - sum;
15          printf("%d ", x);
16          sum += x;
17      }
```

```
18        return 0;
19    }
```

Interpret
- 14번째 줄은 i번째까지의 평균이 b[i]이고 수열의 개수가 i이므로 b[i] * i의 값은 첫 번째부터 i번째까지의 수열의 총합이 된다. 따라서 b[i] * i에서 이전까지의 총합 sum을 빼면 i번째의 수열 x가 된다.
- 16번째 줄은 i번째까지의 수열의 총합을 구하기 위해서 i - 1번째까지의 수열의 총합 sum에다 x의 값을 누적한다.

제30장 일차원 배열의 시프트 Array Shift

1121 참치

실행 제한시간 **1초**
메모리 사용 제한 **64MB**

n개의 p1, p2 데이터의 입력을 마친 후 문제를 해결하는 것보다 입력을 받으면서 바로 처리하는 것이 훨씬 더 수월하다.

❶ p1보다 p2가 크거나 같고 p2 - p1의 값이 x보다 작거나 같다. p2의 값을 sum에 누적한다.

❷ p1이 p2보다 크고 p1 - p2의 값이 x보다 작거나 같다. p1의 값을 sum에 누적한다.

❸ p1과 p2의 차가 x보다 크면 p3를 입력받아 p3의 값을 sum에 누적한다.

Solution
```
1   #include <cstdio>
2
3   int main(void)
4   {
5       int n, x, p1, p2, p3;
6       int i, sum = 0;
7
8       scanf("%d", &n);
9       scanf("%d", &x);
10      for (i = 1; i <= n; i++)
11      {
12          scanf("%d %d", &p1, &p2);
13          if (p1 <= p2 && x >= p2 - p1)
14              sum += p2;
```

```
15          else if (p2 < p1 && x >= p1 - p2)
16              sum += p1;
17          else
18          {
19              scanf("%d", &p3);
20              sum += p3;
21          }
22      }
23
24      printf("%d\n", sum);
25      return 0;
26  }
```

Interpret
- 13번째 줄은 설명 ①을 처리하기 위한 조건문이다.
- 15번째 줄은 설명 ②를 처리하기 위한 조건문이다.
- 17번째 줄부터 21번째 줄은 설명 ③을 처리하기 위한 조건문이다.

제30장 일차원 배열의 시프트 Array Shift

1084 Doubles

실행 제한시간 **1초**
메모리 사용 제한 **8MB**

데이터의 개수가 주어지지 않기 때문에 무한 루프를 회전하면서 입력받은 데이트를 배열 a에 담는다. 무한 루프를 회전하는 중에 입력받은 값이 0이라면 더 이상 배열 a에 담지 않고 무한 루프를 종료한다. 배열 a에 담긴 각각의 값들을 확인하여 배수가 되는 개수를 파악한다. 예를 들어서 i의 값이 1일 때, j는 1부터 n까지 확인하여 a[i] * 2의 값과 같은 a[j]의 값을 찾는다. 다시 i의 값이 2일 때도 마찬가지로 j는 1부터 n까지 확인하면서 a[i] * 2의 값과 같은 a[j]의 값을 찾는다. 이와 같은 방법으로 모든 n개의 데이터를 처리한다.

Solution
```
1   #include <cstdio>
2
3   int main(void)
4   {
5       int n = 0, a[16];
```

```
6        int val, i, j, cnt = 0;
7
8        while (true)
9        {
10           scanf("%d", &val);
11           if (val == 0)
12               break;
13           a[++n] = val;
14       }
15
16       for (i = 1; i <= n; i++)
17           for (j = 1; j <= n; j++)
18               if (a[i] * 2 == a[j])
19                   cnt++;
20
21       printf("%d\n", cnt);
22       return 0;
23   }
```

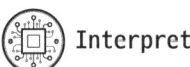 Interpret
- 8번째 줄부터 14번째 줄은 무한 루프를 회전하면서 입력받은 데이트를 배열 a에 담는다.
- 16번째 줄부터 19번째 줄은 a[i]의 두 배가 되는 값을 배열 a에서 찾아서 cnt 변수를 카운팅한다.

제30장 일차원 배열의 시프트 Array Shift

1104 토끼 사냥

실행 제한시간 **1초**
메모리 사용 제한 **32MB**

두 개의 정수를 p와 q에 입력받아서

❶ p의 약수를 배열 a에 담는다. 배열 a에 담긴 p의 약수의 개수는 n개이다.
❷ q의 약수를 배열 b에 담는다. 배열 b에 담긴 q의 약수의 개수는 m개이다.

배열 a와 b에 담긴 모든 경우 n * m개를 for문을 회전하면서 모두 출력한다.

 Solution

```
1    #include <cstdio>
2
```

```
3    int main(void)
4    {
5        int p, q;
6        int n = 0, a[101], m = 0, b[101];
7        int i, j;
8
9        scanf("%d %d", &p, &q);
10
11       for (i = 1; i <= p; i++)
12           if (p % i == 0)
13               a[++n] = i;
14       for (i = 1; i <= q; i++)
15           if (q % i == 0)
16               b[++m] = i;
17
18       for (i = 1; i <= n; i++)
19           for (j = 1; j <= m; j++)
20               printf("%d %d\n", a[i], b[j]);
21       return 0;
22   }
```

 **Interpret**
- 11번째 줄부터 13번째 줄은 p의 약수를 배열 a에 담는다.
- 14번째 줄부터 16번째 줄은 q의 약수를 배열 b에 담는다.
- 18번째 줄부터 20번째 줄은 배열 a와 b에 담긴 모든 경우 n * m개를 각 줄에 출력한다.

제30장 일차원 배열의 시프트 Array Shift

2022   왕국 곱셈

실행 제한시간 **1초**
메모리 사용 제한 **64MB**

두 개의 정수를 x와 y에 입력받아서

❶ x의 각 자리를 슬라이스하여 배열 a에 담는다. 배열 a에 담긴 숫자의 개수는 n개이다.
❷ y의 각 자리를 슬라이스하여 배열 b에 담는다. 배열 b에 담긴 숫자의 개수는 m개이다.

배열 a와 b에 담긴 모든 경우 n * m개를 for문을 회전하여 sum에 누적한다.

Solution

```c
#include <cstdio>

int main(void)
{
    int x, y;
    int n = 0, a[11], m = 0, b[11];
    int i, j, sum = 0;

    scanf("%d %d", &x, &y);

    while (x)
    {
        a[++n] = x % 10;
        x /= 10;
    }
    while (y)
    {
        b[++m] = y % 10;
        y /= 10;
    }

    for (i = 1; i <= n; i++)
        for (j = 1; j <= m; j++)
            sum += a[i] * b[j];

    printf("%d\n", sum);
    return 0;
}
```

Interpret

- 11번째 줄부터 15번째 줄은 정수 x의 각 자리를 슬라이스하여 배열 a에 담는다.
- 16번째 줄부터 20번째 줄은 정수 y의 각 자리를 슬라이스하여 배열 b에 담는다.
- 22번째 줄부터 24번째 줄은 배열 a와 b에 담긴 각 자리의 숫자들의 곱 a[i] * b[j]를 sum에 누적한다.

제31장 최대, 최소, 최빈 Max, Min, Mode

연습문제   ❶번 문제풀이

 Solution

```
1    #include <cstdio>
2
3    int main(void)
4    {
5        int a[11] = { 0, 7, -5, 4, -99, 45, 11, 0, 8, 50, 77 };
6        int i, maxv, minv;
7
8        maxv = minv = a[1];
9        for (i = 2; i <= 10; i++)
10       {
11           if (maxv < a[i])
12               maxv = a[i];
13           if (minv > a[i])
14               minv = a[i];
15       }
16
17       printf("%d\n", maxv);
18       printf("%d\n", minv);
19       return 0;
20   }
```

 Interpret

- 8번째 줄은 maxv와 minv의 초깃값을 a[1]의 값 7로 초기화하였다.

- 9번째 줄부터 15번째 줄은 배열 a의 2번 인덱스부터 10번 인덱스까지 검색하여 maxv보다 큰 a[i]의 값을 찾아서 만일 maxv보다 a[i]의 값이 크다면 maxv의 값을 변경한다. 또한 minv보다 작은 a[i]의 값을 찾아서 minv보다 a[i]의 값이 작다면 minv의 값을 변경한다.

제31장 최대, 최소, 최빈 Max, Min, Mode

1023 최댓값과 최솟값

실행 제한시간 **1초**
메모리 사용 제한 **32MB**

 Solution

```
1   #include <cstdio>
2
3   int main(void)
4   {
5       int n, a[101];
6       int i, maxv, minv;
7
8       scanf("%d", &n);
9       for (i = 1; i <= n; i++)
10          scanf("%d", &a[i]);
11
12      maxv = minv = a[1];
13      for (i = 2; i <= n; i++)
14      {
15          if (maxv < a[i])
16              maxv = a[i];
17          if (minv > a[i])
18              minv = a[i];
19      }
20
21      printf("%d\n", maxv);
22      printf("%d\n", minv);
23      return 0;
24  }
```

 Interpret

- 12번째 줄은 maxv와 minv의 초깃값을 a[1]의 값으로 초기화하였다.

- 13번째 줄부터 19번째 줄은 배열 a의 2번 인덱스부터 n번 인덱스까지 검색하여 maxv보다 큰 a[i]의 값을 찾아서 만일 maxv보다 a[i]의 값이 크다면 maxv의 값을 변경한다. 또한 minv보다 작은 a[i]의 값을 찾아서 minv보다 a[i]의 값이 작다면 minv의 값을 변경한다.

제31장 최대, 최소, 최빈 Max, Min, Mode

1137 가장 큰 수

실행 제한시간 **1초**
메모리 사용 제한 **32MB**

 Solution

```c
#include <cstdio>

int main(void)
{
    int a[10];
    int i, maxv, k;

    for (i = 1; i <= 9; i++)
        scanf("%d", &a[i]);

    maxv = a[1], k = 1;
    for (i = 2; i <= 9; i++)
        if (maxv < a[i])
        {
            maxv = a[i];
            k = i;
        }

    printf("%d\n", maxv);
    printf("%d", k);
    return 0;
}
```

 Interpret

- 11번째 줄은 최댓값을 저장하기 위한 변수 maxv를 a[1]로 그리고 위치를 저장하기 위한 변수 k를 1로 초기화하였다. k를 1로 초기화한 이유는 만일 maxv보다 큰 값을 찾지 못한다면 maxv의 변경이 일어나지 않는다. 따라서 지금 가정으로 세운 a[1]의 값이 최댓값이 되기 때문에 k를 1로 초기화하였다.

- 12번째 줄부터 17번째 줄은 maxv의 값보다 큰 값 a[i]를 찾으면 maxv의 값을 변경한다. 여기서 maxv의 값이 바뀐다는 것은 위치도 바뀐다는 것이기 때문에 위치를 저장하는 변수 k의 값도 반드시 같이 변경되어야 한다.

최댓값을 구하기 위한 maxv 변수를 따로 두지 않고도 다음과 같은 방법으로 구할 수 있다. 일단 가장 큰 값을 배열의 첫 번째 값 k = 1이라 가정한다. 그리고 a[k]와 a[i]를 비교하여 만일 a[k]보다 a[i]가 크면 k

의 값을 변경해준다. for문의 순환을 종료하면 가장 큰 값은 a[k]가 되고 가장 큰 수가 몇 번째인지는 자동으로 k번째가 된다.

Solution

```
1   #include <cstdio>
2
3   int main(void)
4   {
5       int a[10];
6       int i, k = 1;
7
8       for (i = 1; i <= 9; i++)
9           scanf("%d", &a[i]);
10
11      for (i = 2; i <= 9; i++)
12          if (a[k] < a[i])
13              k = i;
14
15      printf("%d\n", a[k]);
16      printf("%d", k);
17      return 0;
18  }
```

Interpret

- 12번째 줄은 a[k]와 a[i]를 비교하여 만일 a[i]의 값이 더 크면 최댓값의 위치 k를 i의 값으로 변경해준다.
- 15번째 줄은 가장 큰 값 a[k]를 출력의 첫째 줄에 출력한다.
- 16번째 줄은 가장 큰 값의 위치 k를 출력의 둘째 줄에 출력한다.

제31장 최대, 최소, 최빈 Max, Min, Mode

1068 최고의 저녁 식사

실행 제한시간 **1초**
메모리 사용 제한 **32MB**

심사위원으로부터 받은 네 개의 점수의 합을 배열에 저장해 놓고 입력이 완료된 후 각각의 요리사에 대한 최댓값을 구해도 되지만 배열의 선언 없이 입력받으면서 바로 처리하여 원하는 값을 구할 수도 있다. 각각의 요리사에 대해서 네 명의 심사위원으로부터 받은 점수를 s1, s2, s3, s4에 입력받아 네 점수의 총합 s1

+ s2 + s3 + s4가 maxv보다 크면 maxv의 값과 그때의 위치 k의 값을 변경해 준다.

 Solution

```c
#include <cstdio>

int main(void)
{
    int s1, s2, s3, s4;
    int i, maxv = 0, k;

    for (i = 1; i <= 5; i++)
    {
        scanf("%d %d %d %d", &s1, &s2, &s3, &s4);
        if (maxv < s1 + s2 + s3 + s4)
        {
            maxv = s1 + s2 + s3 + s4;
            k = i;
        }
    }

    printf("%d %d\n", k, maxv);
    return 0;
}
```

 Interpret

- 6번째 줄은 maxv의 값을 0으로 초기화하였다.
- 10번째 줄은 심사위원으로부터 받은 네 개의 점수를 s1, s2, s3, s4에 입력받는다.
- 11번째 줄은 입력받은 점수의 총합 s1 + s2 + s3 + s4가 maxv보다 크면 maxv의 값과 그때의 위치 k의 값을 s1 + s2 + s3 + s4와 i로 변경해 준다.

제31장 최대, 최소, 최빈 Max, Min, Mode

1086   iRobot

실행 제한시간 **1초**
메모리 사용 제한 **32MB**

모든 명령을 입력받은 후에 입력받은 명령을 모아서 한 번에 처리하여 출력하는 것보다 한 개의 명령을 입력받으면 그 자리에서 바로 처리하여 출력하는 것이 편할 때가 있다. 지금의 문제는 한 개의 명령을 입력받으면 입력을 받자마자 그 질문에 대한 정답을 바로 처리하여 출력하였다. 최댓값을 구하기 위한 변수 maxv, 최솟값을 구하기 위한 변수 minv, 총합을 구하기 위한 변수 sum을 두었다. 하나의 명령을 입력받으면 그 명령에 대한 정답을 구하기 전에 maxv, minv, sum을 초기화를 먼저 한 후 원하는 정답을 구해야 한다. 예를 들어서 명령으로 3 1 3이 주어지면 구간 1부터 구간 3까지의 총합을 구하는 것이다. 그런데 다시 명령으로 3 1 3이 주어진다면 구간 1부터 구간 3까지의 총합을 새롭게 구해야 하는데, 변수 sum이 초기화되어 있지 않다면 이전에 구한 총합과 같이 더해져 구해지기 때문이다. 따라서 각각의 명령을 구하기 전에는 항상 maxv, minv, sum 변수를 초기화해야 하는 것을 잊지 말아야 하겠다.

 **Solution**

```
1   #include <cstdio>
2
3   int main(void)
4   {
5       int n, a[301], m, order, x, y;
6       int i, j, sum, maxv, minv;
7
8       scanf("%d", &n);
9       for (i = 1; i <= n; i++)
10          scanf("%d", &a[i]);
11
12      scanf("%d", &m);
13      for (i = 1; i <= m; i++)
14      {
15          scanf("%d %d %d", &order, &x, &y);
16          if (order == 1)
17          {
18              minv = a[x];
19              for (j = x; j <= y; j++)
20                  if (minv > a[j])
21                      minv = a[j];
22              printf("%d\n", minv);
23          }
24          else if (order == 2)
25          {
26              maxv = a[x];
27              for (j = x; j <= y; j++)
28                  if (maxv < a[j])
```

```
29                  maxv = a[j];
30              printf("%d\n", maxv);
31          }
32          else
33          {
34              sum = 0;
35              for (j = x; j <= y; j++)
36                  sum += a[j];
37              printf("%d\n", sum);
38          }
39      }
40      return 0;
41  }
```

Interpret

- 16번째 줄부터 23번째 줄은 구간 x부터 y까지 최솟값을 구하는 구문이다.

- 18번째 줄은 최솟값을 구하기 전에 최솟값 변수 minv을 a[x]로 초기화하고 있다.

- 24번째 줄부터 31번째 줄은 구간 x부터 y까지 최댓값을 구하는 구문이다.

- 26번째 줄은 최댓값을 구하기 전에 최댓값 변수 maxv를 a[x]로 초기화하고 있다.

- 32번째 줄부터 38번째 줄은 구간 x부터 y까지의 총합을 구하는 구문이다.

- 34번째 줄은 총합을 구하기 전에 총합 변수 sum을 0으로 초기화하고 있다.

제31장 최대, 최소, 최빈 Max, Min, Mode

1045 유행

실행 제한시간 **1초**
메모리 사용 제한 **32MB**

Solution

```c
#include <cstdio>

int main(void)
{
    int n, b[10001] = { 0 };
    int i, val, maxv, k;

    scanf("%d", &n);
    for (i = 1; i <= n; i++)
    {
        scanf("%d", &val);
        b[val]++;
    }

    maxv = b[1], k = 1;
    for (i = 1; i <= 10000; i++)
        if (maxv < b[i])
        {
            maxv = b[i];
            k = i;
        }

    printf("%d\n", k);
    return 0;
}
```

Interpret

- 12번째 줄은 입력으로 주어지는 정수 val의 빈도수를 배열 b에 카운팅한다.
- 15번째 줄부터 21번째 줄은 배열 b에서 최댓값과 그때의 위치를 찾고 있다. 주어지는 숫자는 10,000 이하의 정수이므로 for문의 순환은 1부터 10,000까지 회전한다. 여기서 maxv는 발생된 빈도수를 의미하고 k는 가장 많은 빈도를 가지는 숫자를 나타낸다.

제31장 최대, 최소, 최빈 Max, Min, Mode

1061 슈퍼마리오

실행 제한시간 **1초**
메모리 사용 제한 **32MB**

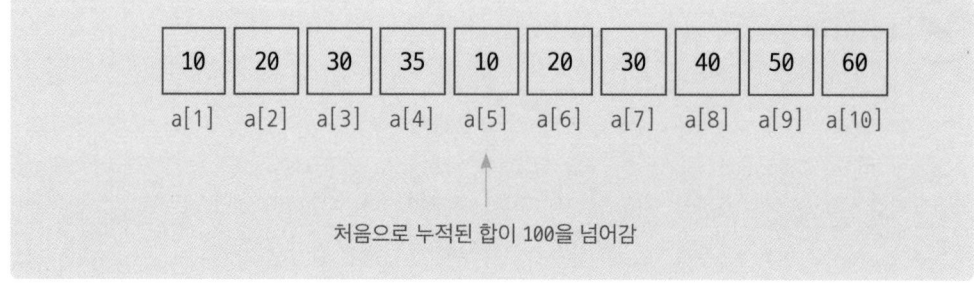

처음으로 누적된 합이 100을 넘어감

위와 같이 10개의 데이터가 배열 a에 있고 누적합을 구하기 위한 변수 sum은 0으로 초기화되어 있다.

❶ a[1]의 값 10을 sum에 누적한다. 누적된 합 sum(= 10)이 100을 넘어가는지 확인한다. 100을 넘어가지 않기 때문에 지금까지 누적된 값 10이 100에 가장 가까운 값이다. sum(= 10)을 ans에 저장한다.

❷ a[2]의 값 20을 sum에 누적한다. 누적된 합 sum(= 30)이 100을 넘어가는지 확인한다. 100을 넘어가지 않기 때문에 지금까지 누적된 값 30이 100에 가장 가까운 값이다. sum(= 30)을 ans에 저장한다.

❸ a[3]의 값 30을 sum에 누적한다. 누적된 합 sum(= 60)이 100을 넘어가는지 확인한다. 100을 넘어가지 않기 때문에 지금까지 누적된 값 60이 100에 가장 가까운 값이다. sum(= 60)을 ans에 저장한다.

❹ a[4]의 값 35를 sum에 누적한다. 누적된 합 sum(= 95)이 100을 넘어가는지 확인한다. 100을 넘어가지 않기 때문에 지금까지 누적된 값 95가 100에 가장 가까운 값이다. sum(= 95)을 ans에 저장한다.

❺ a[5]의 값 10을 sum에 누적한다. 누적된 합 sum(= 105)이 100을 넘어가는지 확인한다. 100을 넘어가기 때문에 지금까지 저장된 정답 ans와 sum 중에서 어느 값을 택할지 선택한다. 만일 두 값 모두 100까지의 거리가 같다면 더 높은 쪽을 선택해야 하므로 ans에 sum(= 105)을 저장한다.

총합 sum이 100을 넘어가면 그 뒤에 등장하는 수들은 100과 더욱더 멀어지기 때문에 더 이상 진행할 필요가 없다. 여기서 순환문을 종료한다.

Solution

```c
#include <cstdio>

int main(void)
{
    int a[11];
    int i, sum = 0, ans;

    for (i = 1; i <= 10; i++)
        scanf("%d", &a[i]);

    for (i = 1; i <= 10; i++)
    {
        sum += a[i];
        if (sum <= 100)
            ans = sum;
        else
        {
            if (100 - ans >= sum - 100)
                ans = sum;
            break;
        }
    }

    printf("%d\n", ans);
    return 0;
}
```

Interpret

- 14번째 줄은 지금까지 누적된 결과가 100 이하이면 누적된 결과 sum이 100에 가장 가까운 값이 된다.
- 16번째 줄부터 21번째 줄은 지금까지 누적된 결과가 처음으로 100을 넘어가는 구간이다. 18번째 줄에서 지금까지 누적된 sum의 값과 이전까지의 정답 ans를 비교하여 누가 더 100에 가까운지를 비교한다.
- 20번째 줄은 100을 처음으로 넘어가게 되면 이후의 과정은 100보다 더 멀어지게 되므로 더 이상의 순환문은 의미가 없다. 따라서 break문으로 순환문을 종료한다.

제31장 최대, 최소, 최빈 Max, Min, Mode

1082 　　The King

실행 제한시간 **1초**
메모리 사용 제한 **8MB**

입력에서 주어지는 지수를 m이라 하고 아들들의 지능 지수를 val이라 하자. 그리고 지능 지수의 합을 sum에 누적하자.

❶ m이 1이고 val이 양수이면 val을 sum에 누적한다. (val의 값이 양수이기 때문에)

❷ m이 2이면 val의 제곱 val * val을 sum에 누적한다. (val * val의 값은 언제나 양수이기 때문에)

❸ m이 3이고 val이 양수이면 val * val * val을 sum에 누적한다. (val이 양수이면 val * val * val의 값은 양수이기 때문에)

 Solution

```
1    #include <cstdio>
2
3    int main(void)
4    {
5        int n, m, val;
6        int i, sum = 0;
7
8        scanf("%d", &n);
9        scanf("%d", &m);
10       for (i = 1; i <= n; i++)
11       {
12           scanf("%d", &val);
13           if (val > 0 && m == 1)
14               sum += val;
15           else if (m == 2)
16               sum += val * val;
17           else if (val > 0 && m == 3)
18               sum += val * val * val;
19       }
20
21       printf("%d\n", sum);
22       return 0;
23   }
```

 Interpret 　　- 13번째 줄은 설명 ①에 해당하는 조건문이다.

- 15번째 줄은 설명 ②에 해당하는 조건문이다.
- 17번째 줄은 설명 ③에 해당하는 조건문이다.

제31장 최대, 최소, 최빈 Max, Min, Mode

1123 블랙잭

실행 제한시간 **1초**
메모리 사용 제한 **64MB**

 Solution

```
1    #include <cstdio>
2
3    int main(void)
4    {
5        int n, val;
6        int i, sum = 0, b[12], x, c1 = 0, c2 = 0;
7
8        for (i = 2; i <= 9; i++)
9            b[i] = 4;
10       b[10] = 16;
11       b[11] = 4;
12
13       scanf("%d", &n);
14       for (i = 1; i <= n; i++)
15       {
16           scanf("%d", &val);
17           sum += val;
18           b[val]--;
19       }
20
21       x = 21 - sum;
22       for (i = 2; i <= 11; i++)
23           if (x < i)
24               c1 += b[i];
25           else
26               c2 += b[i];
27
```

```
28      if (c1 > c2)
29          printf("STOP\n");
30      else
31          printf("DRAW\n");
32      return 0;
33  }
```

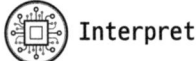 Interpret
- 값어치 2, 3, 4, 5, 6, 7, 8, 9를 갖는 카드는 스페이드, 다이아몬드, 하트, 클로버 모양별로 1장씩 모두 4장이 있다. 그리고 값어치 10을 갖는 10, Jack, Queen, King은 모양별로 1장씩 모두 합쳐서 16장이 있고, 값어치 11을 갖는 Ace는 4장이 있다.
- 8번째 줄부터 11번째 줄에서 값어치에 해당하는 카드의 장수를 배열 b에 초기화한다.
- 14번째 줄부터 19번째 줄은 n장의 카드를 입력받으면서 입력으로 주어진 카드의 값어치 총합을 구하고 값어치에 해당하는 카드의 개수를 1씩 감소한다.
- 21번째 줄은 21과 받은 카드의 총합의 차이 x를 구한다.
- 22번째 줄부터 26번째 줄은 x보다 큰 카드의 개수는 c1에 그렇지 않은 카드의 개수는 c2에 구한다.

제31장 최대, 최소, 최빈 Max, Min, Mode

2093 주차하기 가장 좋은 곳

실행 제한시간 **1초**
메모리 사용 제한 **64MB**

가장 왼쪽에 있는 쇼핑몰의 좌표를 x라고 하고 가장 오른쪽에 있는 쇼핑몰의 좌표를 y라고 하자. 그러면 x는 입력으로 주어지는 쇼핑몰의 좌표의 최솟값이 되고 y는 입력으로 주어지는 쇼핑몰의 좌표의 최댓값이 된다. 주차를 하는 위치를 p라고 하자. p가 x 이상 y 이하의 좌표에 놓이게 된다면

 Core

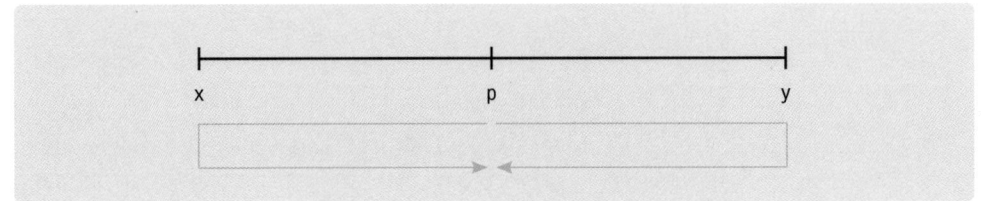

오일러가 걸어야 하는 거리는 (p - x) * 2 + (y - p) * 2 = (y - x) * 2가 된다.

Solution

```c
#include <cstdio>

int main(void)
{
    int n, a[21];
    int i, x, y;

    scanf("%d", &n);
    for (i = 1; i <= n; i++)
        scanf("%d", &a[i]);

    x = y = a[1];
    for (i = 1; i <= n; i++)
    {
        if (x > a[i])
            x = a[i];
        if (y < a[i])
            y = a[i];
    }

    printf("%d\n", (y - x) * 2);
    return 0;
}
```

Interpret

- 12번째 줄부터 19번째 줄은 입력으로 주어진 상점의 좌표의 최댓값과 최솟값을 구하고 있다.

제31장 최대, 최소, 최빈 Max, Min, Mode

2089 주사위 게임

실행 제한시간 **1초**
메모리 사용 제한 **64MB**

첫 번째 주사위의 눈은 1부터 s1까지, 두 번째 주사위의 눈은 1부터 s2까지, 세 번째 주사위의 눈은 1부터 s3까지 for문을 이용하여 세 주사위 눈의 합의 모든 경우의 수를 구한다.

Solution

```c
1   #include <cstdio>
2
3   int main(void)
4   {
5       int s1, s2, s3;
6       int i, j, k, b[81] = { 0 }, maxv, v;
7
8       scanf("%d %d %d", &s1, &s2, &s3);
9
10      for (i = 1; i <= s1; i++)
11          for (j = 1; j <= s2; j++)
12              for (k = 1; k <= s3; k++)
13                  b[i + j + k]++;
14
15      maxv = b[1], v = 1;
16      for (i = 1; i <= s1 + s2 + s3; i++)
17          if (maxv < b[i])
18          {
19              maxv = b[i];
20              v = i;
21          }
22
23      printf("%d\n", v);
24      return 0;
25  }
```

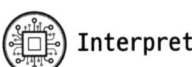 Interpret

- 10번째 줄부터 13번째 줄은 세 개의 주사위 눈의 합의 모든 경우의 수를 배열 b에 카운팅한다.
- 15번째 줄부터 21번째 줄은 가장 많은 빈도수를 갖는 세 주사위 눈의 합을 구한다.

제32장 선택 정렬 Selection Sort

연습문제 ❶번 문제풀이

내림차순 정렬은 오름차순 정렬과 반대로 정렬하면 된다. 즉, 배열의 첫 번째 요소부터 마지막 요소까지 가장 큰 값을 찾아서 배열의 첫 번째 요소에 놓고 다시 배열의 두 번째 요소부터 마지막까지 가장 큰 값을 찾아서 배열의 두 번째 요소에 놓고, 다시 배열의 세 번째 요소부터 마지막 요소까지 가장 큰 값을 찾아서 배열의 세 번째 요소에 놓고, … 이와 같은 방법으로 배열의 마지막 요소까지 정렬해나가면 내림차순으로 정렬된다.

 Solution

```c
#include <cstdio>

int main(void)
{
    int a[11] = { 0, 1, 2, 3, 4, 5, 6, 7, 8, 9, 10 };
    int i, j, temp;

    for (i = 1; i <= 9; i++)
        for (j = i + 1; j <= 10; j++)
            if (a[i] < a[j])
                temp = a[i], a[i] = a[j], a[j] = temp;

    for (i = 1; i <= 10; i++)
        printf("%d ", a[i]);
    return 0;
}
```

 Interpret - 10번째 줄에서 a[i]와 a[j]를 비교했을 때, a[i]보다 a[j]의 값이 크면 a[i]와 a[j]를 교환한다.

제32장 선택 정렬 Selection Sort

1022 정렬 Sorting

실행 제한시간 **1초**
메모리 사용 제한 **32MB**

n개의 데이터를 입력받은 후, n개의 데이터를 출력한다. 그리고 n개의 데이터를 정렬한 후, 다시 n개의 데

이터를 출력한다.

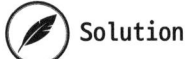 **Solution**

```c
1   #include <cstdio>
2
3   int main(void)
4   {
5       int n, a[101];
6       int i, j, temp;
7
8       scanf("%d", &n);
9       for (i = 1; i <= n; i++)
10          scanf("%d", &a[i]);
11
12      for (i = 1; i <= n; i++)
13          printf("%d ", a[i]);
14      printf("\n");
15
16      for (i = 1; i <= n - 1; i++)
17          for (j = i + 1; j <= n; j++)
18              if (a[i] > a[j])
19                  temp = a[i], a[i] = a[j], a[j] = temp;
20
21      for (i = 1; i <= n; i++)
22          printf("%d ", a[i]);
23      return 0;
24  }
```

 **Interpret**

- 12번째 줄부터 14번째 줄은 입력받은 배열 a를 출력의 첫째 줄에 출력한다.
- 16번째 줄부터 19번째 줄은 선택 정렬(Selection Sort)를 이용해서 배열 a를 오름차순으로 정렬한다.
- 21번째 줄부터 22번째 줄은 정렬된 배열 a를 출력의 둘째 줄에 출력한다.

제32장 선택 정렬 Selection Sort

1025   세 번째로 가장 큰 값

| 실행 제한시간 | **1초** |
| 메모리 사용 제한 | **32MB** |

10개의 데이터를 입력받은 후 내림차순으로 정렬하여 세 번째로 가장 큰 값을 출력한다.

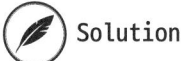 Solution

```
1    #include <cstdio>
2
3    int main(void)
4    {
5        int n, a[11];
6        int i, j, temp;
7
8        for (i = 1; i <= 10; i++)
9            scanf("%d", &a[i]);
10
11       for (i = 1; i <= 9; i++)
12           for (j = i + 1; j <= 10; j++)
13               if (a[i] < a[j])
14                   temp = a[i], a[i] = a[j], a[j] = temp;
15
16       printf("%d\n", a[3]);
17       return 0;
18   }
```

 Interpret

- 11번째 줄부터 14번째 줄은 배열 a를 내림차순으로 정렬한다.
- 16번째 줄은 입력으로 주어진 값 중에서 3번째로 가장 큰 값을 출력의 첫째 줄에 출력한다.

제32장 선택 정렬 Selection Sort

1127   마법 지팡이

| 실행 제한시간 | **1초** |
| 메모리 사용 제한 | **64MB** |

지팡이의 길이를 배열 a에 입력받아 오름차순으로 정렬한다. 그리고 상자의 크기는 배열 b에 입력받아 오름차순으로 정렬한다. 오름차순으로 정렬되어 있는 n개의 지팡이의 길이와 상자의 크기에 대해서 a[1] ≤

b[1]이고 a[2] ≤ b[2]이고 ⋯ a[n] ≤ b[n]을 만족한다면 모든 지팡이를 상자 안에 담을 수 있다.

 **Solution**

```
1    #include <cstdio>
2
3    int main(void)
4    {
5        int n, a[101], b[101];
6        int i, j, temp;
7
8        scanf("%d", &n);
9        for (i = 1; i <= n; i++)
10           scanf("%d", &a[i]);
11       for (i = 1; i <= n; i++)
12           scanf("%d", &b[i]);
13
14       for (i = 1; i <= n - 1; i++)
15           for (j = i + 1; j <= n; j++)
16               if (a[i] > a[j])
17                   temp = a[i], a[i] = a[j], a[j] = temp;
18
19       for (i = 1; i <= n - 1; i++)
20           for (j = i + 1; j <= n; j++)
21               if (b[i] > b[j])
22                   temp = b[i], b[i] = b[j], b[j] = temp;
23
24       for (i = 1; i <= n; i++)
25           if (a[i] > b[i])
26               break;
27
28       if (i == n + 1)
29           printf("YES\n");
30       else
31           printf("NO\n");
32       return 0;
33   }
```

 **Interpret** － 14번째 줄부터 17번째 줄은 지팡이의 길이를 오름차순으로 정렬한다.

- 19번째 줄부터 22번째 줄은 상자의 크기를 오름차순으로 정렬한다.
- 24번째 줄부터 26번째 줄은 오름차순으로 정렬되어 있는 n개의 지팡이의 길이 a[i]와 상자의 크기 b[i]를 비교하여 단 하나라도 a[i]가 b[i]보다 크다면 i번째 지팡이를 i번째 상자에 담을 수 없으므로 for문의 순환을 종료한다. 만일 조건문을 만족하는 조건이 하나도 없다면 for문은 중간에 종료되지 않고 i는 n까지 순환한 후 n + 1이 될 때 종료되기 때문에
- 28번째 줄에서 i의 값이 n + 1이면 모든 지팡이를 상자에 담을 수 있으므로 출력의 첫째 줄에 "YES"를 그렇지 않다면 출력의 첫째 줄에 "NO"를 출력한다.

제32장 선택 정렬 Selection Sort

2017 캥거루

실행 제한시간 **1초**
메모리 사용 제한 **32MB**

세 마리의 캥거루가 좌표를 3, 8, 10에 놓여있다고 가정해보자.

Core

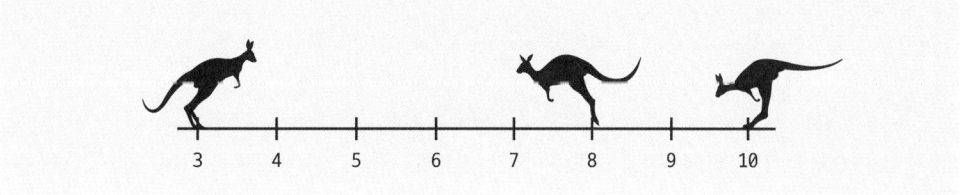

만일 첫 번째 캥거루가 두 번째 캥거루와 세 번째 캥거루 사이 9로 뛴다면 점프 횟수는 1회로 끝나게 된다. 그런데 마지막 캥거루가 3과 8 사이로 점프를 한다면 더욱더 많은 점프를 할 수 있다. 그러면 세 번째 캥거루가 4, 5, 6, 7의 좌표 중에서 어디로 점프를 하는 것이 최대의 점프를 할 수 있을까? 정답은 4 또는 7이다. 좌표 10에 있는 캥거루가 좌표 8에 있는 캥거루의 앞 좌표 7로 점프를 하고 다시 좌표 8에 있던 캥거루가 좌표 7에 있는 캥거루 앞 좌표 6으로 점프를 하고 좌표 7에 있는 캥거루가 마찬가지로 좌표 5로 점프를 하고 좌표 6에 있던 캥거루가 좌표 4로 점프를 하면 4, 5, 6, 7을 모두 점프하는데 이용할 수 있기 때문이다. 따라서 첫 번째 캥거루의 좌표와 두 번째 캥거루의 좌표 차이와 두 번째 캥거루의 좌표와 세 번째 캥거루의 좌표 차이를 비교해서 더 큰 쪽으로 점프를 하면 되고 점프의 최대 횟수는 두 캥거루 좌표의 차이에서 1을 빼면 된다. 또한 세 마리의 캥거루의 좌표가 순서대로 주어진다는 말은 없으므로 세 마리 캥거루의 좌표를 입력을 받은 후 정렬을 해야 하는 것에 주의해야 한다.

 Solution

```
1   #include <cstdio>
2
3   int main(void)
4   {
5       int a[4];
6       int i, j, temp;
7
8       for (i = 1; i <= 3; i++)
9           scanf("%d", &a[i]);
10
11      for (i = 1; i <= 2; i++)
12          for (j = i + 1; j <= 3; j++)
13              if (a[i] > a[j])
14                  temp = a[i], a[i] = a[j], a[j] = temp;
15
16      if (a[2] - a[1] <= a[3] - a[2])
17          printf("%d\n", a[3] - a[2] - 1);
18      else
19          printf("%d\n", a[2] - a[1] - 1);
20      return 0;
21  }
```

 Interpret

- 11번째 줄부터 14번째 줄은 입력으로 주어진 캥거루의 좌표를 오름차순으로 정렬하고 있다.
- 16번째 줄부터 19번째 줄은 첫 번째 캥거루와 두 번째 캥거루의 차이와 두 번째 캥거루와 세 번째 캥거루의 차이를 비교해서 더 큰 쪽으로 점프를 한다.

제32장 선택 정렬 Selection Sort

2123 네 개의 정수

실행 제한시간 **1초**
메모리 사용 제한 **32MB**

세 개의 정수를 오름차순으로 정렬한 후 정렬된 세 개의 정수를 차례로 A, B, C라고 하자.

❶ B와 A의 차이와 C와 B의 차이가 같다면 잃어버린 정수는 가장 큰 값이거나 가장 작은 값일 것이다. 문제에서 가능한 정답이 여러 개가 존재한다면 가장 최댓값을 선택하라고 했기 때문에 가장 큰 값이 잃어버린 정수가 될 것이다. 잃어버린 정수는 C의 값에다 C와 B값의 차이 C - B를 더하면 된다.

 **Core**

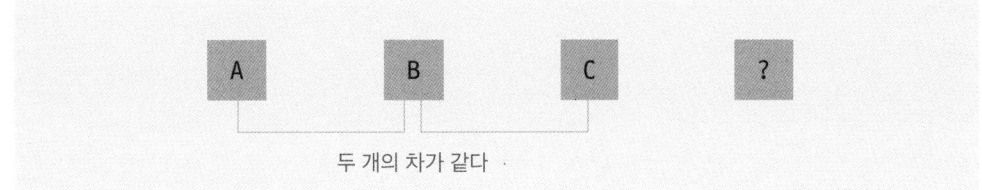

두 개의 차가 같다

❷ 만일 잃어버린 정수가 세 번째 정수이면 C와 B의 차이는 B와 A의 차이의 두 배이다. 잃어버린 정수는 B와 C의 중앙값이 된다.

Core

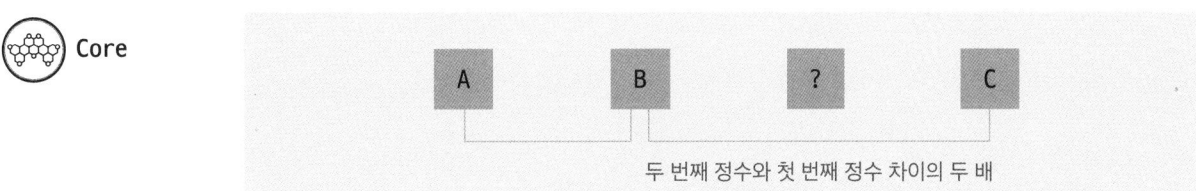

두 번째 정수와 첫 번째 정수 차이의 두 배

❸ 만일 잃어버린 정수가 두 번째 정수이면 B와 A의 차이는 C와 B 차이의 두 배이다. 잃어버린 정수는 B와 A의 중앙값이 된다.

 **Core**

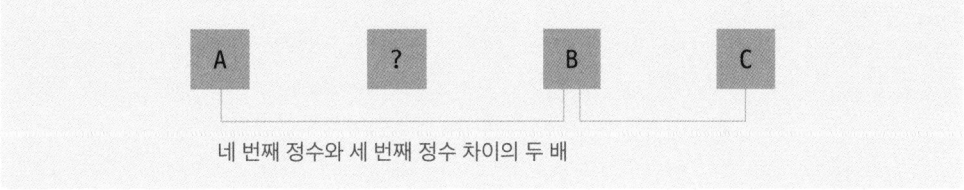

네 번째 정수와 세 번째 정수 차이의 두 배

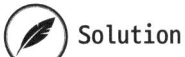 **Solution**

```c
#include <cstdio>

int main(void)
{
    int a[4];
    int i, j, temp;

    for (i = 1; i <= 3; i++)
        scanf("%d", &a[i]);

    for (i = 1; i <= 2; i++)
        for (j = i + 1; j <= 3; j++)
            if (a[i] > a[j])
                temp = a[i], a[i] = a[j], a[j] = temp;

```

```
16      if (a[3] - a[2] == a[2] - a[1])
17          printf("%d\n", a[3] + a[2] - a[1]);
18      else if (a[3] - a[2] == (a[2] - a[1]) * 2)
19          printf("%d\n", (a[3] + a[2]) / 2);
20      else
21          printf("%d\n", (a[2] + a[1]) / 2);
22      return 0;
23  }
```

Interpret
- 16번째 줄은 설명 ①에 해당하는 조건문이다.
- 18번째 줄은 설명 ②에 해당하는 조건문이다.
- 20번째 줄은 설명 ③에 해당하는 조건문이다.

제32장 선택 정렬 Selection Sort

2113 상점

실행 제한시간 **1초**
메모리 사용 제한 **64MB**

만일 5개 상점의 가격이 배열 a에 주어지면,

❶ i의 값이 1일 때, a[1] + a[2], a[1] + a[3], a[1] + a[4], a[1] + a[5]의 가격을 확인한다.

❷ i의 값이 2일 때, a[2] + a[3], a[2] + a[4], a[2] + a[5]의 가격을 확인한다.

❸ i의 값이 3일 때, a[3] + a[4], a[3] + a[5]의 가격을 확인한다.

❹ i의 값이 4일 때, a[4] + a[5]의 가격을 확인한다.

위와 같은 방법으로 중첩 순환문을 순환하다가 두 개의 상점의 가격의 합이 c원인 상점을 찾게 되면 두 개의 상점의 인덱스를 출력의 첫째 줄에 출력한 후 조건부에 AND 연산과 !ok를 이용하여 중첩 순환문을 한 번에 빠져나온다.

Solution

```
1   #include <cstdio>
2
3   int main(void)
4   {
5       int c, n, a[2001];
```

```
6        int i, j, ok = 0;
7
8        scanf("%d", &c);
9        scanf("%d", &n);
10       for (i = 1; i <= n; i++)
11           scanf("%d", &a[i]);
12
13       for (i = 1; i <= n - 1 && !ok; i++)
14           for (j = i + 1; j <= n && !ok; j++)
15               if (a[i] + a[j] == c)
16               {
17                   printf("%d %d\n", i, j);
18                   ok = 1;
19               }
20       return 0;
21   }
```

 Interpret   - 13번째 줄부터 19번째 줄은 두 개의 상점의 모든 조합을 확인하여 두 상점의 가격의 합이 c원인 상점을 찾아서 출력의 첫째 줄에 출력한다.

제33장 버블 정렬 Bubble Sort

연습문제　❶번 문제풀이

내림차순 정렬은 오름차순 정렬과 반대로 정렬하면 된다. 즉, 배열의 첫 번째 요소부터 마지막 요소까지 가장 작은 값을 찾아 배열의 마지막 요소에 놓고 다시 배열의 첫 번째 요소부터 아홉 번째 요소까지 가장 작은 값을 찾아서 배열의 아홉 번째 요소에 놓고, 다시 배열의 첫 번째 요소부터 여덟 번째 요소까지 가장 작은 값을 찾아서 배열의 여덟 번째 요소에 놓고, … 이와 같은 방법으로 배열의 첫 번째 요소만 남을 때까지 진행하게 되면 배열 전체는 내림차순으로 정렬된다.

Solution

```
1    #include <cstdio>
2
3    int main(void)
4    {
5        int a[11] = { 0, 1, 2, 3, 4, 5, 6, 7, 8, 9, 10 };
6        int i, j, temp;
7
8        for (i = 1; i <= 9; i++)
9            for (j = 1; j <= 10 - i; j++)
10               if (a[j] < a[j + 1])
11                   temp = a[j], a[j] = a[j + 1], a[j + 1] = temp;
12
13       for (i = 1; i <= 10; i++)
14           printf("%d ", a[i]);
15       return 0;
16   }
```

Interpret - 10번째 줄은 a[j]와 a[j + 1]을 비교했을 때, a[j]보다 a[j + 1]의 값이 크면 a[j]와 a[j + 1]를 교환해 준다.

제34장 삽입 정렬 Insertion Sort

연습문제 ❶번 문제풀이

내림차순 정렬은 오름차순 정렬과 반대로 정렬하면 된다.

Solution

```
1    #include <cstdio>
2
3    int main(void)
4    {
5        int a[11] = { 0, 1, 2, 3, 4, 5, 6, 7, 8, 9, 10 };
6        int i, j, key;
7
8        for (i = 2; i <= 10; i++)
```

```
 9          {
10              key = a[i];
11              for (j = i - 1; j >= 1 && a[j] < key; j--)
12                  a[j + 1] = a[j];
13              a[j + 1] = key;
14          }
15
16      for (i = 1; i <= 10; i++)
17          printf("%d ", a[i]);
18      return 0;
19  }
```

 Interpret — 10번째 줄은 배열 a에서 특정 key 값을 정한 후 그 key 값 앞에 있는 배열의 요소들이 내림차순으로 정렬되어 있을 때, 11번째 줄은 배열 a에서 key 값이 삽입될 위치를 찾아서 그 위치에 key 값을 삽입하면서 정렬한다.

제35장 피보나치 수열 Fibonacci Sequence

연습문제 ❶번 문제풀이

1월에 1쌍(두 마리)의 토끼가 있고, 2월에도 새로 태어나는 토끼가 없으므로 1쌍(두 마리)의 토끼가 있다. 3월에는 1월에 의해서 새로 태어나는 토끼 1쌍과 기존에 있던 토끼 1쌍을 더해서 모두 2쌍의 토끼가 있고, 4월에는 2월에 있던 토끼들이 새끼를 낳기 때문에 새로 태어나는 토끼 1쌍과 기존에 있던 토끼 2쌍을 더해서 모두 3쌍의 토끼가 된다. 5월은 3월에 있던 토끼가 2쌍을 낳고 기존에 있던 토끼 3쌍을 합쳐서 모두 5쌍의 토끼가 된다. 이와 같은 방법으로 n번째 달일 때까지 구해나간다.

Solution

```
1   #include <cstdio>
2
3   int main(void)
4   {
5       int n;
6       int i, a[21] = { 0, 1 };
7
```

```
 8       scanf("%d", &n);
 9
10       for (i = 2; i <= n; i++)
11           a[i] = a[i - 1] + a[i - 2];
12
13       printf("%d\n", a[n]);
14       return 0;
15   }
```

Interpret - 13번째 줄은 n번째의 피보나치 수를 출력의 첫째 줄에 출력한다.

제35장 피보나치 수열 Fibonacci Sequence

1017 금화

실행 제한시간 **1초**
메모리 사용 제한 **32MB**

n의 최댓값이 99,999이므로 각각의 날에 대한 금화를 구하기 위해서 정수형 배열 a[100000]를 선언한다.

❶ 첫째 날에는 금화가 한 개가 있으므로 a[1] = 1이 된다.

❷ 둘째 날에도 금화가 한 개가 있으므로 a[2] = 1이 된다.

❸ 셋째 날부터 n째 날까지 홀숫날일 때와 짝숫날일 때로 나눠서 금화를 구한다.

(i) i의 값이 홀숫날이라면 a[2 * i + 1] = a[i] + a[i + 1]이다. 그런데 만일 n의 값이 최댓값인 99,999라면 2 * i + 1은 199,999이므로 a[199999]는 위에서 설정된 배열의 크기를 넘어가게 된다. 물론 배열의 크기를 두 배로 늘려서 주어진 문제를 해결할 수도 있지만 그렇게 바람직하게 보이지는 않는다. 이 문제를 해결하기 위해서 약간의 식을 변형하여 a[i]에 관한 식을 만들어보면 a[i] = a[i / 2] + a[i / 2 + 1]와 같이 된다.

(ii) i의 값이 짝숫날이라면 a[i] = a[i / 2]가 된다.

배열 a에서 최댓값을 찾아 첫째 날부터 n째 날까지의 최댓값을 구한다.

Solution

```
1    #include <cstdio>
2
3    int main(void)
```

```
4   {
5       int n;
6       int i, a[100000], max;
7
8       scanf("%d", &n);
9
10      a[1] = a[2] = max = 1;
11      for (i = 3; i <= n; i++)
12      {
13          if (i % 2)
14              a[i] = a[i / 2] + a[i / 2 + 1];
15          else
16              a[i] = a[i / 2];
17
18          if (max < a[i])
19              max = a[i];
20      }
21
22      printf("%d\n", max);
23      return 0;
24  }
```

 Interpret
- 13번째 줄은 설명 ③의 (ⅰ)에 해당하는 조건문이다.
- 15번째 줄은 ③의 (ⅱ)에 해당하는 조건문이다.

제35장 피보나치 수열 Fibonacci Sequence

1072 Speed Limit

실행 제한시간 **1초**
메모리 사용 제한 **32MB**

 Solution

```
1   #include <cstdio>
2
3   int main(void)
4   {
5       int n, s[11], t[11] = { 0 };
```

```
6        int i, sum = 0;
7
8        scanf("%d", &n);
9        for (i = 1; i <= n; i++)
10       {
11           scanf("%d %d", &s[i], &t[i]);
12           sum += s[i] * (t[i] - t[i - 1]);
13       }
14
15       printf("%d\n", sum);
16       return 0;
17   }
```

Interpret
- 5번째 줄은 12번째 줄에서 t[i - 1]을 참조하기 위해서 배열 t를 선언과 동시에 0으로 초기화하였다.
- 11번째 줄에서 속력에 대한 측정은 배열 s에 시간에 대한 측정은 배열 t에 입력받는다.
- 12번째 줄은 i - 1번째부터 i번째까지 s[i]의 속력으로 이동한 시간은 t[i] - t[i - 1]이므로 이동한 총 거리는 속력 * 시간, 즉 s[i] * (t[i] - t[i - 1])가 된다.

제36장 에라토스테네스의 체 Sieve Of Erathosthenes

연습문제 ❶번 문제풀이

Solution

```
1    #include <cstdio>
2
3    int main(void)
4    {
5        int check[101] = { 0 }, i, j, cnt = 0;
6
7        for (i = 2; i <= 100; i++)
8        {
9            if (check[i] == 0)
10           {
```

```
11              printf("%d ", i);
12              cnt++;
13              if (cnt % 5 == 0)
14                  printf("\n");
15              for (j = i * i; j <= 100; j += i)
16                  check[j] = 1;
17          }
18      }
19      return 0;
20  }
```

 **Interpret** - 12번째 줄부터 14번째 줄은 한 줄에 5개씩의 소수를 출력하기 위해서 소수가 출력될 때마다 cnt 변수를 1씩 카운팅하고 cnt 변수가 5의 배수이면 한 줄의 줄 내림을 발생시킨다.

제36장 에라토스테네스의 체 Sieve Of Erathosthenes

연습문제   ❷번 문제풀이

 **Solution**

```
1   #include <cstdio>
2
3   int main(void)
4   {
5       int check[101] = { 0 }, i, j, cnt = 0;
6
7       for (i = 2; i <= 100; i++)
8           if (check[i] == 0)
9               for (j = i * i; j <= 100; j += i)
10                  check[j] = 1;
11
12      for (i = 2; i <= 98; i++)
13          if (check[i] == 0 && check[i + 2] == 0)
14              printf("%d %d\n", i, i + 2);
15      return 0;
16  }
```

 **Interpret**
- 7번째 줄부터 10번째 줄은 에라토스테네스의 체를 이용하여 2부터 100까지 소수가 아닌 수들을 check 배열을 통해서 걸러내고 있다. 만일 check[i]의 값이 0이면 i는 어떤 수의 배수가 아니기 때문에 i는 소수가 되고, check[i]의 값이 1이면 i는 어떤 수의 배수이기 때문에 i는 소수가 아니다. (단, 1은 제외)
- 12번째 줄부터 14번째 줄은 i와 i + 2가 동시에 소수인 쌍둥이 소수를 찾아서 각 줄에 출력한다.

제36장 에라토스테네스의 체 Sieve Of Erathosthenes

1066 숙제를 안 해온 사람은 누구?

실행 제한시간 **1초**
메모리 사용 제한 **32MB**

 **Solution**

```c
#include <cstdio>

int main(void)
{
    int num;
    int i, check[31] = { 0 };

    for (i = 1; i <= 28; i++)
    {
        scanf("%d", &num);
        check[num] = 1;
    }

    for (i = 1; i <= 30; i++)
        if (check[i] == 0)
            printf("%d\n", i);
    return 0;
}
```

 **Interpret**
- 10번째 줄은 숙제를 끝마친 학생의 번호를 변수 num에 입력받아 11번째 줄에서 check 배열의 값을 1로 만들어 걸러낸다.
- 14번째 줄부터 16번째 줄은 check[i]의 값이 0이면 i는 숙제를 끝마치지 못한 학생의 번호이므로 숙제를 끝마치지 못한 학생의 번호를 각 줄에 출력한다.

제36장 에라토스테네스의 체 Sieve Of Erathosthenes

1038 나머지

실행 제한시간 **1초**
메모리 사용 제한 **32MB**

5개의 정수 0, 42, 84, 126, 168이 있다고 해보자. 42로 나누었을 때 서로 다른 나머지를 갖는 수를 구한다고 해보자.

 Core

```
int check[42] = { 0 };
for (i = 1; i <= 5; i++)
{
    scanf("%d", &num);
    check[num % 5] = 1;
}
```

어떠한 정수를 42로 나누었을 때 나올 수 있는 나머지는 0, 1, 2, 3, … , 41로 42개이다. check 배열의 길이는 42이고 모두 0으로 초기화한 후 주어진 정수를 변수 num에 입력받아 check[num % 42]에 1을 대입하자. 입력이 완료된 후 check[0]의 값만 1이므로 서로 다른 나머지의 개수 1개를 중복되지 않게 걸러낼 수 있다. 여기서 주의해야 할 것은 어떤 수를 나누었을 때 나올 수 있는 나머지는 0도 될 수 있기 때문에 서로 다른 나머지의 개수를 카운팅할 때 0도 포함되어야 함을 주의해야겠다.

 Solution

```
1   #include <cstdio>
2
3   int main(void)
4   {
5       int num;
6       int i, check[42] = { 0 }, cnt = 0;
7
8       for (i = 1; i <= 10; i++)
9       {
10          scanf("%d", &num);
11          check[num % 42] = 1;
12      }
13
14      for (i = 0; i <= 41; i++)
15          cnt += check[i];
16      printf("%d\n", cnt);
```

```
17        return 0;
18    }
```

 Interpret - 14번째 줄부터 15번째 줄은 42로 나누었을 때 서로 다른 나머지를 갖는 수의 개수를 카운팅하고 있다.

제36장 에라토스테네스의 체 Sieve Of Erathosthenes

1044 꽃 축제

실행 제한시간 **1초**
메모리 사용 제한 **32MB**

어떠한 꽃을 a번 슬롯부터 시작해서 b칸의 간격으로 심는다고 한다면,

 Core

```
for (j = a; j <= s; j += b)
    check[j] = 1;
```

j의 값은 a부터 시작해서 for문의 순환이 한 바퀴 회전할 때마다 b씩 증가하면서 check 배열에 1을 대입함으로써 한 번 이상 꽃을 심은 슬롯을 중복 없이 걸러낼 수 있다.

 Solution

```
1    #include <cstdio>
2
3    int main(void)
4    {
5        int s, n, a, b;
6        int i, j, check[10001] = { 0 }, cnt = 0;
7
8        scanf("%d %d", &s, &n);
9        for (i = 1; i <= n; i++)
10       {
11           scanf("%d %d", &a, &b);
12           for (j = a; j <= s; j += b)
13               check[j] = 1;
14       }
15
16       for (i = 1; i <= s; i++)
```

```
17              if (check[i] == 0)
18                  cnt++;
19
20      printf("%d\n", cnt);
21      return 0;
22  }
```

Interpret

- 11번째 줄은 꽃을 심기 시작하는 시작 슬롯은 a에 입력받고 꽃을 심어나가는 간격은 b에 입력받는다.

- 12번째 줄은 a번 슬롯부터 심기 시작해서 b칸의 간격으로 check 배열을 이용해서 한 번 이상 꽃을 심은 슬롯을 중복 없이 걸러내고 있다.

- 16번째 줄부터 18번째 줄은 check 배열을 통해서 꽃을 심지 않은 빈 슬롯의 개수를 카운팅하고 있다.

제36장 에라토스테네스의 체 Sieve Of Erathosthenes

2031 크리스마스 전등 축제 I

실행 제한시간 **1초**
메모리 사용 제한 **64MB**

전등의 on, off의 상태를 check 배열에 나타내기로 하자. 만일 check[i]의 값이 0이면 i번째 전등은 꺼져 있고, 만일 check[i]의 값이 1이면 i번째 전등은 켜져 있다. 입력으로 op의 값으로 0이 주어지고 시작 버튼을 의미하는 s와 마지막 버튼을 의미하는 e가 주어진다면, s부터 e까지 버튼을 모두 한 번씩 누르기 때문에 s부터 e까지의 구간에서 꺼져 있는 전등이 있으면 켜고, 켜져 있는 전등이 있으면 끄면 된다.

Core

```
for (j = s; j <= e; j++)
    if (check[j] == 0)
        check[j] = 1;
    else
        check[j] = 0;
```
같은 결과
```
for (j = s; j <= e; j++)
    check[j] = 1 - check[j];
```

만일 check[j]의 값이 0이면 check[j]의 값을 1로 바꾸고, check[j]의 값이 1이면 check[j]의 값을 0으로 바꾸기 위해서 왼쪽에 있는 코드와 오른쪽에 있는 코드는 같은 결과를 보여준다.

 **Solution**

```
1   #include <cstdio>
2
3   int main(void)
4   {
5       int n, m, op, s, e;
6       int i, j, check[501] = { 0 }, cnt;
7
8       scanf("%d %d", &n, &m);
9       for (i = 1; i <= m; i++)
10      {
11          scanf("%d %d %d", &op, &s, &e);
12          if (op == 0)
13          {
14              for (j = s; j <= e; j++)
15                  check[j] = 1 - check[j];
16          }
17          else
18          {
19              cnt = 0;
20              for (j = s; j <= e; j++)
21                  cnt += check[j];
22              printf("%d\n", cnt);
23          }
24      }
25      return 0;
26  }
```

 **Interpret**

- 12번째 줄부터 16번째 줄은 op의 값으로 0이 주어지면 시작 버튼 s부터 마지막 버튼 e까지 전등의 상태를 반대로 바꾼다.
- 17번째 줄부터 23번째 줄은 op의 값으로 1이 주어지면 시작 전등 s부터 마지막 전등 e까지 켜져 있는 전등의 개수를 구한다.

제36장 에라토스테네스의 체 Sieve Of Erathosthenes

1126 가로등

실행 제한시간 **1초**
메모리 사용 제한 **64MB**

만일 지점 x에 한 개의 가로등이 놓여있고 왼쪽, 오른쪽으로 k미터까지 환하게 만들 수 있다면,

Core

```
for (j = x - k; j <= x + k; j++)
    if (j >= 1 && j <= n)
        check[j] = 1;
```

지점 x에 놓여진 가로등으로부터 지점 x - k부터 x + k까지 환하게 만들 수 있으므로 x - k부터 x + k까지의 check 배열의 상태를 1로 만든다. 여기서 주의해야 할 것은 j의 값이 주어진 범위(1 이상 n 이하)를 벗어날 수 있기 때문에 조건문을 추가하여 주어진 범위를 벗어나지 않도록 해야 한다.

Core

```
for (i = 1; i <= n; i++)
    if (check[i] == 0)
    {
        cnt++;
        for (j = i; j <= i + k * 2 && j <= n; j++)
            check[j] = 1;
    }
```

모든 가로등을 놓은 후 추가해야 하는 최소한의 가로등의 개수를 구하기 위해서 check 배열을 지점 1부터 지점 n까지 확인을 한다. check 배열을 확인하다가 check[i]의 값이 0이라는 것은 지점 i는 가로등이 비추는 지점이 아니기 때문에 새로운 가로등을 추가하여 지점 i를 환하게 만들어야 한다. 문제에서 최소한의 가로등을 놓아야 하기 때문에 새로운 가로등을 놓게 되었을 때, 지점 i로부터 최대한 멀리 놓는다면 최대한 많은 구간을 환하게 만들 수 있다. 따라서 가로등을 놓는 지점을 i + k로 한다면 지점 i를 환하게 만들 수 있고 i + k로부터 오른쪽으로 k미터를 더 비출 수 있기 때문에 지점 i 부터 i + 2 * k까지 환하게 만들 수 있다. 마찬가지로 지점의 위치가 주어진 범위 n을 넘어가지 않도록 주의해야 한다.

Solution

```
1   #include <cstdio>
2
3   int main(void)
4   {
5       int n, m, k, x;
```

```
6       int i, j, check[1001] = { 0 }, cnt = 0;
7
8       scanf("%d", &n);
9       scanf("%d", &m);
10      scanf("%d", &k);
11      for (i = 1; i <= m; i++)
12      {
13          scanf("%d", &x);
14          for (j = x - k; j <= x + k; j++)
15              if (j >= 1 && j <= n)
16                  check[j] = 1;
17      }
18
19      for (i = 1; i <= n; i++)
20          if (check[i] == 0)
21          {
22              cnt++;
23              for (j = i; j <= i + k * 2 && j <= n; j++)
24                  check[j] = 1;
25          }
26
27      printf("%d\n", cnt);
28      return 0;
29  }
```

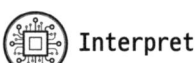 Interpret
- 22번째 줄은 새로운 가로등의 개수를 추가한다.
- 23번째 줄은 지점 i를 환하게 만들기 위해서 새로운 가로등을 i + k의 지점에 위치시키면 지점 i부터 지점 i + k * 2까지 환하게 만들기 때문에 check 배열의 상태를 1로 만든다.

제36장 에라토스테네스의 체 Sieve Of Erathosthenes

2079   Trees

실행 제한시간 **1초**
메모리 사용 제한 **64MB**

전체 도로의 길이를 len이라 한다면 전체 나무의 개수는 len + 1개이다. 그리고 나무를 자르는 구간의 시점 지점을 s, 끝 지점을 e라고 한다면 해당 구간에서 잘려지는 나무의 개수는 e - s + 1개가 된다. 문제에서 구간이 겹쳐지는 경우는 없다고 했으므로 check 배열없이 전체 나무의 개수에서 주어진 구간에 해당하는 나무의 개수를 빼주게 되면 모든 나무를 자르고 남아있는 최종 나무의 개수를 쉽게 구할 수 있다.

 Solution

```
#include <cstdio>

int main(void)
{
    int len, m, s, e;
    int i, n;

    scanf("%d %d", &len, &m);
    n = len + 1;        // 전체 나무의 개수
    for (i = 1; i <= m; i++)
    {
        scanf("%d %d", &s, &e);
        n -= (e - s + 1);
    }

    printf("%d\n", n);
    return 0;
}
```

 Interpret
- 9번째 술은 전체 나무의 개수를 n에 대입한다.
- 10번째 줄부터 14번째 줄은 나무를 자르는 시작 지점 s와 끝 지점을 e를 입력받아 자르는 나무의 개수 e - s + 1을 전체 나무의 개수에서 빼준다.

제36장 에라토스테네스의 체 Sieve Of Erathosthenes

2126 주차요금

실행 제한시간 **1초**
메모리 사용 제한 **32MB**

첫 번째 자동차가 정각 1시에 들어와서 정각 6시에 나가게 된다면 5시간을 주차하였으므로 check 배열의 1번 인덱스부터 5번 인덱스까지 값을 1 증가시킨다.

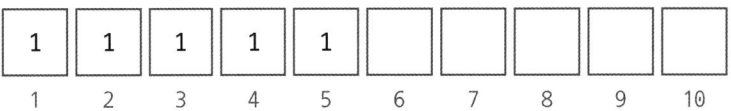

두 번째 자동차가 정각 3시에 들어와서 정각 5시에 나가게 된다면 2시간을 주차하였으므로 check 배열의 3번 인덱스부터 4번 인덱스까지 값을 1 증가시킨다.

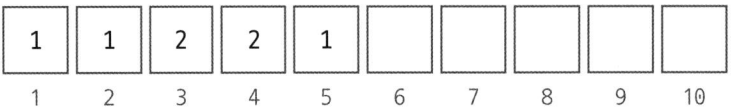

세 번째 자동차가 정각 2시에 들어와서 정각 8시에 나가게 된다면 6시간을 주차하였으므로 check 배열의 2번 인덱스부터 7번 인덱스까지 값을 1씩 증가시킨다.

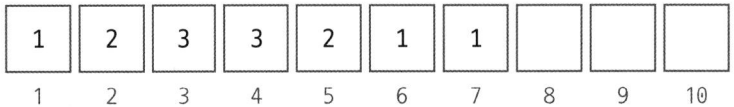

1대의 주차요금을 5원, 2대의 주차요금을 3원, 3대의 주차요금을 1원이라고 한다면, 1시부터 2시까지는 1대를 주차하였으므로 주차요금은 5원 * 1 = 5원이며, 2시부터 3시까지는 2대를 주차하였으므로 3원 * 2 = 6원이며, 3시부터 4시까지는 3대를 주차하였으므로 1원 * 3 = 3원이며, 4시부터 5시까지는 3대를 주차하였으므로 1원 * 3 = 3원이며, 5시부터 6시까지는 2대를 주차하였으므로 3원 * 2 = 6원이며, 6시부터 7시까지는 1대를 주차하였으므로 5원 * 1 = 5원이며, 7시부터 8시까지는 1대를 주차하였으므로 5원 * 1 = 5원이다. 모든 주차요금을 합하면 5원 + 6원 + 3원 + 3원 + 6원 + 5원 + 5원 = 33원이 된다.

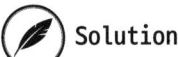 **Solution**

```c
#include <cstdio>

int main(void)
{
    int a, b, c, s, e;
    int i, j, check[100] = { 0 }, sum = 0;

    scanf("%d %d %d", &a, &b, &c);
    for (i = 1; i <= 3; i++)
    {
        scanf("%d %d", &s, &e);
        for (j = s; j <= e - 1; j++)
```

```
13              check[j]++;
14          }
15
16      for (i = 1; i <= 99; i++)
17          if (check[i] == 1)
18              sum += a;
19          else if (check[i] == 2)
20              sum += b * 2;
21          else if (check[i] == 3)
22              sum += c * 3;
23
24      printf("%d\n", sum);
25      return 0;
26  }
```

Interpret

- 12번째 줄부터 13번째 줄은 자동차가 정각 s시에 들어와서 정각 e시에 나가기 때문에 주차한 시간은 e - s 시간이므로 check 배열의 s번 인덱스부터 e - 1번 인덱스까지 값을 1 증가시킨다.

- 16번째 줄부터 22번째 줄은 i의 값이 1일 경우에는 1시부터 2시, i의 값이 2일 때에는 2시부터 3시까지, … , i의 값이 99일 때에는 99시부터 100시까지 1시간 간격으로 주차요금을 계산한다.

제36장 에라토스테네스의 체 Sieve Of Erathosthenes

4124 골드바흐의 추측

실행 제한시간 **1초**
메모리 사용 제한 **64MB**

에라토스테네스의 체를 이용하여 n 이하의 소수를 배열에 담는다. 배열에 담긴 두 개의 요소를 더해서 n이 되는 모든 경우를 구한다.

Solution

```
1   #include <cstdio>
2
3   int main(void)
4   {
5       int check[30001] = { 0 }, n, i, j;
6       int a[30001], p = 0, cnt = 0;
7
```

```
8       scanf("%d", &n);
9       for (i = 2; i <= n; i++)
10          if (check[i] == 0)
11          {
12              a[++p] = i;
13              for (j = i * i; j <= n; j += i)
14                  check[j] = 1;
15          }
16
17      for (i = 1; i <= p; i++)
18          for (j = i; j <= p; j++)
19              if (a[i] + a[j] == n)
20              {
21                  printf("%d %d\n", a[i], a[j]);
22                  cnt++;
23              }
24
25      printf("%d\n", cnt);
26      return 0;
27  }
```

 Interpret
- 6번째 줄은 두 소수의 합이 n인 경우의 수 cnt를 0으로 초기화한다.
- 9번째 줄부터 15번째 줄은 n 이하의 소수를 에라토스테네스의 체를 이용하여 배열 a에 담는다.
- 17번째 줄부터 23번째 줄은 두 소수의 합이 n인 모든 경우를 구해서 각 줄에 출력한다.
- 25번째 줄은 두 소수의 합이 n인 경우의 수 cnt를 마지막 줄에 출력한다.

제37장 형상수 Figulate Number

연습문제   ❶번 문제풀이

첫 번째 삼각수는 : 1

두 번째 삼각수는 : 1 + 2 = 3

세 번째 삼각수는 : 1 + 2 + 3 = 6

⋮

n 번째 삼각수는 : 1 + 2 + 3 + ⋯ + n = (1 + n) * n / 2

첫 번째 사각수는 : 1 * 1 = 1
두 번째 사각수는 : 2 * 2 = 4
세 번째 사각수는 : 3 * 3 = 9
$\vdots$
n 번째 사각수는 : n * n

첫 번째 오각수는 : (1 * 1) = 1
두 번째 오각수는 : (2 * 2) + 1 = 5
세 번째 오각수는 : (3 * 3) + 1 + 2 = 12
$\vdots$
n 번째 오각수는 : (n * n) + 1 + 2 + 3 + ⋯ + (n − 1)
= (n * n) + (1 + n − 1) * (n − 1) / 2 = n * n + n * (n − 1) / 2

Solution

```
1    #include <cstdio>
2
3    int main(void)
4    {
5        int n, s1, s2, s3;
6
7        scanf("%d", &n);
8
9        s1 = (1 + n) * n / 2;
10       s2 = n * n;
11       s3 = n * n + n * (n - 1) / 2;
12
13       printf("%d\n", s1 + s2 + s3);
14       return 0;
15   }
```

Interpret

- 9번째 줄은 n번째 삼각수를 s1에 대입한다.
- 10번째 줄은 n번째 사각수를 s2에 대입한다.
- 11번째 줄은 n번째 오각수를 s3에 대입한다.

제37장 형상수 Figulate Number

1147 육각수

첫 번째 육각수는 : 1 * 1 + 0 * 1 = 1 + 0 = 1
두 번째 육각수는 : 2 * 2 + 1 * 2 = 4 + 2 = 6
세 번째 육각수는 : 3 * 3 + 2 * 3 = 9 + 6 = 15

⋮

n 번째 육각수는 : n * n + (n - 1) * n = n * (2 * n - 1)

 Solution

```
1    #include <cstdio>
2
3    int main(void)
4    {
5        int n;
6
7        scanf("%d", &n);
8
9        printf("%d\n", n * (2 * n - 1));
10       return 0;
11   }
```

 Interpret   - 9번째 줄은 n 번째 육각수를 출력의 첫째 줄에 출력한다.

제37장 형상수 Figulate Number

1073 오각수

10,000 이하의 오각수를 check 배열에 미리 걸러낸 후, 주어지는 n개의 질문에 대해서 답변을 한다면 좀 더 쉽게 문제를 해결할 수 있다. 예를 들어서 1, 5, 12, 22는 오각수이므로 check[1], check[5], check[12], check[22]에 1을 넣어둔다면 오각수인지 판별해야 하는 숫자가 주어졌을 때, check 배열의 상태만 살펴보아도 오각수인지 바로 판별할 수 있기 때문이다.

 Solution

```
1    #include <cstdio>
2
3    int main(void)
4    {
5        int n, num;
6        int i, check[10001] = { 0 };
7
8        for (i = 1; i * i + i * (i - 1) / 2 <= 10000; i++)
9            check[i * i + i * (i - 1) / 2] = 1;
10
11       scanf("%d", &n);
12       for (i = 1; i <= n; i++)
13       {
14           scanf("%d", &num);
15           if (check[num] == 1)
16               printf("%d Y\n", num);
17           else
18               printf("%d N\n", num);
19       }
20       return 0;
21   }
```

 Interpret

- 8번째 줄부터 9번째 줄은 10,000 이하의 오각수를 check 배열에 걸러내고 있다.
- 12번째 줄부터 19번째 줄은 오각수인지 판별해야 하는 숫자를 num에 입력받아 check 배열을 확인하여 각 줄에 출력한다.

제37장 형상수 Figulate Number

1077 곱셈 테이블

실행 제한시간 **1초**
메모리 사용 제한 **32MB**

우선 첫 번째 행을 출력한다. 첫 번째 열은 두 자리를 차지하기 때문에 곱셈 기호(*) 앞에 한 칸의 공백이 있음을 주의해야 한다. 그리고 출력하는 숫자의 자릿수는 네 자리를 차지하므로 서식 문자 "%4d"를 이용하여 작성하도록 한다.

 **Core**

```
printf("  *");
for (i = 1; i <= n; i++)
    printf("%4d", i);
```

다음으로 두 번째 행부터 마지막 행까지는 2중 for문을 이용하여 각각의 행을 자릿수에 맞춰서 출력한다. 첫 번째 열은 자릿수의 너비를 두 자리 차지하므로 서식 문자 **"%2d"**를 사용하여 작성하도록 한다.

 **Solution**

```
1   #include <cstdio>
2
3   int main(void)
4   {
5       int n, i, j;
6
7       scanf("%d", &n);
8
9       printf("  *");
10      for (i = 1; i <= n; i++)
11          printf("%4d", i);
12      printf("\n");
13      for (i = 1; i <= n; i++)
14      {
15          printf("%2d", i);
16          for (j = 1; j <= n; j++)
17              printf("%4d", i * j);
18          printf("\n");
19      }
20      return 0;
```

 **Interpret**

- 9번째 줄부터 11번째 줄은 첫 번째 행을 출력의 첫째 줄에 출력한다.
- 13번째 줄부터 19번째 줄은 두 번째 행부터 마지막 행까지 각 줄에 출력한다.
- 15번째 줄은 첫 번째 열을 서식 문자 %2d를 이용하여 자릿수의 너비 2자리를 차지하여 출력한다.

제37장 형상수 Figulate Number

1111 조약돌

실행 제한시간 1초
메모리 사용 제한 32MB

조약돌을 놓는 직사각형 가로 크기와 세로 크기의 합을 minv이라 하고 초깃값으로 n + n을 갖는다. 2중 for문을 이용하여 직사각형 세로의 크기를 i라 하고, 가로의 크기를 j라 하자. 그러면 직사각형 전체 칸의 개수는 i * j이므로 i * j는 반드시 n보다 크거나 같아야 n개의 조약돌을 담을 수 있다. i * j가 n보다 크거나 같다면 i + j가 minv보다 작은지 확인한다. 만일 i + j가 minv보다 작다면 minv의 값을 변경하고 세로의 크기를 r에 가로의 크기를 c에 담는다. 또한 i + j가 minv의 값과 같다면 세로의 크기를 나타내는 i가 최소인지 한 번 더 확인하는 작업을 해야 한다.

```
#include <cstdio>

int main(void)
{
    int n;
    int i, j, minv, r, c;

    scanf("%d", &n);

    minv = n + n;
    for (i = 1; i <= n; i++)
        for (j = 1; j <= n; j++)
            if (i * j >= n)
                if (minv > i + j || (minv == i + j && r > i))
                    minv = i + j, r = i, c = j;

    printf("%d %d\n", r, c);
    return 0;
}
```

- 10번째 줄은 가로 크기의 합과 세로 크기의 합을 나타내는 변수 minv의 값을 n + n으로 초기화한다.
- 13번째 줄은 i * j가 n보다 크거나 같아야 n개의 조약돌을 놓을 수 있다.
- 14번째 줄은 가로의 크기와 세로의 크기의 합이 min보다 작거나 또는 minv과 같은데 세로의 크기가 작다면 min, r, c의 값을 변경해 준다.

제38장 누적합 Prefix Sum, Cumulative Sum

연습문제   ❶번 문제풀이

주어지는 10개의 데이터를 배열 a에 초기화한다. 누적합(Prefix Sum)을 이용하기 위해서 또 다른 배열 s에 1부터 i까지의 구간의 합을 미리 구해둔다.

 **Core**
```
printf("%d\n", s[end] - s[start - 1]);
```

T개의 질문에서 시작 지점 start와 마지막 지점 end가 주어지면 시작 지점부터 마지막 지점까지의 합을 누적합(Prefix Sum)을 이용하여 구한다.

 **Solution**

```
1   #include <cstdio>
2
3   int main(void)
4   {
5       int a[11] = { 0, 10, 20, 30, 40, 50, 60, 70, 80, 90, 100 };
6       int t, start, end, i, s[11] = { 0 };
7
8       for (i = 1; i <= 10; i++)
9           s[i] = s[i - 1] + a[i];
10
11      scanf("%d", &t);
12      for (i = 1; i <= t; i++)
13      {
14          scanf("%d %d", &start, &end);
15          printf("%d\n", s[end] - s[start - 1]);
16      }
17      return 0;
18  }
```

 **Interpret**
- 8번째 줄부터 9번째 줄은 배열 s에 1부터 i까지의 구간의 합을 미리 구해둔다.
- 15번째 줄은 시작 지점부터 마지막 지점까지의 합을 누적합(Prefix Sum)을 이용하여 각 줄에 출력한다.

제38장 누적합 Prefix Sum, Cumulative Sum

2025 식량 공급

실행 제한시간 **0.1초**
메모리 사용 제한 **32MB**

 Solution

```c
#include <cstdio>

int main(void)
{
    int n, q, a[50001], start, end;
    int i, s[50001] = { 0 };

    scanf("%d %d", &n, &q);
    for (i = 1; i <= n; i++)
    {
        scanf("%d", &a[i]);
        s[i] = s[i - 1] + a[i];
    }

    for (i = 1; i <= q; i++)
    {
        scanf("%d %d", &start, &end);
        printf("%d\n", s[end] - s[start - 1]);
    }
    return 0;
}
```

 Interpret

- 12번째 줄은 누적합(Prefix Sum)을 이용하기 위해서 또 다른 배열 s에 1부터 i까지의 구간의 합을 미리 구해둔다.

- 18번째 줄은 시작 날짜부터 마지막 날짜까지의 합을 누적합(Prefix Sum)을 이용하여 각 줄에 출력한다.

제38장 누적합 Prefix Sum, Cumulative Sum

2109 The Largest Sum

실행 제한시간 **1초**
메모리 사용 제한 **64MB**

누적합(Prefix Sum)을 이용하기 위해서 또 다른 배열 s에 1부터 i까지 구간의 합을 미리 구해둔다. 연속된 k개의 부분합은 시작 지점 i가 1일 때 마지막 지점은 k가 된다. 시작 지점 i가 2일 때 마지막 지점은 k + 1이 된다. 시작 지점 i가 3일 때 마지막 지점은 k + 2가 된다. 마찬가지 방법으로 시작 지점 i가 n - k + 1일 때 마지막 지점은 n이 된다. 따라서 이것을 일반화시키면 시작 지점 i가 1부터 n - k + 1까지 진행할 때 마지막 지점은 i + k - 1이 된다.

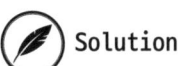 **Solution**

```cpp
#include <cstdio>

int main(void)
{
    int n, k, a[100001];
    int i, s[100001] = { 0 }, start, end, maxv;

    scanf("%d %d", &n, &k);
    for (i = 1; i <= n; i++)
    {
        scanf("%d", &a[i]);
        s[i] = s[i - 1] + a[i];
    }

    maxv = s[k];
    for (i = 1; i <= n - k + 1; i++)
        if (maxv < s[i + k - 1] - s[i - 1])
            maxv = s[i + k - 1] - s[i - 1];

    printf("%d\n", maxv);
    return 0;
}
```

 **Interpret**

- 12번째 줄은 누적합(Prefix Sum)을 이용하기 위해서 또 다른 배열 s에 1부터 i까지의 구간의 합을 미리 구해둔다.

- 15번째 줄은 maxv의 값을 구간 1부터 연속된 k개의 정수의 합으로 초기화한다.

- 16번째 줄부터 18번째 줄은 시작 지점 i가 1부터 n - k + 1까지 진행할 때 마지막 지점은 i + k - 1이 된다. 구간 i부터 연속된 k개의 정수의 합 중에서 최댓값을 찾는다.

제39장 입력과 버퍼 메모리 Buffer Memory

연습문제 ❶번 문제풀이

 Solution

```
1   #include <cstdio>
2
3   int main(void)
4   {
5       int i;
6       char val;
7
8       for (i = 1; i <= 5; i++)
9       {
10          scanf(" %c", &val);
11          printf("%c\n", val);
12      }
13      return 0;
14  }
```

 Interpret
- 10번째 줄은 버퍼 메모리에 남아있는 공백(Space), 엔터(Enter), 탭(Tab)등을 비우기 위해서 서식 문자 %c의 앞을 한 칸 띄어 입력받는다.

제39장 입력과 버퍼 메모리 Buffer Memory

1049 사칙연산

실행 제한시간 **1초**
메모리 사용 제한 **32MB**

 Core

```
scanf("%d", &a);
scanf(" %c", &op1);    같은 결과
scanf("%d", &b);
scanf(" %c", &op2);
scanf("%d", &c);
```

```
scanf("%d %c %d %c %d", &a,&op1,&b,&op2,&c);
```

다섯 개의 데이터를 다섯 개의 줄에 걸쳐서 입력을 받아도 되지만, 위와 같이 한 개의 줄에 다섯 개의 데이터를 모두 입력받아도 상관없다. 중요한 것은 서식 문자 **%c**를 이용하여 입력받을 때, 공백(Space), 엔터(Enter), 탭(Tab)등이 입력될 수 있으므로 입력 버퍼 메모리를 비우기 위해서 서식 문자 **%c**의 앞을 한 칸 띄어 입력받아야 하는 것만 주의하면 된다.

 **Solution**

```
1    #include <cstdio>
2
3    int main(void)
4    {
5        int a, b, c, res;
6        char op1, op2;
7
8        scanf("%d %c %d %c %d", &a, &op1, &b, &op2, &c);
9
10       if (op1 == '+')
11           res = a + b;
12       else if (op1 == '-')
13           res = a - b;
14       else if (op1 == '*')
15           res = a * b;
16       else
17           res = a / b;
18
19       if (op2 == '+')
20           res += c;
21       else if (op2 == '-')
22           res -= c;
23       else if (op2 == '*')
24           res *= c;
25       else
26           res /= c;
27
28       printf("%d\n", res);
29       return 0;
30   }
```

 **Interpret**

- 10번째 줄부터 17번째 줄은 첫 번째 연산을 계산한다.
- 19번째 줄부터 26번째 줄은 두 번째 연산을 계산한다.

제39장 입력과 버퍼 메모리 Buffer Memory

2035 장거리 달리기

실행 제한시간 **1초**
메모리 사용 제한 **64MB**

언덕길에 u초, 평지길에 f초, 내리막길 d초가 소요되고 m초 이내에 출발 지점으로 돌아와야 한다.

❶ 언덕길일 경우에는 : 갈 때 u초, 올 때 d초가 소요되므로 u + d초가 소요된다.

❷ 평지길일 경우에는 : 갈 때 f초, 올 때도 f초가 소요되므로 f * 2초가 소요된다.

❸ 내리막길일 경우에는 : 갈 때 d초, 올 때 u초가 소요되므로 언덕길과 마찬가지로 u + d초가 소요된다.

i번째 지형에 대해서 소요되는 시간을 sum에 누적하면서 m초를 처음으로 넘어가는 지형에서 순환을 멈춘다. i번째 지형에서 처음으로 m초를 넘어갔기 때문에 달리기를 해야 하는 코스는 i - 1개의 지형까지이다.

Solution

```
1   #include <cstdio>
2
3   int main(void)
4   {
5       int m, t, u, f, d;
6       char a[100001];
7       int i, sum = 0;
8
9       scanf("%d %d %d %d %d", &m, &t, &u, &f, &d);
10      for (i = 1; i <= t; i++)
11          scanf(" %c", &a[i]);
12
13      for (i = 1; i <= t; i++)
14      {
15          if (a[i] == 'u' || a[i] == 'd')
16              sum += (u + d);
17          else
18              sum += f * 2;
19
20          if (sum > m)
21              break;
22      }
23
24      printf("%d\n", i - 1);
25      return 0;
```

```
26    }
```

 Interpret
- 15번 줄은 설명 ①, ③에 해당하는 조건문이다.
- 17번째 줄은 설명 ②에 해당하는 조건문이다.

제40장 스캐닝 메소드 Scanning Method

연습문제　❶번 문제풀이

스캐닝 메소드(Scanning Method)를 이용하도록 하자. 이전 과정에서 처리한 수를 prev에 저장해 놓고 진행 중인 a[i]와 prev가 같다면 연속된 같은 수이기 때문에 cnt의 값을 1 증가시킨다. 만일 prev와 a[i] 값이 같지 않다면 새로운 수가 등장했으므로 prev를 a[i]로 바꿔준 후, cnt의 값을 1로 초기화한다.

 Solution

```
1    #include <cstdio>
2
3    int main(void)
4    {
5        int a[11];
6        int i, prev = -1, cnt, maxv = 0, k;
7
8        for (i = 1; i <= 10; i++)
9            scanf("%d", &a[i]);
10
11       for (i = 1; i <= 10; i++)
12       {
13           if (prev == a[i])
14               cnt++;
15           else
16               prev = a[i], cnt = 1;
17
18           if (maxv < cnt)
19               maxv = cnt, k = prev;
20       }
21
```

```
22      printf("%d\n", k);
23      printf("%d\n", maxv);
24      return 0;
25  }
```

 Interpret
- 13번째 줄은 이전 과정에서 진행한 수 prev와 a[i]가 같다면 같은 수가 연속해서 나왔다는 의미이므로 cnt의 값을 1 증가시킨다.
- 15번째 줄은 새로운 수가 등장했다는 의미이므로 prev는 지금 현재의 값 a[i]로, cnt는 1로 초기화한다.
- 18번째 줄에서 cnt의 값이 최대 구간의 길이 maxv보다 크면 최대 구간의 길이와 연속된 수 k의 값을 변경해준다.

제40장 스캐닝 메소드 Scanning Method

1078   서로 다른 구슬

실행 제한시간 **1초**
메모리 사용 제한 **32MB**

 Solution

```
1   #include <cstdio>
2
3   int main(void)
4   {
5       int n, a[81];
6       int i, prev, cnt = 0;
7
8       scanf("%d", &n);
9       for (i = 1; i <= n; i++)
10          scanf("%d", &a[i]);
11
12      prev = a[1];
13      for (i = 2; i <= n; i++)
14          if (prev != a[i])
15              cnt++, prev = a[i];
16
17      printf("%d\n", cnt);
18      return 0;
```

```
     19  }
```

- 12번째 줄은 처음 구슬의 색깔 prev를 a[1]로 초기화한다.
- 14번째 줄은 이전 구슬 prev와 a[i]를 비교하여 서로 다르다면 이전 구슬의 색과 현재 구슬의 색이 다르다는 의미이므로 휴식 시간의 개수 cnt를 1 증가한 후 prev를 a[i]로 변경해준다.

제40장 스캐닝 메소드 Scanning Method

1076 음표

실행 제한시간 **1초**
메모리 사용 제한 **32MB**

주어진 8개의 정수를 배열 a에 입력을 받았다고 해보자. 배열 a가 오름차순으로 정렬되어 있는지 다음과 같이 확인한다.

 Core

```
for (as = 1; as <= 7 && a[as] < a[as + 1]; as++);
```

as의 초깃값은 1이고 a[as]와 a[as + 1]을 비교하여 a[as]보다 a[as + 1]이 크면 as 값을 1 증가한다. 만일 배열 a에 있는 모든 수들이 오름차순으로 정렬되어 있다면 as의 값이 7일 때까지 마지막 조건 a[7] < a[8]을 만족한 후 as의 값이 1 증가되어 8일 때 조건부를 만족하지 못하고 빠져나온다. 따라서 배열 a가 모두 오름차순으로 정렬되어 있다면 for문의 순환이 멈춘 후 as의 값은 8이 된다. 여기서 조심해야 하는 부분은 조건부에서 as <= 7과 a[as] < a[as + 1]의 순서가 바뀌어서는 안된다. 만일 조건부에서 순서가 바뀌어 a[as] < a[as + 1] && as <= 7과 같이 되어 있다면 조건부에서 AND 연산을 확인할 때 첫 번째 조건을 먼저 확인한 후 두 번째 조건을 확인하기 때문에 as의 값이 8일 때, a[as + 1]에서 as + 1은 9가 된다. 만일 배열 a가 int a[9]로 선언되어 있다면 윈도우 운영체제에서는 한시적으로 결괏값이 나올 수 있으나 9번 인덱스는 존재하지 않기 때문에 리눅스 운영체제의 채점 서버에서는 wrong answer의 결과가 나오게 될 것이다. 물론 이런 상황을 예측하여 배열을 선언할 때 배열의 길이를 하나 더 추가하여 int a[10]로 선언할 수도 있지만 사소한 실수로 정답이 나오지 않는다면 디버깅하는데 상당한 시간이 소요될 수 있으므로 반드시 as <= 7을 먼저 써주는 습관을 들이도록 하자.

 Core

```
for (ds = 1; ds <= 7 && a[ds] > a[ds + 1]; ds++);
```

ds의 초깃값은 1이고 a[ds]와 a[ds + 1]을 비교하여 a[ds]보다 a[ds + 1]이 작다면 ds 값을 1 증가한다.

만일 배열 a에 있는 모든 수들이 내림차순으로 정렬되어 있다면 ds의 값이 7일 때까지 마지막 조건 a[7] > a[8]을 만족한 후 ds의 값이 1 증가되어 8일 때 조건부를 만족하지 못하고 빠져나온다. 따라서 배열 a가 모두 내림차순으로 정렬되어 있다면 for문의 순환이 멈춘 후 ds의 값은 8이 된다.

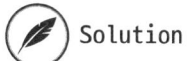 **Solution**

```
1    #include <cstdio>
2
3    int main(void)
4    {
5        int a[9];
6        int i, as, ds;
7
8        for (i = 1; i <= 8; i++)
9            scanf("%d", &a[i]);
10
11       for (as = 1; as <= 7 && a[as] < a[as + 1]; as++);
12       for (ds = 1; ds <= 7 && a[ds] > a[ds + 1]; ds++);
13
14       if (as == 8)
15           printf("ascending\n");
16       else if (ds == 8)
17           printf("descending\n");
18       else
19           printf("mixed\n");
20       return 0;
21   }
```

 **Interpret**

- 11번째 줄은 입력으로 주어진 배열 a가 오름차순으로 정렬되어 있는지 확인하는 구문이다.
- 12번째 줄은 입력으로 주어진 배열 a가 내림차순으로 정렬되어 있는지 확인하는 구문이다.

제40장 스캐닝 메소드 Scanning Method

1125 선물

실행 제한시간 **1초**
메모리 사용 제한 **32MB**

```
#include <cstdio>

int main(void)
{
    int n;
    char a[26], prev;
    int i, cnt = 0;

    scanf("%d", &n);
    for (i = 1; i <= n; i++)
        scanf(" %c", &a[i]);

    prev = 0;
    for (i = 1; i <= n; i++)
        if (prev != a[i])
            cnt++, prev = a[i];

    printf("%d\n", cnt + 1);
    return 0;
}
```

- 13번째 줄에서 처음 셔츠 색상 prev를 0으로 초기화한다.

- 15번째 줄은 이전 셔츠의 색 prev와 현재 셔츠의 색 a[i]가 다르다면 새로운 그룹의 시점 지점이므로 그룹의 수 cnt를 1 증가한 후 이전 그룹 prev를 a[i]로 변경한다.

- 18번째 줄은 for문의 순환이 완료되면 전체 그룹의 개수는 cnt이고 오일러는 cnt + 1번째에 계산하게 된다.

제40장 스캐닝 메소드 Scanning Method

2069 아침 운동

실행 제한시간 **1초**
메모리 사용 제한 **64MB**

평지는 0이고 나무가 있는 위치는 1이므로, i번째 위치에 대한 두 개의 정보를 x와 y에 입력받아 a[i]에 x + y의 값을 대입한다. 입출력 예에 해당하는 정보를 배열 a에 나타내면 다음과 같다.

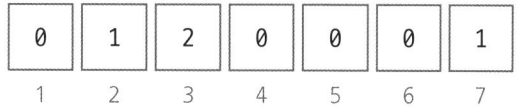

배열 a에서 연속으로 0이 나오는 위치는 4, 5, 6이므로 두 명씩 연속적으로 서 있을 수 있는 최대 길이가 된다. 따라서 한 번에 운동할 수 있는 최대 인원수는 (최대 길이 * 2)명이 된다.

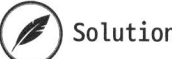

```
1   #include <cstdio>
2
3   int main(void)
4   {
5       int n, x, y;
6       int i, a[101], cnt = 0, max = 0;
7
8       scanf("%d", &n);
9       for (i = 1; i <= n; i++)
10      {
11          scanf("%d %d", &x, &y);
12          a[i] = x + y;
13      }
14
15      for (i = 1; i <= n; i++)
16      {
17          if (a[i] == 0)
18              cnt++;
19          else
20              cnt = 0;
21
22          if (max < cnt)
23              max = cnt;
24      }
```

```
25
26        printf("%d\n", max * 2);
27        return 0;
28    }
```

 **Interpret**
- 17번째 줄은 a[i]의 값이 0이면 두 줄 모두 나무가 없으므로 cnt의 값을 1 증가시킨다.
- 19번째 줄은 나무가 있는 지점이므로 cnt의 값을 0으로 초기화한다.